HISTOIRE
DES
GUERRES DE RELIGION
EN PROVENCE

HISTOIRE
DES
GUERRES DE RELIGION
EN PROVENCE
(1530-1598)

PAR

LE D{r} GUSTAVE LAMBERT

TOME SECOND

TOULON

TYP. J. LAURENT, RUE ROYALE, 49

—

1870

CHAPITRE VII

LE PARLEMENT LIGUEUR ET LE PARLEMENT ROYALISTE

1587-1589

Le duc d'Épernon est rappelé à Paris. — Le duc de La Valette, son frère, est nommé commandant en son absence. — De Vins se rend auprès du duc de Guise. — Ses premières négociations avec le duc de Savoie. — Expédition de La Valette dans les Hautes-Alpes. — Sédition à Aix à son retour. — Émeute à Marseille. — De Vins entre à Aix. — La Valette se retire à Pertuis. — Édit de Juillet. — Insurrections ligueuses à Salon, à Marseille et à Arles. — La Valette fait un traité d'alliance offensive et défensive avec Lesdiguières. — Convocation des États ligueurs à Aix. — Le duc de Savoie s'empare du marquisat de Saluces. — Convocation des États royalistes à Pertuis. — De Vins est nommé généralissime de l'armée ligueuse. — Le roi révoque les pouvoirs de La Valette. — Le gouverneur refuse de déposer les armes — La Ligue entre en campagne. — Assassinat du duc de Guise à Blois. — Guerre civile en Provence. — Henri III réintègre La Valette dans son commandement. — De Vins fait prêter serment à la Sainte-Union. — Division du Parlement en Parlement ligueur et Parlement royaliste. — Expédition de La Valette. — Le roi meurt assassiné. — Le Parlement royaliste jure obéissance et fidélité à Henri IV. — La Valette entre dans Toulon et fortifie cette place.

1587 Vers la fin de l'année 1586, la peste avait reparu en Provence et y avait fait de nombreuses victimes. Le comte de Sault mourut à Sisteron; c'était un capitaine inhabile et un chef de parti vulgaire, qui n'eut que le mérite négatif de s'effacer derrière de Vins, pour lui laisser la direction des événements. Le comte de Thermes, pris d'une fièvre maligne sous les murs de Chorges, s'était fait aussi transporter à Sisteron, où il était mort. Le duc d'Epernon demanda et obtint du roi, que la compagnie de cent hommes d'armes du comte de Sault fut donnée à son cousin de Montaud, et la charge de maréchal de camp, occupée par monsieur de Thermes, transmise à son frère le duc de La Valette. Le Parlement, fuyant l'épidémie, s'était divisé : une partie était venue siéger à Pertuis et l'autre à Saint-Maximin. Le duc d'Epernon, qui s'était retiré à Salon, assembla, le 20 janvier, les Etats-généraux dans cette ville, et leur fit voter des fonds pour l'entretien d'une armée permanente de près de deux mille hommes, pris parmi ceux qui étaient entrés en Provence avec lui (1).

En février, la peste ayant cessé ses ravages, le gouverneur revint à Aix avec le Parlement, et passa le carnaval, dit Nostra-

---

(1) A Seyne : 300 hommes et 50 chevau-légers, sous le commandement de Tournabon. A Sisteron, 400 hommes, sous le commandement de Trignan. Au château de Mezon, 25 hommes. Au château de Noyers, le capitaine Constans avec 25 hommes. Au château de Vitrolles, Lartigues avec 30 hommes. A Valernes, d'Entraix avec 25 hommes. 100 hommes à Digne, Moustiers, Castellane, Colmars et Antibes. A Château-Double, 25 hommes, sous le commandement du capitaine Sigaudy. A Tarascon, 100 hommes. A Lourmarin, Buous avec 40 hommes. A Mérindol, 20 hommes. Au fort de Buous, Ramefort avec 12 hommes. A Saint-Paul-la-Durance, le sieur de Taillades avec 25 hommes. A Miramas, Chateauneuf avec 25 hommes. A Manosque, 20 hommes. A Grambois, 12 hommes. A Ansouis, 10 hommes. De plus, pour garder la frontière de Sisteron à Seyne, et de Sisteron à Saint-Paul-la-Durance : une compagnie de 50 chevau-légers, deux compagnies d'arquebusiers à cheval, et une compagnie de gendarmes. (Es'at des villes, places et chasteaux de ce païs, où monseigneur le duc d'Espernon a recognu estre requis tenir garnison.) *Recueil de mémoires et instructions*, ouv. cit., p. 156.

damus, « en joustes, tournois, combats, courses, barrières,
« quintaines, faquins, bals, mascarades, danses et ballets. »
Il fit de splendides funérailles au grand Prieur, Henri d'Angoulême, dont les restes étaient encore déposés dans la chapelle des Carmes, et lui fit élever un mausolée dans l'église métropolitaine de Saint-Sauveur.

Dès le mois de novembre de l'année précédente, le duc avait demandé à rentrer à Paris, et avait prié le roi de nommer son frère, le duc de La Valette, commandant en son absence. « Après avoir donné tout l'establissement aux affaires en deça
« qui a pu dépendre de moy, écrivait-il de la Bréole, s'il se
« présentoit occasion en autre endroit de faire à vostre majesté
« meilleur service que demeurant icy, je ne la pourrois voir
« passer qu'avec très-grand regret. Je supplie très-humble-
« ment vostre majesté me donner congé de m'en retourner
« vers elle, pour me trouver plus près de recevoir l'honneur de
« ses commandements ; et pour ne laisser ceste charge sans
« conduite, j'ai disposé M. de La Valette, mon frère, d'y de-
« meurer, si elle l'a agréable; auquel cas son bon plaisir sera
« luy faire despécher le pouvoir pour commander tant au gou-
« vernement qu'en l'admirauté, et le m'envoyer au plus tôt. »
Le roi, par une lettre en date du 9 décembre, l'avait autorisé à se rendre auprès de lui, et avait envoyé à son frère l'ordre de prendre le commandement des troupes en Provence. Plus tard, le 25 décembre, le duc d'Epernon avait demandé à ce que son frère fut déchargé de son commandement en Dauphiné, « estant
« impossible qu'il satisfasse ainsy qu'il appartient au service de
« vostre majesté à deux provinces », ce que le roi lui accorda par une lettre du 16 février (1).

(1) Quoique n'exerçant plus aucune charge en Dauphiné, La Valette avait cependant promis d'y revenir si besoin était : « Entr'austres choses

Sur ces entrefaites, le roi effrayé de la nouvelle qui lui arriva que huit mille reîtres, cinq mille lansquenets et seize mille suisses, sous le commandement de Donnaw, lieutenant de Jean Casimir, allaient entrer en Lorraine par les défilés de Phalsbourg, pour opérer leur jonction avec l'armée calviniste, écrivit au duc d'Epernon de se rendre immédiatement auprès de lui : « Jamais, lui disait-il, vous n'arriverez icy sitost que je vous « désire, pour plusieurs raisons qui concernent mon service. » Le duc partit le 16 février, le jour même où il avait célébré les funérailles du grand Prieur. La Valette était en route pour entrer en Provence; les deux frères se rencontrèrent, le 9 mars, à Avignon, et se quittèrent quelques jours après pour ne plus se revoir, se dirigeant l'un sur Paris et l'autre sur Aix.

Bernard de Nogaret, duc de La Valette, frère aîné du duc d'Epernon, arrivait en Provence avec une simple commission de commandant des troupes. Il ne reçut ses *provisions* de gouverneur en absence du duc d'Epernon (1) que l'année suivante, après la journée des barricades, et après qu'il eut résigné entre les mains de Maugiron le commandement militaire du Dauphiné. Peut-être est-ce pour échapper à cette position fausse et

« mondict frère me dit ne s'estre pu tellement descharger de ce qui concerne ceste province (le Dauphiné), qu'il n'ait laissé sa parole engagée, sur l'instance qui lui en a esté faicte, d'y venir donner toute l'adsistance qu'il pourra s'il y survient occasion qui le mérite. » C'est une des raisons qui peuvent expliquer l'intervention de La Valette en Dauphiné quelques mois plus tard.

(1) Le duc d'Epernon en retournant à Paris n'avait pas été relevé de son gouvernement. Le roi subissant les exigences de la Ligue, le destitua, il est vrai, dans le courant de l'année 1588, mais il ne le remplaça pas et l'investit de nouveau de ces hautes fonctions en janvier 1589, après la mort du duc de Guise. Je prouverai, du reste, dans le cours de mon récit, par les lettres du roi et les requêtes des assemblées des communautés, que le duc d'Epernon, quoique absent, était toujours pourvu de la charge de gouverneur.

précaire vis-à-vis un Parlement hostile, et qui avait le gouvernement légal de la province, que deux fois dans l'espace d'un an, il sortit de Provence pour se rendre en Dauphiné. La veille de son arrivée à Aix, le Parlement avait délibéré que, quoiqu'il ne fut que commandant des forces en Provence, il serait reçu avec les honneurs dus aux gouverneurs. Une députation composée d'un président et de quatre conseillers, du vignier et des consuls vint le recevoir à Eguilles, à deux lieues d'Aix, en bottes et en manteau (1). Pour des motifs qu'on ignore, le duc entra incognito dans la ville et pendant la nuit. Quelques jours après il se rendit à Manosque, où il tint, en avril, une assemblée des communautés. Il voulut faire décider par le pays le siège de Montbrun, place frontière du Dauphiné, que les religionnaires venaient de surprendre, et qui leur servait de place d'armes pour leurs expéditions dans la Haute-Provence. La proposition ne fut pas acceptée, et les Etats ne votèrent qu'à regret un subside de 15,000 écus pour les frais de la guerre, si l'armée dauphinoise marchait contre Montbrun et s'en emparait.

Pendant que le parti protestant s'effaçait et disparaissait en Provence, au moins comme parti armé, il semblait puiser en Dauphiné une nouvelle énergie dans les succès de Lesdiguières.

Les catholiques dauphinois démoralisés et éperdus appelèrent La Valette à leur secours. Celui-ci se hâta de passer la frontière. Il se porta sur Montélimar, qui venait de tomber entre les mains des huguenots, et reprit cette ville le 15 août, à l'ex-

---

(1) Le costume que revêtaient les députés du Parlement allant recevoir les grands personnages à leur arrivée à Aix, dépendait du point plus ou moins éloigné de la ville où ils se transportaient. En manteau et en bottes, ils allaient jusqu'à l'extrémité du territoire ou s'arrêtaient au premier village; en robe, ils ne s'éloignaient pas des remparts et ne dépassaient jamais Notre-Dame de la Seds.

ception de la citadelle, dans laquelle le capitaine Vachères s'était enfermé avec quatre cent cinquante hommes. Il se disposait à faire le siége de la place, quand il apprit que quatre mille Suisses sortis de Genève se dirigeaient vers Gap, où Lesdiguières leur avait donné rendez-vous. Il laissa le commandement de Montélimar au comte de Suze, et partit pour venir leur couper la route et empêcher leur jonction. Il arriva à Grenoble, prit deux régiments, rejoignit d'Ornano, qui avait avec lui trois mille hommes, et ayant surpris les Suisses à Jarries, près d'Uriage, entre l'Isère et le Drac, le 22 août, il les détruisit presque complètement (1). Au dire des historiens catholiques, soixante seulement parvinrent à s'échapper ; douze cents prisonniers furent envoyés à Valence pour travailler aux fortifications. Lesdiguières accouru à la rencontre de ses alliés, eut la douleur d'assister à leur déroute sans pouvoir venir à leur secours, n'ayant pu passser l'Isère grossie et débordée.

Quand le duc d'Epernon s'était rendu à la Cour, le Parlement avait été investi du gouvernement de la province. En réalité il n'avait recueilli qu'une autorité illusoire et tourmentée, pleine de tempêtes et de dangers. L'armée entrée avec le duc d'Epernon en Provence, qui, à son arrivée, comptait environ quinze mille hommes, avait été réduite par le licenciement ou

---

(1) Le même jour, 22 août, Montélimar retombait aux mains des huguenots. Du Poët, avec quatre mille hommes, était arrivé pour tenter de dégager Vachères. Le comte de Suze se laissa prendre entre Du Poët et une sortie de la garnison du château. Plus de deux mille hommes périrent dans un combat livré dans les rues de la ville. Le comte de Suze fut tué, et Rostaing, son fils, fait prisonnier. Le comte de Suze était chevalier des ordres du roi et capitaine de cent hommes d'armes ; il avait été gouverneur de Provence et du Comtat, et amiral des mers du Levant. Sa carrière militaire avait été marquée par cinquante-quatre combats.

le renvoi de quelques régiments, par les marches, les sièges, les épidémies et le froid, à moins de sept mille hommes. Elle était composée de soldats auxquels on donnait le nom générique de *Gascons*, non qu'ils fussent tous originaires de la Gascogne, mais parce qu'ils avaient été recrutés en grande majorité dans les provinces méridionales. C'était, à bien dire, un ramassis de routiers attirés par l'espoir du lucre, et que la cupidité et la licence pouvaient seules retenir sous les ordres de gentilshommes qui, pour la plupart, n'avaient suivi le gouverneur que pour reconstituer une fortune engloutie et disparue dans les malheurs des guerres civiles. Officiers et soldats ne cessaient de glorifier le duc d'Épernon et son frère, et semblaient se faire un devoir de mépriser et d'humilier les Provençaux. Après le départ du duc de La Valette pour le Dauphiné, le commandement militaire s'était divisé et avait glissé, quelques efforts que fit le Parlement pour le retenir, entre les mains des capitaines auxquels le duc d'Épernon avait confié le gouvernement des places, et qui tous, à l'exception du chevalier de Buous, étaient étrangers au pays (1). C'était, parmi ceux qui avaient la moindre autorité, à qui donnerait le plus scandaleux exemple de toutes les violences, de toutes les exactions et de tous les vols. En peu de temps ils remplirent leurs maisons de vaisselle d'argent et leurs coffres d'écus. Leurs lieutenants, croyant ne pouvoir mieux faire que de les imiter, se rabattirent sur les campagnes, rançonnèrent les villages et accaparèrent les récoltes; « si bien « dit un historien du temps, que chascun jugea que les hu-« guenaulx n'estoient que des lourdaux, qui n'avoient sçeu

---

(1) Les principaux étaient : le baron de Ramefort, d'une famille espagnole; de Montaud, capitaine des gendarmes, gascon; le chevalier Bandini, capitaine des chevau-légers, romain; Tournabon, florentin; de Trignan, gascon; Escarravaques de Sainte-Colombe, béarnais, etc.

« tant fére en vingt ans comme ils avoient faict en moins
« d'ung. »

Les ligueurs forcés de s'effacer devant le duc d'Epernon
de crainte de se briser contre sa cruelle énergie, n'avaient cependant pas abdiqué leurs espérances; ils trouvèrent dans les
insolences, les mépris et les exactions des Gascons, une excitation puissante à leurs colères à peine contenues par l'effroi.
De Vins, auquel un gouverneur royaliste ne convenait pas plus
que le roi ne convenait à la Ligue, entretint par ses agents cette
sourde mais profonde irritation. Quand il se fut assuré que le
mécontentement et la révolte couvaient dans toutes les classes
de la société provençale, il alla rejoindre le duc de Guise pour
prendre ses ordres.

La guerre venait de recommencer avec une nouvelle violence.
Henri III avait levé trois armées. La première, commandée
par le duc de Joyeuse, était destinée à combattre le roi de
Navarre; la seconde, sous les ordres des ducs de Guise et de
Mayenne, se porta à la rencontre des mercenaires allemands
qui venaient d'entrer en France; la troisième avait le roi à sa
tête et devait évoluer selon les éventualités. Henri de Navarre
gagna, le 20 octobre, sa première bataille rangée, à Coutras:
les catholiques furent mis en pleine déroute et le duc de Joyeuse
tué. Presque en même temps, le 26, le duc de Guise battit à
Vimori les troupes allemandes. Les reitres, pillant et dévastant
tout sur leur passage, franchirent l'Yonne et se dirigèrent vers
la Charité, qui leur avait été assignée comme lieu de rendez-vous. Ils trouvèrent les gués de la Loire rompus, le fleuve gardé
par des bateaux armés, et le roi, retranché sur la rive gauche,
occupant les têtes de pont. Ils descendirent alors la rive droite
pour entrer dans le Gatinais, pendant que les ducs de Guise et
de Mayenne partaient d'Auxerre afin de venir leur couper la
route et les enfermer entre leurs troupes et l'armée du roi. De

Vins arriva sur ces entrefaites et trouva le duc de Guise à
Dourdan, près de Chartres, où il venait de camper en face de
neuf cornettes allemandes logées dans le bourg d'Auneau. Il
ne m'appartient pas de raconter les combats que se livrèrent
les deux armées, et qui eurent pour résultat l'évacuation du
territoire français par les auxiliaires étrangers; je dois me
borner à dire que de Vins joua dans ces différentes rencontres
un rôle toujours actif et parfois très-brillant. Envoyé en reconnaissance du côté d'Auneau avec une compagnie de cent
chevau-légers, il s'approcha tellement des campements ennemis
qu'il força les reîtres à prendre les armes, et, par une retraite
habile, sut les attirer jusqu'à Bréau, où La Chatre, placé là
en embuscade, démasquant tout-à-coup ses troupes, les chargea
avec de Vins et leur tua cent vingt hommes. Dans le combat
qui eut lieu le lendemain, et dans lequel le duc de Guise mit
les Allemands en pleine déroute, de Vins commandait l'avant-
garde, composée de trois cents cavaliers, et contribua dans une
large mesure au succès de la journée (1).

La campagne terminée, de Vins rentra en Provence. Il y fut
reçu avec enthousiasme. Sa participation à des combats glorieux, qui avaient délivré la patrie de bandes étrangères et
redoutables, fut habilement exploitée par les meneurs du parti.
A une époque d'ignorance et de fanatisme, il ne fut pas difficile
de le représenter comme un héros sauveur de l'indépendance
nationale et de la religion. Les prêtres, dont il servait les passions et défendait les intérêts, se chargèrent de porter son nom
et ses hauts faits jusqu'au fond des bourgades les plus reculées.
Racontant en chaire le courage, les grandes actions militaires,
les services rendus par le duc de Guise et son lieutenant en
Provence, ils n'hésitaient pas à placer de Vins avant le chef de

---

(1) Voir RENÉ DE BOUILLÉ, *Vie des ducs de Guise*, t. III, p. 210.

la Ligue, et empruntant leurs images aux textes bibliques, ils excitaient l'enthousiasme des populations en s'écriant : *que Saül avait tué mille philistins et David dix mille !* De Vins s'était retiré dans son château de Forcalqueiret ; un grand nombre de communautés envoyèrent vers lui pour l'informer qu'elles désiraient se gouverner selon ses avis, et qu'elles étaient prêtes à se lever en armes pour se délivrer de la tyrannie des Gascons. De Vins calma leur impatience et leur fit dire que l'heure était proche où il ferait un appel à leur courage et à leur dévouement pour la religion. Au fait, les instructions qu'il avait reçues du duc de Guise lui prescrivaient de négocier avec le duc de Savoie, et il voulait, avant de rien entreprendre, avoir des assurances de ce côté.

Charles-Emmanuel avait promis récemment au duc de Guise d'assister de Vins d'hommes et d'argent, autant qu'il en serait besoin pour chasser La Valette de la Provence ; en retour, le duc s'était engagé à laisser s'accomplir, sans obstacles de sa part, l'invasion du marquisat de Saluces par une armée savoyarde. De Vins envoya un homme habile de Pignans, nommé Ricard, au duc de Savoie : « Il avoit l'ordre, dit Louvet, de ne « pas sortir de ce qui étoit convenu avec Guise, parce qu'il ne « falloit pour rien au monde séparer la Provence de la France. » Il devait se borner à faire connaître au duc l'état des affaires du pays, et lui demander s'il était prêt à tenir ses promesses. Charles-Emmanuel ne voulait pas s'engager encore dans une intervention en Provence, et avant d'employer la force pour se rendre maître du marquisat de Saluces, il voulut tenter de se faire autoriser par le roi lui-même à l'occuper militairement.

Pendant qu'il amusait le député de de Vins dans une intrigue qui avait pour but de faire céder au frère de celui-ci la prévôté de Pignans, tenue en ce moment par le fils d'un bâtard du comte de Tende, réfugié à Nice à la suite d'une accusation d'assassinat, il envoyait secrètement au roi de France René de Lucinge, seigneur des Alymes, un des hommes qui ont le plus illustré la magistrature de Savoie. René de Lucinge quitta Chambéry en janvier 1588, porteur d'une lettre de Charles-Emmanuel à Henri III. Le duc protestait de son dévouement au roi, et après avoir assez longuement déduit de l'exemple de Marie Stuart, que si les souverains catholiques ne voulaient pas être sacrifiés aux passions de la Réforme il fallait qu'ils combattissent l'hérésie à outrance, il abordait la question du marquisat de Saluces. Il représentait qu'il fallait mettre ce pays à l'abri des entreprises des huguenots du Dauphiné, et que le meilleur parti à prendre était de lui en confier le commandement, à lui duc de Savoie, qui s'engagerait à y commander au nom du roi de France. Dans un entretien que Henri III eut avec René de Lucinge, il lui déclara avec noblesse que nul prince de la chrétienté n'avait plus que lui le droit de se poser en champion de l'Église catholique, et il lui annonça que le duc de Mayenne devait se rendre, par son ordre, en Dauphiné, pour désarmer les protestants. Il chargea en outre l'ambassadeur de Savoie de remettre au duc une lettre qu'a reproduite M. Jules Baux, l'historien de la Bresse (1), et dans laquelle il lui faisait entendre clairement qu'il n'avait besoin de personne pour défendre son marquisat de Saluces.

Charles-Emmanuel, en recevant la lettre du roi de France, crut devoir ajourner ses projets de conquête. Le moment n'était pas encore venu pour lui de mettre *le pied à l'étrier*, comme il l'écrivait plus tard, et il congédia le député provençal sans prendre aucun engagement formel.

(1) *Histoire de la réunion à la France des provinces de Bresse, Bugey et Gex*, p. 120.

Sur ces entrefaites, l'année 1588 s'ouvrit sur un horizon plein d'espérances pour les ligueurs. Le duc de Guise assembla les principaux du parti à Nancy, et leur fit signer une requête par laquelle Henri III était mis en demeure : de subir le concile de Trente ; d'accepter l'inquisition, au moins dans les bonnes villes ; de se joindre plus ouvertement à la Ligue ; de prononcer l'exhédération des princes non catholiques ; de vendre les biens des protestants pour entretenir une armée en Lorraine ; de taxer les anciens huguenots revenus au catholicisme au tiers de leurs revenus ; de mettre entre les mains des chefs de la Ligue les places qui seraient nommées, avec gens de guerre à leurs ordres ; « de déclarer que la vie ne fust donnée à aucun pri-
« sonnier ennemi, sinon en baillant assurance de vivre
« catholiquement, en payant comptant la valeur de ses biens
« et s'obligeant de servir trois ans sans solde ; » enfin d'éloigner de lui ceux qu'on lui désignerait. Cette dernière demande était dirigée contre les mignons, et surtout contre le duc d'Épernon (1). C'était, en effet, l'homme dont la Ligue voulait débarrasser son chemin, et elle s'efforçait par tous les moyens de le rendre odieux au peuple. Il était demeuré presque seul en possession de la faveur du roi, qui l'avait accablé de ses bienfaits avec une profusion scandaleuse. Sa hauteur, sa dureté avaient provoqué le ressentiment de tous ceux au dessus desquels Henri III l'avait élevé, et il était d'autant plus détesté par ses ennemis, qu'il avait montré pour la politique et pour la guerre des talents qu'on rencontre rarement chez les favoris. Henri III supporta lâchement ces insolentes propositions. Le

(1) « . . . . . Et quoyque dans ces articles de Nancy ils ne nommoient pas
« les noms de ceulx qu'ils vouloient que le roy chassàst, si fut-il dès lors
« conjecturé que c'estoit au duc d'Espernon et au sieur de La Valette,
« son frère, à qui ils en vouloient. » — PALMA CAYET, *Chronique novenaire*, t. I, p. 42.

duc d'Epernon lui avait conseillé de résister; mais devant tant d'abaissement, il crut devoir se retirer et se rendit dans son gouvernement de Normandie. Le roi resta l'objet du mépris universel, et, au lieu de prendre une résolution énergique, ne s'occupa qu'à faire au duc de Joyeuse des funérailles d'une extravagante somptuosité. Pendant ce temps, la révolution ligueuse marchait à grands pas et allait mettre en péril la dynastie des Valois.

Le duc de La Valette, instruit par son frère, des événements qui se préparaient, s'était hâté de revenir en Provence. Il entra par Sisteron, et voulant asseoir la défense sur des bases solides, en prévision d'une attaque prochaine, il parcourut le pays, laissant garnison dans les places importantes, et remplaçant partout les gouverneurs ligueurs par des gouverneurs de son parti. Il descendit la Durance et s'assura des positions militaires de Sisteron, de Forcalquier, de Manosque et d'Apt, qui dominaient et commandaient le territoire d'outre-Durance ; il arma les châteaux de Saint-Paul et de Mirabeau, qui défendaient les routes de Manosque et de Sisteron, et se dirigeant ensuite vers le littoral par Riez, Moustiers et Castellane, il le parcourut complètement de l'Est à l'Ouest. Il éleva des fortifications dans les villes d'Antibes, de Fréjus, de Saint-Tropez, d'Hyères et de Toulon, places maritimes des vigueries de la Basse-Provence ; il fit occuper le Puech, qui tenait Aix en échec, et Berre qui, par ses salines, était une source de revenus pour le trésor de la province. Partout il assit la subsistance de ses garnisons sur les fonds des communautés, sans prendre *l'attache* des consuls-procureurs, violation manifeste des lois, usages et priviléges du pays, ainsi que de l'autorité du Parlement exerçant le gouvernement de la province.

De duc de La Valette arriva à Aix vers le milieu du mois de mars. Il n'était accompagné que d'un petit nombre de gentils-

hommes provençaux, parmi lesquels Buous et Du Buisson qui étaient venus le recevoir à Sisteron. La Cour, les procureurs du pays, les populations avaient vu avec la plus grande jalousie et le plus vif mécontentement les excès d'autorité du duc. A peine arrivait-il, que les procureurs du pays lui demandèrent avec instance la convocation d'une assemblée des communautés, pour se faire autoriser à continuer de subvenir aux dépenses occasionnées par les troupes, « dans la crainte, disaient-ils, d'estre « recherchés à l'advenir pour ces grosses sommes ». La Valette, n'ignorait pas que le but réel de cette convocation était de faire licencier l'armée par les députés des communautés ; « considé-
« rant que les procureurs du païs ne tendoient à aultre chose
« qu'à se deffaire des gens de guerre qui tenoient en sûreté la pro-
« vince, et que la Cour du Parlement et les dicts procureurs luy
« estoient fort suspects, entachés de la Ligue, oultre les menées et
« practiques qu'en telles assemblées se peuvent dresser contre le
« service du Roy, s'en excusa le plus honnestement qu'il pût,
« et leur dit qu'il estoit besoin premièrement advertir le Roy
« pour en sçavoir sa volonté (1). » Pour leur ôter tout prétexte de récriminations, il obtint, non sans difficultés, du Parlement, la validation de toutes les dépenses faites. Pendant qu'il cherchait à calmer autour de lui les passions malsaines soulevées par l'esprit de parti, la nouvelle lui arriva d'une émeute qui venait d'éclater à Toulon, et il sortit d'Aix avec sa compagnie d'hommes d'armes pour aller apaiser lui-même cette sédition qui, par ses origines, pouvait devenir un exemple contagieux pour la province.

Toulon avait reçu, comme toutes les places de guerre importantes, une garnison gasconne, et quoique les lettres patentes

---

(1) *Discours de la vie de M. de La Valette*, par MAUROY, ouv. cit., p. 129.

de François Ier, en date du 5 mai 1527, l'exemptassent de fournir des vivres à *gens de guerre et de garnison*, elle avait consenti à pourvoir à sa subsistance. Mais bientôt l'insolence et les exactions des soldats révoltèrent la population. La municipalité manifesta alors la ferme volonté de rentrer dans le droit d'exemption qu'elle tenait de François Ier, et prétendit enlever aux Gascons les postes qu'ils occupaient. Ceux-ci résistèrent; une collision eut lieu et le sang coula de part et d'autre. Quelque efforts que fissent le vignier et les consuls, il devint impossible de rétablir l'ordre. La sédition avait gagné les bourgs et ne tarda pas à embrasser toute la vignerie; les Gascons menacés partout, attaqués sur tous les points, se concentrèrent et vinrent s'enfermer dans la citadelle, où le peuple les tint assiégés. La Valette arriva à Toulon, calma les esprits et sauva la garnison. Jean Isnard, deuxième consul, s'était chargé de porter à sa connaissance les griefs des habitants; il le fit avec fermeté et demanda le renvoi des Gascons et une amnistie générale, comme les seuls moyens de ramener la tranquillité. Le duc comprit la nécessité de faire des concessions s'il voulait conserver la ville au parti du roi; il accorda l'éloignement des troupes et une amnistie, dont furent exceptés cependant quelques ligueurs qui, en haine des royaux, avaient soufflé le feu de la révolte dans la ville.

La Valette revenait à Aix par Aubagne et Saint-Zacharie, quand il reçut à Roquevaire l'ordre du roi de se porter sur Gap pour chasser les huguenots de la citadelle de Puymore, que Lesdiguières venait d'élever en dix jours à quelques cents toises à peine des remparts de la ville (1). Il remonta à marches forcées dans la Haute-Provence, n'ayant avec lui que sa com-

---

(1) L'éloignement de La Valette dans un moment si critique ne peut s'expliquer que par un ordre formel du roi. M. Charronnet, dans son *Histoire des guerres de religion dans les Hautes-Alpes*, p. 196, cite, en

pagnie d'hommes d'armes, et s'arrêta à Sisteron pour y lever des troupes. Il repartit vers le 14 avril avec un approvisionnement de cinq cents sacs de farine, pour ravitailler Gap dont les moulins avaient été détruits entièrement par les huguenots, et entra dans cette place sans avoir rencontré l'ennemi. Il observa la citadelle de Puymore pendant quelques jours et se retira sans rien entreprendre, peut-être parce qu'il la jugeait inexpugnable. Le 20 il se mit en route pour redescendre en Provence. Lesdiguières sortit de Puymore avec sa cavalerie et le suivit jusqu'à Ventavon sans l'attaquer, quoiqu'il eut des forces égales aux siennes, et comme s'il lui formait une escorte d'honneur. La prudence de La Valette et la conduite de Lesdiguières firent supposer que ces deux personnages étaient de connivence. Videl nie le fait, mais il ne faut pas l'en croire entièrement, et l'alliance qu'ils firent peu de temps après, prouverait peut-être que l'opinion publique ne s'était pas égarée.

La Valette, en s'éloignant de Gap, s'était de nouveau dirigé sur Sisteron et de là sur Montagnac, où il s'était arrêté pour régler les affaires militaires de ces quartiers. En ce moment de graves événements s'accomplissaient à Paris. Le duc de Guise, malgré la défense du roi qui voulait le tenir éloigné de la capitale, était entré dans Paris et y avait été reçu aux acclamations de la population accourue sur son passage. Le roi, mécontent et humilié, eut un moment le courage de sa dignité offensée, et il fit appeler auprès de lui quelques régiments campés dans les environs. Le peuple entraîné sur cette pente fatale qui conduit de toute manifestation factieuse à une

---

effet, une lettre de Henri III conservée aux archives de Tallard, dans laquel il annonce aux consuls de cette ville qu'il vient de donner l'ordre au duc de La Valette de se rendre à Gap pour « desnicher » les huguenots de Puymore.

révolution, prit les armes, dressa partout des barricades et s'opposa à l'entrée des troupes. Henri III céda à la peur et s'enfuit lâchement de son palais. De Chartres, où il s'était réfugié, il envoya des officiers dévoués aux gouverneurs des provinces, aux commandants militaires, et écrivit aux consuls de toutes les bonnes villes. Ne voulant pas laisser le gouvernement de Provence aux mains d'un Parlement dont l'attachement à sa personne devait lui être suspect, il se hâta d'expédier les *provisions* de gouverneur, en absence du duc d'Epernon, au duc de La Valette, et les lui fit parvenir par le jeune Antoine Boyer, fils du capitaine Etienne Boyer, l'ancien chef des Razats de Toulon. La sédition des parisiens, le triomphe de la Ligue et la fuite du roi retentirent profondément en Provence. Le feu de la guerre civile s'alluma sur tous les points à la fois, et y il eut un déchaînement général contre le duc de La Valette, auquel le roi venait de confier le gouvernement du pays. Les Ligueurs, pleins d'audace et de confiance, se répandirent en invectives violentes. Ils disaient partout que le gouverneur après avoir ruiné le Dauphiné l'avait laissé en possession des hugenots, et qu'il voulait en faire autant de la Provence; qu'il cherchait à organiser une ligue entre ses Gascons, qui étaient presque tous de la Religion, et les huguenots, auxquels toute alliance était bonne; qu'il fallait prendre les armes contre lui et le renvoyer d'où il était venu avant qu'il put faire plus de mal au pays! Arles, sous l'influence du lieutenant Biord, Marseille, à l'instigation de Gaspard, comte de Carcès et de Castellane-Besaudun, s'ébranlaient agitées par des passions ardentes; Aix était en effervescence : de Beccaris et le chevalier de Chasteuil poussaient la population à la révolte, et tous les jours, trois ou quatre cents jeunes gens des premières familles de la cité, faisaient des exercices militaires sous la direction des notables et des chefs de famille.

La peste, qui avait sévi à Aix pendant les mois de février, mars et avril, commençait à disparaître. La Valette était descendu dans la Basse-Provence, et au lieu de se rendre directement à Aix s'était arrêté à Pertuis. Ce fut une faute. Aux heures d'agitation et de révolution, les chefs sont tenus aux résolutions promptes et audacieuses: le péril fait leur gloire, et la prudence, qui n'est plus que de l'irrésolution, ne peut entraîner que des défaites et des malheurs irréparables. La Valette comprit trop tard tout ce que la possession du siége de l'administration provinciale pouvait lui donner de force, mais il n'osa pas braver l'émeute, et ce vaillant capitaine, qui avait longtemps fait la guerre, qui avait mille fois exposé sa vie dans les hasards des combats, se troubla devant des bourgeois qui faisaient de ridicules processions une pique sur l'épaule et un pistolet à la ceinture, criant tumultueusement dans les rues: *Vive la Ligue!* comme pour se persuader qu'ils étaient décidés à mourir pour elle! Il appela à Pertuis ses capitaines les plus dévonés, et pria le Parlement et la Chambre des Comptes de lui envoyer quelques-uns de ses membres pour conférer avec lui d'une affaire grave. L'assemblée eut lieu vers la fin du mois de mai. La Valette s'adressant aux députés leur dit : « Qu'il « apprenoit avec le plus extresme desplaisir les menées qui « avoient lieu à Aix, et que sa charge l'obligeoit d'aller les « dissiper; qu'il n'avoit pas voulu cependant s'y acheminer « sans leur fére sçavoir la chose et sans leur demander leur « advis, persuadé qu'ils le leur donneroient sincèrement. » Le président de Coriolis, qui appartenait à son parti, répondit immédiatement : « Que son auctorité seule estoit suffisante pour « contenir les factieux; que si, néanmoins, il avoit besoin de « celle du Parlement, assurément il le trouveroit disposé à « seconder ses bons desseins. » Claude d'Allagonia, sieur de Meyrargues, premier consul d'Aix, le pria, dit H. Bouche,

« que s'il entroit dans la capitale, ce fust avec les gens de sa
« suite et ses gardes ordinaires seulement, sans y loger gens de
« guerre, et ce, suivant les priviléges de la ville accordés par
« les anciens comtes de Provence. »

La Valette promit tout ce qu'on lui demandait; mais il fit secrètement informer ses principaux lieutenants gascons qu'ils eussent à se rendre, partie près de sa personne, au jour assigné de son entrée, partie directement à Aix, pour l'attendre. Quelques jours après, accompagné du président de Coriolis, du conseiller Sommat du Castellar, et de quatre cents cavaliers, il partit de Pertuis, assez tard pour n'arriver à Aix qu'à la nuit close. Vers dix heures du soir, il se présenta à la porte Saint-Jean, qu'il trouva fermée; il s'avançait sur le pont-levis, quand la porte s'ouvrit à moitié pour donner passage à la bouche de plusieurs arquebuses : les ligueurs s'étaient emparés du poste et lui refusaient l'entrée de la ville. Il y eut dans l'escorte du duc un moment de désordre, et chacun tourna bride avec précipitation. Le cheval de La Valette, effrayé et frappé au poitrail par le bâton de lance d'un garde, se cabra, et peu s'en fallut qu'il ne jeta son cavalier dans le fossé. Le président de Coriolis proposa d'aller attendre le jour dans la Commanderie de Saint-Jean, située à peu de distance d'Aix; mais les ligueurs occupaient cet établissement, et le duc fut forcé de passer la nuit dans une méchante hôtellerie de grande route, tandis que ses soldats campaient en plein champ. Le lendemain, au point du jour, on vint lui annoncer que la Commanderie avait été évacuée; il s'y rendit en même temps qu'y arrivaient les conseillers au Parlement et les membres de la Chambre des Comptes, qui lui témoignèrent tous leurs regrets de l'étrange aventure de la veille. La Valette sut rester maître de lui-même, il ne montra ni colère, ni ressentiment, et bientôt après, les consuls s'étant présentés pour lui annoncer que la sédition était appaisée et qu'il trouverait la ville soumise à ses ordres, il se dirigea à pied vers la porte des Augustins. Il se logea dans le couvent de ce nom, qui, étant adossé aux remparts, présentait le double avantage de pouvoir être facilement défendu contre une émeute et de garder une des portes de la ville.

« La Cour de Parlement, dit un ancien historien, ne fit pas « grandes despenses pour recevoir le gouverneur ! » Toutefois elle entérina ses pouvoirs et, sur sa demande, rendit un arrêt qui interdisait le port d'armes et défendait l'entrée de la ville aux étrangers. La présence du duc, l'attitude fière et hautaine de ses capitaines, imprimèrent une crainte salutaire aux habitants d'Aix. Les ligueurs n'osèrent plus se montrer ouvertement, et les événements qui survinrent auraient pu être évités peut-être, si une émotion populaire qui eût lieu à Marseille n'avait forcé, quelques jours après, La Valette à se rendre dans cette ville.

Cette grande cité s'ébranlait sourdement, toujours ardente pour la cause catholique, à laquelle elle mêlait des idées d'indépendance. De Vins y avait envoyé Castellane-Besaudun, le plus intelligent et le plus audacieux de ses amis, pour disposer les habitants en faveur de la Ligue. Le viguier Pierre d'Anthelmi, qui tenait le parti du roi, chassa ce conspirateur. Nicolas de Cépède, premier consul et zélé ligueur, souleva alors le peuple contre le viguier ; mais ses collègues, Antoine Lenche et Jean Bousquet, s'étant mis à la tête des bigarrats, la ville présenta bientôt un aspect redoutable.

La Valette entra à Marseille le 6 juin, au moment où la population était sur le point d'en venir aux mains, et fit arrêter quelques factieux, parmi lesquels un patron pêcheur. Les prud'hommes de cette corporation : Sylve, Peyron, Teissère et Etienne Lombardon, armèrent immédiatement le quartier

Saint-Jean et marchèrent sur l'hôtel où logeait le duc, situé sur le quai de Rive-Neuve, à la tête de deux cents hommes de mer, pour réclamer la liberté des prisonniers. Nicolas de Cépède suivi des ligueurs les plus exaltés se joignit à cette troupe, qui forma bientôt un rassemblement considérable. Fabre, capitaine de quartier, ayant voulu interposer son autorité pour dissiper l'émeute, fut injurié et sur le point d'être jeté à la mer. La Valette s'efforça vainement de calmer la fureur de la populace; son hôtel fut envahi, et Martin Sylve le somma avec arrogance de rendre les prisonniers, disant qu'ils étaient bons catholiques et gens de bien. Des séditieux en grand nombre entouraient le gouverneur et le pressaient de sollicitations moitié suppliantes moitié impérieuses. Etienne Lombardon, doyen des prud'hommes, le prenant par le bras lui disait : *Tamben moussu, va nous foundrié pas fairé ! vous abusas ! rendez-nous leis prisonniers !* La Valette désespérant de voir la modération reprendre ses droits au milieu de cette tempête populaire, crut devoir céder à la violence qui lui était faite, et s'adressant aux prud'hommes : « Messieurs! leur dit-il, vous « êtes gens à barbe blanche et devez savoir ce que vous faites, « puisque vous voulez les prisonniers, je vous les donne ! » Le lendemain Lenche et Bousquet firent prendre les armes aux bigarrats pour s'emparer de nouveau des séditieux. C'était une faute après l'acte de faiblesse de la veille. Les ligueurs, encore sous l'excitation de leur succès, acceptèrent le combat et descendirent dans la rue. Cette détermination hardie intimida les bigarrats, qui n'osèrent poursuivre leurs projets. La Valette voyant son autorité méconnue sortit de la ville la laissant livrée à l'anarchie.

L'absence du gouverneur, si courte qu'elle fut, lui coûta cher. Quand il était parti d'Aix pour se rendre à Marseille, il avait exigé du Parlement et des consuls-procureurs du pays la

promesse qu'ils ne laisseraient entrer aucun gentilhomme de la province dans la ville, et la Cour avait rendu un arrêt en conséquence. Cette mesure était surtout dirigée contre de Vins; mais à peine s'était-il éloigné, que le premier président de Foresta de Trets écrivit au général de la Ligue, pour lui faire connaître que son parti le réclamait avec la plus vive impatience pour le mettre à sa tête et se déclarer ouvertement contre le gouverneur. Les résolutions hardies étaient trop dans la nature de ce chef de faction, pour qu'il n'accueillit pas cette proposition avec joie. Il quitta Forcalqueiret et se présenta le 24 juin à la porte Saint-Jean, à cheval et suivi d'un valet. Ce jour-là, le président de Foresta feignant d'aller par dévotion à la chapelle Saint-Jean, voisine de la porte, avait prié quelques conseillers et quelques bourgeois influents de l'accompagner. Ils arrivèrent au moment où le poste prenait les armes pour s'opposer à l'entrée de de Vins dans la ville. « A cette conteste, dit Pitton, le
« premier président usant de son autorité, le prit par la main,
« le fit descendre de cheval, et interprétant l'arrêt en sa faveur,
« disant qu'il ne devoit être entendu que pour les gentilshommes
« étrangers, tandis que le sieur de Vins était citoyen d'Aix, fils
« d'un président, né et baptisé à Aix, il lui fit passer la
« porte. »

L'enthousiasme le plus grand éclata dans la ville. Le parti ligueur se leva en masse et vint à la rencontre de son général; le peuple l'accompagna dans les rues en criant : *Vivo nouostré bouan païre ! nouastré bouan signé grand !* Vive notre bon père ! notre bon grand-père ! On se pressait autour de lui, on baisait les pans de sa casaque militaire, les bouts flottants de son écharpe, tandis que lui, ému, attendri, agitait son chapeau et saluait cette population soulevée dont il allait mettre les passions au service de son ambition et de ses rancunes.

La journée du 25 s'écoula au milieu d'une joie qui touchait

au délire ; mais quand la nuit fut venue, le président de Coriolis et la dame de La Valette visitèrent leurs amis du Parlement, et n'eurent pas de peine à obtenir d'eux la promesse d'une protestation devant la Cour, pour obliger de Vins à sortir de la ville. Le lendemain, en effet, la chambre des vacations rendit un arrêt qui lui enjoignait de quitter Aix sous trois jours. Cette décision, prise pour rendre à la loi un hommage inutile, ne pouvait aboutir. Le premier président attendit le troisième jour pour signer l'arrêt ; pendant ce temps les amis de de Vins se concertèrent et poussèrent le peuple à une manifestation pour s'opposer à son départ. Cette détermination factieuse avait été proposée par le premier président lui-même et par la comtesse de Sault qui, au dire de Pitton, « captivoit le peuple par une « table ouverte aux émissaires toujours en estat de faire les « séditions. » Acceptée avec ardeur par la populace, elle fut adoptée bientôt par toutes les classes de citoyens, et quand de Vins se présenta, seul et à cheval, pour sortir de la ville, il fut entouré avec tumulte par une foule immense. Les principaux du parti lui représentèrent qu'il ne pouvait s'éloigner dans un moment où la cité avait un pressant besoin de lui, et qu'il fallait qu'il empêchât par sa présence que les bigarrats s'en emparassent. De Vins parut d'abord vouloir résister à ces sollicitations, mais le peuple s'étant saisi, aux cris de : *Vivo moussu de Vins!* de la bride de son cheval, il fut reconduit à l'hôtel du premier président au milieu des acclamations et des transports de la plus vive allégresse.

Aix, siège du Parlement, venait de rompre avec la légalité et avait trouvé ses principaux complices dans une magistrature infidèle. La victoire des ligueurs était trop complète et trop bien assurée pour qu'on put essayer encore de la disputer. Le président de Coriolis, l'avocat général Monnier, quelques conseillers et la dame de La Valette, sortirent de la ville et se reti-

3

rèrent à Pertuis, où le gouverneur venait d'arriver. Celui-ci écrivit au Parlement, l'abjurant de considérer la voie dans laquelle il s'engageait, et lui montrant combien les événements qui venaient de s'accomplir étaient attentoires à sa dignité et au respect qu'on devait à l'autorité du roi. Parlant de de Vins et de ceux qui l'avaient appelé, il disait : « Vous pouvez mieux
« sçavoir que moi les maux presque innombrables que l'ambi-
« tion de ces gens là ont porté despuis longtemps en ça au
« peuple catholique de ce païs ; combien de désordres et de
« malheurs leur envie a causé ; vous sçavez les calomnies qu'ils
« ont jetées contre l'honneur des seigneurs de Tavannes, de
« Retz et d'Angolesme ; vous sçavez les levées d'armes et d'ar-
« gent qu'ils ont faictes contre la volonté du roy, pour dépos-
« séder ces catholiques et vaillants seigneurs du gouvernement
« que Sa Majesté leur avait donné sur ceste province ; vous
« sçavez avec quelle violence ils ont faict icelles levées et com-
« bien de gens d'honneur ils ont ruinés pour les fère ; vous
« sçavez les vengeances qu'ils ont prises contre ceulx qui leur
« ont esté contraires à leurs concussions et mauvais desseins ;
« vous sçavez la licence esffrénée du mal fère qu'ils ont donnée
« aux mauvais garçons pour les attirer à leur service ; vous
« sçavez qu'ils ont faict et juré amitié avec les huguenots et tiré
« leur part des butins que les picoreurs de Ménerbes faisoient
« sur les pauvres catholiques de Provence, soubs la promesse
« de ne les empescher aulcunement en leurs courses, ains de
« les loger dans leurs propres maysons, si la nécessité le
« demandoit ; vous sçavez que ces messieurs estant battus par
« ceulx qu'on a nommés razats, et leurs troupes totalement
« desfaictes, ont appelé les huguenots à leurs secours et leur
« ont donné toute la Provence en pillage, comme s'ils eussent
« esté les légitimes seigneurs et maistres ; bref vous sçavez
« qu'ils sont causes de tous les malheurs que ceste dolente

« province a reçus et reçoit encore si vivement et qu'elle en est
« aux abois; vous sçavez tout cela, messieurs, avisez donc au
« salut de vostre païs; ne permettez point que ces gens là
« usurpent vostre auctorité et s'en servent pour ruyner vostre
« patrie; faites leur produire par devant vostre sénat la com-
« mission qu'ils disent avoir du roy pour lever les gens qu'ils
« lèvent, et à faulte de ce fère, faictes justice, vous y êtes
« obligés (1)! » La Valette ne se contenta pas de faire parvenir
ses conseils et ses remontrances au Parlement, il les adressa
aussi aux consuls et aux procureurs du pays nés et joints; il
les fit, en outre, afficher contre la porte de l'église Saint-
Eutrope, située hors les murs; mais le Parlement, les consuls,
les procureurs et le peuple étaient trop sous l'empire de la passion pour faire droit à de si justes réclamations.

Pendant que ces événements se passaient en Provence, le
conseil de la Ligue présentait à Henri III, réfugié à Chartres,
une requête pour préciser ses griefs contre les ducs d'Epernon
et de La Valette : « Sire, disait-il, le duc d'Espernon et le sieur
« de La Valette, son frère, lesquels vous avez eslevés aux
« grandes charges et dignités de ce royaume, sont recognus
« non-seulement par la France, mais généralement par toute
« la chrestienté, pour principaux fauteurs et supports des héré-
« tiques, et quand il plaira à Vostre Majesté que on luy en
« fasse entendre les preuves, nous luy en présenterons plu-
« sieurs qui seroient trop longues à énumérer en cet escript (2). »

(1) *Principe et progrez de la guerre civile en Provence*, par H. DE
MEYNIER, p. 56.
(2) *Requeste présentée au roy par messieurs les cardinaux, princes de
l'église, et députés de la ville de Paris et aultres villes catholiques, asso-
ciés et unis pour la desfense de la religion catholique, apostolique et
romaine.* Les ducs d'Epernon et de La Valette répondirent par un écrit
intitulé : *Remonstrances au roy par un vray catholique romain*, son

Mais le duc de Guise n'était pas un homme à consumer son activité dans des luttes stériles et des agitations sans issues. Dans les premiers jours de juillet, il obtint du roi la promesse de la convocation des États généraux à Blois avant le 15 septembre, et un nouvel édit, connu sous le nom d'*édit de juillet*, qui confirmait le traité de Nemours : il sanctionnait la sainte Ligue, excluait le roi de Navarre de l'hérédité au trône, obligeait Henri III et tous ses sujets à une lutte à mort avec l'hérésie et les hérétiques, ajoutait Orléans et Bourges aux places de sûreté du duc de Guise, reconnaissait tous les fonctionnaires élus par le peuple, et amnistiait les journées de Paris, même celle du 12 mai. Le roi sacrifia lui-même le duc d'Epernon, qui l'avait rejoint à Chartres avec des troupes ; Henri lui conseilla lâchement de céder au temps et de se retirer dans un de ses gouvernements d'Angoumois ou de Saintonge, car on l'avait déjà forcé de donner sa démission de celui de Normandie. Le duc, désespéré, humilié de tant de faiblesse et d'abaissement chez son souverain, se retira en Saintonge et entra en négociations avec le Béarnais.

De Vins attendait avec impatience des ordres de Paris. Dans les premiers jours du mois d'août, Jacques de Cordes, gentilhomme de Salon, arriva à Aix porteur de l'édit de juillet. Le Parlement ordonna des fêtes publiques, une procession générale, fit prêter serment d'obéissance à tous les officiers, et chargea des commissaires d'aller à l'hôtel de ville recevoir celui des chefs de famille. L'éclatant succès de la Ligue poussa de Vins à accentuer davantage sa position. Lui qui, depuis deux mois, au dire des mémoires du temps, « ne s'estoit jamais expliqué qu'à « mots couverts et ne s'estoit jamais signé dans ses lettres »,

---

fidèle serviteur, respondant à la requeste présentée par la Lig. contre les sieurs d'Espernon et La Valette.

commença à agir en chef absolu du parti et prit ostensiblement le commandement des affaires. De Cordes lui avait remis une lettre du duc de Guise, dans laquelle, après lui avoir annoncé la soumission du roi à la Sainte-Union et l'ordre prochain de révocation des pouvoirs du duc de La Valette, il l'engageait à entrer en campagne pour pousser les villes qui hésitaient encore à se prononcer pour la Ligue. L'âme de de Vins dut s'ouvrir à des espérances qui réalisaient l'ambition de sa vie entière! Il envoya Jacques de Cordes à Salon, Besaudun, Ampus et le marquis de Trans à Marseille, et écrivit à Pierre Biord d'agir énergiquement à Arles.

Le 21 août Salon prit les armes. Le souvenir du long séjour que le comte de Carcès avait fait dans cette ville, les nombreux amis qu'il y avait laissés devaient la rendre facile à émouvoir en faveur de son neveu de Vins. Le premier consul, Jean Eguizier, sortit, une épée à la main, pour calmer la sédition. Il rallia quelques soldats du poste de l'hôtel de ville et un groupe armé de bourgeois tenant le parti du gouverneur, et attaqua les factieux avec résolution; mais vaincu bientôt et poursuivi, il fut obligé de se réfugier dans la citadelle. Un petit nombre de gentilshommes et de notables habitants, qui étaient descendus dans la rue pour prêter main forte au consul, après avoir tenté vainement de le dégager, furent repoussés et forcés de venir s'enfermer dans une vaste construction adossée aux remparts, et connue sous le nom de maison de Tripoly.

Les ligueurs, auxquels s'étaient joints les hommes de la campagne, promptement accourus armés de bâtons et de faulx, commencèrent le siège de la citadelle et de la maison de Tripoly. Le premier consul parvint à faire franchir les barricades pendant la nuit à un soldat, qui vint informer le baron de Senas et La Salle, gentilhomme gascon, commandant militaire à Bagnes, du danger que couraient les partisans du duc. Le baron de Senas partit immédiatement avec une compagnie et arriva le lendemain matin à Salon, où il entra sans éprouver de résistance. Il se porta contre les assaillants de la maison de Tripoly, mais au moment où il relevait la visière de son casque pour franchir une muraille, il fut frappé en plein visage d'une balle qui l'étendit mort. Ses soldats s'abandonnèrent lâchement à la peur et n'essayèrent même pas d'emporter son cadavre ; ils furent repoussés en désordre, se débandèrent, et plusieurs vinrent donner dans leur fuite contre La Salle qui entrait en ce moment dans la ville avec sa compagnie. Celui-ci traversa Salon en combattant. Il se fit jour jusqu'à la maison de Tripoly, dans laquelle il finit par pénétrer. Les assiégés secourus si inopinément reprirent courage et forcèrent les ligueurs à abandonner leurs positions, ce qui leur permit de se replier sur la citadelle par un chemin couvert qui reliait cette fortification aux remparts. Les bigarrats, malgré leur habile et courageuse défense, allaient cependant succomber faute de vivres et de munitions, quand on apprit dans la ville que La Valette était parti de Pertuis se dirigeant sur Salon avec quelques centaines d'arquebusiers à cheval. Les assaillants furent pris de panique ; ils abandonnèrent le siège du château, s'enfuirent pour la plupart dans la campagne, et laissèrent le gouverneur entrer librement dans la place et y mettre garnison.

Besaudun avait été reçu à Marseille avec un grand enthousiasme. Le lendemain de son arrivée, la population, soulevée par Nicolas de Cépède, s'empara d'un tableau exposé à l'hôtel de ville représentant l'exécution de Dariez, le promena triomphalement dans les rues, et rendit de grands honneurs à la mémoire de ce magistrat séditieux. Les bigarrats, qui depuis l'émeute de juin n'avaient plus osé se montrer, prirent les armes et se serrèrent autour d'Antoine Lenche et de Jean Bousquet, chefs du parti. Une sombre émotion régnait dans la ville ; on respirait la guerre civile, et l'émeute grondait au fond des quartiers habités par les marins, hommes de foi naïve qui avaient embrassé la Ligue parce qu'elle symbolisait à leurs yeux la religion de leurs pères. Un conflit entre quelques bigarrats et quelques ligueurs suffit pour mettre les deux factions en présence. Trois procureurs passaient sur le quai du port, quand l'un d'eux s'écria en montrant un groupe d'hommes qui discutaient non loin de là : *Maugrebleu! Pourquoi tant de bigarrats?* Aussitôt quelques jeunes gens sortirent du groupe, et tirant leurs épées fondirent sur les procureurs en leur disant : *Voici des bigarrats! Qu'avez-vous à leur demander?* Un rassemblement considérable se forma, les bigarrats furent attaqués, mis en fuite et longtemps poursuivis à travers la ville. Le parti tout entier, dès ce moment, fut menacé de mort, et des mains inconnues tracèrent sur les portes des maisons habitées par les bigarrats, de grands B à l'encre rouge, comme une lâche dénonciation à la vengeance des ligueurs (1).

Lenche fatigué des émeutes qui épuisaient son parti sans amener de solution, résolut de tenter un coup hardi et de s'emparer de l'hôtel de ville. Il assembla ses amis les plus audacieux, au nombre de cinquante, et, le 26 août, vers dix heures du soir, couvert d'une cuirasse, le chaperon consulaire sur les épaules, il s'avança vers *la loge*. Un partisan d'Antoine de Cépède, nommé Porcin, aperçut le premier Lenche. Il vint à sa rencontre et le somma, le pistolet sur la poitrine, de se retirer. Le consul détourna l'arme et brûla la cervelle à Porcin, en même temps que sa troupe en venait aux mains avec la garde accourue au bruit de la détonation. De Cépède se présenta bientôt à la tête d'une compagnie de ligueurs; il chargea les bigarrats, qui plièrent et finirent par se

---

(1) H. Bouche, t. II, p. 705.

disperser dans toutes les directions. Lenche poursuivi avec acharnement, abandonné des siens, parvint à égarer ses ennemis dans l'obscurité des vieilles et étroites ruelles, et trouva un refuge dans le couvent de l'Observance. La majorité du conseil municipal, réunie de suite à l'hôtel de ville, déclara ce chef royaliste déchu de ses fonctions consulaires, perturbateur du repos public et ennemi de la patrie.

Le lendemain, les ligueurs, ivres de leurs victoires, parcoururent la ville en poussant des cris de mort contre Lenche. Sur quelques indications qui leur furent données, ils entrèrent en tumulte dans le couvent de l'Observance, et, après l'avoir fouillé en tous sens, trouvèrent le malheureux consul caché dans un tombeau. On le força de sortir de son asile funèbre; un cardeur de laine lui arracha son chaperon et le frappa du poing au visage. Lenche, insulté et maltraité, fut poussé à travers la chapelle par une populace furieuse, et percé enfin de mille coups d'épée. Son cadavre, abandonné devant un bénitier, fut ramassé par des enfants, qui le traînèrent dans les rues et le jetèrent, quand la nuit fut venue, tout souillé de sang et de boue sur la porte de sa maison, où ses serviteurs le recueillirent et l'inhumèrent clandestinement (1).

Pendant que la Ligue triomphait à Marseille, Pierre Biord, lieutenant du viguier d'Arles, et parent de de Vins, dont il avait épousé la nièce, insurgea le parti de la Ligue. D'un caractère

(1) Antoine de Lenche appartenait à une des meilleures familles de Marseille. Il avait été pourvu en 1575 de l'office de maître des ports de Toulon. Il avait deux fils et deux filles : son fils aîné, Antoine, ne laissa pas de postérité de Louise de Villages, sa femme; Thomas, son fils cadet, se maria avec Louise d'Ornano, fille d'Alphonse d'Ornano, maréchal de France; de ses deux filles, Jeanne épousa Honoré Riquetti de Mirabeau, et Marguerite, Jean Paul de Foresta. Lenche était second consul de Marseille depuis un an. — ROBERT DE BRIANÇON, *L'état de la Provence dans sa noblesse*, t. II, p. 290.

ardent et despotique, il arma la lie du peuple et opprima le parti du duc de La Valette, représenté par Marc Icard, de Beaujeu, de Méjanes et Grille, personnages des plus considérables de la cité. Le second consul des nobles se rendit auprès de Biord pour lui faire des représentations, mais il fut insulté et chassé brutalement par la foule qui remplissait les appartements du chef de faction. Dès ce moment la ville appartint à la populace, qui promena sans crainte ses violences dans la rue, et imposa insolemment, au nom de la religion, ses volontés tyranniques à la majorité des habitants frappés de stupeur et glacés d'effroi.

La Ligue dominait dans les trois plus grandes villes de la province, en peu de temps l'incendie gagna partout. Presque toutes les communes situées au nord de la Durance demeurèrent fidèles au gouverneur, mais dans la partie la plus étendue, qui s'étend de cette rivière à la mer, dix-neuf seulement suivirent cet exemple (1). Les gentilshommes se divisèrent comme les communautés, car à cette époque de passions ardentes il n'était pas permis de rester neutre, et on n'avait que le choix du drapeau sous lequel il fallait combattre. Les principaux de ceux qui tinrent le parti de La Valette furent : le marquis d'Oraison, les barons de Vence et des Arcs, Regnaud-d'Allen, Sade-Aiguières, d'Auribeau, Séguiran, Pontevès-Buous, le chevalier de Pontevès, son frère, Glandevès-Baudument, de Beauvezer, Forbin-Saint-Cannat, d'Espinouse, La Goy, Castellane-Saint-Juers, Riquetti-Mirabeau, Norante, du Revest, Vintimille-Tourvès, Grasse-Tanneron, Valavoire, du Buysson, Boyer d'Ollioules, etc. ; tous huguenots ou anciens razats, enrôlés

---

(1) Aups, Brignoles, Draguignan, Moustiers, Castellane, Fréjus, Grasse. Pignans, Saint-Maximin, Digne, Riez. Tarascon. Toulon, Hyères. Lorgues. Colmars, Seyne, Berre et Salon.

sous les drapeaux du duc, les uns par nécessité, comme les huguenots, les autres par conviction, beaucoup par inimitié et jalousie contre de Vins. Dans le parti de la Ligue on distinguait : la comtesse de Sault, belle-sœur de de Vins, Castellane la Verdière, Ampus et Besaudun, également de la maison de Castellane, Bouliers, Forbin la Barben, Honoré Guiran, seigneur de la Brillane, de Chasteuil, les sieurs de La Fare, Fabri de Fabrègues et Duranti, de La Gaud, de Saint-Jeannet, de La Mole, d'Oize, de Solliès, de Vauvenargues, Allamanon, ainsi que tous les anciens carcistes. Quant à Gaspard de Pontevès, comte de Carcès, grand sénéchal de la province, il attendait que les événements se dessinassent mieux pour prendre un parti décisif.

La Valette avait cherché à résister à l'orage qui se formait contre lui en frappant des coups rapides et quelquefois cruels. En juillet il avait pris Lambesc d'assaut, l'avait livré au pillage et fait pendre trente des principaux habitants. Ces exécutions, je me hâte de le dire, n'étaient pas dans sa nature ; elles ne constituèrent jamais dans sa vie que de rares exceptions, toujours amenées par des circonstances violentes. Il s'empara ensuite de Berre, où il mit le sieur d'Istre, réduisit la tour de Bouc, donna le Puech à garder à Sigaudy, fortifia Pertuis, et envoya des garnisons à Manosque, Forcalquier et Sisteron. Mais les concessions de Henri III à la Ligue et la disgrâce du duc d'Epernon, rendirent bientôt plus précaire encore sa position en Provence. Il n'eut pas de peine à croire que l'édit de juillet avait été dirigé surtout contre sa famille, et, frappé des dangers qui le menaçaient, il résolut d'embrasser les intérêts de l'union protestanto-politique, et de se créer une force en faisant une alliance avec Lesdiguières. Ces deux chefs de parti comprirent, en effet, que la Ligue allait faire un effort suprême pour les écraser, l'un comme l'homme de guerre le plus redou-

table aux catholiques de Provence et de Dauphiné, l'autre comme l'ennemi personnel du duc de Guise. De Cormis se chargea des négociations. Lesdiguières et La Valette se donnèrent rendez-vous à Montmaur, en Dauphiné, pour arrêter les bases d'un traité offensif et défensif, qui fut définitivement signé à Castel-Arnoux, le 14 août, par Du Buysson au nom de La Valette et par Gouvernet au nom de Lesdiguières (1). Le traité, après un préambule dans lequel les deux parties contractantes déclaraient faire alliance pour s'opposer « aux sinis-
« tres intentions du sieur de Guise et de ceux de sa maison », portait que : le duc de La Valette pourrait se servir ouvertement ou couvertement des forces de Lesdiguières ; que le duc de La Valette et Lesdiguières se secourraient mutuellement toutes les fois qu'ils en seraient requis ; qu'ils n'entreprendraient ni l'un ni l'autre sur les places soumises à leur parti, et s'avertiraient, au contraire, des projets des ennemis sur ces places, et les secourraient dès qu'un des deux partis en aurait avis ; que Lesdiguières, s'il entrait sur le territoire provençal pour lever les contributions qui lui seraient dues pour frais de guerre, ne pourrait le faire qu'avec cent chevaux seulement, et à la condition de n'y demeurer que trois jours au plus ; que nul, chefs, capitaines ou soldats des deux partis, ne pouvait exiger de rançon d'un prisonnier de l'un ou l'autre parti ; que les tenants de l'un ou de l'autre parti pouvaient passer et repas-

(1) En ce moment la Ligue s'acharnait moins contre les huguenots que contre le tiers parti ou parti des politiques, représenté en Provence par les bigarrats. La haine avec laquelle les Guises et la masse du peuple poursuivaient les politiques, devait les forcer à chercher l'appui des protestants. Pendant que La Valette s'alliait avec Lesdiguières, le duc d'Épernon nouait ouvertement des relations avec Henri de Navarre. On trouve dans Duplessis-Mornay (t. IV, p. 187, 234, 251), du mois de mai au mois de septembre, plusieurs lettres et mémoires confidentiels envoyés par l'un à l'autre.

ser librement par tous les lieux au pouvoir des deux chefs, sans qu'on pût y mettre empêchement pour quelque cause que ce fut (1). Dans un article particulier, La Valette et Lesdiguières proclamaient une trêve avec les habitants du marquisat de Saluces, et les admettaient à trafiquer librement, en exemptant le transit de leurs denrées et marchandises en Dauphiné et en Provence de tous impôts ou droits. Quelques jours après, ceux-ci, en reconnaissance de la paix et de la liberté qui leur étaient accordées, envoyèrent des députés à Lesdiguières et à La Valette pour se faire comprendre dans le traité, et demandèrent à contribuer aux frais de la guerre.

Les ligueurs, en apprenant que le duc de La Valette venait de traiter avec les protestants, poussèrent des cris de colère et jurèrent sa perte. Le peuple ne vit plus en lui qu'un perturbateur, un traître et un ennemi du repos public, dont il fallait se défaire à tout prix. Les esprits étaient livrés à la plus grande exaspération, quand le roi, suivant la promesse qu'il en avait faite au duc de Guise, convoqua les Etats généraux à Blois. Le Parlement procéda immédiatement et sans l'intervention du gouverneur à la convocation des états du pays. Ils avaient été élus sous la pression de la Ligue et en représentaient les opinions exclusives. Ils dressèrent le cahier de leurs doléances et demandèrent : que les ordonnances touchant l'église fussent observées; que les bénéfices ne fussent donnés qu'à des provençaux; que les protestants fussent chassés du pays, et que les biens des *opiniâtres* servissent aux frais de la guerre; que les cent mille écus d'amende adjugés au pays sur les biens du baron d'Allemagne fussent payés; que la vénalité des offices fût abolie; que les fortifications et citadelles récemment élevées

---

(1) Voir le texte du traité dans VIDEL : *Vie du connestable de Lesdiguières*, p. 163.

fussent rasées, et que les gouverneurs imposés par le duc d'Epernon et le duc de La Valette fussent révoqués; que les garnisons fussent cassées, hors celles des places frontières; que les troupes étrangères à la Provence fussent licenciées, « parce que la garde d'icelle ne devoit estre commise qu'à la « fidélité des habitants »; enfin ils protestèrent contre tous les actes qui pourraient émaner de toute autre assemblée illégalement convoquée sous le nom d'États généraux, et d'avance les tinrent pour nuls et non avenus. Cette dernière résolution était dictée par de graves motifs et des craintes sérieuses : on venait d'apprendre, en effet, que La Valette allait à son tour convoquer les états royalistes pour les opposer aux états ligueurs (1).

La Valette ne pouvait se tromper sur les dangers que courait son autorité : il proposa des conditions de paix et offrit de faire des sacrifices pour ramener le calme en Provence; mais il exigeait que le Parlement révoquât tous les arrêts rendus contre lui, déclarât nuls les états tenus à Aix, et forçât de Vins à se retirer dans ses terres. Le Parlement était trop engagé dans la Ligue pour pouvoir accepter des négociations sur ces bases; il répondit que ne voulant rien faire que de conforme aux intentions du roi, il attendait les ordres de sa majesté. La Valette n'écoutant alors que son ressentiment, fit dire au Parlement qu'il traiterait Aix comme une ville prise d'assaut si de Vins n'en sortait sur l'heure; mais le premier président loin de s'émouvoir brava ces menaces et fit rendre un arrêt qui déclarait La Valette fauteur des hérétiques, rebelle au roi, cri-

---

(1) Les députés envoyés aux États de Blois, furent : pour le clergé, l'archevêque d'Aix; pour la noblesse, Castellane-Besaudun; pour le tiers état, Honoré Guiran, sieur de Brillane, et les députés de Castellane et de Forcalquier.

minel de lèse-majesté, et autorisait chacun à lui courir sus. Le Parlement mit des troupes sous les ordres du général de la Ligue, et lui donna pour sa garde une compagnie de deux cents hommes.

La Valette entra en campagne. Il tira quelques canons de Sisteron et passa la Durance à Manosque. En arrivant devant Valensolle, où il voulait faire reposer ses troupes, il fut accueilli par de vives arquebusades et gravement blessé à l'aine. Il força la place et y laissa garnison. Il se rendit ensuite à Riez, qui lui ouvrit ses portes, à Barjols, à Jouques et à Peyrolles. Les habitants de Peyrolles, sur l'ordre du Parlement, voulurent résister, mais le duc ayant fait avancer l'artillerie, battit les murailles et entra par la brèche dans la ville, qui fut pillée, « à son grand regret, dit son historiographe Mauroy, n'ayant pu « arrêter ses soldats. » Pendant que Pontevès s'emparait de Brignoles, les lieux de Rians et d'Ansouis députaient leurs consuls vers La Valette pour faire leur soumission. Tout à coup il se rabattit sur Aix, où il arriva le 30 septembre. Les habitants à la vue des enseignes ennemies prirent l'épouvante; mais de Vins les rassura et fit une sortie sous la protection des canons de la place. Ramefort et Montaud s'avancèrent avec une compagnie de chevau-légers, et les deux partis se chargèrent avec vigueur. Les troupes royales furent obligées de battre en retraite sur Eguilles et de là sur Pertuis, où La Valette apprit quelques jours après la nouvelle de l'envahissement du marquisat de Saluces par le duc de Savoie.

Le duc de Savoie, depuis qu'il était devenu le gendre de Philippe II, se trouvait trop à l'étroit dans ses montagnes, et, fidèle à des traditions de famille, espérait que la guerre civile lui livrerait le Dauphiné et la Provence, et lui donnerait l'occasion de reconstituer à son profit l'ancien royaume d'Arles. Il pratiqua une des factions de la Ligue provençale, et recruta à prix d'argent des partisans dans la populace. En peu de temps il eut des amis déclarés dans les villes ligueuses et des agents secrets dans quelques villes royalistes (1). La possession de deux provinces limitrophes de ses états de Savoie et de Nice, lui semblait une conséquence logique de la conquête de la France, que son beau-père poursuivait dans son alliance avec les princes de Guise. En attendant le démembrement de la monarchie, il résolut de s'emparer du marquisat de Saluces, qu'il regardait, non sans raison, comme une porte ouverte sur son duché, le jour où le roi de France voudrait recommencer les guerres d'Italie. Il avait déjà tenté d'amener Henri III à lui laisser prendre le marquisat sous son protectorat; mais ayant échoué, il crut que le moment de s'en saisir par la force était favorable : le duc de Guise était tout puissant, et il espérait que le bruit que ferait cette audacieuse entreprise, se perdrait dans les émotions et les agitations qui allaient sortir des États de Blois.

Le 28 septembre, Saint-Sorlin envahit le marquisat et s'empara de Carmagnoles, sans que Mayenne, qui était à Lyon, fît un mouvement pour s'y opposer (2). L'officier ligueur rendit sans combat, ou vendit, cette place, dans laquelle on avait déposé quatre cents canons retirés des villes qui nous avaient appartenues en Toscane et en Piémont. Saint-Sorlin prit ensuite Saluces, Cental, Revel, chassant devant lui les garnisons françaises, qui repassèrent honteusement les Alpes, abandonnant le

---

(1) La comtesse de Sault, à Aix, et, à son instigation, Casaulx, à Marseille, travaillaient ouvertement pour le duc. A Toulon, ville royaliste, le capitaine Berre, gouverneur de la *grosse tour*, et à Hyères, le baron de Méolhon, étaient ses agens secrets.

(2) Henri de Savoie, marquis de Saint-Sorlin, était le second fils de Jacques de Savoie, duc de Nemours. Sa mère était Anne d'Este, veuve en premières noces de François de Lorraine, duc de Guise, et mère du duc de Mayenne.

seul lambeau de territoire qui nous restât de toutes nos possessions en Italie, quatre-vingt-seize ans après l'expédition de Charles VIII.

Les États généraux étaient assemblés à Blois quand la nouvelle de cette brutale agression arriva en France ; elle y causa une vive et profonde impression. La noblesse des États fut saisie d'un généreux enthousiasme, lorsque Louis d'Angenne s'écria : qu'il fallait abandonner toute autre guerre jusqu'à ce qu'on eut chassé l'insolent duc de Savoie ! Le duc de Guise, que cette invasion trop brusquée contrariait, tenta d'amortir le coup et paya d'audace : il répandit le bruit que c'était le roi qui avait tout fait, qui conspirait contre lui-même, qui livrait les places, et offrit ouvertement d'aller reprendre le marquisat, *aussitôt que l'hérésie serait extirpée de France*. Le clergé, qui craignait qu'une guerre étrangère ne détournât les forces avec lesquelles il voulait écraser le protestantisme, le tiers, choisi parmi les ligueurs les plus ardents, montrèrent que l'esprit de faction l'emportait chez eux sur l'esprit public : ils firent remarquer que Louis d'Angenne appartenait au parti des politiques, et après avoir mis ainsi en suspicion la source d'où venait de jaillir l'appel à la défense de l'honneur national, ils consentirent à appuyer une expédition, à la condition que les hostilités contre les hérétiques continueraient. Dans l'état précaire où se trouvait la France, c'était renoncer à recouvrer le marquisat de Saluces. Le duc de Savoie vint, du reste, au secours de la Ligue ; il écrivit au pape et à Henri III, qu'il n'occupait les terres françaises qu'au nom du roi et pour empêcher Lesdiguières et La Valette de venir s'y réfugier et s'y établir, déclarant qu'il était près, d'ailleurs, *à mettre tout dans les mains du frère de M. de Guise* (1) ; mais en même temps

---

(1) «... Il supplioit Sa Majesté de conférer au marquis de Sainct Sorlin

il faisait répandre des mémoires dans lesquels il revendiquait le marquisat comme un fief de la principauté de Piémont, et faisait frapper des médailles portant un centaure qui du pied foulait la couronne de France.

En apprenant l'agression du duc de Savoie, La Valette avait dirigé vers Carmagnoles un régiment commandé par le colonel Bandini, pendant que Lesdiguières détachait Des Crottes avec un corps de cavalerie. Les troupes françaises rencontrèrent les Savoyards au village de La Chanau, le 14 octobre, et les battirent complétement ; mais les officiers gascons et dauphinois, qui trouvaient qu'il y avait moins à piller dans ces pauvres montagnes qu'en Provence et en Dauphiné, revinrent bientôt sur leurs pas, sous le prétexte qu'ils n'étaient pas assez nombreux pour forcer les passages.

En Provence, cependant, la position du duc de La Valette devenait tous les jours plus difficile, et l'isolement se faisait rapidement autour de lui. En ce moment le bruit se répandit que le roi, à la demande du duc de Guise, avait donné le gouvernement du pays à de Vins (1). Plusieurs villes qui flottaient encore incertaines entre les deux partis se déclarèrent pour la Ligue. La Valette ne se laissa pas abattre ; il convoqua les États royalistes à Pertuis, et écrivit à ses lieutenants de redoubler de zèle et de mettre tout ce qu'ils avaient d'énergie et de dévouement au service de la cause du roi, qui était en péril :

« le gouvernement du marquisat. Or le marquis estoit frère de mère du
« duc de Guyse, et avoit assisté à la prise du marquisat de Saluces, comme
« estant cousin germain du duc de Savoye, en la cour duquel il estoit. »
PALMA CAYET, t. I, p. 76.

(1) « ...... Ce néanmoins, les factieux et séditieux, par artifices et inventions, avoient séduit et esmu le peuple, luy persuadant que mondit sieur de La Valette n'avoit aulcun commandement et avoit esté révoqué de sa charge. » — *Discours du sieur* MANAUD DE MONNIER, *advocat du roi à l'assemblée des communautés royalistes tenue à Pertuis.*

« Ce ne sera pas peu de cas, leur disait-il, si nous résistons ou
« par bonheur venons à vaincre nos ennemis, qui sont les plus
« braves hommes du monde ; nous en acquerrons un honneur
« et réputation immortels. J'estimerois peu fère si nous n'a-
« vions à résister qu'à quelques hommes de moyenne renom-
« mée, mais ayant affère aux moyens d'un prince de Lorraine,
« d'un prince de Piedmont, voyre et à la subtilité, diligence et
« vaillance d'un sieur de Vins, je nous estime bien heureux et
« rends grâces à Dieu de l'honneur que libéralement il me
« donne, en me fesant exploicter le mandement de mon roy
« contre de si grands guerriers (1) ! »

Les États royalistes furent convoqués en octobre, à Pertuis. Bien que le Parlement eut défendu à tous les sujets du roi d'y assister, les villes qui tenaient le parti du duc y envoyèrent des députés. Ils s'ouvrirent sous la direction du président de Coriolis, de l'avocat général de Monnier, de Henri de Serres, président au bureau des trésoriers de France, et de Claude de Grasse, chevalier de l'ordre de Saint-Jean de Jérusalem, tous les quatre agissant en qualité de commissaires du roi. L'élection des consuls et des procureurs du pays, faite récemment à Aix sous la pression de la Ligue, fut annulée ; on nomma à leur place le marquis d'Oraison et les premiers consuls de Forcalquier et de Brignoles avec le titre de procureurs-nés du pays ; on nomma procureurs-joints l'évêque d'Apt, l'abbé de Val Sainte, les seigneurs de Pontevès et de Barras, les consuls de Pertuis et de Draguignan. On délibéra de supplier le roi d'établir une chambre de justice composée des magistrats réunis en ce moment à Pertuis, dont la résidence serait fixée dans la ville que désignerait Sa Majesté, et d'autoriser, par lettres patentes, l'élection du marquis d'Oraison

---

(1) H. DE MEYNIER. ouv. cit., p. 60.

à la charge de grand sénéchal de Provence (1). Enfin La Valette s'appuyant sur la présence dans la vallée de Barcelonnette d'une armée savoyarde qui menaçait Seyne, fit voter une levée de six mille hommes de pied, de six cents chevau-légers et de deux cents arquebusiers à cheval. Ces diverses déterminations avaient pour but de consacrer légalement la scission qui existait déjà dans le pays (2).

Les ligueurs furent effrayés des forces que les Etats de Pertuis allaient ajouter à celles que La Valette possédait déjà, et convoquèrent de nouveau les Etats à Marseille, en novembre. Ils s'ouvrirent sous la présidence du conseiller Sommat du Castellar et de l'avocat-général Honoré du Laurens (3). L'assemblée confirma de Vins dans sa charge de généralissime, et décréta une levée de six mille hommes d'infanterie, de quatre cents chevau-légers, et de trois compagnies de gendarmes de cinquante lances chacune, qui furent données à Saint-André de Sault, au marquis de Trans et au seigneur de Solliès. Ampus, Meyrargues, Chasteuil, de Beccaris, Puget-Saint-Marc, Forbin-La-Barben, Bastin, d'Entraigues, commandaient les régiments de cette armée, à laquelle vinrent se joindre quelques compagnies de cavalerie sous les ordres du baron de Paris, gentilhomme dauphinois.

La malheureuse Provence offrait ainsi le spectacle lamen-

---

(1) Le grand sénéchal, comte de Carcès, venait de se déclarer contre La Valette.

(2) Les États, en se séparant, nommèrent une députation composée de l'évêque d'Apt, du marquis d'Oraison, de Monnier et du sieur d'Antraix, consul de Sisteron, qui fut chargée de se rendre à la Cour pour obtenir du roi la sanction de ces demandes.

(3) Le premier président Jean-Augustin de Foresta, baron de Trets, était mort à Aix, le 25 octobre. Il avait siégé pendant 45 ans au Parlement : 11 ans comme conseiller, 4 ans comme troisième président, et 30 ans comme premier président.

table de la discorde la plus profonde et du plus grand désordre. « Partout, dit Du Virailh, le menu peuple tenoit le parti de la « Ligue, mais les riches, qui désiroient la paix pour conserver « leurs biens, gouvernoient encore, bien que la division fut si « générale, que par toutes les villes il y avoit deux partis, et « même une si grande partialité dans les familles, que le père « et les enfants, la femme et le mari se trouvoient en partis « divers. » Déjà épuisée d'hommes et d'argent par quarante ans de guerres civiles et religieuses, elle voyait deux assemblées des Etats, rivales et jalouses, lui demander au nom de la légalité des subsides et des soldats. Les ligueurs d'un côté, les réformés et les bigarrats, qui ne s'appelaient plus que les royalistes, de l'autre, formaient deux factions, avec leur haine implacable, leurs chefs et leurs armées. Le parti des ligueurs, né de l'intolérance religieuse et longtemps en révolte ouverte contre le pouvoir, était devenu légitime par l'assentiment d'un souverain aveugle et coupable ; celui des bigarrats, qui avait marqué sa place autour du trône, n'était devenu tout-à-coup rebelle que parce que le roi s'était retiré de lui. Au milieu de ces complications violentes, la Provence agonisait déchirée par les mains de ses propres enfants.

De Vins, malgré les promesses du duc de Savoie, n'avait encore reçu ni un homme ni un écu. Il avait envoyé Carré, secrétaire du comte de Carcès, son cousin, auprès du duc de Mayenne, pour lui demander des soldats et l'argent promis aux reitres qu'on avait fait venir en Provence (1) ; mais Carré, arrivé de Blois pendant la tenue des Etats à Marseille, ne rap-

---

(1) Après les combats d'Aunneau, de Vimori et autres rencontres dans lesquelles les reitres avaient été battus, un assez grand nombre de prisonniers s'étaient engagés au service de la Ligue, et quelques compagnies de ces mercenaires avaient été envoyées en Provence.

porta que des espérances vagues et des lettres flatteuses pour le chef des ligueurs. De Vins s'emporta en paroles amères contre le duc et contre Carcès qui, par son récent mariage était devenu le gendre de la femme de Mayenne (1). Son ambition commençait à s'effrayer du nom que portait son cousin, et quoique celui-ci n'eut ni l'éclat des services rendus, ni les talents de son père, le prestige qui entourait encore sa famille, joint à son alliance, pouvaient en faire un compétiteur redoutable. Au fond, il n'était pas fâché de le représenter aux yeux des ligueurs comme ne faisant rien auprès de son beau-père pour venir en aide à son parti, alors que lui était obligé de lutter avec les seules forces des communautés restées fidèles, contre les huguenots et les bigarrats de la province, appuyés par des troupes réglées et habituées à la guerre.

Le secours qu'il demandait inutilement au duc de Savoie et au duc de Mayenne, lui arriva sous une autre forme de la cour de France. Le duc de Guise poursuivant toujours avec ardeur l'anéantissement de la puissance des Nogaret, exigea du roi la révocation des pouvoirs de La Valette. Henri III avait déjà sacrifié le duc d'Epernon, il n'hésita pas à sacrifier son frère. Il chargea deux commissaires, le comte de Pontcarré, maître des requêtes, et Sainte-Marie, gentilhomme du Dauphiné, de se rendre en Provence, pour lui intimer l'ordre de remettre le gouvernement aux mains du Parlement et de se retirer dans une ville neutre. Besaudun, qui était aux Etats de Blois, et Albertas

---

(1) « Du 27 février 1588, Guillaume Présan, notaire à Dijon, contrat de
« mariage entre Gaspard de Pontevès, comte de Carcès, etc., et Léonor
« Desprez, fille de feu Melchior, seigneur de Montpezat, etc., et de très-
« illustre princesse, madame Henrye de Savoye, duchesse de Mayenne, à
« présent fame et compaigne de très-illustre prince monseigneur Charles
« de Lorraine, duc de Mayenne, pair et grand chambellan de France,
« etc. »

de Gémenos, député de Marseille à ces mêmes États, firent connaître les premiers à de Vins cette grave résolution du roi. La Valette ne l'apprit que quelques jours après, par une lettre du duc d'Epernon, qui lui conseillait de se tenir sur la défensive armée et de gagner du temps. La Valette connaissait trop bien les flux et les reflux des déterminations royales pour céder immédiatement à un ordre; il demanda des secours à Lesdiguières et en Languedoc, et chercha autour de lui un centre de résistance, en cas d'attaque générale, dès que sa désobéissance au roi serait connue dans le pays. Il eut d'abord la pensée de venir s'enfermer dans Toulon, mais il renonça à ce projet après s'être assuré que cette place n'offrait pas de moyens de défense suffisants (1). Il résolut alors de s'emparer du château d'Hyères, qui, tenant par sa position la ville sous ses canons, lui paraissait une retraite plus assurée pour le cantonnement et la protection de ses troupes.

Le château était sous le commandement du baron de Méolhon homme depuis longtemps acquis à la Ligue, et qui se vendait en ce moment au duc de Savoie. La Valette entra sans résistance dans la ville, le 25 novembre, avec cinq cents cavaliers et six pièces de canon. Il somma le lendemain Méolhon de rendre la place, mais celui-ci opposa un refus énergique, et les troupes durent prendre leur logement chez les habitants. Après quelques jours d'observation, le gouverneur s'était convaincu qu'il fallait faire un siège en règle pour s'emparer du château: Tournabon, un de ses officiers les plus distingués, lui démontra qu'il n'en avait ni le temps, ni les moyens,

---

(1) C'est à partir de ce moment que La Valette, qui avait reconnu la forte position stratégique de Toulon, se décida à en faire une place de guerre formidable. Il ne put mettre ce projet à exécution que l'année suivante.

et il se décida à évacuer Hyères pour gagner Brignoles, dont il connaissait le dévouement à ses intérêts. Avant de s'éloigner, il fit arrêter le procureur du roi au siége d'Hyères, dont le seul crime était, selon quelques historiens, d'avoir fait publier un arrêt du Parlement contre l'assemblée des Etats tenue à Pertuis, et selon quelques autres, d'avoir sévi contre les députés de la ville qui s'étaient rendus à ces Etats. Du reste, le prisonnier fut conduit à Toulon et échangé ou mis simplement en liberté quelques jours après (1). En quittant Hyères, La Valette se dirigea sur le Val, qu'il incendia, sans que l'on sache quel motif le poussa à cet acte de rigueur, et se rendit à Brignoles.

Pendant son court séjour à Hyères, le gouverneur avait eu les preuves évidentes de l'intervention active du duc de Savoie dans les affaires du pays. Des cavaliers royalistes qui fourrageaient dans les environs arrêtèrent un jour un homme couvert de vêtements grossiers, mais ayant sous ses habits d'emprunt un grand air de distinction, qu'ils avaient trouvé rôdant dans la campagne et cherchant à s'introduire dans le château. Un soldat reconnut le capitaine Fabri, de Marseille, un des ligueurs les plus exaltés et les plus actifs. On le fouilla et on trouva sur lui une boîte contenant un traité passé entre Méolhon et le duc de Savoie, que ce dernier renvoyait signé, ainsi qu'une lettre adressée au capitaine Berre, gouverneur de la tour de Toulon.

Pendant que le gouverneur consumait son temps et s'agitait en des marches stériles, de Vins s'était mis aux champs avec quatre compagnies. Il avait parcouru les villages, toujours accueilli avec enthousiasme par les populations, leur avait fait

---

(1) Cet incident est raconté différemment dans les divers mémoires du temps : les uns disent qu'il fut conduit à Toulon par le capitaine Boyer, et mis en liberté le lendemain, les autres qu'il fut échangé contre le capitaine Boyer, qui dans ce cas aurait été détenu, on ne sait où ni pourquoi.

jurer la Ligue et s'était arrêté à Aups pour observer La Valette. Ses lieutenants étaient entrés en campagne de leur côté. La plus vive agitation régnait dans la province. Le marquis de Trans profitant de l'absence momentanée du baron de Montaud, gouverneur de Fréjus, était entré par surprise, le 9 novembre, dans la place, et avait coupé la gorge à la garnison gasconne épouvantée. Le 19, Ampus, avec cent chevaux et les deux compagnies des capitaines Chasteuil et Bastin, reprit Jouques, que tenait Claude d'Orgon. D'Orgon fut tué et cinquante des siens passés par les armes. Partout les ligueurs se concertèrent, firent de rapides et cruelles expéditions sur les villages sans défense, et se livrèrent à des actes de violence contre les nobles ou les bourgeois convaincus ou seulement soupçonnés d'appartenir au parti de La Valette. Les habitants du Muy, après avoir obtenu, par supplication, de leur seigneur Jehan de Rascas, le renvoi d'une compagnie de Gascons qu'il avait logée dans son village, le mirent à mort un jour où il visitait le mur d'enceinte pour le faire réparer. Du Muy était l'ennemi personnel et irréconciliable de de Vins, et il avait joué dans les troubles de la Provence un rôle très-actif et parfois peu honorable pour lui. Il était violent, insubordonné et très-âpre au gain ; sa mort fut une expiation des nombreuses exactions qui avaient marqué sa vie. Traîtreusement assailli alors qu'il n'avait pas même son épée, il s'arma d'un pieu qu'il trouva sous sa main, et se défendit longtemps, seul contre plus de cent, comme un sanglier dans sa bauge, dans une écurie où il s'était réfugié. Il mourut percé de coups de lances, déchiré de coups de fourches, étouffé sous un monceau de pierres et de madriers. Sa femme, qui était sur le point d'accoucher, fut attaquée à son tour dans son château. Sur le point d'être massacrée et folle de terreur, elle parvint à s'enfuir sur les toits ; mais elle fit une chute, et roula jusqu'à une saillie de la corniche, où elle resta suspendue par ses vêtements. Ses assassins eurent pitié d'elle et lui laissèrent la vie. Elle gagna Draguignan à pied et avorta en entrant dans la ville. Le commandeur de Roquebrune, parent de Du Muy, s'était caché dans une guérite, quand il fut découvert et livré par une cuisinière de la maison. Il fut amené l'épée à la main auprès d'un prêtre pour se confesser, et froidement égorgé ensuite par un de ses valets nommé Eynési.

Pendant ce temps, les commissaires du roi Pontcarré et Sainte-Marie étaient entrés en Provence et s'étaient rendus, le 1er décembre, à Brignoles, où se trouvait La Valette. Ils lui signifièrent les ordres dont ils étaient porteurs et par lesquels Henri III « luy ordonnoit de se retirer en une ville neutre et d'y « demeurer en repos jusqu'à la closture des estats de Blois et à « l'arrivée de la royne mère, qui debvoit venir en Provence « pour y pacifier les troubles; de remettre la conduite des « afferes du païs au Parlement, et à faulte le déclaroit décheu « et destitué. » La Valette s'attendait à cette mise en demeure ; il avait déjà donné des ordres pour les réparations ou l'achèvement des places où il tenait garnison, et avait demandé des secours à Lesdiguières. Il répondit aux commissaires : « Qu'on « avait surpris la religion du Roi, qu'il se croyoit obligé de ne « point céder aux calomnies de ses ennemis, et qu'il ne pou« voit se démettre de son commandement sans s'exposer et « sans exposer les affaires du roi. » Il demanda du temps et donna rendez-vous aux commissaires, à Pertuis, pour le 10 décembre.

La Valette ne se dissimulait pas les dangers de sa désobéissance; beaucoup de villes ne reconnaissaient son autorité que parce qu'il agissait au nom du roi, mais du jour où il entrait en rébellion contre lui, il ne pouvait tarder à se trouver isolé, avec son armée de Gascons antipathiques à la population. A peine les commissaires l'avaient-ils quitté pour rentrer à Aix, qu'il se rendit à Pertuis, pour être plus à portée de recevoir les secours qu'il attendait du Dauphiné.

Lesdiguières lui envoya Gouvernet et Prunières avec cinq cents chevaux et mille fantassins. Ces troupes entrèrent en Provence par Sisteron. Elles descendirent à Riez, où de Tournon, gouverneur de la ville, leur fit l'accueil le plus sympathique, et se rendirent de là à Manosque, que commandait Baratte. La présence des Dauphinois permit à La Valette de prendre une forte position militaire. Il fit occuper toute la ligne de la Durance depuis Sisteron jusqu'à Pertuis par ses Gascons et les Dauphinois, et fit garder la partie qui s'étend de Pertuis au Rhône par un contingent languedocien, que lui avait amené, en novembre, le capitaine Castillon, « gentilhomme excessivement « gras et massif, dit Nostradamus, mais vaillant homme de sa « personne et très-expérimenté ».

Le Parlement, en apprenant ces mouvements, dépêcha Pontcarré et Sainte-Marie à Pertuis pour sommer La Valette d'obéir aux ordres du roi. Il dut se passer entre le duc et les commissaires une scène violente et dont nous ignorons les détails. Honorat de Meynier, toujours très-instruit des événements qui s'accomplissaient à Pertuis, et qui, du reste, était en ce moment sur les lieux, se contente de dire que La Valette « leur « respondit haut et clair qu'il ne peut, ne doit, ne veut quitter les « armes! » Mais il est probable que les commissaires, à tort ou à raison, durent craindre pour leur liberté, sinon pour leur vie, car Meynier ajoute : « Quoy entendu, les sieurs de Pontcarré et « Sainte-Marie se desrobent le mieux qui leur fust possible et « gaignèrent la porte qu'on dict du Chasteau, et de là le port de « la rivière dicte Durance, aux despens de leurs chevaux, qui « ne cessèrent jamais de courir à bride avalée jusques au port. « Je le puis dire, car je l'ai veu, et croys que s'ils eussent « aperçu quelques uns après eux, qu'ils se seroient précipitez à

« la mercy de la rude Durance pour se cacher. » En arrivant à Aix ils présentèrent au Parlement des lettres patentes « qui « pardonnoient toutes les faultes passées, révoquoient tous les « jugements et arrêts rendus pendant les troubles contre ceulx « qui avoient pris les armes ; déclaroient La Valette destitué du « gouvernement de Provence et le transmettoient au Parle- « ment, avec inhibition et défense de reconnoitre le gouverneur « et de lui obeyr. » Ces lettres furent lues en audience solennelle et publiées au milieu des transports de joie dans toutes les villes.

Les ligueurs entrèrent en campagne. De Vins avait appris, vers le 15 décembre, que La Valette s'était rendu à Salon, où venait d'éclater un mouvement. Il sortit d'Aix avec six compagnies de gens d'armes à cheval et quelques compagnies d'infanterie, pour faire une tentative sur Pertuis, que le marquis de Janson, commandant de la place, avait promis, dit-on, de livrer au comte de Carcès, son beau-frère (1). Il fit passer la Durance à ses cavaliers vêtus en muletiers et tenant chacun d'eux son cheval en main. Quand ils furent réunis dans un pli de terrain, à peu de distance de la ville, il leur fit tirer l'épée et se présenta à leur tête devant une des portes, en même temps que l'infanterie s'engageait sur le pont pour lui prêter main-forte. Soit qu'ils eussent été reconnus, soit qu'ils eussent été trahis, ils trouvèrent la porte fermée. Le capitaine de service, jeune gentilhomme de la maison des Saurets, fit prendre les armes au poste et repoussa un groupe nombreux d'habitants réunis tumultueusement devant le corps de garde, qui poussaient les cris de : *Vive la Ligue ! Vive de Vins !* et demandaient avec des menaces qu'on ouvrît la porte.

---

(1) Janson avait épousé une des filles de Jean de Pontevès, comte de Carcès.

Les ligueurs refoulés dans l'intérieur de la ville et fuyant dans toutes les directions, finirent par se rallier de nouveau et vinrent s'emparer d'une deuxième porte, par laquelle de Vins, Carcès et Solliès entrèrent avec leurs troupes. Janson n'était pas dans Pertuis en ce moment ; il en était sorti la veille, appelé à Cadenet par le marquis d'Oraison, qui venait de recevoir une lettre du roi lui annonçant la destitution de La Valette. Il arrivait à peine à Cadenet, quand il apprit que de Vins faisait passer la Durance à ses soldats ; il repartit en toute hâte et entra dans la ville peu de temps après les ligueurs. Il se présenta devant le château au moment où Carcès parlementait avec Verdaches, frère du capitaine huguenot tué pendant la guerre des Razats, et cherchait à lui persuader que Janson était de connivence avec les ligueurs, et n'avait quitté la ville que pour n'avoir pas à la défendre. Sa présence mit fin aux hésitations de Verdaches et de la garnison, qui ouvrit le feu sur les ligueurs. Ceux-ci, forcés d'abandonner le château, vinrent se replier devant l'abbaye, vaste construction dans laquelle la dame de La Valette s'était enfermée avec une compagnie de cent hommes, sous le commandement du capitaine Lacroix de Pierre-Late. Anne de Batarnay du Bouchage, dame de La Valette, joignait à une austère vertu, qui répandit sur sa tombe un parfum de sainteté (1), un esprit très-cultivé et un caractère qui se montra toujours à la hauteur des graves événements auxquels présida son mari. Au moment où de Vins s'avançait vers l'abbaye, on vit cette noble femme donner l'exemple d'un courage au-dessus de son sexe, et électriser ses soldats par son intrépidité et ses discours. Il ne paraît pas cependant que de Vins ait tenté aucune

---

(1) Elle mourut à Sisteron, dans les premiers jours de juin 1591. Son corps fut déposé dans l'église cathédrale, où ses héritiers lui firent élever une chapelle sous l'invocation de Sainte-Anne.

attaque contre l'abbaye ; il se contenta d'envoyer un parlementaire au château vers Janson, pour traiter de la remise de la ville. La réponse se faisant attendre, il craignit que La Valette, en apprenant le péril que courait sa femme, ne se portât rapidement à son secours et ne le prit dans Pertuis comme dans un piège (1) ; il évacua la ville, se dirigea vers Saint-Paul-la-Durance, qu'il prit par escalade, et ensuite sur Mirabeau, dont il s'empara.

De Vins après avoir ruiné ces deux places descendit vers Brignoles, le berceau de sa famille, dans laquelle il comptait autant d'ennemis que d'habitants. L'inimitié de Brignoles pour le chef de la Ligue datait de loin. Elle puisait ses origines dans le refus obstiné de de Vins de payer les impôts de ses vastes domaines, et elles s'était exaspérée depuis la guerre des Carcistes et des Razats, par les courses qu'il faisait faire sur le territoire de la commune par la garnison de son château de Forcalqueiret. La ville était sous le commandement de Pontevès. Dans la nuit du 31 décembre au 1er janvier, de Vins s'en empara par surprise, et fit Pontevès prisonnier, après une héroïque résistance de sa part. Brignoles fut livrée aux soldats, qui la mirent au pillage et y commirent des violences que les passions de l'époque ne peuvent même excuser. Cette détermination de de Vins lui fut sévèrement reprochée dans la suite par ses ennemis, on peut dire en sa faveur qu'il avait défendu de verser le sang, et que le pillage qu'il autorisa, fut de sa part une affaire de nécessité bien plus qu'un besoin de vengeance.

Quelques jours après, il convoqua les notables de la ville en un conseil général, sous la présidence de Saint-Marc, et s'étant

---

(1) De Vins dit incontinent : « *Otons-nous d'ici, de peur qu'il ne nous arrive le même qu'au comte de Suze à Montélimar.* » — LOUVET, t. I, p. 533.

présenté tout-à-coup il leur dit : « Que c'estoit une vergogne de
« laquelle il estoit fort marry, que Brignoles fust le seul lieu
« qui le haït, quoiqu'il y eust pris naissance; qu'il s'estoit sou-
« vent efforcé de faire du bien à ses habitants, qu'il avoit
« offert souvent de donner trois mille escus en dédommage-
« ment des tailles qu'il ne payoit point, et de les faire des-
« charger de trois feux par la province, suivant le don qu'il en
« avoit eu du roi ; mais qu'ils s'estoient toujours montrés très-
« aspres à son endroit, et n'avoient jamais voulu gouter de lui,
« à quelque saulce qu'il eut pu se mettre; qu'ils avoient rasé
« sa maison et gaspillé son bien, que quand il useroit du pou-
« voir qu'il avoit et feroit de même à leurs maisons, tout le
« blasme seroit attribué à ceux qui avoient commencé et
« donné sujet d'une telle revanche. Toutesfois qu'il vouloit se
« montrer plus modéré à leur endroit, et qu'à ces fins il les
« avoit fait assembler pour leur faire savoir que de son costé
« il étoit saoul des maux qu'ils s'estoient réciproquement faits,
« et qu'à l'avenir il vouloit vivre en paix avec eux, et les prioit
« d'en faire de mesme, et pour leur faire connoistre que ce
« qu'il disoit partoit du bon cœur, il leur vouloit vendre son
« bien et leur donner terme suffisant pour le payement, afin
« d'ôster toute occasion de différend à l'avenir. »

Le 3 février, les membres du Conseil général de la communauté votèrent l'achat de toutes les propriétés de de Vins, au
prix de cinquante mille écus, somme énorme pour une ville qui
venait d'être pillée et saccagée (1). Les soldats donnèrent
à cette contribution forcée le nom d'*étrennes de Brignoles*.

---

(1) L'acte notarié fut passé le 2 mai. En août, le conseil délibéra de
faire consulter pour obtenir la cassation du traité, *attendu*, est-il dit,
qu'il est préjudiciable à la ville. Après une procédure longue et labo-
rieuse, la communauté paya les cinquante mille écus.

Ces actions de guerre n'avaient, au fond, aucuns résultats sérieux. Pendant que les diverses factions provençales s'épuisaient en efforts impuissants, la cour de France était le théâtre d'une tragédie qui allait changer de nouveau l'état des partis.

Le duc de Guise avait accablé le roi de tant d'outrages, que celui-ci en était arrivé à reconnaitre qu'il n'y aurait plus d'autorité pour lui qu'après la mort du duc. Depuis quelque temps il lui était arrivé plusieurs fois de se souvenir, dans son abaissement, qu'il était encore le roi, et des paroles sinistres avaient trahi les orages qui agitaient son âme. Ses confidents, ses mignons, le poussèrent aux déterminations violentes; ils lui répétèrent à satiété l'ancien mot d'un pape sur le dernier Hotenstaufen et le premier Anjou de Naples : *La mort de l'un est la vie de l'autre, la vie de l'un est la mort de l'autre!* ils lui citèrent le proverbe italien : *Morte la bête, mort le venin* (1)! ils lui rappelèrent que la cour pontificale l'avait exhorté à punir ceux qui l'offensaient, et ils lui démontrèrent que la punition n'était plus possible dans les formes ordinaires. Le roi poussé à bout, irrité, humilié, en proie à des terreurs immenses, prit la résolution de le faire assassiner.

Les prédictions lugubres n'avaient pas manqué cependant au chef de la Ligue, et une voix dévouée s'était élevée du fond de la Provence pour le mettre en garde contre les dangers qui le menaçaient. Le duc venait d'écrire à de Vins une longue lettre en chiffres, dans laquelle il lui disait : « Qu'il se croyoit sincè-
« rement réconcilié avec le roy, et que s'il y avoit chez celui-ci
« de la dissimulation, il falloit que le monarque en eut plus que
« le caractère français en comportoit... » De Vins était avec sa femme et sa sœur quand il reçut cette lettre ; il fut pris d'une

---

(1) RANKE. *Histoire de France au XVI⁰ et au XVII⁰ siècle.* Traduction de M. PORCHAT.

subite colère, et ne put s'empêcher de s'écrier : « Maugrebleu
« du Lorrain ! a-t-il si peu de jugement de croire qu'un roy
« auquel il a voulu, en dissimulant, oster la couronne, ne dis-
« simule pas en son endroit pour lui oster la vie ! » Et sa sœur,
madame de Saint-Cannat, lui dit : « Puisqu'ils sont si près l'un
« de l'autre, vous entendrez dire au premier jour que l'un ou
« l'autre aura tué son compagnon (1). » Le même jour il répondait au duc : « Qu'à l'esgard de ceste réconciliation, il ne vou-
« droit estre n'y à sa place n'y auprès de luy, et que s'il ne se
« retiroit au plus tôt, il s'en trouveroit mal. » Mais le duc, plein
de confiance en lui-même, méprisait trop le roi pour le craindre. Le vendredi 23 décembre, comme il entrait chez le roi
qui l'avait fait appeler, Montséry, un des quarante-cinq gentilshommes, le frappa d'un coup de poignard dans la poitrine, en
s'écriant : *Ah ! traître ! tu en mourras !* En même temps huit
autres gentilshommes le percèrent de leurs épées. Le duc de
Guise se sentit perdu. Son dernier effort fut d'un vaillant soldat.
Il n'implora pas miséricorde, mais, serré dans les bras de ses
assassins qui fouillaient son corps avec leurs dagues, vomissant
tout son sang par la bouche, par la poitrine, par la gorge, par
les flancs, il renversa la moitié de ses meurtriers et traîna les
autres jusqu'à la chambre à coucher de Henri III, où, épuisé
par cette lutte suprême et le visage livide, il tomba mort sans
pousser un gémissement.

La nouvelle de la mort du duc de Guise n'arriva en Provence
que le 5 janvier 1589. Elle fut portée par un muletier qui venait
de Lyon, et qui assurait avoir été présent lorsque le duc de
Mayenne la reçut pendant qu'il jouait au ballon (2). A Aix on
n'osait ajouter foi à un si tragique événement, et ce ne fut que

---

(1) RENÉ DE BOUILLÉ. *Histoire des ducs de Guise*, t. III, p. 286.
(2) *Mémoires de Nicolas de Baussel.*

le lendemain, 6 janvier, à une heure avancée de la soirée, que La Valette, qui venait de recevoir un message du duc d'Épernon, fit cesser toutes les incertitudes par une lettre à Pontcarré, dans laquelle il lui disait laconiquement : *Le roy a faict tuer le duc de Guyse et son frère le cardinal!*

Les ligueurs semblèrent d'abord tous frappés dans la personne du chef général, et une sombre consternation mêlée à de sinistres pressentiments régna parmi eux ; mais cet anéantissement ne fut pas de longue durée. La Sainte-Union avait poussé de trop profondes racines en Provence pour succomber sous un premier coup de poignard ; la colère et le désir de vengeance remplacèrent bientôt la stupeur et les alarmes. Les éléments de vitalité que la Ligue recélait se réveillèrent avec plus d'énergie, et en quelques jours le parti tout entier entra en ébullition. L'avocat général du Laurens introduisit dans un réquisitoire judiciaire le récit de la mort du duc de Guise, et se servit des termes de : *Cruel assassinat! violence inouïe! massacre horrible!* Dans les conseils des communautés, sur les places publiques, le roi fut appelé : *Tyran!* Les prédicateurs ne le désignèrent plus, dans la chaire, que sous les noms : *d'impie, d'athée, de monstre!* Le peuple, sachant qu'il n'avait aucune pitié à attendre de ses ennemis, se leva, résolu à les anéantir, et les nobles, croyant que le sort du duc de Guise leur était réservé, jurèrent de vaincre pour échapper à la mort. De Vins laissa le commandement de Brignoles à A. de Puget-Saint-Marc et arriva à Aix le 7 janvier ; le gouverneur, qui était à Barjols, vint à Lambesc. La guerre recommença avec une ardeur nouvelle et une violence extrême.

Marseille persistait dans sa révolte. Le comte de Carcès et de Vins se rendirent dans cette ville. Ce dernier, toujours cher au peuple, fut accueilli avec enthousiasme et longtemps accompagné des cris de : *Viro moussu de Vins! fouaro Bigarrats!*

Le clergé, pour fêter sa présence, ordonna une procession générale, à laquelle assistèrent plus de vingt mille personnes, et alla planter un crucifix sur la porte Royale, « pour marque que la « ville ne reconnaissoit autre roy ni maître que le sauveur de « nos ames (1). » En même temps Arles se souleva. Pierre Biord, à la tête de la lie de sa faction, vint assiéger dans sa maison le juge Pierre de Varadier, connu pour son attachement à la cause royaliste. Ce magistrat, forcé dans ses appartements par une populace furieuse, se réfugia sur les toits, mais il ne tarda pas à être découvert, assassiné et précipité dans la rue. Sur tous les points de la province, les chefs du parti ligueur provoquèrent des soulèvements. Dans la nuit du 12 au 13 février, Pompée de Grasse, qui tenait le parti de La Valette, fut attaqué dans son château de Bormes par ses paysans, à l'instigation de Rigaud et Servile, serviteurs de la maison du comte de Carcès. Le gouverneur envoya à son secours Montaud avec six cents fantassins et deux cents chevaux ; mais Montaud perdit du temps, le château fut pris, pillé et incendié, Pompée massacré ainsi que son frère, Claude de Grasse, sieur de La Verne, tandis que sa femme, ses enfants et sa belle-sœur parvenaient à s'échapper « sans cotillons » et se réfugiaient à Hyères.

Carcès, qui venait de réunir à Bormes par ses agents, tenta lui-même une entreprise sur Berre, mais il échoua, et Mesplez, officier gascon du plus haut mérite, qui commandait la place, le repoussa et lui tua quinze hommes. Les troupes de La Valette avaient occupé naguères Saint-Julien-le-Montaignier, de la viguerie de Barjols, et Montagnac, de la viguerie de Moustiers ; les ligueurs, à leur tour, envahirent Beaumont, qu'Ampus emporta par escalade. Le chevalier de Biosc reprit Saint-Julien sur les royalistes, de Vins passa au fil de l'épée la

---

(1) RUFFI. t. I. liv. VIII.

garnison gasconne de Peyrolles, et Forbin-Janson, surpris dans son château de Mane, ne parvint à s'enfuir qu'en sautant d'une fenêtre.

La Valette essaya de mettre un terme à cette anarchie. Il fit une nouvelle tentative pour ramener la paix. Il écrivit de Pertuis à Pontcarré : « J'ai reçu, monsieur, une dépêche « du Roy, par laquelle Sa Majesté me marque bien parti- « culièrement sa volonté, et le désir qu'Elle a de voir ses « sujets en cette province jouir d'un repos bien assuré. Elle « désire surtout qu'on mette bas les armes et qu'on laisse aux « habitants la garde des places. J'aurois déjà exécuté ses ordres, « si je ne voyois les armes dans une partie de la province es « mains de gens qui me sont suspects. Ainsy, pour parvenir à « une si sainte intention et exécuter les commandements de Sa « Majesté, il me semble nécessaire de tenir une assemblée en « un lieu libre, où nous puissions avec messieurs de la Cour « du Parlement et tels autres gens d'honneur que vous avise- « rez, conférer aux moyens nécessaires pour accomplir ce « dessein. Je m'y trouveroi ou j'y ferai trouver des gens d'hon- « neur, instruits de ce qui me semblera estre convenable pour « le bien du service du Roy et le repos de ses sujets. J'atten- « drai donc de vos nouvelles et prierai le Créateur, monsieur, « qu'il vous ait en sa sainte garde (1). » En février des confé- rences eurent lieu à Meyrargues. Les ligueurs y avaient députe deux conseillers au Parlement et l'avocat général Du Laurens. On ne put s'entendre. La Valette voulait, avant tout, être reconnu comme gouverneur et commandant en chef de toutes les troupes; les députés disaient que le Parlement, après avoir vérifié et enregistré sa destitution, ne pouvait plus le recon- naitre comme tel. Ils le pressaient de congédier ses soldats;

(1) PAPON, t. IV, p. 272.

à cette condition seulement ils offraient de licencier les milices ; mais s'il persistait à vouloir se maintenir dans le pays, ils le menaçaient d'employer contre lui la force des armes. La Valette ne se laissa pas intimider et refusa énergiquement de se retirer.

Le 17 février, les députés des communautés ligueuses se réunirent à Aix. L'assemblée se tint dans le couvent des Frères Prêcheurs : elle vota des fonds pour la subsistance et la solde de l'armée, et fit parvenir au roi ses doléances sur la rébellion de La Valette, le suppliant de lui ôter, ainsi qu'à son frère le duc d'Épernon, l'autorité qu'il leur avait confiée, car le duc d'Épernon était toujours, quoique absent, titulaire du gouvernement de Provence : « Sire, disaient les communautés, puisqu'il
« a pleu cy devant à vostre majesté favoir de tant ceste province
« que de révoquer le pouvoir du sieur de La Valette, et que
« nonobstant que la dicte révocation ait esté vérifiée et publiée
« par tout le païs, il ne se veult départir du commandement
« qu'il avoit auparavant, se fortifie de plus en plus qu'il peut,
« et fait exercer tous actes d'hostilité contre vos très-humbles
« et très-fidèles subjets du dict païs, qui en sont infiniment
« travaillés ; à ceste cause, recourant à vostre royale majesté,
« vous supplions très-humblement les faire jouir du fait de la
« dicte révocation, et par mesme moyen descharger monsei-
« gneur le duc d'Épernon du pouvoir qu'il vous a pleu lui
« donner en ceste province..... » Mais pendant que les ligueurs signaient cette requête, La Valette recevait du roi une lettre qui allait changer totalement la face de ses affaires.

Après la mort du duc de Guise, le duc d'Épernon avait abandonné la Guyenne, et s'était rendu à Blois auprès de Henri III. Celui-ci, qui craignait une alliance de son favori avec le roi de Navarre, et sentait la nécessité de se concilier l'amitié des grands du royaume, lui confirma son gouvernement de Pro-

vence, et restitua à son frère ses pouvoirs de gouverneur en son absence. Dans une lettre qu'il écrivait à La Valette, le 3 février, et dans laquelle se peint un certain embarras à justifier la révocation de sa charge et la mission de Pontcarré, il lui disait :
« ..... J'ay résolu d'envoyer à vostre frère les commissions et
« expéditions qu'il a désirées de moy pour retourner audit
« païs de Provence, ce que je seray bien aise qu'il puisse faire
« au plus tôt. J'ay aussi advisé, en attendant qu'il s'y puisse
« rendre, de vous envoyer le restablissement de vostre pouvoir,
« parce que l'on m'avoit poussé à le révoquer, et furent les
« lettres baillées à personnes qui en affectionnoient fort l'exé-
« cution; qui fut toutefois peu de jours avant la mort du duc
« de Guise, de sorte que je ne sçay qu'elles seront devenues.
« En ceste incertitude, j'ay estimé estre mieux vous envoyer le
« restablissement, pour remède de la publication d'icelles, si
« elle avoit esté faite; sinon il ne sera besoin d'en parler. J'es-
« cris par même moyen mon intention, tant à ma cour de Par-
« lement et aux sieurs de Pontcarré et Sainte-Marie, qu'aux
« principaux seigneurs et gentilshommes, ensemble aux villes
« et communautés, pour que vous soyez recognu et obey comme
« auparavant vostre révocation. » Il lui conseillait, pour prévenir toute crainte qu'il ne voulut se venger des défections qui s'étaient manifestées autour de lui pendant sa disgrace, d'agir avec prudence, d'appeler auprès de lui les gentilshommes de la province, de les prier de se joindre à lui dans l'intérêt du service du roi, en les assurant qu'il ne gardait aucun souvenir des choses passées : « Il faut que vous vous comportiez en cela,
« lui disait-il, de sorte que je connaisse que vous voulez pré-
« férer ce qui est de mon service à toutes passions particulières,
« quelques causes que vous puissiez avoir de vous tenir offensé. »
A la fin de l'année précédente, La Valette s'était plaint vivement au roi du baron de Méolhon, gouverneur du château

d'Hyères, qu'il accusait de trahison : « Montrez luy, écrivait
« Henri III, que ce qu'il a faict à vostre endroit a esté pour
« suivre mes commandements ; que non-seulement vous ne
« luy en voulez aucun mal, mais encore que vous voulez faire
« plus d'estat de luy que jamais. » Il faisait le plus grand éloge
de Pontcarré, disant qu'ayant exécuté avec tant de dévouement
la mission pénible qu'il lui avait donnée « selon l'estat où j'es-
« tois lors réduit », il ne doutait pas qu'il n'exécutât avec la
même ardeur pour son service les nouveaux ordres qu'il lui
envoyait. Relativement à Marseille, il lui annonçait qu'il avait,
dans l'intérêt de la paix, « baillé l'abolition du faict de Lenche
« et des derniers excès », espérant par là amener les habitants
à son parti ; il le priait avec instance de s'occuper particulièrement de cette ville, de se mettre en relation avec les principaux
citoyens « par lettres ou par conférences, si vous les y pouvez
« attirer », de les assurer de la bienveillance qu'il avait toujours montrée pour leur cité, « des faveurs que je leur ay faites
« en toutes occasions dont j'ay esté requis de leur part, des
« beaux priviléges, franchises et libertez dont ils jouissent par
« grace et concession tant de moy que des roys mes prédéces-
« seurs, du bonheur en quoy ladite ville a accoustumé vivre
« sous mon auctorité, et de la ruyne que y peut apporter
« un changement ». Enfin il finissait en lui annonçant qu'il
n'eut pas à compter sur un écu des caisses de l'Etat, et
qu'il avisât à faire face à ses dépenses avec les ressources de la
province (1).

Le lendemain du jour où La Valette avait reçu cette lettre,
Ramefort arrivait de Paris, porteur de plusieurs lettres en date
du 13 février, que le roi écrivait à Pontcarré et Sainte-Marie,

---

(1) Lettre du roy à Monsieur de La Valette. Dans le *Recueil de mémoires et instructions servans à l'histoire de France.* Ouv. cit., p. 545.

au Parlement, aux avocats et procureurs généraux près la Cour, au marquis d'Oraison, à Méolhon, ainsi que des lettres circulaires adressées aux gentilshommes et aux villes de Provence. A tous il annonçait sa résolution de renvoyer en Provence le duc d'Epernon, « et en attendant qu'il y puisse arriver, faire faire la « charge par le sieur de La Valette, son frère, tout ainsy qu'il « avoit accoustumé auparavant la révocation de son pouvoir ». A Pontcarré, il se plaignait amèrement de l'esprit de faction qui dominait dans le Parlement, et le pressait d'agir activement pour faire reconnaitre l'autorité du duc de La Valette par cette compagnie ; il donnait de sages conseils de modération, et après avoir déclaré que la Cour s'était livrée « à des actes indécens et de « très-mauvais exemples », il déclarait qu'il imputait tout « plus tôt à la force et terreur des armes qu'à mauvaise vo- « lonté. Nous vous mandons très-expressément, écrivait-il au « président du Parlement, de vous joindre doresnavant avec « ledit sieur de La Valette pour les affaires du gouvernement, « sans vous y entremettre n'y faire ou ordonner auleune chose, « soit pour le fait des armes ou aultres dépendantes de ladite « charge, que nous voulons luy demeurer entière, sinon en tant « que vous en serez requis de sa part ; et employez l'authorité « de la Cour à le faire recognoistre et luy faire rendre toute « obeyssance. » Le marquis d'Oraison avait fait défection au duc de La Valette, sur l'ordre du roi communiqué par Pontcarré, et s'était retiré à Cadenet ; le roi le félicitait de son obéissance, « en « quoy vous avez fait cognoistre ce que je me suis tonjours pro- « mis de vous, de n'avoir aultre volonté que conforme à la mienne « et à mes commandemens. Et comme vous vous êtes retiré par « mon commandement d'avec ledit sieur de La Valette, aussi je « me promets que sur la nouvelle résolution que la diversité du « temps et des occasions m'a fait prendre, vous suivrez sem- « blablement ce qui est de ma volonté, en vous réunissant à luy

« avec vos amis. » Il finissait en lui annonçant qu'il lui envoyait « la provision de la compagnie de gens d'armes que je vous « accorday avant vostre partement d'auprès de moy ». Enfin aux gentilshommes et aux villes de Provence, le roi ne parlait que d'apaisement des passions, de paix et d'obéissance à rendre au duc pour faire jouir la Provence d'un repos bien nécessaire après tant de discordes, de guerres et de violences (1).

Mais trop de passions orageuses grondaient encore au sein des partis pour que la voix de la modération put se faire entendre. Le roi craignant des longueurs ou peut-être un refus de la part du Parlement de vérifier et enregistrer les lettres patentes qui rétablissaient le duc dans sa charge, les fit remettre directement par Ramefort à Bonfils, lieutenant du grand sénéchal, avec ordre de les faire publier dans toutes les communautés. Le Parlement instruit des précautions qu'on prenait pour éluder l'enregistrement, rendit un arrêt portant inhibition et défense à tous sénéchaux, leurs lieutenants et autres officiers, de procéder à la publication d'aucunes lettres patentes ou autres, avant qu'elles n'eussent été vérifiées les chambres assemblées, et à tous consuls des villes de se trouver en aucune assemblée, sous peine de confiscation de corps et de biens. Néanmoins, La Valette convoqua une assemblée des trois États en la ville de Riez, et fit tenir les lettres du roi à toutes les communautés. La ville d'Aix refusa d'en recevoir communication et renvoya le parlementaire qui en était porteur, non sans lui avoir fait courir des dangers pour sa vie ; Marseille ne fit aucune réponse, et Arles, fidèle à ses principes de neutralité, répondit qu'elle voulait demeurer et persister à jamais au service du roi: « Toutesfois, dit Mauroy, comme La Valette trouva dans ces

---

(1) Voir : *Recueil de mémoires et instructions servans à l'histoire de France*. Ouv. cit.

« mots une certaine ambiguïté, il mit garnison dans les lieux
« qui gardoient les passages du Rhône et donna le commande-
« ment du chasteau du Baron au sieur de Barras, fidèle servi-
« teur du roi. »

Le 15 mars l'assemblée des communautés royalistes s'ouvrit à Riez. La noblesse y était largement représentée, ainsi que le tiers-état; le clergé seul avait fait presque complètement défaut. Nos historiens ne nous ont laissé aucun détail sur ces États de la province, et se contentent de dire qu'ils votèrent une levée de soldats et pourvurent à l'entretien des troupes sous les armes. Mauroy nous indique les sommes votées et les moyens proposés pour les recouvrer : « Les gens de bien,
« dit-il, n'eurent pas crainte de se trouver à Riez, où la plus-
« part de la noblesse assista, mesme l'advocat général du roy
« au Parlement d'Aix, bon nombre des lieutenants des séné-
« chaux et une belle et grande compagnie des députés de toute
« la province. Lecture faite des despêches du roy, M. de La
« Valette leur représenta de vive voix l'importance du service
« du roy et le besoin qu'il avoit de leur adsistance et secours;
« à l'instant un chascun fut disposé d'y employer vies et biens,
« tellement que mettant en oubli leur pauvreté, fust arresté de
« se saigner pour faire un grand effort, et fust imposé sur le
« peuple quarante mille escus, et on donna pouvoir et procu-
« ration à quelques-uns d'entr'eux pour emprunter encore
« soixante-six mille escus, qui faisoient en tout cent six mille
« escus. Le marquis d'Oraison adsistant à ladite assemblée
« comme commis et général administrateur des affaires du pays,
« y servit beaucoup. Cela fut fait moyennant que le roy leur de-
« voit accorder le sel de tous les greniers, en payant le droit des
« propriétaires et gages d'officiers, et autres deniers revenant
« au roy; pour quoy obtenir, avec lettres et mémoires de M. de
« La Valette, les députés du païs s'acheminèrent à la cour. »

L'assemblée de Riez dissoute, La Valette se prépara pour ouvrir la campagne d'été. Il demanda au roi deux compagnies de soldats suisses, qui entrèrent en Provence dans les premiers jours de mai, leva mille pionniers et sept cents fantassins dans le pays, et fit venir du Dauphiné les compagnies de gendarmes des barons de la Roche et Saint-Julien, ainsi qu'une partie de la sienne qui était encore employée sous les ordres d'Alphonse d'Ornano. L'appui du roi donné au gouverneur, la réorganisation et l'augmentation des cadres de l'armée, avaient relevé les forces du parti et fait revivre ses espérances ; beaucoup de villes firent leur soumission, les unes complètement, les autres en stipulant qu'elles ne recevraient pas garnison gasconne.

Il est des temps où les coups d'état restent des crimes ! Henri III, en faisant assassiner le duc de Guise, n'avait commis qu'une violence inutile. Cet acte d'autorité suprême, dicté par la faiblesse et accompli par la perfidie, loin d'anéantir la Ligue semblait au contraire lui avoir imprimé une nouvelle énergie. Le duc de Mayenne, frère du duc de Guise, non moins habile que lui, mais moins populaire, fut proclamé chef de la Sainte-Union. Le roi qui croyait s'être débarrassé de tout souci par un coup d'épée, retomba dans les mêmes alarmes et les mêmes hésitations. Le duc de Savoie écrivait au roi d'Espagne, le 18 mars : « Je viens de recevoir une lettre en chiffre de mon « ambassadeur de Saluces, dont la substance est que le roi de « France ne sait où aller ni de quel coté se retourner (1) ; » et quelques jours après, La Valette surprenait une nouvelle lettre en chiffres que le duc écrivait à son beau-père, et dans laquelle il lui disait : « Que les villes et provinces de France avoient fait le « sault et s'estoient révoltées ; que la fortune luy administroit un « beau moyen de se faire souverain monarque de la chrestienté,

---

(1) Papox, t. IV. *Extrait des registres du pays.*

« l'exortant de veiller et travailler pour empescher que ce grand
« corps de France ne revînt à son chef (1). » Le roi ne vit qu'un
moyen de conjurer le danger qui le menaçait, c'était de se rapprocher du roi de Navarre et de se mettre à la tête d'une ligue protestanto-politique, seule capable de tenir en échec la ligue catholique. Le 3 avril, il conclut avec Henri de Bourbon une alliance d'un an : il s'engageait à la tolérance envers les réformés, et le béarnais, de son côté, promettait de ne porter aucune atteinte au culte catholique, de combattre loyalement et même de conquérir pour le roi.

Les ligueurs, épouvantés et indignés en même temps, resserrèrent leurs liens par la foi des serments, et donnèrent à leur union la plus grande intensité et le plus grand développement. Le 6 avril, le Parlement de Paris écrivit au Parlement de Provence :

« A messieurs tenant la cour de Parlement de Provence.
« Les dangers qui nous environnent de toutes parts, vous
« admonestent assez du hasard que court nostre religion catho-
« lique, apostolique et romaine par les signes et desseins de
« ceux qui tendent à l'opprimer et subvertir, soit ouvertement
« ou secrètement, favorisant et fomentant en ce royaume
« l'hérésie, peste capitale de tout l'état. A quoy il est besoin
« vertueusement s'opposer, pour ne laisser pulluler ce mal et
« jeter plus profondes racines. Et jaçoit que nous ne doutions
« de vostre bon zèle, et que sçachions combien avez toujours
« l'honneur et service de Dieu en singulière recommandation,
« si est-ce que l'exemple qui doit sortir de nous, comme du
« premier corps souverain de la justice, nous avons estimé
« estre de nostre devoir de vous semondre et convier d'entrer
« avec nous dans la Sainte-Union qu'avons jurée, et de vous

(1) MAUROY. Ouv. cit., p. 136.

« y obliger par même religion de serment, pour conjoindre
« tous nos moyens et autorités, tant pour la manutention de
« nostre dite religion, que conservation de l'estat royal, nous
« assurant qu'à nostre imitation les magistrats inférieurs et
« tout le reste du peuple se rangeront aysément à la même
« résolution, et que par une bonne et fraternelle intelligence
« et correspondance des Parlements, Dieu nous fera la grâce
« de nous préserver des orages et tempêtes dont nous sommes
« menacés. Embrassez donc avec nous, s'il vous plaist, la
« défense d'une si juste et sainte cause, afin qu'unis de cœur,
« d'esprit et de volonté, nous symbolisions non seulement en
« volontés, mais aussi en effets et actions. Et à ces fins, nous
« vous envoyons tant le formulaire du serment par nous prêté,
« que extrait du registre de nos délibérations, afin que vous
« entendiez l'ordre qu'avons tenu ; et aux occurences particu-
« lières nous vous ferons participans de nos délibérations pour
« entretenir un fraternel accord entre nous, en ce qui dépend
« de nos charges.

« Sur ce nous prierons le Créateur vous vouloir donner,
« messieurs, très-heureuse et longue vie.

« Ecrit en Parlement, ce sixiesme jour d'avril 1589.

« Vos bons amis et confrères les gens tenant la cour de Par-
« lement. — Du Tillet. »

Le Parlement opposa d'abord une certaine résistance à ces propositions, car la division s'était mise de nouveau dans son sein. De Vins irrité de cette opposition réunit à l'hôtel de ville, le vendredi 19 mai, un grand conseil général auquel assistèrent les principaux gentilshommes et bourgeois d'Aix. Le conseil, à l'unanimité, jura et signa la Sainte-Union. Sommat du Castellar présidait cette assemblée : c'était un esprit enthousiaste et brouillon ; fougueux protestant pendant long-temps, il était devenu tout à coup ardent ligueur. Neuf jours après une deuxième réunion eut lieu, dans laquelle il fut décidé que tous ceux qui refuseraient d'adhérer à l'Union seraient déclarés fauteurs des hérétiques et ennemis de la patrie, et que le registre des adhésions serait porté de maisons en maisons pour y recueillir les signatures des chefs de famille. Le lendemain, 27 mai, de Vins, qui dirigeait tous les mouvements, se présenta chez Jean de Sade, seigneur de Mazan, premier président de la cour des comptes, pour l'inviter à signer. Ce magistrat le reçut durement et le renvoya en le rendant responsable des troubles qui se préparaient. La plus vive fermentation régnait, en effet, dans la ville ; les agents de de Vins, parmi lesquels se faisait remarquer par ses emportements et ses brutalités un Carme du nom de Frère André, parcouraient les rues à la tête de nombreuses bandes de séditieux et répandaient l'effroi dans la ville. La faction royaliste du Parlement cita de Vins à comparaître. On lui intima l'ordre de cesser ses cabales et d'user de son autorité de généralissime pour rétablir l'ordre. De Vins, qui se sentait appuyé par la faction ligueuse, répondit qu'étant incorporé dans une union des princes catholiques, il ne pouvait s'oposer à la propagation d'une cause qu'il considérait comme sacrée ; il promit, néanmoins à la Cour qu'il ne serait porté atteinte à aucun membre de la compagnie, ni exercé aucune violence contre les citoyens.

C'était là une promesse que de Vins ne voulait pas tenir et qui ne devait lui servir qu'à gagner du temps. Il espérait vaincre la résistance des conseillers royalistes par la persuasion, par l'exemple général, et aussi par l'intimidation, ce qu'il tenta le lendemain en faisant expulser de la ville quelques citoyens notables. Voyant que ces divers moyens ne lui réussissaient pas, il résolut d'employer la force. Il se présenta un jour de séance au palais, suivi d'une grande foule armée, et déclara qu'il fallait jurer et signer l'Union ou sortir de la ville. Cette manifestation était connue d'avance, du moins faut-il le supposer, car aucun magistrat royaliste ne se trouvait en ce moment au palais. Le dénouement de cette comédie jouée au milieu d'un tumulte inexprimable ne se fit pas attendre; les magistrats ligueurs trouvèrent dans la violence qui leur était faite un prétexte à leur trahison, et signèrent le formulaire de l'Union, qui contenait entr'autres articles la reconnaissance du duc de Mayenne comme lieutenant général du royaume, c'est-à-dire la déchéance du roi (1).

Dès que La Valette connut ces événements, il fit publier des lettres patentes du roi qui ordonnaient à tous les magistrats et officiers de justice d'abandonner les villes rebelles, et d'aller

(1) Au milieu de l'entrainement général qui poussait la ville d'Aix à s'enrôler sous la sainte Ligue au nom de la religion, il est important de faire remarquer que le clergé de la métropole refusa son adhésion au manifeste ligueur. Le 7 juin, après la publication de l'union dans la ville par le Parlement, les consuls à cheval et toutes les autorités ligueuses, le chapitre de Saint-Sauveur signait une protestation qui témoigne de sa modération, de son zèle pour les intérêts de la religion et de sa fidélité envers le souverain. « .... Messires ..... Tant en leur particulier que comme re-
« présentans ledit chapitre auroient jusqu'à présent refusé de signer les
« susdits articles, bien que de ce faire ils en ayent eu depuis par plusieurs
« fois esté poursuivis et requis, et qu'ils doutent y estre contraints de ce
« faire, attendu les grandes menaces qui journellement leur sont faites,
« estant en danger continuel de leur vie à faute de jurer et signer iceux
« articles. A cette cause, les susdits disent, déclarent et protestent que
« s'il advient que cy après ils signent les dits articles, que ce n'est point de
« leur franche et pure bonne volonté, ains par force et contrainte et pour
« sauver leurs vies, personnes et biens qu'ils sont bien advertis et assurés
« de perdre, et aussi pour pouvoir par ce, continuer le service divin, gar-
« der et conserver les ornements, joyaux et sainctes reliques de la dite
« église, et par ainsi obvier aux scandales et séditions que les susdits sieurs
« prévoient qu'infailliblement leur pourroit arriver en cas qu'ils fissent le
« susdit refus de signer ladite prétendue Union; n'entendants néanmoins
« par icelle signature eux départir de la fidélité, subvention et obéissance
« que Dieu, notre mère saincte Eglise et les saincts décrets et canons leur
« commandent et obligent devoir prêter à leur monarque et souverain
« prince, tant qu'il demeurera au giron de ladite Eglise, en désavouant à

remplir leurs fonctions dans celles qui étaient restées fidèles (1). On vit alors le Parlement se diviser en trois fractions : quelques membres, *gens qui ne sont ni froids ni chauds*, dit Louvet, par un oubli coupable de leurs devoirs, se retirèrent dans leurs terres et abandonnèrent la justice à la violence des passions ; les autres suivirent les drapeaux de la Ligue ou de La Valette. Les premiers demeurèrent à Aix et formèrent le Parlement ligueur, les seconds se retirèrent à Pertuis et s'y installèrent sous le nom de Parlement royal. Ces magistrats fidèles au roi ne furent d'abord que neuf : Coriolis, Jean d'Arcussia, Guillaume de Cadenet, François de Foresta, Marc-Antoine d'Escalis, Jean de Leydet-Ségoyer, Balthasar de Perrier, Antoine de Séguiran, et de Monnier, avocat général ; mais leur nombre s'augmenta plus tard par l'adjonction de : Louis d'Anthelmi, Boniface de Bermond, Alexandre de Guérin, Antoine de Reillane, Antoine de Suffren, Jean, Pierre d'Olivary, et Pierre Dedons. Le Parlement de la Ligue fut toujours plus nombreux, et à cet avantage, qui exerçait une certaine attraction sur le peuple, il joignait celui d'être en possession de son ancien siége dans la capitale du comté uni de Provence et de Forcalquier.

En même temps que La Valette organisait administrativement son parti, il imprimait aux opérations militaires une impulsion qui, en peu de temps, soumit à ses armes plusieurs villes ligueuses. Son plan de campagne consistait à s'établir d'abord solidement au delà de la Durance, où devait être sa base d'opérations, et à s'avancer ensuite sur Aix, Marseille et Arles en

« cette fin telles signatures dès à présent comme nulles, faites par oppression, force et violence..... » Cette remarquable protestation, au bas de laquelle se lit la signature du chanoine Matal, qui joua plus tard, quand le trône appartint à un roi huguenot, un rôle très-actif, est insérée dans un des recueils manuscrits de la bibliothèque d'Aix, n° 849.

(1) Lettres patentes données à Blois, en février 1589.

s'emparant de toutes les places qui seraient sur sa route, pour conserver ses communications avec le territoire d'outre Durance et le Dauphiné. En remontant vers Sisteron, où il avait concentré son armée, il prit Montagnac, petite ville à une lieue de Riez, et perdit dans cette affaire Tournabon, gouverneur de Seyne, un de ses meilleurs officiers. Il trouva à Sisteron Gouvernet et Prunières qui l'attendaient avec quatre cornettes de cavalerie et quatre cents arquebusiers ; il entra en campagne vers le 9 juin, avec cinq canons huit cents cavaliers et deux mille hommes de pied, et se dirigea sur Apt. En passant devant Montjustin, il somma cette place de se rendre, mais les habitants ayant refusé d'ouvrir leur porte, il en commença le siége. Après quatre jours de feu et deux assauts vaillamment repoussés, il dirigea lui-même, une pique à la main, un assaut général, culbuta les ennemis et pénétra dans la ville. Les maisons furent incendiées, l'église rasée, les récoltes vendues au profit du trésor, et trente habitants choisis parmi les plus influents pendus (1). Ce terrible exemple de répression intimida Apt et Saignon, qui s'empressèrent de faire leur soumission. Pendant que le gouverneur mettait dans ces villes des garnisons gasconnes, des colonnes détachées de son armée descendaient dans la basse Provence et chassaient devant elles les partis ligueurs ; le baron de Montaud reprit Fréjus sur le marquis de Trans, le fit prisonnier et soumit par ses armes toute la viguerie.

La Valette continua sa marche sur la rive droite de la Durance et arriva le 17 juin devant Beaumont. Cette place était défendue par cinq cents hommes de troupes réglées, sous les ordres des capitaines Lions, Abel et Saint-Julien. Le gouver-

(1) Le souvenir de la belle défense de Montjustin, nous a été conservé dans un proverbe : *Foou si rendre, Montjustin si rendet !* Il faut se rendre, Montjustin se rendit.

neur battit la place avec cinq pièces d'artillerie et parvint, après avoir tiré deux cent cinquante coups de canon, à ouvrir une large brèche près de la porte principale. Malgré de nombreuses pertes, les assiégés résistaient avec courage, lorsqu'ils apprirent qu'un secours que de Vins leur envoyait, sous le commandement du capitaine Lambert, de Cavaillon, s'était rendu au camp ennemi : ils capitulèrent, pensant avoir assez fait pour l'honneur de leurs armes. Le gouverneur leur permit de se retirer en emportant leurs meubles et bagages, tambours battants et enseignes déployées ; mais à peine avaient-ils commencé à évacuer la ville que, par un manque de foi peu rare à cette époque, les royalistes se précipitèrent sur les habitants et les soldats, en massacrèrent plusieurs, incendièrent la ville et pendirent vingt notables du lieu.

De Beaumont l'armée vint à Pertuis, où Montaud arriva le même jour avec sa compagnie de cavalerie et quelques fantassins levés du côté de Fréjus. Il présenta au gouverneur le marquis de Trans qu'il venait de faire prisonnier. La Valette voulant concilier la raison politique avec la considération que semblaient commander la naissance et la haute position du marquis, le laissa libre, sur sa parole, dans Pertuis. De Trans ne tarda pas à s'enfuir et à venir rejoindre de Vins, prétextant, pour couvrir sa déloyauté, que le gouverneur lui avait donné des gardes, « lesquels par droict des gens il est permis de tromper ».

La Valette passa la Durance et prit Meyrargues, qu'il livra aux flammes. Il se dirigea ensuite avec deux mille fantassins et six cents chevaux sur Aix, où il arriva le 25 juin. Il campa entre Puyricard et la guette d'Entremont, grande tour en ruines sur le sommet d'un coteau, et le même jour fit, avec sa cavalerie, une reconnaissance jusque sous les murs de la ville. La population était en proie à une agitation extrême ; elle crut que certains membres de la magistrature, qui étaient soupçonnés de n'avoir pour la Ligue qu'un zèle modéré, avaient appelé le gouverneur dans le but de lui livrer l'ancienne capitale de la province. De Vins, qui voyait dans une émeute un moyen d'affermir davantage son pouvoir et de le rendre plus absolu, ne fit rien pour apaiser la sédition. Quelques membres de la cour des Comptes et du Parlement furent désignés aux violences des factieux : Le F. André « homme demy more, dit Nostradamus, turbulent, libertin et factieux, si compagnon de sa robbe le fut oncques », Carrelasse, Perrinet (1) et un gentilhomme du nom de Lagremuse, se mirent à la tête des bandes armées, arrêtèrent les présidents Saint-Jean et Du Chaine, ainsi que les auditeurs de la Chambre des Comptes Gaufridi et Garron, et les enfermèrent à l'archevêché. De Vins, pour couvrir ces actes coupables, informa le président de Piolenc qu'il n'avait autorisé cette séquestration que pour garantir la vie de ces magistrats, disant qu'ils avaient le projet « d'aller par la ville en robes rouges en criant : Vive le Roy! » Mais il est démontré que pour Du Chaine, au moins, il vengeait une injure personnelle (2).

La présence de La Valette sous les murs d'Aix avait poussé

---

(1) Perrinet était teinturier de son état. C'était un des chefs populaires les plus actifs et les plus influents; le prestige qu'il exerçait sur la populace était immense. Doué d'une âme ardente, il est certain qu'il avait conçu pour la comtesse de Sault, qui commençait à jouer un grand rôle dans les troubles de la province, une passion qui n'était pas exclusivement politique, et que celle-ci sut toujours diriger dans le sens de ses intérêts.

(2) Quand le Parlement avait nommé de Vins généralissime de l'armée provinciale, le président Du Chaine, qui prévoyait que la Cour allait se donner un maître, s'était montré très-hostile à cette détermination. Il rencontra quelques jours après, en montant les marches du palais, de Vins entouré de plusieurs conseillers, et échangea avec lui des paroles assez vives. Du Chaine emporté par la colère s'oublia au point de lui donner un soufflet. Le jeune général dévora cet outrage, mais il en garda un profond ressentiment contre le président.

les procureurs du pays à demander des secours aux places voisines, et ils écrivirent pour cela à Arles, à Marseille et à La Ciotat. Dans la lettre adressée aux consuls de cette dernière ville, ils demandaient cent hommes armés, qui devaient être rendus le lendemain à Aubagne, où devaient se concentrer tous les contingents, sous les ordres du comte de Carcès : « Car fa-
« cilement, disaient-ils, vous pouvez mettre en estat ces cent
« hommes armés et propres pour la guerre; il n'est besoing y
« mettre longueur, car nos ennemis sont là, et puisqu'il y va
« de la conservation de tous et principalement de nostre sainte
« foi catholique, nous n'y devons espargner chose quelconque. »
Et les consuls de Marseille, qui considéraient La Ciotat comme étant sous leur dépendance, écrivaient le lendemain : « Il con-
« vient que tout aussitôst vous fassiez mettre vos cent hommes
« en esquipage et les mandiez sans tarder davantage à Aubagne
« où les aultres troupes de nos voisins s'assemblent. Nous
« mettons cejourd'hui, ou demain pour le plus tard, aux champs,
« une bonne troupe de lanciers et arquebusiers. Si en ceste
« occasion vous faisiez les rétifs, outre le hasard que vous
« couriez et les peines de la Cour, vous nous auriez pour
« ennemis (1). »

En attendant l'arrivée de ces renforts, de Vins fit une sortie avec quinze cents hommes. Il avait pris le commandement de l'infanterie et donné celui de la cavalerie à Ampus. Il s'avança sur le chemin qui conduisait à Saint-Cannat et découvrit le camp des royalistes. La Valette instruit de sa marche se mit en mouvement. Il envoya en avant Gouvernet pour l'arrêter, et ayant confié le corps de réserve au marquis d'Oraison, il le suivit bientôt à la tête des arquebusiers. Ampus engagea le feu avec Gouvernet. Les troupes dauphinoises ne tinrent pas, et

---

(1) *Archives communales de La Ciotat.*

après moins d'un quart d'heure de combat, Gouvernet fut obligé de se retirer derrière un exhaussement de terrain. Après avoir reformé ses compagnies, il chargea les ligueurs; mais Ampus ne se laissa pas entamer, et bientôt son frère Besaudun l'ayant rallié avec une compagnie de gens d'armes. Gouvernet fut forcé de se replier sur la réserve. En ce moment La Valette se trouvait en présence de de Vins; il envoya Boyer avec quelques compagnies pour arrêter Ampus qui poursuivait son mouvement en avant, et engagea le combat avec l'infanterie ligueuse. Les deux partis firent le coup de feu sans grande effusion de sang, mais cependant avec un avantage marqué pour les royalistes. Les ligueurs plièrent et le désordre se mit dans leurs rangs. De Vins donna l'ordre de battre en retraite sur Aix. Ses soldats, croyant le danger plus grand qu'il n'était, prirent l'épouvante et se jetèrent à travers champs en faisant une décharge générale, qui tua le capitaine ligueur Vacqueiras. Si La Valette eut suivi le conseil que Gouvernet lui donnait en ce moment, il avait la fortune, peut-être, d'entrer dans la ville pêle-mêle avec les fuyards; mais il hésita, et se contenta de les chasser devant lui jusqu'à une certaine distance des murailles et de ravager la campagne en regagnant ses positions.

La nuit s'écoula à Aix dans les plus vives alarmes. La comtesse de Sault parcourut les rues, visita les corps de garde et releva le courage des soldats et des habitants. Elle sut si bien faire passer dans le cœur de tout le monde l'ardeur qui était dans le sien, que le 27, une colonne de ligueurs commandée par le marquis de Solliès vint de nouveau attaquer les royalistes. L'engagement dura six heures : Salles, lieutenant de Gouvernet, fut tué, et du côté des ligueurs, le commandant de l'artillerie fut fait prisonnier.

Ces affaires n'étaient, au fond, que de simples escarmouches;

le plus souvent on ne guerroyait qu'isolément et on se contentait de faire le coup de pistolet. Le 30 juin, La Valette changea l'assiette de son camp et vint prendre position dans la plaine d'Aillane. Le 1er juillet, il plaça cinq pièces d'artillerie sur une colline proche la ville, où s'élevaient les fourches patibulaires, et lança quelques boulets. Le marquis de Solliès, les capitaines Paris et Chasteuil, sortirent avec leurs compagnies pour détruire la batterie. Il y eut un engagement dans lequel les ligueurs firent prisonniers deux officiers d'artillerie et un soldat. Le 3, le comte de Carcès revint d'Aubagne avec deux cents cavaliers et trois cents fantassins, qui furent accueillis par la population avec les plus vives acclamations. Ce n'était évidemment pas avec les ressources précaires dont il disposait, que La Valette espérait se rendre maître d'une ville populeuse et dans laquelle régnait une grande irritation contre lui. Il est naturel de penser qu'il comptait sur une émeute royaliste qui lui en aurait ouvert les portes. Le 4 juillet, il leva le camp et se retira à Beauvoisin, près de la rivière de l'Arc.

On s'explique difficilement les démarches qu'il fit en ce moment pour obtenir une suspension d'armes. Peut-être était-ce dans la crainte d'une intervention imminente du duc de Savoie qui, en se jetant dans la ligue provençale avec son or et ses soldats, pouvait arrêter le retour des communautés à l'autorité du roi, mettre en péril son armée, et réduire son parti à l'impuissance. Quoi qu'il en soit, il dépêcha un trompette à Aix et demanda à parlementer. On choisit pour champ des conférences les aires de Nicolin, près de la ville. Gouvernet et le marquis d'Oraison y représentèrent La Valette, Forbin-Solliès et Besaudun le parti de la Ligue. Les conférences furent longues, orageuses, et n'aboutirent pas. De Vins, en effet, était trop ardent et trop ambitieux pour désirer une paix qui en menaçant son parti de dissolution devait le réduire à l'inaction.

Selon la tactique des chefs de faction qui, descendant d'étage en étage vont chercher un appui dans les derniers rangs de la société, il souleva la populace déjà exaspérée par les dégâts commis dans la campagne par les royalistes, et fit rompre violemment les préliminaires de paix. L'exaspération des habitants contre les soldats du gouverneur était telle, qu'une femme accusée d'avoir vendu des fruits aux ennemis pendant la trêve, fut poursuivie dans les rues, maltraitée, et mourut quelques jours après des suites de ses blessures.

Lesdiguières venait de rappeler Gouvernet ; La Valette le congédia. Il abandonna alors le territoire d'Aix et s'avança vers Lambesc, dont il s'empara, le 12 juillet, après avoir battu la place et donné deux assauts. Dans cette affaire il eut la douleur de perdre Ramefort, un de ses meilleurs capitaines, blessé mortellement d'une arquebusade à la tête. Le gouverneur le fit transporter à Pertuis « où il fut fort bien traicté et pansé par « Estienne de Lafond, l'un des meilleurs et honorables chirur- « giens de l'époque », dit H. de Meynier. Ramefort mourut quelques jours après et fut inhumé dans la chapelle des Carmes, dans le faubourg de Pertuis. La Valette n'accorda la vie aux habitants de Lambesc qu'à la condition qu'ils abandonneraient leurs maisons aux vainqueurs, et que le capitaine Esménard, commandant du château, et dix soldats seraient passés par les armes. De Lambesc il vint à Pelissane, que Charles de Mimata rendit le 15 juillet ; de là il marcha sur Saint-Cannat, puis sur Château-Renard, dont il fit pendre le gouverneur. La Valette s'étant ensuite rabattu vers la mer, prit Vitrolles et entra au Martigues, que le marquis de Solliès, transfuge de la Ligue, lui livra le 4 août, et coupant entre Aix et Marseille, il passa par Saint-Maximin, Trets, et se dirigea sur Brignoles. Ampus venait de remplacer Puget-Saint-Marc dans le gouvernement de cette ville, et ne contenait qu'avec beaucoup de peine la population toujours hostile à de Vins et à son parti. A l'approche de La Valette, considérant la place comme non tenable, il l'évacua, laissant les habitants aller en habits de fêtes à la rencontre des royalistes et les recevoir avec les marques du plus grand enthousiasme.

Après avoir laissé ses troupes se reposer pendant quelques jours, il détacha le marquis d'Oraison et Boyer, l'un du côté de Draguignan, l'autre du côté de La Ciotat, gardant avec lui les meilleures compagnies de l'armée. Le marquis d'Oraison prit le Luc d'assaut et parcourut tous les villages du centre du département du Var actuel. Boyer, avec quatre compagnies, descendit dans les vigneries situées à l'est de Toulon. Il s'arrêta à Signes, intimida par une manifestation hardie les frères Panousse, qui commandaient le château, se le fit remettre, et y laissa comme gouverneur le capitaine Monéry, de Brignoles. De là, à travers de hautes montagnes et d'immenses forêts de pins, il vint à la Cadière, s'en empara, et se porta sur Ollioules, lieu de sa naissance (1). Il y fut mal reçu. Les habitants, gagnés au parti de la Ligue, tentèrent de s'opposer à son entrée dans le village; mais Boyer y pénétra de force et occupa le château, dont les ruines pittoresques existent encore. En quittant Ollioules, après avoir fait crier : *Vive le roi !* à ses compatriotes, il s'empara de Six-Fours, de Saint-Nazaire et de la Ciotat, « qu'il confia aux con-
« suls, les recognoissant affectionnés au service du roy et de
« monseigneur de La Valette ». Revenant alors sur ses pas, il tourna Toulon, se présenta devant le château de la Garde, qui émerge comme une île du milieu d'une grande plaine verdoyante,

---

(1) Boyer avait à cette époque vingt-sept ans. Il était né à Ollioules, le 13 octobre 1562. M. le chanoine Magloire Giraud, a retrouvé dans les archives paroissiales d'Ollioules, et publié dans sa *Statistique religieuse de la Cadière*, son acte de baptême.

s'en empara et y laissa Cabriès de Varages; il prit ensuite le village de La Valette, où il fut rejoint par le gouverneur, qui arrivait de Brignoles. Les royalistes se disposaient à marcher sur Toulon, quand les habitants envoyèrent vers lui quelques-uns des principaux d'entr'eux pour mettre la ville sous son autorité. La Valette y entra le 19 août.

Ce même jour, une terrible nouvelle qui circulait depuis quelque temps dans le pays à l'état de bruit vague, retentit tout à coup et frappa le parti catholique de stupeur. Le 1er août le roi avait été frappé mortellement d'un coup de couteau par un moine jacobin du nom de Jacques Clément, et le lendemain, à quatre heures du matin, le dernier de l'antique race des Valois, mourait à l'âge de trente-huit ans, laissant le trône de saint Louis à un protestant! La Valette fut épouvanté de l'avenir de la patrie. Jamais sa loyauté, son patriotisme, la grandeur de son caractère ne se montrèrent mieux que dans cette circonstance. Il reconnut et fit proclamer la royauté de Henri IV dans son armée, et écrivit à son Parlement de Pertuis d'en faire autant. Le président de Coriolis réunit, en effet, en séance publique, dans l'hôtel de ville de Pertuis, le 28 août, les magistrats qui formaient le Parlement royaliste. On forma, quoique d'une manière incomplète, les différentes chambres, et on nomma les consuls de Pertuis procureurs du pays. Le président ouvrit la séance en lisant les lettres patentes du roi données à Blois, au mois de février, déclarant les villes de Paris, Amiens, Orléans, Abbeville, Aix et toutes les autres qui « leur assistoient, dé-
« cheues de tous estats, offices et honneurs, lesquels sa majesté
« révoquoit » les déclarant rebelles, atteintes et convaincues de crimes, attentats, félonie et lèse majesté au premier chef, et enjoignant à tous les officiers quels qu'ils fussent de s'en éloigner. Cette lecture achevée, les présidents, conseillers et avocat général « signèrent l'édict d'union et loy fondamentale de vivre

« et mourir sous les commandements du roy Henri IV et cons-
« titution de l'église romaine ».

La Valette reprit alors son idée de faire de Toulon une place de guerre formidable, qui lui permettrait de tenir en échec Aix et Marseille, pendant que son gouvernement administratif résiderait au delà de la Durance, contrée qui montrait plus de sympathies pour le nouveau roi et sa religion. Maître de la ville, il lui restait à s'emparer cependant, pour avoir la liberté de ses mouvements, de la fortification connue sous le nom de *Grosse tour*, vaste citadelle élevée sous le règne de Louis XII à l'entrée de la rade. Le Parlement ligueur avait confié le commandement de la Grosse Tour au capitaine Berre, officier d'origine italienne, dont la trahison était un fait certain pour La Valette, qui en avait eu la preuve dans les papiers saisis l'année précédente sur le capitaine Fabri, au siège du château d'Hyères (1). Le gouverneur chargea Montaud de s'emparer de la tour par un coup de main, ce que celui-ci accomplit avec un rare bonheur, pendant une absence de quelques heures du capitaine Berre, en s'introduisant dans la place par supercherie avec une vingtaine d'officiers vêtus en bourgeois et portant leurs armes cachées sous leurs habits. Soit que La Valette suspectât la fidélité des habitants, soit qu'il voulut asseoir la résistance, en cas d'attaque, sur des bases plus solides que celles que pouvaient lui offrir les consuls de la ville comme gouverneurs et les habitants comme soldats, il dépouilla entièrement les Toulonnais de la garde des portes, des tours et des remparts, et fit occuper le château de la mer et la petite citadelle par un de ses régi-

(1) « La Valette se saisit de Tolon, que Berre, gentilhomme niçard, se
« laissa prendre, quoique le comte de Ligny l'eut engagé à tenir cette
« place pour la Ligue et que le duc en payât la garnison. » — *Histoire généalogique de la royale maison de Savoye*, par SAMUEL GUICHENON. Turin, 1778, t. II, p. 726.

ments. Au mépris des plus anciens et des plus précieux privilèges de la ville, il appela au gouvernement de la place un de ses officiers les plus distingués, Jacques de Sainte-Colombe, sieur d'Escarravaques (1), gentilhomme béarnais entré en Provence en 1586 avec le duc d'Epernon, et qui venait de se marier avec Julie de Forbin, fille de Palamèdes de Forbin, seigneur de Solliès.

Les choses ainsi réglées, il agrandit et fortifia la ville. Le 15 septembre, il consentit en faveur de Pierre Hubac, « ingénieur « et homme de grand esprit », l'entreprise du creusement d'un fossé de vingt-deux mètres de largeur sur quatre mètres de profondeur, qui englobait les sept faubourgs de Toulon. Deux mois après, le capitaine Hubac se chargea, moyennant un forfait de cinquante mille cinq cents écus, de la construction des remparts avec leurs bastions, leurs courtines et leurs casemates, et de l'ouverture de deux portes à l'enceinte fortifiée. La ville de Toulon était fondée comme place de guerre de premier ordre, en attendant que le génie de Vauban en fît le premier port maritime de France sur la Méditerranée.

---

(1) « Les habitants de Toulon ont un privilége de tout temps gardé et « conservé, que les consuls de ladite ville sont gouverneurs d'icelle. » — *Lettre du duc de Guise à Henri IV*, 31 octobre 1602.

CHAPITRE VIII

LA LIGUE FRANÇAISE ET LA LIGUE SAVOYARDE
1589-1590

État des partis en Provence après la mort de Henri III. — Les ligueurs entrent en campagne. Prise du château de Bouc et de la ville d'Aubagne. — Le Parlement d'Aix destitue La Valette, reconnaît le duc de Mayenne comme lieutenant général du royaume et prête serment d'obéissance et de fidélité au cardinal de Bourbon, sous le nom de Charles X. — Assemblée générale des chefs de la Ligue pour demander des secours au duc de Savoie. — Le Parlement décide en séance qu'on fera un appel aux armes du duc. — La Valette convoque à Pertuis les États généraux royalistes, qui proclament Henri IV roi de France et de Navarre. — Combat de Tarascon. — Les notables d'Aix députent Ampus auprès du duc de Savoie pour recevoir les troupes accordées par Charles Emmanuel. — De Vins va prendre à Antibes le commandement de l'armée alliée. — Divisions au sein de la Ligue, qui se scinde en deux factions : la Ligue française sous la direction de Carcès, la Ligue savoyarde sous la direction de de Vins. — Conflit municipal à Marseille entre les deux factions. — Combat de Mallemort. — Les ligueurs assiégent Grasse. — Mort de de Vins. — La comtesse de Sault prend la direction de la Ligue. — Intrigues du duc de Savoie pour se faire appeler au commandement de l'armée devant Grasse. — Réunion des États généraux ligueurs à Aix pour faire appeler le duc en Provence. — Les États généraux envoyent une députation au duc pour le supplier de venir en personne en Provence. — Siège de Salon. — Les membres du Parlement appartenant à la Ligue française veulent faire arrêter la comtesse de Sault. *Journée du palais.* La Ligue savoyarde triomphe. — Retour des députés envoyés vers le duc de Savoie, avec la promesse de l'entrée prochaine du duc en Provence. — La Valette demande inutilement des secours au roi. — Les ligueurs et les royalistes entrent en campagne. — Le comte de Martinengue arrive en Provence avec un contingent savoyard. — Siège de Saint-Maximin par les ligueurs. — Retour de l'armée ligueuse à Aix.

A l'extinction de la dynastie des Valois, les Bourbons étaient appelés à régner, comme descendants de Robert de France, sixième fils de saint Louis. Le chef de cette branche était Henri de Navarre. Le vieux cardinal de Bourbon, son oncle, frère cadet d'Antoine, ne pouvait l'emporter sur lui qu'au mépris des droits établis par la nation elle-même ; mais Mayenne, qui voulait se réserver l'avenir, ne se laissa pas arrêter par cet obstacle. Le duc de Lorraine, Philippe II, le duc de Savoie, réclamaient le trône pour eux ou pour leurs enfants, il poussa la Ligue à proclamer comme souverain, sous le nom de Charles X, le cardinal de Bourbon en ce moment prisonnier à Chinon. L'âge et les infirmités du cardinal devaient bientôt ouvrir une nouvelle succession, et on espérait qu'à cette époque Henri serait vaincu et chassé, et que chacun pourrait alors faire valoir ses prétentions demeurées intactes (1). En attendant, Mayenne prit le titre de lieutenant général de l'État et couronne de France, ce qui lui livrait, pendant la captivité de Charles X, le pouvoir exécutif.

En Provence, les deux partis se trouvèrent plus loin que jamais d'une réconciliation. Les bigarrats demandaient que l'on reconnût pour roi Henri de Navarre : ses promesses solennelles et récentes contenues dans sa déclaration de Châtellerault, ne permettaient pas, disaient-ils, de douter qu'il ne respectât le catholicisme ; au point de vue politique, ils voyaient dans cette

---

(1) *Histoire du règne de Henri IV*, par A. Poirson, 2ᵉ édition, t. 1ᵉʳ, p. 58.

royauté le seul moyen de prévenir les usurpations locales, le renouvellement des factions, la tyrannie de la Ligue et la domination du duc de Savoie, qui déjà couvrait le pays de ses créatures et disposait de la populace des grandes villes. Les catholiques purs, au contraire, refusaient de reconnaitre Henri IV, les uns par un honorable scrupule de conscience, les autres dans l'espérance d'obtenir l'érection de leurs terres en baronnies ou en marquisats indépendants, et quelques-uns de voir reconstituer à leur profit les comtés d'Arles, de Marseille et de Forcalquier.

Ces rêves coupables, ces ardeurs insensées étaient entretenus par le clergé, qui portait dans la chaire ses passions politiques avec ses passions religieuses. Parmi ces promoteurs de guerre civile, les uns servaient Mayenne, le plus grand nombre le duc de Savoie, qui avait derrière lui Philippe II et l'Inquisition; mais tous se réunissaient dans leur haine commune contre le Béarnais et les bigarrats. Les prêtres ne reculèrent pas devant les excitations au meurtre et au régicide, et, à Aix, un moine observantin du nom de Blétus, n'hésita pas, du haut de la chaire de Saint-Sauveur, à prendre pour texte de son sermon, ces paroles de l'Évangile : *Petre, mitte gladium in vaginam!* qu'il traduisit par : *Pierre, plonge ton épée dans le ventre d'un bigarrat!* et à développer cette horrible thèse (1).

Pendant que La Valette était occupé du côté de Toulon, les ligueurs n'étaient pas restés inactifs. De Vins, qui ne pouvait s'abuser sur la faiblesse numérique de son armée, fit un appel aux armes du duc de Savoie. Celui-ci n'avait encore tenu aucune de ses promesses; mais l'heure était venue pour lui de commencer l'œuvre d'envahissement qu'il méditait depuis si longtemps, et de Vins lui ayant demandé un prompt secours en

---

(1) *Histoire de la ville d'Aix*, par Pitton, p. 338.

hommes et en argent, il envoya 12,000 écus, promettant de continuer cette somme régulièrement tous les mois (1), et fit embarquer immédiatement, à Nice, Alexandre Vitelly, baron romain, avec sa compagnie de lanciers, le capitaine Demetrio, albanais, avec la sienne, et Biagin Bonada de la Trinité, piémontais, avec trois cents hommes d'infanterie. Ces troupes, sous le commandement de Vitelly, entrèrent dans le port de Marseille le 10 août et arrivèrent le 14 à Aix.

La plupart des bourgs étaient occupés par les royalistes ; Aix et Marseille étaient comme étranglées par une multitude de petites garnisons qui tenaient les routes, interceptaient les communications et ruinaient le commerce. De Vins voulut donner de l'air à ces deux grands centres. L'armée ligueuse entra en campagne le 20 août. Carcès sortit de Marseille et vint mettre le siége devant Aubagne ; Ampus prit par escalade le château de Mimet, fit prisonnier le seigneur du lieu et l'envoya à Aix, où il fut pendu. De Vins, avec une compagnie de cavalerie savoyarde et les garnisons qui avaient évacué Brignoles, Saint-Cannat et Saint-Maximin, força en dix jours Cabriès, Ventabren, Jouques, Pelissanne, Lambesc, et se porta, le 1ᵉʳ septembre, sur le château de Bouc. Le capitaine Vautrin commandait la place et n'avait avec lui que trente-trois soldats. C'était un officier qui avait longtemps fait la guerre, et chez lequel l'obéissance militaire était une religion. La Valette lui avait confié, à la demande de son père, la défense de la tour de Bouc, et dans sa foi de soldat, il estimait que le sacrifice de sa vie était le moindre qu'il pût faire pour l'accomplissement de son devoir. De Vins le fit sommer de se rendre : « Mon père, répondit « l'intrépide capitaine, me ferait pendre si je déposais les armes ; « c'est ici que je dois combattre et mourir pour son honneur et

---

(1) *Mémoires* de BESAUDUN.

« pour le mien ! » Les ligueurs ouvrirent le feu avec quatre canons. Le lendemain, vers midi, une brèche était faite et ils tentèrent l'assaut. « Le chasteau, dit la relation du procureur
« Dize, estoit au dessus d'un précipice de rochers, et pour y
« aller falloit monter par une eschelle de plus de trente pieds
« de hauteur, puis passer sur un petit bord de rocher, et aller
« de costé environ six pas, après quoy l'on estoit à la porte du
« chasteau, sur laquelle estoit la brèche. Pour y pouvoir mon-
« ter, les soldats de Vins attachèrent deux eschelles ensemble
« de douze pieds et combattirent dessus ; ne pouvant estre que
« deux au combat, il falloit qu'ils se tinssent d'une main aux
« eschelles, ou autrement l'ennemi les eut jeté à coups de pic-
« ques du rocher en bas. » Les assiégés se défendirent vigou-
reusement. L'assaut avait commencé à midi ; à cinq heures les ligueurs n'avaient pu encore se rendre maitres de la brèche. Vautrin était l'âme de la défense, en même temps qu'il en était le bras le plus énergique. « Lui seul rendoit plus de combat, dit
« le procureur Dize, que tout le reste de ses soldats. » Le jour touchait à sa fin, et de Vins avait déjà donné l'ordre à Allamanon de faire sonner la retraite, quand un gendarme, qui depuis plusieurs heures était resté blotti sous une saillie de rocher, remarqua que Vautrin se montrait souvent à découvert au même angle de la brèche, pour examiner les mouvements de l'ennemi. Il arma son pistolet, et saisissant le moment où il penchait sa tête au dessus des assaillants, il l'atteignit au front d'une balle qui l'étendit mort. En ce moment les trompettes sonnant le ralliement se faisaient entendre dans le camp, le gendarme avait deviné au tumulte qui s'était fait autour de Vautrin que son coup de pistolet ne s'était pas égaré, et s'a- dressant à ses plus proches voisins : « M'est avis, camarades,
« leur dit-il, que nous ferions bien de donner dedans, car je
« crois avoir tué le capitaine. » La défense, en effet, s'était

beaucoup ralentie ; les paroles du gendarme furent répétées de proche en proche, et les ligueurs ayant tenté un dernier effort, franchirent la brèche et entrèrent dans la tour sans rencontrer de résistance sérieuse. La place se rendit à merci. Les ligueurs avaient tiré quatre-vingt-dix coups de canon. Douze soldats royalistes avaient été tués ; de Vins fit pendre les vingt-et-un qui restaient, car cette guerre était sans pitié, et au nom de l'effroyable droit du talion, les vaincus subissaient tour à tour les inexorables vengeances des vainqueurs ! De Vins mit garnison à Bouc, et se porta en toute diligence au secours de Carcès qui assiégeait Aubagne.

Marseille tenait toujours avec enthousiasme pour la Ligue. En août, quand de Vins était venu dans cette ville pour y prendre quelques canons, il avait été accueilli aux cris de : *Viro moussu de Vins ! Fouaro Bigarrats !* Cette cité, ardente et toujours prête à embrasser les partis violents et extrêmes, avait moins de haine contre les huguenots que contre les bigarrats. La grande majorité de la population ne pouvait se résoudre à tolérer cette élasticité de conscience qui permettait, quoique catholique, de s'allier avec les hérétiques et de combattre avec eux sous les mêmes drapeaux. Le parti royaliste, après ses nombreuses défaites dans ses combats de rues, comptait peu de partisans, mais si faible qu'il fût il existait cependant encore, et un de ses chefs les plus influents était Frédéric Ragueneau, évêque de la ville. N'osant, ou ne pouvant l'attaquer ouvertement, la Ligue résolut de le ruiner. Pendant que de Vins dégageait Marseille et Aix en soumettant les places royalistes voisines, le comte de Carcès venait assiéger Aubagne, baronnie de Frédéric Ragueneau, avec deux canons, cent chevaux et douze cents miliciens marseillais commandés par Charles Casaulx, de Rémezan, Nicolas de Cépèdes, de Septèmes, Jean Tarron, Fouquier et Barban. La place était défendue par

Belloc, frère de Ramefort, tué naguère sous les murs de Lambesc, et par le provençal Guillerme, jeunes officiers peu expérimentés dans l'art de la guerre, et qui, au dire de Du Virailh, « employoient plus de temps à saccager les bonnes maysons du « lieu qu'à réparer ses murailles » Les ligueurs rencontrèrent plus de résistance qu'ils n'attendaient, et furent obligés de battre en retraite, après une première attaque, jusqu'au quartier de la Millière, à plus d'une lieue d'Aubagne. De Vins, prévenu de l'état des choses par une lettre de Carcès, accourut de Bouc avec deux cents arquebusiers à cheval. Il trouva les ligueurs découragés. Il voulut reprendre l'offensive et se rapprocha de la place avec toutes ses troupes. Il arrivait en vue des portes, quand il fut informé que La Valette ayant appris à Hyères le danger que courait la garnison, était parti en toute hâte pour la dégager, et venait d'entrer dans Aubagne avec sept cents maîtres et cinq cents arquebusiers. De Vins n'osa pas tenter l'aventure, en quoi il agit sagement, car la majeure partie de ses soldats se composait de volontaires marseillais venus pour piller bien plus que pour combattre. Il se retira en bon ordre sur un coteau voisin, où il campa, malgré les pressantes sollicitations des Marseillais, qui voulaient se retirer dans leur ville, en abandonnant l'artillerie, « criant qu'on ne se debvoit « point laisser surprendre et hazarder les hommes pour saulver « deux canons, la perte desquels ne montoit deux liards par « teste ». Il rangea ses troupes en bataille, l'infanterie sur la crête du coteau, l'artillerie flanquée de la cavalerie en avant-corps dans la plaine, et attendit les événements. Dans la soirée, La Valette sortit d'Aubagne et s'avança jusqu'à une portée d'arquebuse des lignes ennemies, mais il n'osa pas prendre l'offensive, et comme il n'avait voulu que dégager la garnison, il évacua Aubagne le lendemain matin au point du jour et se dirigea sur Toulon. Un grand nombre d'habitants le suivirent et se réfugièrent à Saint-Maximin. Le même jour, 6 septembre, de Vins entra dans la place et l'abandonna aux Marseillais, qui la mirent à sac et incendièrent les maisons de l'évêque Frédéric Raguenau (1).

Les ligueurs, cependant, allaient consommer un grand crime. Malgré tous leurs efforts ils comprenaient qu'ils étaient destinés à succomber avant peu de temps, s'ils n'obtenaient l'appui d'une puissance étrangère. Ils s'étaient déjà adressés au duc de Mayenne et au pape; mais le duc de Mayenne ne leur avait envoyé que des conseils, et le pape n'avait répondu à leur demande que par des vœux et des intrigues stériles : il n'y avait que le duc de Savoie dont l'alliance put se révéler par des secours réels et prompts. Le 15 septembre, le Parlement reçut du duc de Mayenne, une lettre, en date du 8 août, par laquelle « il ordonnoit à tous les catholiques de se remettre de son « party, et de ne prêter aulcun devoir d'obeyssance à Bernard « de La Valette »; et le même jour, la chambre des vacations rendit un arrêt qui prononçait la destitution de La Valette, et enjoignait à ses partisans de l'abandonner avant trois jours, sous peine d'être considérés et poursuivis comme rebelles. Cette décision donna aux ligueurs le courage des déterminations suprêmes. Le 18 du même mois, de Vins, Carcès, Ampus, Besaudun, les trois frères Meyrargues, de Suze, Trans, Guiran, Allamanon, Sommat du Castellar, Fabri de Fabrègues, Du Laurens et quelques autres notables du parti, s'assemblèrent chez la comtesse de Sault. Pour se ménager une action immédiate sur le peuple, et, le cas échéant, pouvoir se servir de lui pour exercer une pression sur le Parlement, on appela à ce conciliabule, Denize et Perrinet, deux hommes comme il en

(1) Les archives de la communauté furent volées. Un capitaine du nom d'Augier les rendit plus tard aux consuls contre une somme de 125 écus.

surgit dans les guerres civiles, qui, doués d'une puissante énergie et dévorés du désir de jouer un rôle, savent s'imposer à la populace, et prennent sur elle un tel ascendant qu'ils peuvent la faire mouvoir et la gouverner à leur gré. « Nous demeura-
« mes d'accord, dit Fabrègues, que nous ne pouvions pas résis-
« ter à La Valette, qui avoit les deux tiers de la noblesse, les
« trois quarts du pays, les places, les troupes gasconnes, le
« secours de Lesdiguières, celui de Montmorency, et au besoin
« celui d'Ornano; qu'il falloit demander secours au roi d'Es-
« pagne, mais que ce secours estant très-éloigné, à cause de la
« mer, il falloit recourir au duc de Savoie, et comme il avoit
« déjà envoyé Vitelly à la seule prière de la comtesse et de de
« Vins, sans doute il donneroit des hommes et de l'argent à la
« prière du Parlement et des Estats.... (1). » Trans émit l'avis de prier le duc d'intervenir en personne, et sa proposition fut appuyée par de Suze et quelques autres; mais de Vins, qui voyait dans l'arrivée de Son Altesse la perte de son commandement général de l'armée, s'y opposa vivement, et fut soutenu par tous ses amis, qui démontrèrent que si le duc entrait en Provence, il faudrait lui abandonner l'absolue direction des affaires. On se sépara après avoir décidé que chacun userait de son influence et de son crédit pour pousser le Parlement à demander au nom du pays, un secours en hommes et en argent.

On se mit en relation avec le duc, qui répondit par des assurances formelles, et on n'attendait plus qu'une occasion favorable, quand, le 2 octobre, la Cour reçut et enregistra en séance solennelle, des lettres patentes portant que le cardinal de Bourbon avait été déclaré et reconnu roi de France, sous le nom de Charles X, et que le duc de Mayenne avait été nommé

---

(1) *Mémoires de Fabry de Fabrègues.* Dans les *additions et illustrations aux troubles de Provence*, de LOUVET, t. II, p. 141.

lieutenant général de la couronne. Par suite de cette vérification, le Parlement prêta serment de fidélité et obéissance à Charles X et au duc de Mayenne ; en même temps il nomma procureurs du pays : Ampus, Honoré de Guiran, seigneur de la Brillane, Claude de Séguiran et Jean de la Chau, tous ennemis déclarés du gouverneur. Un état de fermentation extrême régnait à Aix et gagnait toute la province; les ligueurs voulurent profiter de l'enthousiasme qui agitait le parti pour frapper leur grand coup. Le 5 octobre, Sommat du Castellar et Fabrègues portèrent les résolutions des chefs de la Ligue à la Cour et déclarèrent que « pour se fortifier contre La Valette,
« il falloit accepter les offres du duc Charles Emmanuel, qui
« se proposoit de faire entrer dans le païs trois cent cinquante
« lances, deux mille arquebusiers, une artillerie nombreuse
« et bien approvisionnée, et douze mille escus par mois pour
« payer la cavalerie provençale ». Le Parlement était trop dévoué à la Ligue pour hésiter ; séance tenante il décida qu'il demanderait, au nom du pays, des secours au duc de Savoie, et tel fut l'empressement de celui-ci à se rendre à ses vœux, que le 27 du même mois, de Vins donnait quittance à l'Hôtel de ville, de douze mille écus qu'il venait recevoir de J. B. Doria, aux conditions arrêtées d'avance « que Son Altesse fourniroit
« les secours promis sans poursuivre d'autre but que celui de
« l'extermination des hérétiques ».

Les royalistes, animés d'un véritable esprit national, ne se laissèrent pas abattre par l'arrêt du Parlement et les résolutions des chefs de la Ligue ; ils jurèrent de soutenir le gouverneur de toute leur énergie, de tout leur argent, de tout leur crédit. La Valette venait de recevoir de Manroy, secrétaire du roi, le contrat synallagmatique intervenu le 4 août, à Saint-Cloud, entre Henri de Navarre et les seigneurs catholiques, ainsi que l'arrêt du Parlement de Paris, séant à Tours, qui le ratifiait.

Il quitta Toulon, vint à Pertuis, et convoqua pour le 11 octobre l'assemblée des communautés de son parti. Ces États généraux sanctionnèrent à l'unanimité la décision prise le 28 août par le Parlement royaliste, et proclamèrent Henri IV, roi de France et de Navarre. Le gouverneur se levant alors dit : « Messieurs, « je m'en vais faire ce à quoy Dieu et nature m'ont obligé! « C'est de jurer d'estre à jamais obeyssant, très-humble sub- « ject et serviteur du roy Henry quatriesme, roy de France et « de Navarre, lequel serment à la damnation de mon âme je « ne fausseray jamais (1)! » Tous les députés, mus par un même sentiment de patriotisme, debout et agitant leurs chapeaux, prêtèrent au milieu de l'enthousiasme le plus vif le serment de fidélité et obéissance au roi, dont acte fut dressé sur l'heure et transmis à Henri IV, « qui de ceste nouvelle, dit « Mauroy, fust fort réjoui ». L'assemblée décida, en outre, que le siége du Parlement serait transféré à Manosque, ville qui offrait plus de sécurité que Pertuis, trop voisine d'Aix (2).

Avant de se rendre à Pertuis, La Valette avait envoyé soixante

---

(1) MAUROY, ouv. cit., p. 150.
(2) Henri III, par lettres patentes données à Châtellerault, le 24 mai 1589, avait déjà ordonné cette translation, ainsi que celle de la chancellerie de la cour des comptes, aides et finances, et de la fabrique des monnaies. Le Parlement tint sa première séance à Manosque le 16 novembre, et vérifia les lettres en forme d'édit données à Tours, le 28 mai 1589, par lesquelles le roi déclarait « le comte de Carcès, de Vins et autres gen- « tilshommes, et tous les habitants de la ville d'Aix, et tous autres qui « tiendroient leur party, convaincus du crime de lèse-majesté, déclarant « leurs biens féodaux réunis à la couronne, et leurs autres biens vendus, « et leurs debtes saisies ». La Cour, sur le bruit erroné de l'entrée en Provence du duc de Savoie, ne se trouvant pas en sûreté à Manosque, transféra son siége, le 13 décembre, à Sisteron, d'où elle revint, du reste, bientôt à Manosque, à la suite d'une contestation avec le gouverneur de la place, qui voulait garder les clefs des portes de la ville, tandis que le Parlement prétendait les avoir par droit de souveraineté.

cavaliers en Languedoc, à Fontsuze, qui avait reçu l'ordre d'enrôler douze cents fantassins, pour lui faire hâter son arrivée. Les troupes levées par Fontsuze n'étaient pas prêtes encore; Montmorency renvoya en Provence les soixante cavaliers de La Valette, auxquels il joignit cent cinquante arquebusiers à cheval sous le commandement du sieur d'Etampes. Les royalistes passèrent le Rhône le 14 octobre à Boulbon, et rencontrèrent du côté de Graveson Carcès et Ampus qui les attendaient avec trois cents maîtres pour les attaquer. D'Etampes se replia sur Tarascon, ville qui jusqu'à ce moment s'était tenue dans le parti du roi; mais, contre son attente, les consuls refusèrent de le recevoir, firent fermer les portes et le livrèrent ainsi à Carcès et à Ampus, qui s'étaient mis à sa poursuite. Les royalistes poussés l'épée dans les reins et enfermés dans un triangle formé par le Rhône, Tarascon et la cavalerie ennemie, cédèrent à l'épouvante et se débandèrent. Les uns voulurent percer les lignes ennemies et furent presque tous tués; le plus grand nombre obéissant à une terreur aveugle, tentèrent de passer le fleuve à la nage, ou se jetèrent dans quelques barques qu'ils trouvèrent tirées à sec au milieu des joncs de la rive. Tous périrent submergés par les eaux grossies et rapides, à cette époque de l'année, du Rhône, ou furent massacrés par les cavaliers ennemis entrés dans le fleuve jusqu'au poitrail de leurs chevaux. Les seigneurs de Rognes et de Molegez sombrèrent en plein courant et se noyèrent; d'Etampes, de Lussan et Spondillan furent faits prisonniers et conduits à Aix.

La Valette était encore à Pertuis quand il apprit ce désastre. Il ne disposait en ce moment que des seules forces de son parti et de sa petite armée de Gascons; il vint à Brignoles et s'occupa activement de recruter des soldats et d'assurer l'armement et la garde des places qui lui étaient restées fidèles. Il écrivit à Chambaud, qui levait des troupes dans le Vivarais, de venir le rejoindre au plus tôt, et distribua le commandement des villes de guerre à ses plus distingués et plus dévoués capitaines : il envoya Montaud à Fréjus, Valavoire à Saint-Maximin, Pontevès à Barjols, Forbin-Janson à Pertuis, Buous à Forcalquier, de Tournon à Riez, Baratte à Manosque, de Trignan à Sisteron, Escarravaques de Sainte-Colombe à Toulon, Sigaudy au Puech, de Tourvès à Besse, et prescrivit au baron de Vence et aux sieurs de Tanneron, de Callian et de Montauroux de se jeter dans Grasse avec tous leurs amis et tous les soldats qui voudraient suivre leur fortune.

De Vins, de son côté, déployait une grande activité et menait de front la guerre et la politique. Pendant que Carcès et Ampus battaient les royalistes sur les bords du Rhône, il s'emparait d'Istre et de Saint-Chamas. Ayant ainsi dégagé Marseille, il rentra à Aix et convoqua une assemblée de notables de la ville, dans le but de donner aux relations qu'on allait entamer avec le duc de Savoie, les apparences d'un acte émanant de la volonté du pays lui-même. Cette assemblée, choisie parmi les ligueurs les plus ardents, décida qu'il fallait accepter avec empressement le secours qu'offrait le duc, et chargea Ampus, en sa qualité de procureur du pays, de se rendre à Nice, pour ratifier, au nom de la Provence, les conditions de cette étrange alliance, dans laquelle une partie seule s'engageait à faire des sacrifices, sans stipuler aucun avantage pour l'avenir. Ampus partit vers le 22 octobre; La Valette occupant Brignoles, Toulon, Hyères, Fréjus et Grasse, il prit sa route par la Durance et s'arrêta à Digne, qui venait d'être occupée par des compagnies ligueuses levées aux frais de l'évêque de Sisteron. Il ordonna des réparations aux remparts, compléta l'armement de la place et mit la garnison sous les ordres du capitaine Fabre. Il descendit ensuite vers Nice, où il trouva le duc de Savoie qui l'attendait. Ampus s'efforça de lui prouver que ses intérêts lui faisaient un devoir de secourir la Provence et de l'aider à anéantir la faction royaliste; il lui représenta que si La Valette s'affermissait dans son gouvernement et Lesdiguières en Dauphiné, son marquisat de Saluces et la Savoie elle-même, ainsi que le Piémont, pouvaient être envahis. Le duc de Savoie dut sourire en voyant les efforts qu'on faisait pour l'engager à intervenir. Il avait dans le comté de Nice quelques troupes, qu'il offrit de mettre immédiatement sous les ordres de de Vins. Au dire de Samuel Guichenon, dans sa grande *Histoire généalogique de la royale maison de Savoye*, les forces prêtées par le duc se composaient de la compagnie de lanciers de Don Ferrante Nova, milanais, celle de chevau-légers de Don Amédée, de quinze cents fantassins piémontais conduits par le comte Emmanuel de Lucerne, de huit cents arquebusiers sous les ordres du seigneur de Monasterol, et de six pièces de canon. Ampus fit passer le Var à ces troupes, et les cantonna à Antibes en attendant les ordres de de Vins.

Ampus revint à Aix porteur de ces bonnes nouvelles. De Vins abandonnant alors la direction des affaires à la comtesse de Sault (1), sous l'autorité du Parlement, se dirigea vers Antibes avec treize cents hommes de pied et deux cents chevaux. Il croyait rencontrer le duc de Savoie à Nice, où il se rendit, mais il n'y trouva que le comte de Ligny, son ami et son confident « qui avoit tout pouvoir, disait-il, de luy donner conten-

---

(1) « Ceste dame s'estoit trouvée par fortune à Aix, lorsque ces troubles commencèrent, pour les affaires de ses enfants; et pource que le bonheur ou la ruyne du sieur de Vins luy importoit beaucoup, pour l'alliance qu'il avoit avec la mayson de Sault, à laquelle par honneur il déféroit beaucoup, elle résolut de l'adsister et de tenir la main de tout son pouvoir à son establissement, qu'elle jugeoit pouvoir redonder un jour à l'avantage de ses enfants, qui estoient encore en bas-âge. » *Mémoires de* BESAUDUN.

« tement, le duc estant occupé du costé de Genève ». Il repassa le Var et vint se mettre à la tête de l'armée alliée, forte de quatre à cinq mille hommes.

Depuis quelque temps déjà d'âpres dissentions régnaient parmi les chefs militaires du parti ligueur; la jalousie, l'ambition étaient la source de conflits incessants qui allaient bientôt aboutir à une rupture et scinder la Ligue en deux factions. De Vins accusait Carcès d'être le chef du parti qui voulait faire intervenir le duc de Savoie en personne, dans le but de faire tomber dans ses mains le commandement général de l'armée. C'était là une erreur, et Carcès, âme vulgaire et esprit étroit, n'était pas dans cet ordre d'idées. Quand il avait naguère inspiré secrètement cette proposition, faite par son neveu Trans dans la conférence tenue chez la comtesse de Sault, son but était, en provoquant la venue du duc de Savoie en Provence, de se créer une grande position en prenant la direction de la faction ligueuse qui considérait comme un malheur l'ingérence du duc de Savoie dans les affaires du pays, et de tenir par là son cousin en échec. D'un autre côté, Ampus, homme de guerre intelligent, actif, heureux, excitait vivement la jalousie de de Vins et de Carcès, surtout depuis qu'il avait été nommé procureur du pays, ce qui, joint à ses talents militaires, lui donnait une grande autorité appuyée par un grand crédit. Depuis quelque temps des signes précurseurs de l'orage qui allait éclater s'étaient manifestés. De Vins avait ressenti une profonde irritation en apprenant la conduite d'Ampus à Digne, où il avait ordonné des fortifications, réglé le service de la place et délivré des lettres de commandement. A son retour il lui reprocha durement sa conduite « luy disant qu'il vouloit tout faire et « alloit mesme courir sur ses brisées ». Ampus, un des plus sympathiques caractères de cette époque, esprit droit et cœur honnête, se jeta dans ses bras, l'embrassa et lui répondit en

riant : « Qu'il ne toucheroit jamais au général où il seroit, et
« qu'il ne seroit jamais que procureur du païs auprès de luy ;
« mais qu'il se donnât garde des aultres, luy donnant tacite-
« ment à cognoistre le comte de Carcès (1). » Mais si Ampus
déférait à de Vins, à cause de ses qualités militaires et des services rendus à la cause, il ne se croyait pas tenu à de pareils
ménagements envers le comte de Carcès, qu'il ne considérait
que comme un intrigant sans valeur personnelle. Quand naguère
il était sorti avec Carcès pour venir sur les bords du Rhône,
celui-ci avait prétendu au commandement de l'expédition ;
mais Ampus avait déclaré « qu'il ne céderoit pour le comman-
« dement des armes qu'à Vins, establi général, et pour le gou-
« vernement qu'au Parlement ; qu'il souffriroit que le comte
« fust à ses cotés et à la teste, mais qu'il voulait donner les
« ordres et conduire les troupes ». Carcès céda en protestant.
Au retour de Tarascon, le conflit se renouvela à propos de
Lussan et Spondillam, faits prisonniers, que Carcès voulait
avoir pour en tirer rançon, et qu'Ampus ne voulait pas céder.
La querelle s'envenima ; on fut sur le point d'en venir aux
armes pour vider le différend. Un arbitrage intervint qui, à la
confusion de Carcès, décida que les deux prisonniers seraient
à Ampus. Carcès jura qu'il ne sortirait plus avec Ampus, « en
« quoy, dit Fabrègues, il n'estoit pas bien conseillé, parce qu'il
« estoit assuré de gagner de l'honneur avec luy, à cause de son
« expérience, vaillance et bonheur, et estant son compagnon,
« il partageait en quelque sorte sa gloire ».

Les esprits étaient disposés pour une scission ; le départ de
de Vins pour Antibes la fit éclater. Les ligueurs se divisèrent
en deux camps. Les uns, qui reconnurent Carcès pour leur
chef, représentaient la résistance à Henri IV avec les seules

---

(1) *Mémoires de* FABRÈGUES.

forces du pays; les autres, qui avaient de Vins pour général, la comtesse de Sault pour ministre dirigeant et la grande majorité du Parlement pour complices, ne croyaient l'anéantissement des royalistes possible qu'avec le secours des armes étrangères. Les deux factions essayèrent leurs forces sur le champ de bataille des élections consulaires de Marseille.

Pierre de Caradet de Bourgogne et Charles Casaulx, destiné à jouer un grand rôle dans l'histoire de son pays, se disputaient la charge de premier consul. Caradet de Bourgogne était la créature du comte de Carcès, Casaulx était soutenu par de Vins, la comtesse de Sault et Besaudun, qui venait d'être nommé viguier de Marseille. Carcès, après avoir battu d'Etampes, s'était rendu à Marseille pour peser de toute son influence sur l'élection. Il avait dans son parti, outre ses amis et adhérents, tous les bigarrats, qui considéraient « comme un pro-« dige et escandale de voir entrer Casaulx en ceste charge de « consul (1) ». De Vins, qui n'ignorait aucune des brigues de son cousin, avait écrit à Besaudun et à Villecroze de faire réussir, même par la violence, l'élection de Casaulx. Les vingt-quatre conseillers des honneurs étaient nommés, quand, le 29 octobre, vers dix heures du soir, un attroupement considérable de carcistes pénétra en armes dans l'Hôtel de ville, menaçant les conseillers d'un massacre général s'ils ne nommaient pas Caradet de Bourgogne. Casaulx informé de ce tumulte accourut à la tête d'une compagnie de soldats; mais les abords de l'Hôtel de ville étaient gardés par de nombreux groupes de carcistes, et à peine s'était-il présenté, qu'un coup d'arquebuse fut tiré sur lui et que sa troupe fut refoulée et forcée de se disperser. Casaulx se hâta de rassembler ses amis, et, accompagné d'Albertas de Villecroze, consul sortant de charge, qui

(1) *Mémoires* de NICOLAS DE BAUSSET.

s'était couvert d'une cuirasse et armé d'une pique, il marcha de nouveau vers l'Hôtel de ville, chassa, cette fois, les partisans de Caradet de Bourgogne, et pénétra dans la salle des délibérations pour imposer son élection. Besaudun, qui, en sa qualité de viguier, présidait l'assemblée, manqua de sang-froid ; il se troubla, tira son épée, et comme la nuit était venue, il mit fin au désordre et évita peut-être une effusion de sang inutile en éteignant les lumières. Le plus grand tumulte régnait dans l'hôtel consulaire ; la population, qui remplissait les rues et les places environnantes, fut prise de panique en entendant le bruit des armes et les cris confus qui sortaient par toutes les fenêtres du vieil édifice ; elle se répandit dans la ville semant l'épouvante sur son passage et faisant sonner le tocsin. Les deux factions passèrent la nuit à organiser le combat pour le lendemain. Mais Marseille, quoique fortement attachée à la Ligue, détestait l'intervention du duc de Savoie ; les conseillers, qui, au milieu de l'effroi général s'étaient dispersés, reprirent avant le jour leur séance, et élurent Caradet de Bourgogne premier consul.

La faction de Carcès l'avait emporté, mais comme toutes les factions qui triomphent elle se signala par des excès. Des carcistes, ennemis acharnés de Villecroze, des bigarrats, qui ne pouvaient lui pardonner la mort de leur ancien chef Lenche, irrités de l'avoir vu compromettre un instant leur succès par son intervention armée à la tête du parti de Casaulx, résolurent de le perdre. Ils annoncèrent dans toute la ville qu'on venait de découvrir les preuves irrécusables de sa trahison ; qu'il voulait livrer la ville au duc de Savoie, et qu'un habitant du nom de Sauvine avait fait préparer par son ordre quatre-vingts échelles, pour donner aux Savoyards les moyens d'escalader les murailles. La population, encore sous l'impression des événements de la veille, s'ameuta et envahit la demeure de ce magistrat factieux, mais complètement innocent du crime dont on l'accusait. Des mains brutales l'arrachèrent à sa famille, et il fut dirigé sur la tour Saint-Jean au milieu des imprécations du peuple en fureur. Odieusement outragé, battu et percé de coups de hallebardes, il expira avant d'être arrivé à la prison. Le Parlement députa les conseillers Sommat du Castellar et Agar à Marseille pour informer contre les coupables ; mais à la prière des nouveaux consuls, intéressés à faire oublier ces violences, et qui arguèrent de la crainte qu'une justice sévère ne devînt le signal de nouveaux troubles, les magistrats ne donnèrent aucune suite à leur procédure criminelle. De Vins était dans les quartiers de Grasse quand il connut la mort de Villecroze ; il ne se trompa pas sur l'influence qui avait dirigé cet assassinat et les motifs qui l'avaient déterminé. Il écrivit à Carcès qu'il regrettait amèrement qu'un acte aussi épouvantable se fut accompli sous ses yeux, « et que s'estoit à faire rire leurs « ennemys (1) ».

Pendant que la Ligue, déchirée par des divisions intestines, se scindait ainsi en deux factions, Fontsuze avait organisé son contingent en Languedoc et entrait en Provence avec Regnaud d'Allen. Leur petit corps d'armée se composait, au dire de Besaudun, de douze cents arquebusiers, cent cinquante maîtres et cent vingt arquebusiers à cheval; Fabrègues, dans ses *Mémoires*, donne les chiffres de seize cents arquebusiers et de trois cents maîtres. Les royalistes passèrent le Rhône au dessus de Tarascon et vinrent se loger à Aiguières. Le pays qu'ils avaient à traverser était complètement au pouvoir de la Ligue ; d'Allen proposa de remonter jusqu'à Orgon, et de suivre la Durance pour éviter Salon, Pelissane, Lambesc, où il craignait de rencontrer de fortes garnisons ennemies. Fontsuze fut d'avis de

---

(1) *Mémoires* de Nicolas de Bausset.

suivre la ligne droite, alléguant que pour se rendre à Orgon, il fallait rebrousser chemin et perdre un temps précieux. En vain d'Allen lui représenta que ce n'était là qu'une affaire de quelques lieues, et qu'on avait le grand avantage, en prenant par Orgon, de se tenir dans un pays découvert et peu favorable, par conséquent, aux surprises et aux embuscades. Fontsuze s'opiniâtra dans son projet : « Il désiroit rencontrer l'ennemy, dit « Fabrègues, et espéroit gagner à ceste rencontre honneur et « profit. » Il consentit cependant, et non sans apparence d'un grand sacrifice, à passer par Mallemort, pour éviter de grands bois à travers lesquels il aurait fallu se frayer un chemin.

Besaudun et Ampus, informés de la marche des Languedociens, étaient sortis d'Aix le 9 novembre avec deux cent quarante maîtres et cent cinquante arquebusiers. Leur but n'était pas d'offrir le combat aux royalistes, mais de les suivre, les harceler, et profiter des fautes qu'ils pourraient commettre pour leur dresser des embuscades. Ils avaient été rejoints en route par La Barben, Loriol, de Panisse, de Saint-Maurice et Meyrargues, qui conduisaient quelques soldats levés dans la viguerie de Tarascon. Les ligueurs campèrent le 10 novembre sur un coteau, entre Mallemort et la Roque. D'Allen, qui marchait en tête avec une compagnie d'éclaireurs, fut quelque temps sans les apercevoir, à cause d'un rideau d'arbres touffus qui les cachait complètement ; mais ayant passé le canal de Crapone, il donna inopinément sur les postes avancés de Besaudun. D'Allen pensa d'abord que les ennemis n'étaient venus les attendre dans cette position que pour tenter d'enlever les bagages ; il fit proposer à Fontsuze de placer la cavalerie à l'arrière-garde, pour les protéger, et de faire ouvrir la route par l'infanterie. Le mouvement commença et les arquebusiers s'engagèrent sur le pont du canal. Le contingent languedocien n'était, au fond, qu'une bande composée de soldats ramassés un peu partout, indisciplinés et très-ignorants du métier des armes. A peine la tête de l'infanterie, dont Fontsuze avait pris le commandement, avait-elle passé le pont, que les premières compagnies ne voyant pas d'ennemis devant elles se débandèrent et marchèrent en avant sans observer aucun ordre. Ampus, emporté par son bouillant courage, se démasqua tout à coup et ouvrit sur elles un feu continu. Les Languedociens, surpris, firent assez bonne contenance et engagèrent le feu à leur tour. Dès le commencement de l'action Ampus eut son cheval tué sous lui, et pendant qu'il se relevait, il tomba lui-même frappé d'une balle qui lui fractura la cuisse. En ce moment d'Allen s'engageait sur le pont avec les dernières compagnies et courait au secours de Fontsuze. Son arrivée fut sur le point de décider l'action en faveur des royalistes. Les ligueurs, privés de leur chef et débordés par les ennemis, commençaient à plier, lorsque Besaudun accourut avec la cavalerie pour les soutenir et dégager son frère, qui se traînait péniblement et n'était plus défendu que par quelques soldats. La cavalerie languedocienne étant arrivée à son tour au galop, le combat recommença sur la lisière d'un bois épais et dans une position très-désavantageuse pour les royalistes, qui étaient complètement à découvert. L'engagement durait déjà depuis deux heures, quand les Languedociens lâchèrent pied et gagnèrent en fuyant le canal de Craponne. Besaudun les poursuivit jusque sur le pont et les tailla en pièces Fontsuze et d'Allen avaient été blessés grièvement ; leurs soldats ne sachant plus à qui obéir se débandèrent et cherchèrent un asile dans les lieux voisins. Plusieurs se réfugièrent à Mallemort et furent massacrés la nuit suivante. Meyrargues força le lendemain l'abbaye de Sylvacane, où un grand nombre étaient venus se cacher, et par un raffinement d'atroce barbarie, il fit attacher les prisonniers deux à deux et ordonna de les précipiter dans la Durance. Les paysans des environs firent pendant plusieurs jours une chasse cruelle aux fuyards : « Les païsans par la campagne, écrivait Besaudun au « Parlement, tuent tout ce qu'ils en peuvent attaquer. Que « morts que noyés je m'asseure qu'il y en a plus de sept à huit « cents (1). » Ceux qui parvinrent à s'échapper gagnèrent par des chemins détournés et à travers mille dangers, la ville de Draguignan, où La Valette venait d'arriver.

La nouvelle du résultat de la rencontre de Mallemort fut accueillie avec la joie la plus vive à Aix. Le Parlement ordonna des fêtes publiques, le clergé fit une procession solennelle et chanta un *Te Deum* ; on suspendit aux voûtes de Saint-Sauveur quinze drapeaux ou cornettes pris à l'ennemi, et Ampus, couché sur un brancard, fut porté en triomphe dans les rues et acclamé par la population.

Pendant que ces événements se passaient, de Vins avait organisé à Antibes son corps d'armée, qui présentait un effectif de plus de quatre mille hommes, et s'était emparé de Saint-Laurent, de Valavoire, ainsi que de quelques autres villages des

---

(1) Besaudun, quoique acteur dans le combat de Mallemort, l'a presque passé sous silence dans ses *Mémoires*. Il écrivit deux lettres au Parlement après l'affaire, dont la première est perdue aujourd'hui, mais que Gaufridi paraît avoir eue entre les mains. L'autre, datée de Mallemort et écrite dans la nuit du 11 au 12 novembre, a été imprimée pour la première fois dans le premier volume des *Mémoires de la Société historique de Provence*, Aix 1868. Il existe une relation du combat de Mallemort écrite le 17 novembre 1589, qui est devenue très-rare, et qu'un savant et obligeant bibliophile de Marseille, M. Laurent de Crozet, a bien voulu nous communiquer, comme tant d'autres documents précieux qu'il possède sur l'histoire de Provence. Cette relation, en forme de lettre signée des initiales D. S. est intitulée : *Deffaicte de vingt et cinq compaignies hérétiques du mareschal de Môtmoràcy qu'il envoyoit à La Valette contre la Saincte-Unyon, le XI novembre 1589, entre Lambesque et Malamort, par M. d'Ampus et aultres seigneurs et gentils-hommes catholiques de Provence. A Lyon, par* LOYS TANTILLON, *1589*.

environs. Le 14 novembre il vint mettre le siége devant Grasse
avec six canons de campagne. La possession de cette ville avait
pour lui une haute importance : située à peu de distance de la
frontière et dans un pays presque entièrement soumis à l'autorité de La Valette, elle devait lui servir de base d'opérations
pour soumettre la Basse-Provence, en même temps qu'elle
assurerait ses communications avec Nice et lui permettrait de
tenir en échec Fréjus et Draguignan, deux places de ravitaillement de l'armée royaliste. Grasse paraissait, du reste, de peu
de résistance; Vence, Tanneron, de Callian et de Montauroux
n'avaient amené avec eux que leurs valets, et la défense ne rési-
dait que dans deux cents hommes que les cadets de Bar avaient
pris à Gordon, et dans une compagnie de cavalerie sous les
ordres du dauphinois de Prunières, qui depuis cinq mois tenait
garnison dans la place. Par son affabilité, son honorabilité et
ses qualités militaires, de Prunières s'était attiré la sympathie
des habitants de Grasse, qui lui obéissaient volontiers; mais
les gentilshommes entrés récemment avec le baron de Vence
ne voulurent pas déférer à son commandement, et de là étaient
nés des tiraillements, des conflits déplorables, sur lesquels de
Vins, au dire de Du Virailh, comptait pour paralyser la résistance. Quand les ligueurs investirent la ville, les capitaines
royalistes crurent mettre un terme à leurs discordes en trans-
mettant toute l'autorité militaire entre les mains du premier
consul.

Depuis que de Vins avait quitté Antibes, La Valette avait
suivi attentivement ses mouvements. Il se rendit à Draguignan
pour être mieux en position de l'observer, de dégager Grasse,
ou, le cas échéant, de profiter des éventualités que la marche
des ligueurs de Grasse sur Aix pouvait lui présenter, dans un
pays où ils ne possédaient aucune place importante de refuge.
Il attendait **avec impatience l'arrivée des renforts languedociens,**

quand il apprit la déroute de Mallemort par les quelques soldats échappés au désastre. Il écrivit immédiatement à de Tourvès de venir le trouver avec sa compagnie, à Valavoire pour qu'il lui envoyât son neveu Du Virailh avec les arquebusiers de la garnison de Saint-Maximin, et à La Tour, gouverneur de Trets, pour qu'il dirigeât sur Draguignan tout ce qu'il pourrait se procurer d'arquebuses. En attendant, il donna l'ordre au capitaine gascon Briquemaut de se jeter dans Grasse, mais Briquemaut n'arriva pas même en vue de la ville : informé par ses éclaireurs que des partis nombreux de ligueurs tenaient la campagne, il battit en retraite, déclarant qu'on ne pouvait passer qu'avec des forces plus considérables que les siennes. Du Virailh arriva deux jours après à Draguignan, avec trente arquebusiers à cheval et une charretée d'armes que Valavoire avait fait fournir par les consuls de Saint-Maximin, La Tour avec quinze cavaliers et cent vingt arquebuses, et Tourvès avec vingt maîtres et vingt arquebusiers de Brignoles. La Valette se disposait à marcher en personne pour dégager Grasse, quand il apprit en même temps la mort de Hubert de Vins et la capitulation de la place.

Le 20 novembre, vers huit heures du matin, de Vins visitait une batterie ; au moment où il se baissait, pour examiner l'affût d'un canon, il fut frappé au front d'une balle qui le renversa mort. Quelques historiens adoptant une version qui eut un certain crédit parmi les soldats ligueurs, ont répété qu'il avait été assassiné par un des siens. La vérité est que le coup fut tiré par un habitant de Grasse qui, voulant essayer une arquebuse à longue portée, monta sur la plate-forme de l'église de Saint-Dominique, et ayant distingué au milieu d'un groupe d'officiers un gentilhomme revêtu d'une casaque rouge, le prit pour point de mire et le tua (1).

(1) « .... Le lundy suyvant, la ville feust fort rudement bastue, et

La mort du chef des ligueurs plongea l'armée et le parti dans la consternation. Les prêtres, dans la chaire, ne l'appelèrent plus que *l'invincible, le fort, qui défendoit et sauvoit Israël!* La Valette en apprenant cet immense événement dit ces mots très-justes et très-vrais : « C'est un grand dommage qu'un si « vaillant gentilhomme n'a esté employé au service du roi, car « les affaires de l'Estat s'en porteroient mieux, et la mémoire « de sa vie en seroit plus glorieuse (1). » Le duc de Savoie fit parvenir ses regrets et ses doléances au Parlement, par une lettre datée de Chambéry, le 26 novembre : « Je ne doubte « point, disait-il, que le décéds advenu à monsieur de Vins ne « vous ait apporté très-grand desplaisir; je sens ceste perte « aultant que vous pouvez penser et que requeroit l'affection « qu'il me portoit. Je n'ai pas voulu faillir de m'en condouloir « avec vous, et vous prier de prendre entière asseurance à mon « affection, désireux que je suis de la vous faire paroistre par « les effects. »

De Vins était un homme bien fait pour les événements auxquels il présidait. La nature lui avait refusé l'intelligence des grandes opérations militaires; mais il avait à un haut degré toutes les qualités d'un chef de partisans. Il était intrépide, audacieux, vigilant et prompt à prendre une détermination. « Il s'était si bien fortifié contre les accidents de la vie, dit un « ancien historien, que jamais son esprit et son grand cœur ne

---

« ledict jour, de matin, à demie heure de soleil, ledict M. de Vins, chef et
« général de la susdite armée, feust blessé d'une arquebusade de dedans
« la ville, de la tour et clocher de Saint-Dominique, lequel feust porté à
« la bastide de Chifon où son train logeoit, et où il est mort deux heures
« après sa blessure, sans avoir jamais pu parler, estant tombé en convul-
« sion et apoplectique. » — *Relation du siège de Grasse*, par A. ROCO-
MORE, témoin oculaire. *Manuscrit de la bibliothèque d'Aix*, n° 1054.

(1) H. DE MEYNIER, *ouv. cit.*, p 102.

« paraissaient davantage que dans les périls et les extrémités. »
Il possédait un fonds inépuisable de ruses de guerre, dans un pays dont il connaissait tous les accidents de terrain, et ses plus brillants faits d'armes consistèrent toujours en des surprises, ce qui lui avait mérité les surnoms de *Matinier* et de *Renard*. En dehors de ses qualités de chef de parti armé, il avait une habileté très-grande pour s'attirer la confiance de ses soldats. A l'exemple de son oncle, le comte de Carcès, il sut rallier sous ses enseignes et maintenir dans l'obéissance une noblesse nombreuse, fière, ambitieuse et jalouse; il sut mener au combat des paysans ramassés dans la campagne, sans habitude du métier des armes et sans organisation militaire. Il se fit aimer de ses subordonnés comme des habitants des villes qui tenaient son parti, et il avait mérité que le peuple l'appelât: *Nouastré bouan payré! Nouastré bouan signé grand!* Notre bon père! Notre bon grand-père! Il ravissait tous ceux qui l'approchaient par son langage, et tout le monde savait en Provence, qu'en 1579, quand la reine mère vint à Aix pour apaiser les troubles des Carcistes et des Razats, elle s'éprit d'une vive admiration pour de Vins après une longue conversation qu'elle eut avec lui. On vantait beaucoup sa civilité et sa modestie, qui n'était qu'apparente, car, au fond, il avait une inquiétude naturelle, un besoin de vengeance et une ambition qui le rendaient incapable de tenir le second rang. Chose étrange! de cette connaissance de son caractère ressort la nécessité de reconnaître que s'il avait vécu, le duc de Savoie ne serait jamais entré en Provence. De Vins aurait pu lui emprunter encore des secours multipliés en hommes et en argent, mais son ambition, son désir immodéré de commandement lui auraient fait repousser un supérieur et un maître, et la Ligue provençale serait toujours restée sous une direction française. « De Vins, dit Nostradamus, qui l'avait
« connu, estoit de taille droicte et proportionnée, roide et ner-

« veux, ayant le visage ovale, les yeux gris et gracieux, le front
« serein et non chauve, le nez bien pourfilé et la bouche bien
« fendue, son teint tirant sur le roux, ainsy que faisoit son
« poil, qui commençoit à grisonner. »

Le jeudi, 22 février 1590, le corps de Hubert Garde, sieur de Vins, fut transporté à Aix. Il fut reçu hors les portes de la ville par la population entière venue processionnellement à sa rencontre. La confrérie des pénitents à laquelle de Vins avait appartenu, (car à cette époque tous les grands personnages se faisaient un devoir de s'affilier à une corporation religieuse), le portèrent dans l'église des Grands-Carmes, pour y être inhumé dans le tombeau de sa famille. La province voulut lui consacrer, à ses frais, une sépulture plus digne de sa grande renommée; elle fit élever dans l'église métropolitaine de Saint-Sauveur un mausolée surmonté de la statue de ce célèbre ligueur, revêtue d'une armure, à genoux et les mains jointes (1).

Le jour même de la mort de leur chef, les capitaines ligueurs se réunirent et donnèrent le commandement général de l'armée à Jacques de Beaumont, procureur du pays détaché au siége de Grasse (2). Quelques jours après, de Ligny, qui n'avait pas quitté Nice, se rendit au camp, et, sous le prétexte que le duc Charles Emmanuel n'avait voulu confier qu'à de Vins seul le commandement de ses troupes, il se mit à la tête du contingent

---

(1) Ce monument a été détruit en 1793.

(2) « Nous soubsignés, gentilshommes et autres officiers de l'armée des
« catholiques, estant devant la ville de Grasse, promettons et jurons,
« attendu le debrès du sieur de Vins, obeyr et entendre à tout ce qui sera
« ordonné par le sieur de Beaumont, un des procureurs du païs de Provence, venu par deçà avec ledict sieur de Vins, jusques à ce que la
« Cour y ait pourvu, et cy promettons l'unyon de la Foi catholique, soubs
« l'obeyssance du Roy très chrestien et de la Cour.

« En foi de quoy nous sommes soubsignés. Au camp devant Grasse, le
« XX novembre 1589. » — *Manuscrits du président* DE LA ROQUE.

savoyard. Les opérations contre Grasse continuèrent. On ignorait dans la ville la mort du général ennemi. Le 23 novembre, les ligueurs ouvrirent le feu. Après avoir tiré onze cent quarante coups de canon, ouvert une brèche, abattu deux tours et ruiné l'hôpital, ils tentèrent un assaut. La lutte fut longue et opiniâtre. Les assiégeants ne purent rester maîtres de la brèche, mais ils parvinrent à se loger et à se maintenir dans les ruines de la tour dite de l'horloge, qui la dominait et la battait. Les royalistes avaient éprouvé des pertes cruelles; les chefs comme les soldats s'étaient vaillamment comportés : Grasse-Tanneron, blessé d'un coup de feu avait été obligé de quitter le combat, et de Callian avait eu le bras emporté par un boulet. Le baron de Vence, dans un conseil de guerre qui fut tenu dans la nuit qui suivit, proposa de capituler. De Callian, malgré son horrible blessure, de Prunières et quelques autres gentilshommes, opinèrent pour qu'on continuât la défense; mais les vivres et les munitions commençant à manquer, les notables habitants, au nom de la population, appuyèrent la proposition du baron de Vence, et la capitulation fut signée le lendemain, 24 novembre, dix jours après les premières opérations du siège. Elle portait que : les gentilshommes et étrangers sortiraient avec armes et bagages et seraient libres de se diriger vers le lieu qu'ils auraient désigné; que la garnison se retirerait tambour battant, mèche allumée, enseignes déployées, et qu'elle ne défilerait pas devant l'armée ennemie, qui se tiendrait à un quart de lieue du chemin qu'elle prendrait; que les habitants qui voudraient quitter la ville pourraient emporter leurs meubles et leurs provisions, et que ceux qui voudraient demeurer seraient tenus en sûreté et jouissance de leurs biens.

Ces différents articles, longtemps débattus, furent acceptés et signés le 1er décembre. De Prunières sortit le premier avec sa compagnie pour se rendre à Fréjus. Comme il passait à peu

de distance du camp savoyard, il s'avança seul pour venir saluer
de Ligny sous sa tente, pendant que ses soldats faisaient
halte avec une absence de précautions de guerre que semblait
autoriser une capitulation régulièrement consentie. Tout à
coup Allamanon, à la tête de la compagnie qu'il commandait,
se rua sur eux, en tua dix-sept, mit les autres en fuite et pilla
les bagages. De Canaut, qui quittait la ville en ce moment et
fut témoin de cet acte de lâche trahison, mit sa troupe en ordre
de bataille, et tirant vers Gordon, il arquebusa tous les ennemis qui s'approchèrent de lui. Cette violation d'un traité solennellement juré pénétra les royalistes d'indignation ; mais il est
juste de dire qu'elle fut l'œuvre d'une compagnie isolée et de
quelques officiers, et que l'armée proprement dite n'y prit
aucune part.

Pendant tout le temps que de Vins avait été le chef de la
Ligue, il avait su concentrer un pouvoir absolu dans ses mains
fermes et habiles ; à sa mort la division se mit dans le parti.
Une femme allait recueillir son héritage politique. Christine
d'Aguerre, comtesse de Sault, quoique rarement mêlée, du
moins d'une façon apparente, aux événements, avait cependant
joué depuis quelque temps un rôle actif et important. Veuve
d'Antoine de Blanchefort Créqui, prince de Poix, elle avait
épousé en secondes noces François-Louis d'Agoult-Montauban,
comte de Sault, mort à Sisteron à la fin de l'année 1586, et
par ce mariage était devenue la belle-sœur de de Vins, et l'alliée de Besaudun, d'Ampus et de La Verdière, qui occupaient
les premiers rangs dans la noblesse provençale par leur crédit
et leur fortune. Douée d'une âme virile, elle avait mis au service de la Ligue toute son ardeur et tous ses talents d'intrigue.
Sa grande expérience, son intelligence élevée, son esprit adroit,
plein de charmes et de ruses lui avaient acquis une véritable
popularité, et un tel empire sur la noblesse, le peuple et l'ar-

mée, qu'elle en était arrivée à faire mouvoir tous les ressorts du gouvernement au gré de ses désirs et de son ambition. Elle rêvait pour son fils aîné le gouvernement de la province (1), et ces espérances immenses de l'amour maternel entretenaient et exaltaient chez elle une fièvre d'action qui la dévorait. La comtesse avait été comme frappée de la foudre en apprenant la mort de son beau-frère ; mais elle ne tarda pas à reprendre tout son sang-froid, car chez elle les calculs étouffaient les sentiments. Elle comprit immédiatement que le danger pour son ambition ne pouvait venir que de Carcès, que sa grande position de famille semblait appeler au commandement général de l'armée, et elle entra en campagne pour faire échouer cette combinaison. Pendant que Carcès versait des larmes hypocrites sur la mort prématurée du chef de la Ligue, et perdait un temps précieux à diriger des violences inutiles contre les Politiques de Marseille pour faire oublier la mort de Villecrose, et, dit Bausset, « quelque communication trop particulière qu'il avoit « heue avecq les serviteurs du roy », la comtesse de Sault passionnait le Parlement et la ville d'Aix, et faisait décider l'envoi à Grasse de Sommat Du Castellar, homme orgueilleux, dévoré d'ambition, qui avait déjà joué un rôle actif dans les négociations entamées avec le duc de Savoie, et qu'elle avait gagné entièrement à sa personne. Le 24 novembre, le Parlement rendit, en effet, un arrêt par lequel il donnait à Du Castellar l'ordre de se rendre à Grasse pour y prendre la direction des affaires, « soubs l'obeyssance du roy Charles dixiesme et l'aucthorité

---

(1) La comtesse de Sault avait eu de son premier mari, un fils : Charles de Créqui, qui se maria en 1595 avec la fille de Lesdiguières ; et de son second mari deux fils et une fille : Louis d'Agoult-Montauban, comte de Sault, mort sans postérité ; Philippe d'Agoult, baron de Grimaud, mort également sans enfants, et Jeanne d'Agoult, mariée à François de la Baume, comte de Montrevel.

« de la Cour, avec injonction à tous gentilshommes, capitai-
« nes et gens de guerre de luy obeyr à peine de rebellion ».
Besaudun fut désigné pour l'accompagner en qualité de commandant militaire.

Carcès était à Marseille quand il apprit la décision du Parlement et le départ de Du Castellar et de Besaudun. Trop jeune
encore à la mort de son père pour prétendre à la direction des
affaires, il avait néanmoins supporté impatiemment l'autorité
de son cousin de Vins; mais quand la Ligue eut perdu son chef,
il se trouva humilié dans son orgueil en voyant le pouvoir passer aux mains d'une femme. Il accourut à Aix et réclama la
position qui était due au fils de celui qui avait tant fait pour le
parti catholique. Soit que le Parlement n'osât pas évincer complètement Carcès, à cause des liens de famille qui le rattachaient
au duc de Mayenne, soit que par l'absence momentanée de
quelques partisans de la comtesse de Sault les conseillers carcistes constituassent la majorité, la Cour décida le 11 décembre, que le conseiller Agar, qui appartenait à la faction de
Carcès, serait adjoint à Du Castellar pour partager l'autorité
avec lui, « et qu'il auroit l'intendance de la justice en ladicte
« armée, à la charge de ne traicter aulcune chose avec l'estran-
« ger, sans la licence et permission de ladicte Cour ». Cette
dernière clause, inspirée probablement par Carcès, avait pour
but de paralyser toute l'influence que Du Castellar pouvait avoir
sur les capitaines de l'armée. Le même jour le Parlement donna
l'ordre à Puget-Saint-Marc de conduire à Grasse quinze cents
fantassins et deux cents chevaux (1), et confia à Carcès le soin
de ramener l'armée à Aix. Pour tempérer tout ce que cette

---

(1) On ne peut s'expliquer l'envoi de ces troupes au camp de Grasse
que par l'appréhension dans laquelle était le Parlement que le duc de
Savoie ne fit rentrer son contingent à Nice. Il est certain que dans ce cas

décision pouvait avoir de cruel pour la comtesse de Sault, il envoya Ampus faire le siége de Trets.

Pendant que ces déplorables intrigues agitaient la Cour, d'autres intrigues non moins redoutables pour la paix et la liberté de la province se passaient sous les murs de Grasse. Le duc de Savoie en apprenant la mort du chef des ligueurs avait compris que le moment était arrivé de précipiter un dénouement préparé de longue main, et de se faire appeler en Provence par l'armée elle-même. Comme premier moyen de pression, il avait supprimé toute solde à ses troupes et tout subside à l'armée ligueuse. Quand Du Castellar et Besaudun étaient arrivés devant Grasse, ils avaient trouvé les soldats dans un grand dénuement et forcés de recourir à la maraude pour subsister. Dans un conseil général auquel assistèrent tous les capitaines de l'armée, ceux-ci se plaignirent à de Ligny du manque de parole du duc, qui laissait à la charge de la province, non-seulement l'armée du pays, mais encore ses propres troupes. De Ligny répondit froidement : « Que Son Altesse avoit besoing de ses moyens
« pour subvenir aux guerres qu'il avoit sur les bras dans ses
« Estats, et pour entretenir les forces qui estoient auprès de sa
« personne ; que si on vouloit requérir Son Altesse de venir en
« sa propre personne, c'estoit un prince fort catholique, et de
« sa nature extrêmement désireux de gloire, et que l'honneur
« et le mérite d'avoir purgé ceste province des hérétiques, et la
« louange de l'avoir conservée à la couronne de France le per-
« suaderoit aisément de le rendre facile à nostre recherche ;
« que sa personne y estant une fois embarquée, c'estoyt le vray
« moyen de n'avoir jamais faulte de rien, car lorsqu'il iroit de

l'armée ligueuse provençale, peu nombreuse, commandée par des chefs désunis, aurait couru des dangers dans sa marche sur Aix à travers un pays presque entièrement dévoué à La Valette.

« sa réputation particulière, il emploiroit toutes choses et nous
« délivreroit en peu de temps ; aultrement il estoit à craindre
« qu'il ne pourroit pas fournir longuement à de si grands frais,
« et que d'hazarder son argent et ses forces, il n'en avoit point
« fait de difficulté lorsque M. de Vins vivoit, pour la bonne opi-
« nion et asseurance qu'il avoit de sa valeur et sage conduite,
« mais que maintenant il ne savoit presque à qui les pourroit
« fier bien seurement (1). » Du Castellar et la majorité des gentilshommes, gagnés déjà à la cause du duc de Savoie, se laissèrent facilement convaincre ; ils entrainèrent l'assemblée, qui
souscrivit une lettre à Charles Emmanuel, dans laquelle on le
suppliait, dit Besaudun, « de vouloir continuer l'adsistance de
« ses forces et moyens, et de nous favoriser de tant que de se
« disposer d'y vouloir lui mesme venyr en personne, s'il en
« estoit besoing et quand il en seroit requis plus amplement
« par le païs ». L'assemblée députa le lendemain le baron de
Méolhon auprès du duc pour lui faire connaître sa décision, et
envoya le commandeur de Montfort à Aix pour informer le Parlement de la démarche qu'elle venait de faire.

Agar, Saint-Marc et Carcès ne tardèrent pas d'arriver à
Grasse, où de Ligny feignit de les recevoir avec de grandes
démonstrations de joie. Le lendemain il demanda lui-même la
convocation d'un conseil général, dans l'espérance de les amener à accepter la lettre envoyée à son maître par les capitaines
de l'armée. Dans un discours qui paraissait dicté par le plus pur
dévouement à la cause de la Ligue de Provence, il dit qu'à la
mort du seigneur de Vins il avait été envoyé à Grasse par le
duc de Savoie, non pour y donner des ordres et y commander,
mais pour y porter des conseils ; que sachant de source certaine
que La Valette allait recevoir de nombreux secours de Langue-

---

(1) *Mémoires* de BESAUDUN.

doc et de Dauphiné, le duc, mû par les plus nobles et les plus
désintéressés sentiments, n'hésiterait pas, si on l'en priait, à
employer sa personne et son armée à chasser les hérétiques; il
raconta alors comment, en présence des malheurs qui allaient
fondre sur la Provence, les capitaines de l'armée avaient décidé
d'envoyer vers lui le baron de Méolhon pour le supplier de prendre le pays sous sa protection, et il demanda à Carcès, à Agar
et à Saint-Marc leur adhésion à cette démarche. Carcès allait
prendre la parole, quand Saint-Marc s'écria : que puisque on
attendait une réponse du duc de Savoie et du Parlement, ils
n'avaient pas de décisions à prendre avant le retour des députés. Le conseil se sépara au milieu des murmures et des signes
manifestes de mécontentement des gentilshommes de la Ligue
savoyarde.

Le soir, Saint-Marc alla trouver Carcès et Agar; il leur déclara
que si on lui faisait signer la demande précédemment souscrite
par les capitaines, ce ne serait que par force et contrainte.
Carcès et Agar le félicitèrent vivement sur sa résolution, mais
dans la nuit, de Ligny eut avec lui une conversation secrète et
le gagna à sa cause. Cette entrevue est racontée par Saint-Marc,
dans ses *Mémoires*, avec un tel accent de vérité et de bonne
foi, que je ne puis mieux faire que de lui en emprunter le récit :
« Aussitost il commença à faire une grande accolade audict
« Saint-Marc et le fist séoir auprès de luy, et commença un
« grand discours des prétentions du duc de Savoye et de prou
« aultres choses servantes à gaigner un homme, y entremeslant
« beaucoup de grandes offres et de biens et de grandeur. Le
« sieur de Saint-Marc luy monstra sa barbe et luy dit : qu'il
« l'avoit blanchie au service des roys de France, et que ce peu
« qu'il en avoit encore à estre, ne vouldroit faire autre chose
« qui offensât son honneur, et qu'il choisiroit plustôt la mort.
« Il lui respondit ces mesmes mots : Je n'ay point ouy parler

« à homme de vostre province ces langaiges, je vous en estime
« davantage; mes prédécesseurs ont faict ainsy avant que le
« duc de Savoye fust maistre du Piedmont; mais après nous
« nous sommes accommodés, et vous voyez le rang que icy je
« tiens, et ainsy sera de vous; mais il faut que vous vous résol-
« viez à le servir; j'entends que vous commandiez l'infanterie,
« je vous donneray des payeurs qui payeront suivant vos man-
« dements, et il n'y aura point faulte d'argent. Et commença
« alors à lui faire tant d'offres, que le sieur de Saint-Marc
« voyant qu'il falloit passer par là luy dit : je feray ce que je
« pourray ! Il m'offrit de l'argent, j'en suis net et n'en ai point
« touché ny aultre chose; si sont-ils bien d'aultres, que je nom-
« merais bien si je voulois, et qui ne s'en sont pas mal trouvés.
« Je signai ce papier, et le sieur de Ligny s'en retourna, et nous
« prismes le chemin de retour à Aix, et estions déjà fort désu-
« nis, et n'avions pas envie de tenir pour le duc. La pluspart
« de nos troupes vouloient aller à Tholon, qui n'estoit point
« encore fortifié ny en deffence, mais nous prisme le chemin
« droit à Aix (1). »

Pendant que ces événements s'accomplissaient, La Valette
était resté en observation à Draguignan. Vers la fin de décembre il apprit que le marquis de Trans, son ancien prisonnier de
Pertuis, s'était rendu à Flayosc pour y organiser une compagnie. Il confia à un capitaine languedocien le soin de donner
une camisade à la place et de s'emparer du marquis et de ses
amis. Le 24 décembre, par une nuit noire et orageuse, pendant
que la population assistait à l'office de minuit, le capitaine royaliste, suivi de cent soldats, pénétra dans le bourg, et un espion
lui ayant désigné le logis où se tenait l'assemblée, il fit jeter
par un soupirail une saucisse de poudre dans la cave. L'explo-

(1) *Mémoires* D'A. DE PUGET SAINT-MARC, p. 727.

sion fut terrible, la maison s'effondra et ensevelit tous ceux qui assistaient au conciliabule sous ses ruines. Le marquis de Trans fut retiré meurtri et blessé du milieu des décombres et emmené à Draguignan, où La Valette le reçut durement, et après lui avoir reproché son manque de foi et sa fuite de Pertuis, le fit jeter en prison. Le chevalier de Trans, son frère, et plusieurs autres notables de Flayosc perdirent la vie dans cette affaire (1). Quelques jours après, le gouverneur, débarrassé du voisinage des ligueurs, quitta Draguignan et remonta vers Riez, pour venir à la rencontre de dix-huit cents fantassins et cinq cents chevaux que Chambaut lui amenait du Vivarais. En partant, il envoya Montaud dans le golfe de Grimaud pour châtier les villages de ce quartier, qui s'étaient mis en état de rebellion contre le seigneur de Saint-Tropez. Montaud soumit tout le littoral. Avant de rentrer à Fréjus, siège de son gouvernement, il s'empara de Vallauris, d'où il écrivit aux moines de Lérins, *de par le Roy et monseigneur de La Valette*, d'avoir à lui remettre deux pièces de canon qu'ils avaient fait transporter naguères de la Napoule au couvent. On ne sait si les religieux avaient le projet d'armer l'île; Carcès pendant son court séjour devant Grasse, avait déjà demandé ces canons, qui lui avaient été refusés. Son départ l'empêcha de poursuivre l'affaire. Le chapitre réuni refusa à Montaud de lui livrer les deux pièces d'artille-

---

(1) « En l'année de malédiction 1580, et le vingt-quatriesme de décembre, entre onze heures et minuit, sont décédés le chevalier de Trans, messieurs de Castellet, de Courtini, de Perthuis, Honorat Grasson, Grasson, notaire, et Joseph son fils, Rouvier, Jacques Roux, viguier de Trans, Francillon, Molignon, Gibaut, Lorignon, Fromant, Cauvin, Lombard, Lauzin et la damoyselle Marguerite du Revest, tous morts dans la mayson dudict Revest, soubs l'attaque des gens de monsieur de La Valette, qui ont prins et saccagé la ville; sont ensepvelis dans l'eglize Sainct-Laurent. — PERRIN, *curé de Flayosc*. »
   (Extrait des papiers de la famille Villeneuve-Flayosc.)

ric. Montaud furieux fit dire au prieur qu'il allait se procurer des barques et qu'il viendrait raser le monastère. Les moines cédèrent à la peur et remirent les deux canons aux royalistes. Ce fut pour eux une source de tribulations : les ligueurs les dénoncèrent comme fournissant des armes aux huguenots, et telles étaient les passions de l'époque, qu'ils furent obligés de se défendre, non sans peine, auprès de la cour de Rome, du soupçon, sinon de l'accusation, de pactiser avec les hérétiques.

La comtesse de Sault voulait se servir du duc de Savoie pour écraser La Valette, et pensait pouvoir se débarrasser de lui, quand elle ne le jugerait plus nécessaire à la réalisation de ses espérances. Elle ne négligea rien pour seconder la démarche faite par les capitaines de l'armée, et, excitée par la récente nomination de Carcès, qu'elle détestait et dans lequel elle voyait un danger pour ses projets, elle fit entrer dans son parti quelques personnes des plus considérables de la ville. Pierre Matal, vicaire général de l'archevêché, l'assesseur Guiran, les conseillers Séguiran et de la Chau, procureurs du pays nés, de la Fare, procureur du pays joint, pour la noblesse, se réunirent chez la comtesse, et écrivirent, le 31 décembre, au duc de Savoie, pour lui rappeler la mission du baron de Méolhon, et lui annoncer que les États généraux allaient se réunir, le 25 janvier, pour délibérer sur cette importante question. Sur ces entrefaites, le comte de Carcès arriva à Aix, le 3 janvier 1590, ramenant l'armée ligueuse et le contingent piémontais. Il apprit les menées actives du parti savoyard pour faire appeler le duc en Provence. Il écrivit immédiatement à tous ses amis pour qu'ils poussassent son parti à une énergique protestation. La comtesse de Sault inquiète de quelques mouvements qui s'étaient manifestés autour d'elle, et instruite qu'une vive agitation carciste régnait à Marseille, voulut gagner du temps ; le jour même de l'arrivée de Carcès, elle persuada à la majorité du Parlement que la présence du chef de l'armée était nécessaire à Digne, place ligueuse que La Valette voulait réduire. Carcès trompé par le mirage de ce commandement, partit d'Aix le 5 janvier à la tête de vingt compagnies. Il arriva à Digne, renouvela la garnison, en la renforçant, et après avoir pourvu à tous les moyens de défense il rentra à Aix.

Pendant sa courte absence, ses amis étaient parvenus à faire naître un mouvement en sa faveur à Marseille. Le 10 janvier, une sédition fomentée et dirigée par César de Villages et Vias, promoteurs de l'assassinat d'Albertas de Villecrose, et amis dévoués de Carcès, éclata. Des bandes armées de Marseillais parcoururent les rues en criant : *Vive la messe et les fleurs de lys! Dehors les Savoyards!* Les émeutiers comptaient sur l'appui du premier consul Caradet de Bourgogne, qui devait son chaperon au parti carciste ; mais soit que celui-ci ne comprît pas le sens du mouvement, soit qu'il fût accessible à la crainte et ne voulut pas se compromettre davantage aux yeux de la comtesse de Sault, il trompa leurs espérances, fit charger les attroupements par les soldats du viguier, et terrifia les carcistes par la promptitude et la sévérité de ses mesures. La comtesse de Sault voulut, à son tour, effrayer ses ennemis : elle fit envoyer par le Parlement le président de Piolenc et sept conseillers qui, le 1er mars, condamnèrent plusieurs mutins aux galères et en firent pendre quatre. Si Carcès avait été sur les lieux et avait eu le courage de se mettre à la tête du mouvement, il est probable que le premier consul n'aurait pas fait défection, et la sédition avait bien des chances de réussite. La prise d'armes carciste laissée à l'initiative d'hommes subalternes avorta misérablement. Le crédit de la comtesse de Sault augmenta de tout ce que le prestige de Carcès avait perdu dans cette ridicule échauffourée.

Les États convoqués pour décider la grande question de l'appel du duc de Savoie, se réunirent à Aix, le 25 janvier, dans le réfectoire des Frères Jacobins. Le conseiller Sommat du Castellar et l'avocat du roi du Laurens, « hommes de bien « diverse humeur, dit Nostradamus, mais semblables en cela « qu'ils estoient extrêmement aspres à leur party » y assistèrent en qualité de commissaires du Parlement. Rastellis, évêque de Riez, Matal, vicaire général, Jean d'Ollières, aumônier de Saint-Victor, le comte de Carcès, d'Oyse, Meyrargues, Albiose, Besaudun, Ampus, La Fare, Seillans, La Barben, Fabrègues, etc., siégeaient comme représentants de la noblesse ou du clergé. Du Castellar ouvrit la séance par une allocution dans laquelle il proposa résolument d'appeler le duc de Savoie. Il dit : « Que la guerre qui désolait la province avait nécessité « la convocation des États généraux ; que c'était aux députés « de chercher les moyens d'échapper à tant de calamités et de « misère, et d'assurer le maintien de la religion de leurs pères : « que pour se défendre des insultes des huguenots, il fallait « recourir à la protection d'un prince qui, non-seulement fut « catholique, mais encore eut la religion profondément gravée « dans son cœur ». Et il nomma le duc de Savoie.

Après lui, l'assesseur Guiran prit la parole. Il prononça un discours violent et fit un sombre tableau de l'état du pays : les fureurs des hérétiques, le clergé ruiné, les châteaux seigneuriaux saccagés et incendiés, les champs sans culture, le commerce aboli, la bourgeoisie éperdue, le peuple haletant et à l'agonie! « Quel moyen, ajouta-t-il, de pouvoir nous relever « de tant de misères si nous ne pourvoyons pas à quelque « secours! Mais où pourrions-nous le trouver ce secours qui « nous est si nécessaire? Sera-ce parmi nos voisins ? Nos enne-« mis les ont si bien suscités contre nous, qu'on peut dire qu'ils « ont tous ensemble conjuré notre perte! Sera-ce en recourant « au duc de Mayenne? Il vous a déjà fait connaître son impuis-

« sance : il nous a écrit que nous ne devions attendre de lui
« que de bons souhaits. Toutes ces diverses réflexions avaient
« fait résoudre la noblesse assemblée au quartier de Grasse,
« d'envoyer vers le duc de Savoie, pour le prier de venir en
« personne à leur secours. Cette résolution a été généralement
« approuvée, chacun l'a louée en particulier, mais ce n'est pas
« tout que ce contentement universel, il a besoin d'un aveu
« plus authentique. N'approuverez-vous pas, messieurs, ce que
« tant d'hommes sages ont fait, ce que les plus intéressés à la
« conservation de la province jugent nécessaire ? Ce que dans
« l'état où sont les choses, tout le monde estime l'unique
« remède de nos maux? Je sais bien que si nous consultons
« l'histoire sur ce sujet, elle nous découvrira combien les
« recherches du secours étranger ont été funestes ; je sais qu'elle
« nous montrera l'Italie occupée par les Lombards, l'Espagne
« par les Sarrazins, la France par les Anglais ; mais quand
« nous aurions un pareil malheur à craindre, serait-il compa-
« rable à ceux dont nous menace un perfide gouverneur qui
« veut se signaler par ses cruautés, d'un roi qui n'est connu
« que pour un excommunié, pour un hérétique, pour un
« ennemi de l'Église notre sainte mère ? Et quel sujet avons-
« nous, messieurs, de tomber dans ces vaines appréhensions ?
« Ne recourons-nous pas au prince du monde le plus reli-
« gieux, le plus jaloux de tenir sa parole ? Vous savez combien
« exactement il l'a tenue, combien ponctuellement il a fourni
« troupes et argent, combien même il a négligé ses intérêts
« pour subvenir aux besoins de cette province ! Oui, messieurs,
« tout nous assure que c'est de lui seul que doit venir le salut
« de cette province, tout nous assure qu'avec sa personne il
« nous apportera un véritable bonheur. Approuvez donc, mes-
« sieurs, une si sage résolution, c'est par elle seule que notre
« patrie redeviendra libre, que tous les ordres reprendront

« leurs anciens honneurs, que vous-mêmes assurerez vos biens
« et remettrez le repos dans vos familles (1). »

Ce discours fit une profonde impression sur l'assemblée. L'avocat général Du Laurens prit ensuite la parole. Il commença par faire le plus grand éloge du zèle religieux et de l'éloquence de l'assesseur Guiran, et développa cette thèse : que pour sortir des maux dans lesquels on était plongé, il ne fallait avoir recours qu'aux forces seules de la province. Adjurant ensuite les hommes qui voulaient voir la religion honorée et le pays libre, de prendre les armes, il dit : « Quand par une si géné-
« reuse résolution nous nous serons bien remis dans la grâce
« de Dieu, ne craignons rien de la part des hommes. En vain
« nous verrons un gouverneur injuste, un roi hérétique nous
« vouloir dompter et asservir, Dieu saura si bien combattre
« pour nous, qu'assurément la tyrannie et l'hérésie ne feront
« pour nous nuire que de vains efforts. Je sais bien que pour
« réussir dans une si grande entreprise, il faut recourir aux
« moyens humains, je sais que quand nos forces nous ont man-
« qué nous avons recouru au duc de Savoie, que ce prince a
« fourni son argent et ses troupes avec une extrême générosité,
« qu'il a montré par son désintéressement quelle est sa gran-
« deur d'âme ; mais, messieurs, ne craignez-vous point d'aller
« trop avant en lui demandant sa protection personnelle? Avez-
« vous considéré que la protection et la sujétion ont entr'elles
« un rapport presque nécessaire, et qu'il ne faut presque rien
« à un protecteur pour devenir un souverain? Avez-vous consi-
« déré que ceux qui se mettent en la protection d'autrui sont
« en pire état que les tributaires, puisque ceux-ci en payant
« leur tribut demeurent libres, et que les autres ne peuvent
« rien traiter sans l'approbation de leur protecteur; qu'ils ces-

(1) GAUFRIDI, p. 686.

« sent ainsi d'être les maîtres de leurs actions et de leur con-
« duite? Si vous faites toutes ces réflexions, voudrez-vous
« soumettre à un prince étranger une province, l'une des plus
« importantes d'un royaume qui ne relève que de Dieu seul?
« Vous qui composez une des plus belles pièces de cette cou-
« ronne, voudrez-vous ternir la gloire des fleurs de lys? Ose-
« rez-vous bien tourner la dépendance qu'elles ont du ciel, en
« une lâche soumission aux puissances de la terre? L'État,
« messieurs, est sous la juste obéissance d'un roi très-chré-
« tien; ce roi est Charles dixième, que Dieu nous a conservé
« et nous conserve plein de santé au milieu de sa détention, et
« comme l'État est gouverné par la sage direction du duc de
« Mayenne, ce serait lui faire trop de torts que de rien con-
« clure en cette rencontre sans recevoir ses ordres, ou du moins
« sans son aveu. Du reste, les États généraux sont convoqués
« à Melun pour le dixième du mois de février, le légat du pape
« y doit assister, les ambassadeurs de tous les princes s'y doi-
« vent rendre pour traiter du bien de l'État, on y doit délibé-
« rer d'établir le repos dans chaque province; comme la
« nôtre est une des plus importantes, ce sera l'une aussi des
« premières auxquelles assurément on pourvoira. Ne doutez
« pas qu'aussitôt on y envoie pour gouverneur quelque prince
« très-considérable? Seriez-vous bien aise qu'on dit, dans ces
« États, que par une impatience provençale vous avez été déta-
« ché du corps du royaume? Que pour vos intérêts particuliers
« vous avez trahi la cause commune? Que peu sensibles à l'hon-
« neur de la France, vous avez été chercher hors d'elle-même
« un secours qu'elle était sur le point de vous donner? Qu'en-
« fin, pouvant être libres, vous êtes tombés dans une servitude
« volontaire? Ne souffrez pas ces reproches, messieurs, ména-
« gez mieux votre honneur et celui de votre pays (1). »

(1) GAUFRIDI, p. 688.

Mais ces éloquentes et patriotiques paroles n'eurent pas d'écho ; en vain quelques voix généreuses se firent encore entendre pour conjurer le danger qui menaçait la province ; elles se perdirent au milieu des murmures et des impatiences de la faction du duc de Savoie ! L'assemblée était fatalement entraînée vers les résolutions coupables ; elle décida que : « Conformé-
« ment à la délibération prise par la noblesse assemblée à
« Grasse, le duc de Savoye seroit supplié de venir en personne
« adsister ceste province, et de trouver bon que l'infanterie fut
« toujours composée de gens du païs ; qu'on l'assureroit que la
« province attend de luy toute sorte de protection contre ses
« ennemis, surtout contre le seigneur de La Valette, qui se fait
« fort de mettre la province en cendres, par l'appuy qu'il a des
« hérétiques du Dauphiné et du Languedoc, et que l'assemblée
« croit qu'il voudra bien la maintenir dans la religion catholi-
« que, apostolique et romaine, soubs l'obeyssance du roi très-
« chrestien Charles dixiesme et ses légitimes successeurs,
« sous l'estat et couronne de France »

Avant de se séparer, les États nommèrent une députation chargée d'aller porter au duc de Savoie les vœux de la Provence : elle se composait d'Elzéar de Rastellis, d'Ampus, du baron d'Oyse et de Louis, Fabri de Fabrègues. Ils envoyèrent en même temps le capitaine Jacques de Baumont vers le duc de Mayenne, pour l'informer de la résolution qui venait d'être adoptée.

Carcès ayant succombé aux États chercha à se fortifier du concours des troupes, et on vit ses affidés faire ouvertement des brigues en sa faveur dans l'armée de Grasse campée à Aix en ce moment. Le Parlement inquiet de quelques symptômes d'agitation qui se manifestaient parmi les soldats, et pour ménager la susceptibilité de Carcès en attendant l'arrivée du duc de Savoie, résolut de faire mettre le siége devant Salon et de conlier à Carcès la direction des opérations, sous le contrôle des conseillers Agar et Du Castellar. Carcès, heureux de ce commandement obtenu malgré la compétition de plusieurs capitaines, se mit en route, espérant cacher son échec sous un fait militaire éclatant.

La ville de Salon était dans ce moment la seule dans la contrée qui fut sous l'obéissance des royalistes; toutes les places des environs appartenaient aux ligueurs. Pour cette raison, comme aussi à cause de la faiblesse de ses travaux de défense, La Valette y entretenait, sous le commandement du capitaine Peronne, une garnison assez nombreuse pour arrêter une armée pendant quelques jours, en attendant l'arrivée des secours. L'attaque commença le 29 janvier. Carcès, avec sept canons de siége, fit d'abord battre les murs du faubourg, qui ne tardèrent pas à s'écrouler sur une grande étendue; mais derrière ce premier obstacle, il existait une deuxième muraille que les assiégés relièrent promptement aux deux extrémités de la brèche par deux fortes barricades. Le soir les ligueurs donnèrent un assaut, mais les compagnies engagées se trouvèrent enfermées dans un lieu sans issue, où elles furent rudement accueillies par un feu d'arquebuses très-vif. Le désordre ne tarda pas à se mettre dans leurs rangs, et après trois tentatives infructueuses pour emporter une barricade, elles se retirèrent ramenant Besaudun blessé grièvement au genou. La nuit suivante Carcès changea son plan d'attaque : il établit une batterie de deux canons sur une éminence qui découvrait la muraille intérieure, et commença à la battre, pendant que cinq pièces d'artillerie ruinaient la porte Saint-Lazare. Les assiégés, exposés à un feu plongeant et meurtrier, évacuèrent alors le faubourg et se retirèrent dans la ville, abandonnant leur première position, que Carcès occupa immédiatement.

En apprenant le départ de l'armée ligueuse pour Salon, La

Valette était accouru de Manosque à la tête d'un corps de troupes assez considérable. Il était arrivé le 31 janvier, au lever du soleil, à Pertuis, sur les bords de la Durance, que Buous traversa le premier avec sa compagnie de cavalerie. A quatre heures du soir l'armée avait passé la rivière, l'infanterie en croupe de la cavalerie, et La Valette se mettait en marche, en ordre de bataille, se dirigeant vers Rognes. Buous avec sa compagnie et les chevau-légers était à l'avant-garde, La Valette, avec la gendarmerie et les volontaires, marchait en tête de l'infanterie com-commandée par Chambaud, qui portait une enseigne de soie blanche sur laquelle il avait fait écrire en lettres d'or : *Pro Christo et Henrico*. La cavalerie légère se tenait sur les flancs. Le soir, l'armée vint se loger à Rognes. Le lendemain, 1er février, La Valette détacha Saint-Vincens, frère cadet de Du Buysson, avec deux cent cinquante arquebusiers à cheval, qui pénétra pendant la nuit dans Salon et ranima, par sa présence, le courage des assiégés. Carcès, établi dans le faubourg, pressait vivement la ville; il apprit, le 2, l'entrée du secours dans la place en même temps que la marche de La Valette sur Salon. Il se troubla et donna l'ordre d'évacuer immédiatement le faubourg, auquel ses soldats mirent le feu en partant. Il avait tiré six cent cinquante coups de canon et livré trois assauts.

La Valette n'avait pas encore quitté Rognes. Il envoya de Montaud et Du Buysson avec quelques compagnies de chevau-légers battre la campagne du côté d'Aix. Ceux-ci regagnaient le quartier général, quand Du Buysson, qui commandait l'avant-garde, rencontra la cavalerie ligueuse qui ralliait ses cantonnements. Du Buysson voulut opérer une reconnaissance, et, accompagné d'Icard du Martigues, et de son maréchal de logis, il se porta en avant ; mais il vint donner, au détour d'un bois, contre la compagnie d'Allamanon qui, l'ayant reconnu, le chargea vivement. Du Buysson prit le galop en se dirigeant vers

Montaud, et peut-être serait-il parvenu à échapper à ses ennemis, si son cheval ne s'était abattu et ne l'avait jeté tout meurtri dans un champ de vignes, où il fut assassiné froidement et dépouillé de ses armes et d'une partie de ses vêtements. Le baron de Graissac et Martin de la Bastide, accourus en toute hâte avec l'avant-garde, furent tués en cherchant à le dégager, et leurs cavaliers, frappés de panique, prirent la fuite et se dirigèrent sur Rognes, pendant que Montaud arrivait sur le lieu du combat, repoussait Allamanon et le forçait d'abandonner le corps de Du Buysson. Les fuyards arrivèrent à Rognes dans un état d'effarement impossible à décrire ; au récit qu'ils firent de l'action, La Valette crut qu'il allait avoir affaire à l'armée de Carcès, et il rangeait ses troupes en bataille dans la plaine qui est au dessous de la ville, quand il vit arriver de Montaud et le cadet Du Buysson, qui était sorti de Salon pour observer la retraite des ligueurs, et qui portait le cadavre de son frère en travers devant lui, sur son cheval.

L'armée de Carcès rentra à Aix après avoir déposé l'artillerie à Saint-Chamas. La Valette vint à Salon, y resta trois jours, fit réparer les remparts, et ayant renvoyé le comte de Fontsuze en Languedoc avec ce qui lui restait de soldats de cette province, il repassa la Durance à Cadenet et reprit le chemin de Manosque.

La comtesse de Sault ne put dissimuler la joie que lui avait fait éprouver l'échec subi par Carcès devant Salon. Elle s'en servit habilement pour ruiner son crédit, et fit répandre le bruit qu'il était de connivence avec les bigarrats, qu'il n'avait pas voulu s'emparer de Salon pour ne pas humilier La Valette, et se réserver ainsi un appui, quand le moment serait venu, de livrer le pays aux royalistes. Ces calomnies semées adroitement trouvèrent d'autant plus de créance auprès du peuple, que les villes de Marseille et d'Arles, dans lesquelles Carcès comptait beaucoup de partisans, persistaient, malgré la décision des États, dans leur résolution de repousser l'intervention du duc de Savoie. Carcès les fortifia dans la pensée d'opposer l'intervention du Saint-Père à celle du duc, et réunit dans ce but, à Cavaillon, où se rendit l'archevêque d'Avignon, ses amis les plus influents. On discuta dans cette entrevue les moyens les plus propres à faire réussir ce projet, qui avait l'assentiment du duc de Mayenne (1). Peu de jours après, le premier consul de Marseille convoquait les notables à l'hôtel de ville et faisait décider l'envoi à Rome du chanoine de Paule et de l'avocat Salomon, pour faire des ouvertures au pape. Le 10 février, Arles prit la même résolution et adjoignit son premier consul Ventabren à la députation marseillaise, que Carcès fit précéder à Rome de son secrétaire Augier, chargé d'annoncer cette ambassade à Sixte-Quint.

L'état déplorable de la Provence, déchirée par les guerres civiles et religieuses, avait réveillé les ambitions des princes qui avaient accès sur la Méditerranée; le duc de Lorraine lui-même, petit-fils par les femmes, du roi René, avait fait offrir aux ligueurs une petite armée commandée par le comte de Vaudemont, son fils, dans l'espérance de rentrer en possession d'une province qui s'était donnée à la France au détriment de

---

(1) Le duc de Savoie n'envoya jamais aucun secours aux armées des « princes et villes de l'Union; il vouloit faire ses affaires à part, et pren- « dre en France seulement ce qui lui venait à bienséance. Le duc de « Mayenne trouva ses procédures mauvaises, et donna charge au com- « mandeur de Diou, que l'Union envoyoit à Rome, de prier, en passant, « ledit duc de se départir de l'entreprise de Provence, chose que ledit « duc trouva fort estrange, pour être contraire, ainsi que plusieurs l'ont « escrit, à ce que les princes de la Ligue avaient traité et accordé avec « lui auparavant la mort du duc de Guise, et pour ce répondit audit com- « mandeur, qu'il n'en feroit rien, et qu'il ne vouloit quitter sa part de ce « royaume. » — PALMA CAYET. *Chronologie novenaire*, t. II, p. 308.

sa maison. Mais les dangers les plus sérieux venaient du côté du duc de Savoie, du pape et du roi d'Espagne. La maison de Savoie avait pour elle l'ancienneté de ses aspirations et l'avantage des services récemment rendus : elle avait autrefois, en 1388, usurpé le comté de Nice et toute la contrée de Provence dite *terre neuve*, sous le prétexte de défendre et protéger le pays contre les invasions de Charles de Duras, qui faisait la guerre à la reine Jeanne ; naguère elle avait brutalement envahi le marquisat de Saluces, et aujourd'hui Charles Emmanuel faisait des préparatifs pour entrer en Provence à la tête d'une armée, et prendre la direction générale des affaires. Quoique ses regards osassent s'élever jusqu'au trône de France, il se serait contenté momentanément de l'annexion à ses États du Dauphiné et de la Provence, ce qui lui aurait donné l'ancien royaume d'Arles et la frontière naturelle du Rhône. Le souverain pontife, de son côté, espérant faire revivre l'époque des grands papes, convoitait un agrandissement du comtat Venaissin qui aurait compris Toulon, Marseille, Arles et une partie du littoral du golfe de Lyon ; et le fils de Charles-Quint, parcourant sur la carte l'immensité des domaines que lui avait légués son père, considérait d'un regard sombre l'antique Gaule restée libre et indépendante, et en aurait volontiers commencé la conquête par la Provence.

La ville d'Aix était le centre et l'âme de la Ligue. Le Parlement ordonna, le 1er mars, de brûler sur la place publique un édit par lequel le roi accordait une amnistie à tous ceux qui, avant trois semaines, déposeraient les armes et reconnaîtraient son autorité. Il décida que des fossés et de nouveaux travaux de défense seraient exécutés à Aix, enfin que le duc de Savoie serait prié de hâter son arrivée. Il fit vendre les propriétés des royalistes pour fournir aux frais de la guerre, et chargea des commissaires de dresser des listes de proscription. Le 4 mars, le théologal, sur la requête de l'avocat général Du Laurens, fougueux ligueur, quoique opposé au parti du duc de Savoie, lança un monitoire pour enjoindre aux fidèles de dénoncer, sous peine d'excommunication, les propriétés, meubles et effets appartenant aux bigarrats qui avaient pris les armes.

Cependant la minorité du Parlement, qui tenait le parti de Carcès, redoutait la conquête et souffrait impatiemment l'autorité de la comtesse de Sault ; elle résolut de se débarrasser d'elle au moyen d'une émeute et en la faisant chasser d'Aix par le peuple. Le moment paraissait favorable : Marseille et Arles venaient de se déclarer contre elle, et ses deux principaux lieutenants, Ampus et Besaudun, étaient, l'un auprès du duc de Savoie, et l'autre encore retenu chez lui par la blessure qu'il avait reçue au siége de Salon. Le projet, néanmoins, ne manquait pas d'une certaine audace, car outre l'appui de la majorité du Parlement, la comtesse comptait parmi ses amis dévoués, les consuls et les capitaines de quartier, qui pouvaient réunir en un instant un nombre imposant de miliciens ; elle avait en outre, comme force militaire, une compagnie de chevau-légers commandée par son fils, celle du fils de de Vins, dont le commandement, à cause de l'extrême jeunesse de celui-ci, avait été donné à Allamanon, et une compagnie à elle, qui était sous les ordres de Meyrargues. Il fallait encore tenir compte de la populace gagnée à la comtesse qui, à toutes les qualités qui semblaient n'appartenir qu'à un homme vieilli dans les intrigues d'une politique violente, joignait encore toutes les séductions de la femme (1).

(1) Un des chefs populaires des plus influents, et qui joua pendant plusieurs années un rôle considérable dans les émeutes nécessaires à la consolidation du pouvoir de la comtesse de Sault, le teinturier Perrinet, paraît avoir éprouvé pour la comtesse une passion qui n'était pas exclusivement politique, et que celle-ci sut toujours diriger, sans se compromettre, dans le sens de ses intérêts.

Les conseillers Agar, Joannis, Puget et Désidéri se mirent à la tête de la conjuration. Forts de l'autorité du duc de Mayenne, ils parvinrent à faire passer dans leur parti quelques membres du Parlement, et, grâce à l'absence de quelques conseillers de la faction du duc de Savoie, à obtenir une majorité momentanée. Ils séduisirent Allamanon, esprit inquiet et jaloux, âme sans élévation et toujours prête aux capitulations, en lui promettant une position élevée (1), et gagnèrent sa compagnie, exclusivement composée de soldats nés dans la viguerie d'Aix, en leur persuadant que la comtesse avait obtenu des ordres pour les envoyer tenir garnison dans le centre de la province. Comme ils redoutaient particulièrement Meyrargues, homme d'un caractère intraitable et d'inflexibles résolutions, ils firent décider par le Parlement qu'il irait avec sa compagnie secourir le village de Solliès, que La Valette menaçait en ce moment. Mais la comtesse qui devinait un piége sous cet ordre, lui ordonna de rester et d'aller porter ses réclamations au Parlement assemblé. Les conseillers conjurés instruits de la démarche que Meyrargues devait faire le lendemain voulurent brusquer l'action. Dans la nuit du 14 au 15 mars, ils firent cacher dans les environs du palais trois cents hommes sous le commandement d'Allamanon ; leur but était, probablement, si Meyrargues leur en fournissait le moindre prétexte, de faire appel à ces trois cents hommes et de soulever la population en invoquant

---

(1) « Lamanon entreprend de dresser une partie contre la comtesse de
« Sault, avec laquelle despuis la mort du sieur de Vins il estoit entré en
« mauvais mesnage, pour ce que elle et ses amis n'avoient pas voulu per-
« mettre qu'il commandât, (soubs prétexte du fils de M. de Vins, qui
« estoit encore en bas âge), une compagnie de cent chevau-légers, et
« qu'il montât en des grades plus haults que sa quallité ne portoit, à l'es-
« gal des principaux gentilshommes du pays, comme il aspiroit. »
Mémoires de BESAUDUN.

les violences des lieutenants de la comtesse contre la Cour souveraine. La comtesse était trop habile, et peut-être aussi trop au courant de ce qui se tramait, pour se laisser surprendre. Meyrargues se présenta, en effet, en séance, le 15, parla avec emportement aux magistrats, les menaça, et comme ceux-ci délibéraient pour le décréter de prise de corps, il sortit en criant à la trahison et appela le peuple aux armes. L'assesseur Guiran, créature de la comtesse, prévenu d'avance, fit sonner le tocsin, assembla ses amis à l'Hôtel de ville, tira deux couleuvrines de l'arsenal, et les fit traîner devant le palais, que le peuple, en proie à des émotions diverses, commençait à entourer. Le Parlement délibérait au milieu des clameurs confuses de la place publique; quelques membres, parmi les plus audacieux, donnèrent l'ordre à Allamanon de faire occuper la place des Prêcheurs par deux cents hommes, et avec les cent autres d'aller s'emparer de la conciergerie; mais Allamanon, « quy, « dès le commencement recognust sa partie foible, essaya de « retirer son espingle du jeu après y avoir embarqué les au« tres »; il n'agit qu'avec une grande circonspection, et au lieu de dégager les abords du palais, parlementa avec le peuple et perdit son temps en efforts inutiles pour obtenir l'apaisement des passions. Le Parlement manda à sa barre l'assesseur et les consuls. Guiran et Séguiran arrivèrent; pendant qu'ils discutaient avec la Cour, Du Castellar, à cheval, et Denize, troisième consul, couvert d'une cuirasse, armé d'une épée et le chaperon sur l'épaule, envahirent la place du palais avec six ou sept cents hommes tirés du fond des quartiers les plus pauvres de la ville. Le Parlement croyant mettre fin au désordre descendit sur le perron du palais pour haranguer la foule.

La plus grande irritation régnait dans la ville; une multitude d'hommes armés inondaient les rues, qui, ignorant les causes et le but de cette émotion, ne savaient de quel côté porter leur appui. Le premier président prenait à peine la parole, quand Meyrargues, à la tête de sa compagnie, perça la foule et s'avança vers lui d'un air menaçant. Guiran, abandonnant alors le Parlement, s'arma d'une épée et se mêla aux soldats de la comtesse au milieu des acclamations de la foule. Le Parlement manqua de calme et de courage; il rentra dans le palais, poursuivi par une tempête de cris confus. Dans ce moment la partie n'était pas cependant perdue si Carcès avait eu un peu plus d'énergie, et le Parlement plus de résolution. Les habitants d'Aix, élevés dans le plus grand respect pour la Cour, ne tardèrent pas à regretter vivement l'humiliation qu'ils venaient d'infliger à leurs magistrats et se retirèrent presque en silence. En révolution les minutes sont précieuses; les Carcistes ne surent pas profiter de cet instant d'hésitation. La comtesse eut le temps de donner le mot d'ordre à son parti: le conseiller du Castellar occupa la place du palais avec trois cents mousquetaires; six cents hommes traînant des canons arrivèrent du fond du quartier des Cordeliers et gardèrent les principales voies de communication; des émissaires actifs parcoururent la ville, se mêlèrent aux groupes et soulevèrent le peuple en lui disant que le Parlement repoussait l'intervention du duc et voulait livrer la ville aux royalistes. Vers quatre heures, une foule immense se porta vers le palais en poussant les cris de: *Vive la messe et son altesse!* La Cour éperdue avait fait fermer les portes et délibérait sous l'empire de la peur, quand quelques centaines d'hommes étant parvenus à entrer dans le palais par un escalier de service, envahirent les galeries, en tirant des coups de pistolet, et pénétrèrent dans la salle d'audience, sur le seuil de laquelle ils massacrèrent le capitaine Beaumont, qui opposait d'héroïques efforts pour empêcher la violation du sanctuaire de la justice. Il ne restait plus aux magistrats qu'à mourir pour racheter leur faiblesse; ils ne surent même pas faire ce sacrifice! Les consuls arrivèrent sur ces entrefaites ; ils firent retirer les canons et ordonnèrent d'ouvrir les portes. Le peuple se précipita dans le palais comme un torrent, le remplissant de tumulte et de bruit. La Cour se crut perdue ; les membres qui appartenaient à la faction de Carcès prirent la fuite ; les uns se cachèrent, tremblants de peur, dans les combles, les autres descendirent chercher un refuge dans les prisons, tandis que la population énivrée de cris et de fumée brisait et détruisait tout ce qui tombait sous sa main. Les conseillers Agar, Chateauneuf, Tourtour et Désidéri, furent saisis, accablés d'outrages et conduits prisonniers au château de Méruoil, près Aix, d'où ils ne sortirent qu'au mois d'octobre 1591. Duchaine, Saint-Jean, Aymar et Simiane, furent enfermés à la conciergerie, mais ils furent rendus à la liberté quelques jours après. Duchaine se rendit au Château d'If, auprès de Beausset, son beau père, qui avait le gouvernement des îles de Marseille ; les trois autres se retirèrent à Avignon (1).

Le comte de Carcès, qui avait été le principal instigateur de cette journée, connue sous le nom de *journée du palais*, abandonna la lutte et se retira à Avignon. Le Parlement reprit le commandement général de l'armée restée sans chef depuis

---

(1) Besaudun, dans ses *Mémoires*, dit que l'avocat général du Laurens « qui estoit du nombre des conjurés, fust épargné », et que quatre habitants d'Aix, de basse condition, furent condamnés aux galères. Il fait jouer à Allamanon un rôle très-méprisable pendant et après l'émeute : « Lamanon, dit-il, demeura hors du palais, et voyant les choses succéder
« autrement qu'il n'attendoit, commença à s'entremesler comme mé-
« diateur, et neutre..... en contre eschange de ce mauvais office, il ne re-
« çut de Mme la comtesse de Sault aulcune rudesse ; ains, par toutes
« les douceurs et courtoisies, elle tascha de le ramener à soy. De nou-
« veau il lui promit tout service avec tant de signes d'affection et de re-
« pentance des choses passées, qu'elle en print assurance et le remit en
« grâce dans la ville d'Aix où son nom estoit merveilleusement odieux. »
— *Mémoires* de BESAUDUN.

le départ de Carcès ; mais, par le fait, ce fut Ampus, qui arriva sur ces entrefaites de la cour de Savoie, qui dirigea les affaires militaires, car cette compagnie venait de perdre tout son prestige ! Son humiliation avait été trop profonde et sa défaite trop éclatante pour qu'elle pût continuer à inspirer le respect et à exiger l'obéissance.

Le 27 mars, les députés envoyés auprès du duc de Savoie étaient revenus à Aix, à l'exception de Fabrègues, que le duc avait désiré garder quelques temps encore auprès de lui. Ils avaient été reçus en audience solennelle, le 11 mars, par Charles-Emmanuel ayant auprès de lui l'Infante, sa femme, son conseil, et en présence de toute la Cour. L'évêque Elzéar de Rastellis, chef de la députation, lut un discours latin, dont la traduction nous a été conservée par Mauroy (1), et dans lequel, après avoir longuement déduit de l'apostolat en Provence de sainte Magdeleine, saint Lazare et autres saints vénérés, et de la violence que la couronne de France avait faite au roi René en 1476 pour incorporer et inféoder le pays au domaine Français, que les Provençaux ne pouvaient abandonner leur croyance et reconnaître pour roi un usurpateur hérétique, il concluait en disant que le moment était venu pour eux de recouvrer leur antique liberté ; et il déclara que le Parlement, les procureurs du pays, les consuls de toutes les communes, légitimement assemblés dans la ville d'Aix, capitale de la Provence, avaient décidé de mettre le pays sous sa souveraine protection, en lui offrant : « Les personnes, biens et fortune de
« chascun particulier, et de tout le domaine ancien affecté et
« appartenant aux comtes de Provence. Vous suppliant très
« humblement nous recevoir, conserver et entretenir en nos
« franchises, droits et privilèges ; et pour la gloire que en vien-

---

(1) MAUROY, ouv. cit., p. 163 à 166.

« dra à Dieu, le souslagement de l'esglise, le sousténement de
« la sainte foy catholique, apostolique et Romaine, Dieu bé-
« nira vos jours et enfin vous recevra en paradis. » Le duc,
devant tant de soumission et d'abaissement, dissimula sa joie,
et s'excusa sur la guerre qu'il soutenait en ce moment contre
Genève, et sur la grandeur pleine de périls de l'entreprise
qu'on lui proposait. Fabrègue prenant alors la parole dit :
« Que pour les rares qualités de sa personne, les Provençaux
« l'avaient choisi pour leur comte et seigneur! » et se jetant
dans ses bras, il l'implora d'étendre sa protection sur la malheureuse Provence (1). Le duc parut ému et céda, il accepta et
« promit de se comporter avec les Provençaux avec tant de
« justice, qu'ils n'auraient jamais sujet de s'en repentir (2) ».
Quelques jours après, les députés quittant la Cour, le duc les
chargea de remettre au Parlement une lettre dans laquelle il
annonçait son arrivée prochaine : « J'entrerai en Provence,
« disait-il, du costé de Barcelonette. J'espère emporter cette
« ville à mon arrivée (3), et de là pénétrer dans la province. Je
« désire que vous fassiez marcher une armée vers Riez et
« qu'elle s'y trouve le douziesme du moys prochain, afin que
« nos forces estant voisines, nous les puissions joindre plus fa-

(1) SAMUEL GUICHENON. *Histoire généalogique de la royale maison de
Savoye.* ouv. cit. t. II p. 726. Fabrègues, dans ses *Mémoires*, écrits longtemps après ces évènements, a passé cette scène sous silence. Comme
s'il avait craint le jugement de l'histoire, il s'est efforcé de représenter
cette ambassade et les intrigues qui la précédèrent, sous le jour le plus
faux, en disant que ce n'était qu'une comédie pour obtenir des secours
du duc en l'empêchant de venir lui-même en Provence.

(2) SAMUEL GUICHENON. p. 726.

(3) La Valette venait de faire occuper cette ville, sur la frontière du
Piémont, où il avait trouvé une grande quantité de vivres et de muni-
tions de guerre que le duc y avait déjà fait porter pour son entrée en
Provence.

« cilement et les emploïer où il sera nécessaire. Mais je ne
« veux rien entreprendre sans vous, messieurs, qui avez l'au-
« thorité du Roy : Je veux la conserver et soustenir toujours ac-
« compagné de vos bons et prudents advis et conseils. Je vous
« prie donc de faire une députation d'un ou de plusieurs d'en-
« tre vous, pour venir avec l'armée, afin que tous ensemble
« nous prenions une bonne et salutaire résolution. J'espère
« après les festes de Pasques m'acheminer à Barcelonette. »

Les députés, à leur arrivée à Aix, firent un tableau séduisant
de la courtoisie et du désintéressement du duc; les intrigues
qui avaient eu lieu autour d'eux à la cour de Savoie auraient
dû cependant les désillusionner et les éclairer mieux sur les
projets du prince. Celui-ci les avait fait sonder de mille manières par son ami et confident de Ligny et sa femme, d'abord
pour savoir si on ne voudrait pas lui remettre les gouvernements d'Antibes, de Grasse, de Saint-Laurent, de Saint-
Paul et de Vence; mais ayant échoué de ce côté, il fit demander Seyne, Entrevaux, Castellane et Colmars. A ces
diverses sollicitations, les députés opposèrent leurs instructions,
portant que le duc ne pourrait exiger aucune cession de territoire, ni confier le gouvernement d'aucune place à des officiers
de son armée. De Ligny et sa femme ne cessaient cependant
de leur répéter : mettez-vous en liberté, joignez-vous à l'empire, le duc sera vicaire du saint-empire en Provence de la
part de l'empereur, et gouverneur de la part du pays; il ne
demande pour lui que les vignérats de Seyne, de Colmars et
quelques autres de peu d'importance. Mais les députés s'appuyant sur ce qu'ils n'avaient pas mission de traiter sur ces
bases, finirent par porter leurs réponses au duc lui-même.
Celui-ci repoussa les demandes de de Ligny du ton d'un homme désolé d'être compromis par des propositions qui étaient
loin de sa pensée; il disait : qu'il ne voulait être que le protec-

teur de la Provence jusqu'à l'élection par les Français d'un roi catholique. Pour donner un aspect de vérité à cette comédie, de Ligny parut abandonner le parti de sa femme et se mit à parler comme son maître, mais elle, continua à déployer toutes ses séductions pour compromettre les députés, et les lier par une promesse qu'ils étaient, du moins pouvait-elle le supposer, assez influents pour convertir en réalité. Ne trouvant que des fins de non-recevoir à toutes ses demandes de cession de places, elle proposa un autre plan qui consistait à faire de la Provence, détachée de la France, une espèce de république vénitienne, dont le duc de Savoie aurait été le doge, et les nobles les sénateurs. Et comme les députés se hâtaient de repousser cette idée, elle se laissa aller à dire qu'en Provence de grands personnages avaient eu déjà cette pensée, ce qui leur fit supposer que Carcès pouvait bien avoir eu des relations secrètes avec le duc (1).

En même temps que les députés à la cour de Savoie rentraient en Provence, le pape faisait remettre aux consuls d'Arles et de Marseille, par l'entremise de l'archevêque d'Avignon, des dépêches par lesquelles il déclarait accepter le protectorat de ces deux villes, annonçait la prochaine arrivée de vingt galères, dont dix étaient fournies par les Vénitiens, et faisait connaître qu'il règlerait son action d'après la tournure que prendraient les évènements.

La comtesse de Sault redoutait peu l'intervention du pape, qui avait, du reste, mécontenté Marseille et Arles, en parlant du protectorat de ces deux villes au lieu de la province entière; néanmoins elle voulut se garantir de ce côté en imposant à Marseille une autorité dévouée à la faction savoyarde, qui pourrait, le cas échéant, contrecarrer ses ennemis et donner

(1) *Mémoires* de FABRI DE FABRÈGUES.

protection et assurance à son parti. Le terme assigné aux fonctions du viguier étant expiré, elle en investit La Barben, une de ses créatures, et fit députer le conseiller du Castellar, pour présider à son installation.

Le premier consul, Caradet de Bourgogne, protesta contre cette nomination, qui violait les priviléges de la ville, le roi seul pouvant faire un choix sur une liste de trois candidats proposés par le conseil de ville. Le conseil, à son tour, ne voulut pas reconnaître La Barben, et cassant sa nomination, confia provisoirement le bâton de justice du viguier à Bourgogne lui-même. Mais du Castellar n'était pas un homme à céder devant une assemblée de bourgeois commerçants, qui n'avaient à invoquer pour soutenir leurs déterminations que le droit et la justice; il fit publiquement revivre contre Caradet de Bourgogne l'accusation d'avoir fait assassiner Albertas de Villecrose, et ayant fait un appel à la faction de la comtesse, il souleva une sédition dans la ville. Un homme d'une énergie peu commune, d'une haute intelligence unie à une ambition insensée, Charles Casaulx, prit la direction du mouvement. Il se mit à la tête d'un attroupement considérable, envahit l'Hôtel de ville, arracha à Bougogne tremblant ses insignes consulaires et le fit jeter en prison, après avoir remis à La Barben le bâton de justice.

L'hiver avait suspendu les hostilités, et depuis la prise de Salon les armées ennemies s'étaient retirées dans leurs garnisons. Pendant que le Parlement et les Etats livraient le pays à un prince étranger, La Valette visitait les places les plus rapprochées des possessions du duc de Savoie : il descendit de Manosque, mit en état de défense Fréjus, Saint-Tropez. Hyères, et arriva à Toulon, où il trouva, dit Mauroy « la « fortification qu'il y avoit ordonnée en tel estat qu'elle est véritablement admirable ». En quittant Hyères, le gouverneur s'était rendu à Solliès, à la sollicitation du seigneur du lieu et de son fils, Forbin Saint-Cannat, qui venaient d'abandonner le parti de la Ligue, pour ne pas combattre sous des enseignes qui n'étaient pas celles de la patrie. Le village de Solliès, situé au sommet d'une colline assez élevée et de difficile accès, avait embrassé la faction de la comtesse, et les habitants faisaient des courses dans les environs, portant l'incendie et la désolation sur les terres royalistes. La Valette, pour mettre un terme à ces excès, fit construire une fortification dans la plaine, de l'autre côté d'un pont jeté sur le Gapeau, où commençaient à s'élever quelques maisons qui furent le berceau de la petite et riante ville de Solliès-Pont. Peu de temps après, une compagnie de cavalerie savoyarde commandée par le romain Vitelly, vint occuper le village de Cuers. Pendant le carême, que le gouverneur passa à Toulon, de nombreuses escarmouches eurent lieu entre les habitants de Solliès, appuyés des cavaliers du duc de Savoie, et la garnison royaliste. Le 25 mars, La Valette sortit de Toulon avec Boyer, Du Virailh, le marquis des Arcs, quelques gentilshommes et vingt-cinq arquebusiers à cheval pour aller ravitailler le fort.

Il marchait par une belle matinée de printemps, précédé de quatre cavaliers, quand, arrivé à peu de distance du village de la Garde, il rencontra un habitant de Toulon, du nom de Sabatery, qui lui apprit qu'il avait aperçu, le matin à l'aube, un détachement de cavalerie ennemie qui battait la campagne du côté de la plaine de Tamaignon. La Valette envoya en avant Boyer et du Virailh faire ralentir le pas aux quatre cavaliers qui étaient en éclaireurs, et se dirigea vers le château de la Garde pour prendre des informations auprès du seigneur du lieu. Du Virailh ayant laissé Boyer courir seul en avant, coupa dans les vignes, pour visiter une grange dans laquelle les ennemis auraient pu établir une embuscade; tout à coup il vit revenir

Boyer et les quatre éclaireurs poursuivis par une compagnie de chevau-légers savoyards. Il lança son cheval à travers les champs et rejoignit Boyer, en même temps qu'arrivaient au pas de leurs chevaux trois officiers de la maison de La Valette. Comme ils étaient neuf en ce moment, ils s'arrêtèrent et firent le coup de pistolet. Sur ces entrefaites le gouverneur parut sur la route, suivi de son escorte; en voyant ses officiers engagés contre une compagnie entière, il mit sur sa tête son casque, qui pendait à l'arçon de sa selle, et ordonna la retraite sur Toulon au pas des chevaux et l'épée à la main.

Les Savoyards se contentèrent de le suivre, se répandant dans les champs, à droite et à gauche du chemin, et n'osant jamais l'attaquer. Deux fois, quelques chevaux s'étant emportés, avaient rapproché les deux partis, ce qui les avait forcés de mettre les armes à la main. Dans un de ces engagements partiels, un homme du marquis des Arcs fut désarçonné, et n'ayant pu se remettre en selle, fut fait prisonnier; le cheval de Boyer reçut un coup d'épée dans le cou, et celui d'un gentilhomme nommé Verdillon un coup de lance.

On avait appris à Toulon le danger que courait La Valette; les capitaines de quartier sortirent avec la milice et se portèrent au secours du gouverneur, qu'ils rencontrèrent entre la Garde et Toulon. Les Savoyards, soit qu'ils fussent intimidés par l'arrivée de ce renfort, soit qu'ils ne voulussent pas s'approcher davantage de Toulon, tournèrent bride et rentrèrent à Cuers. La Valette avait montré dans cette circonstance critique un rare sang-froid; il est certain que si les ennemis avaient voulu donner, ils auraient fait courir de grands dangers au gouverneur : le bruit se répandit que Vitelly n'avait pas jugé utile pour les affaires du duc, de lui faire un mauvais parti, et on peut comprendre que la présence de La Valette à la tête des troupes royales était encore nécessaire aux projets de Charles-Emmanuel.

La Valette avait donné rendez-vous à Toulon, à Chambaud, qui était allé chercher un régiment levé dans les Cévennes; mais Chambaud ayant rencontré de grandes difficultés pour compléter ses cadres, se fit attendre pendant tout le mois de mars. Le gouverneur, sans nouvelles de lui, et craignant que le duc de Savoie n'entrât en Provence par la vallée de Barcelonnette, se dirigea vers Sisteron pour être mieux en position de surveiller sa marche et de lui créer des embarras sur son passage. Il n'avait en ce moment, au dire de Mauroy, que trois cents cavaliers et quinze cents hommes d'infanterie, tout le reste de son armée étant réparti dans différentes garnisons. Il envoya vers le roi le gentilhomme de Péronne pour lui demander quelques secours; Henry IV venait de gagner la bataille d'Ivry et marchait sur Paris, il chargea le sieur de Reaux de se rendre auprès du duc de Montmorency et de Lesdiguières pour qu'ils assistassent La Valette de leurs forces. Le duc se déclara dans l'impossibilité de prêter un concours effectif. De Reaux se rendit alors en Dauphiné, auprès de Lesdiguières, en même temps qu'y arrivait le sieur de Tournon, envoyé par La Valette; ils ne purent obtenir que deux cents chevaux, qui vinrent rejoindre les royalistes à Sisteron. De Reaux retourna auprès du roi, « qu'il remplit de soucy pour l'extresme « péril où il voyoit la Provence ». Henry IV écrivit au gouverneur pour lui donner courage; il le flatta, approuva toutes ses actions, lui promit un régiment suisse, qu'il n'envoya jamais, et l'autorisa, ce qui était plus facile, à affecter à l'entretien et au recrutement de ses troupes, « tous deniers ordinaires et « extraordinaires, et ceux des parties casuelles de Provence, « qui devoient être reçus par le trésorier de l'extraordinaire et « despendus en vertu des ordonnances du sieur La Valette (1) ».

(1) MAUROY. p. 175.

Au moment où La Valette quittait Toulon et s'adressait au roi pour obtenir les moyens de s'opposer à l'entrée du duc de Savoie en Provence, on recevait une nouvelle qui, si les royalistes avaient été assez forts ou assez audacieux pour en tirer profit, pouvait les rendre maîtres de la situation : Le 15 mars, Henry IV avait rencontré Mayenne dans la plaine d'Ivry, lui avait livré bataille et avait écrasé l'armée ligueuse. Le bruit de cette victoire s'était sourdement répandu, et beaucoup de villes se montrèrent hésitantes dans leur fidélité à la Ligue. Le Parlement, pour lequel les minutes étaient précieuses, paya d'audace pour gagner du temps en attendant les secours de Charles-Emmanuel. Il mit Ampus en campagne, avec l'ordre de maintenir l'obéissance par la terreur, et envoya à toutes les communautés une lettre circulaire destinée, par de grossiers mensonges, à égarer l'opinion publique : « Pour ce que les
« ennemys, disait le Parlement, pourroient faire courir quel-
« ques bruits d'une bataille donnée en France, et la figurer
« plus à son avantage qu'elle n'est, pour y avoir esté rompu
« quelque nombre de nostre infanterie, quy ne sauroit con-
« treposer la perte de la pluspart de la cavalerie de l'ennemy
« et beaucoup de seigneurs et gentilshommes des troupes du
« roy de Navarre, ainsi que nous avons esté adverti par voie
« de Paris, nous avons advisé de vous fère ce mot pour vous
« dire de ne vous esbranler aulcunement, et continuer l'affec-
« tion que vous avez pour la desfense et conservation de la re-
« ligion catholique, apostolique et romaine, » et après leur avoir annoncé que son altesse le duc de Savoie allait entrer sous peu de jours dans la province, il terminait par ce *post-scriptum* destiné à frapper un grand coup : « Despuis que vous avons
« escript ceci, avons reçu nouvelles assurées, par lettres de
« Lyon, du 28 mars, que le roy de Navarre est mort, le prince
« de Condé, le grand Prieur de France, le maréchal d'Au-

« mont etc., presque toute la noblesse du Roy de Navarre y sont
« demourés, de quoy il vous faut louer Dieu (1). » Cette lettre
était du 4 avril ; la veille, Ampus, qui venait d'apprendre que
Chambaud se disposait à entrer en Provence avec son régiment,
en passant par Saint-Tulle, de la viguerie de Forcalquier, était
sorti d'Aix à la tête de quelques compagnies de cavalerie, et
vint attendre les montagnards cevennols entre Rousset et la
Durance. Le 5 avril il les attaqua et les battit complétement.
Chambaud eut trois cents hommes tués et perdit cinq drapeaux,
que le Parlement fit suspendre aux voûtes de Saint-Sauveur.

C'était un heureux début de la campagne que les ligueurs
allaient entreprendre. Ampus revint à Aix et en ressortit le
lendemain avec toutes ses troupes et six canons; il voulait attaquer La Valette « et s'esprouver avec Lesdiguières ». « Je
« l'exortais fort, dit Fabrègues, d'agir froidement et adroitement
« s'il se trouvoit en teste Lesdiguières, qui estoit en possession
« d'estre toujours victorieux, qui estoit le meilleur capitaine de
« France, et qui avoit les meilleures troupes de l'Europe ; que
« pour La Valette, il n'avoit pas tant à appréhender. » Il marcha contre l'abbaye de Silvacane, dans les ruines de laquelle
une bande de picoreurs s'étaient retranchés, pillant les villages,
battant les chemins et compromettant le commerce et la
sûreté des habitants d'Aix. Il les fit tous périr par l'épée ou la
corde. Il prit ensuite la route de Riez, mais obliquant tout à
coup sur sa droite, il parut devant Barjols. La ville était sous le
commandement de Pontevès ayant cinq cents hommes sous ses
ordres. La Valette, qui venait d'arriver à Riez, descendant de
Sisteron, écrivit à Valavoire d'envoyer Du Virailh au secours de
Pontevès, avec tout ce qu'il avait à sa disposition de soldats de
la garnison de Saint-Maximin ; mais avant que les royalistes ne

(1) *Archives communales de la Ciotat.*

fussent arrivés, la ville et le château, après avoir essuyé cent trente coups de canon, se rendirent, le 13 mai, à la condition « que les gens de guerre qui estoient dans la ville et dans le chas- « teau, sourtiroient la vie saulve, ardes et bagaiges, la mèche « allumée, exceptés quelques chevaux florentins, et pour cest « effect seroient donnés hostages ». Les mêmes excès qui avaient signalé l'évacuation de Grasse, se reproduisirent à Barjols, avec cette aggravation cependant qu'à Grasse la violation de la capitulation fut l'œuvre d'une compagnie isolée, tandis qu'à Barjols elle fut l'œuvre de l'armée entière et s'accomplit sous les yeux des chefs ligueurs ; que le pillage qui avait été sévèrement interdit à Grasse, fut pratiqué à Barjols ouvertement et avec l'assentiment d'Ampus et du conseiller du Castellar. Le procès-verbal de la reddition de Barjols, dressé par « Jehan de Silhar, escuyer et conseilhez du Roy, estant au « camp devant la ville de Barjoulx » nous a été conservé et doit trouver place ici, ne serait-ce qu'à titre de document historique.

« .... Advenant, dit-il, le lendemain matin, quatorzième
« dudict moys de may, seroyt toute l'armée descendue près
« lesdicts chasteau et ville de Barjoulx, où estant, aurions veu
« venir vers nous ung de ladicte ville appelé Jehan Fassy, avec
« lui messire Barnabé, prebtre dudict Barjoulx, avec maistres
« Paultrier et Séguiran, conseulx ; et nous estant approchés
« d'iceux, ledict Fassy nous auroit dict : *Monsieur le Prévost,*
« *les conseulx sont istés mandés quérir ici pour compositer,*
« *je vous prie nous adcister et aider de votre fascient, et*
« *porter tesmoniage de la composition que se fera.* Comme
« la plus grande partie des capitaines de l'armée s'étoient
« approchés avec les conseulx et capitaine Fassy près desdicts
« sieurs du Castellar et d'Ampus, ledict sieur du Castellar dict :
« *Conseulx ! nous avons accordé et composité avec le sieur*

« de Pontevès et les gens de guerre, il faut que vous aultres
« vous accommodiez avec nous, sinon vous serez tous mis au
« fil de l'épée, advisez ce que voulez fère ! Sur quoy feust
« respondu par iceulx conseulx : *Monsieur, nous sommes ici
« à votre discreption, faites de nous ce qu'yl vous plaira,
« sy vous plaît accorder que nos vies soient saulves et l'hon-
« neur de nos femmes.* Ce que entendu, le sieur du Castellar
« leur respondit: *Puisque vous le dictes ainsi, vous vous soub-
« mettrez aux intérest du pays tels que nous accorderons
« estant dans la ville, et moyennant ce, il n'y entrera que
« deux compaignies de gens de pied, une au chasteau et
« l'aultre dans la ville, et ne serez aulcunement saccagés ni
« rançonnés, et ainsi le vous promets devant tous ces mes-
« sieurs, gentilshommes et capitaines que sont icy présents.*
« Mais comme les troupes s'approchaient trop dudict lieu où
« lesdicts sieurs du Castellar et d'Ampus estoient, lesdicts sieurs
« nous auroient commandé de faire retirer les soldarts, ce que
« nous aurions accordé fère. Seroient alors les sieurs du Cas-
« tellar et d'Ampus descendus vers la porte de la ville, et
« comme les gens de guerre sortoient avec leurs ardes, armes
« et bagaiges, les soldarts, qui estoient descendus d'un aultre
« cousté, se seroient mis à tuer et meurtrir tellement, que
« seroit esté grand désouldre que n'y aurions pu mettre aulcun
« ouldre que tout ne feust tué et meurtri. Et cela faict seroient
« les sieurs du Castellar et d'Ampus entrés dans la ville avec
« les troupes catholiques pour faire le despartement, et avant
« d'en sortir auraient commis de gros désouldres, saccages et
« rançonnements, et tellement que les sieurs du Castellar et
« d'Ampus et aultres, qui avoient commandement à ladicte
« armée, n'y auroient pu donner aulcun remède, et a esté
« ladicte ville saccagée et rançonnée, et mesme auroit fallu pour
« fère partir les troupes que les conseulx de la ville seroient

« allés de mayson en mayson prendre les chaines et joyaux des
« femmes, que après donnèrent au commissaire de l'artille-
« rie....... (1) »

Après avoir montré la garnison massacrée au mépris de la
capitulation, Jehan de Silhar rend un compte détaillé des exactions qui furent commises dans la ville. Les capitaines n'étaient
pas les moins ardents au pillage, et pendant que les soldats
forçaient les maisons, ils faisaient main basse sur l'argent, les
meubles et les bijoux que les riches habitants avaient déposés
dans les sacristies des églises ou chapelles de la ville....... « Et
« le lendemain, quinzième dudict mois, serions estés mandé
« quérir par lesdicts sieurs du Castellar et d'Ampus, lesquels
« nous auroient dict : *Monsieur le Prévost, voilà le prieur*
« *des Augustins que nous a dict que quelques soldarts*
« *avoient ouvert la sacristie du couvent, qu'ils prennent*
« *quelques meubles que les habitants y auroient mis*, et que
« nous eussions à lui rapporter ce qu'il en estoit. Ce que
« nous lui aurions accordé fère. Tout incontinent serions allé
« audict couvent accompagné du capitaine Antoine Signier,
« l'ung de nos lieutenants, et serions entrés à la sacristie, et
« aurions trouvé le capitaine Claude, de Digne, ensemblement
« le sieur de Mimata, lesquels ayant fait ouvrir de grandes
« caisses qu'estoient dedans ladicte sacristie, lesquelles estoient
« pleines de meubles des habitants de Barjoulx, et même des
« sacs pleins et d'aultres meubles emballés avecque des lin-
« ceulx et des marchandises : draps de pays, cuir, soliers, et
« de toute sorte de meubles tant de fer que arain et cuivre et
« estain ; aurions remonstré audict sieur de Mimata et capi-
« taine Claude que le sieur du Castellar et d'Ampus nous
« envoyoient là pour savoyer la vérité du faict, et que nous lui

(1) *Collection des documents inédits sur l'Histoire de France.*

« rapporterions ce que c'estoit. L'hors le sieur de Minata et
« capitaine Claude nous respondirent que c'estoit des meubles
« de Bigarrats, et que qui les vouldroit avoir en payeroit ran-
« çon. » De Silhar ayant réclamé l'intervention d'Ampus et de
du Castellar, ceux-ci répondirent : « Que nous leur laissassions
« fère, mais qu'on ne touche rien de l'esglize...... » Le prévôt, malgré son zèle et son activité ne put parvenir à réprimer
les désordres, et dut enfin se retirer devant une sédition dirigée
contre lui par les soldats ligueurs : ... « Ledict capitaine Espente
« nous auroit dressé une sédiction pour nous fère tuer, ce qu'il
« heust faict si ne nous fussions retirés.

« Et tout ce que dessus certifié estre vray, et nous nous
« sommes soubssignés,

« J. DE SILHAR, prévost, SIGNIER, lieutenant. »

Au dire des historiens, les ligueurs massacrèrent de quatre
à cinq cents hommes (1), parmi lesquels le seigneur de Fos et
le chevalier de Peipin. Pontevès, qui n'avait capitulé que sur les
vives instances du gentilhomme de la Fraite, officier gascon,
montra un grand courage au milieu de ce tumulte ; mais accablé
par le nombre, ayant eu son cheval tué sous lui, blessé à la
tête et couvert de sang, il fut obligé de fuir à pied, et arriva à
Saint-Maximin. De la Fraite s'était dirigé sur Brignoles et de là
sur Riez, où il trouva le gouverneur. Il accusa lâchement et
mensongèrement Pontevès d'avoir voulu capituler avant l'arrivée de Du Virailh, et l'accabla de la responsabilité des massa-
cres de Barjols. Pontevès s'était logé dans un couvent en
arrivant à Saint-Maximin ; la garnison gasconne trompée par
cette indigne calomnie, se souleva et vint l'assiéger dans sa
retraite. Valavoire profita de la nuit pour le faire sortir. Il le

(1) « ... et y mourut 500 bons hommes et de bons capitaines. » *Mémoires de* BESAUDUN.

reçut dans sa maison et le couvrit de sa protection, en même temps qu'il lui prodiguait avec affection les soins que nécessitaient ses blessures. Quand il fut guéri, Pontevès refusa de prendre de nouveau les armes. Il ne voulait pas servir la Ligue, et abandonna le parti de La Valette, qui faisait retomber sur les Provençaux les plus dévoués au roi toutes les fautes commises par les officiers gascons.

Ampus, en quittant Barjols, se rendit au Val, qui ouvrit ses portes, et ensuite au Luc. Le bruit des cruautés que venaient de commettre les ligueurs porta l'effroi parmi les habitants de ce village, qui se réfugièrent dans l'église comme dans un asile inviolable ; mais les soldats ne se laissèrent pas arrêter par la sainteté du lieu et les mirent à mort. Lorgues, Aups, Pignans, Besse terrifiés se rendirent sans résistance, furent pillés et frappés de fortes contributions de guerre. Ampus arriva à Draguignan, où il s'arrêta pour attendre quelques régiments piémontais qui allaient entrer en Provence sous le commandement du vénitien Martinengue. Les archives de cette ville nous ont conservé le tableau désolant des exactions des ligueurs. A peine l'armée avait-elle occupé cette place, qu'Ampus exigea une somme d'argent considérable que la commune ne put payer ; il fit alors arrêter et jeter en prison le premier consul, jusqu'au jour où le seigneur de Montauroux fournit la somme. Le 6 juin, un régiment se mutina et menaça les consuls de *ruyner et saccager* la ville : une députation fut envoyée auprès d'Ampus, qui détermina le prix de rachat. Quelques jours après, de Vaucluse, qui venait d'arriver avec quelques compagnies, exigea huits cents écus pour ses gens de guerre. Malgré les sommes considérables fournies à l'armée, les soldats ne cessaient de piller les habitants ; en juillet les consuls firent parvenir leurs plaintes à Aix, mais la commission du Parlement qui dirigeait les affaires de la guerre, sourde aux lamentations d'une population ruinée et malheureuse, répondit en sommant la ville de fournir à l'armée pour trente mille écus de vivres, *à peine d'estre saccagée.*

En présence des rapides succès d'Ampus, La Valette avait demandé de nouveaux secours à Lesdiguières, qui entra en personne en Provence avec Gouvernet, Blacons et un régiment de cavalerie. La Valette prit par Mezel, gagna les Mées, passa la Durance et s'empara de Peyruis, où il fit sa jonction avec Lesdiguières descendu de Sisteron. Les royalistes avaient en ce moment en campagne mille maîtres, cinq cents arquebusiers à cheval et quinze cents hommes d'infanterie. Ils prirent d'abord la route de Digne, qu'ils abandonnèrent ensuite pour se diriger sur Riez, et perdirent dix jours à faire le siège du château de Montagnac. Le but de La Valette était de faire prisonnier l'évêque Elzéar de Rastellis qui, à son retour de la cour de Savoie, ayant trouvé la ville de Riez occupée par les royalistes, s'était enfermé dans cette place. Le gouverneur irrité de la résistance qu'opposait le château livra aux flammes le village de Montagnac et se retira laissant cinq cents hommes pour bloquer les assiégés. Ce que le nombre et la valeur n'avaient pu faire, la trahison l'opéra quelques jours après. Un domestique de l'évêque se laissa corrompre et livra pendant la nuit une porte. La garnison ligueuse fut surprise et forcée de capituler. L'évêque ne recouvra sa liberté que quelque temps après, au prix d'une forte rançon ; La Valette lui interdit l'entrée de sa ville épiscopale et le bannit même, plus tard, de son diocèse. Il envoya l'ordre de démolir le château, et obligea les habitants du village à travailler avec les soldats à cette œuvre de destruction.

Après avoir tenu la campagne pendant quelques mois, les soldats ligueurs avaient fini par se lasser, et la désertion s'était mise dans leurs rangs ; le duc de Savoie, qui avait dû entrer en Provence dès le mois de mai, n'avait plus donné de ses nouvelles, et un certain découragement s'était emparé de plusieurs chefs de la faction. Les capitaines et gentilshommes de l'armée s'assemblèrent et décidèrent qu'Ampus qui était toujours, malgré son commandement, procureur du pays, irait en Piémont « pour avoir une résolution finale, et si son Altesse « ne pouvoit sy tost venir, de tirer quelque somme d'argent, « pour garder que le corps de ceste belle cavalerie proven- « çale ne se desmembrât (1) ». Besaudun, encore convalescent de sa blessure reçue à Salon, prit le commandement de l'armée, et Ampus se rendit à Turin. Il venait à peine de partir, quand on apprit la jonction de Lesdiguières avec La Valette et leur marche du côté de Digne : « Il fallut, dit Besaudun, parer « à « cet orage qui nous surprenoit affaiblis et morfondus. » En trois jours on ramassa six cents maîtres, six à sept cents arquebusiers, auxquels on donna rendez-vous à Aups, et après avoir laissé l'artillerie à Pignans, sous bonne garde, les ligueurs marchèrent du côté de Digne. La Valette ayant paru renoncer à ses desseins sur cette ville, ils se contentèrent d'y envoyer quelques compagnies pour redonner du courage aux habitants. Les royalistes étant venus alors mettre le siége devant Montagnac, Besaudun se retira à Vinon, pour ravitailler et organiser ses troupes. Il apprit quelque temps après que les royalistes descendaient dans la Basse-Provence, et craignant que ses canons ne fussent pas en sûreté à Pignans, il envoya Allamanon, avec la compagnie de de Vins, pour les conduire à Forcalqueiret, place plus forte et bien défendue par une bonne garnison et de solides murailles. Le général des ligueurs n'eut qu'à se louer d'avoir pris cette détermination, car Allamanon arrivait à peine à Forcalqueiret, que Lesdiguières et La Valette se présentaient devant Pignans pour tenter un coup de main sur cette ville et s'emparer

(1) *Mémoires* de Besaudun.

de l'artillerie. Ils entrèrent le 10 juillet dans la place, mais le château, défendu par le capitaine Roquefeuille, résista pendant quatre jours et soutint vaillamment plusieurs assauts. La garnison manquant de munitions capitula à la condition qu'elle se retirerait en lieu sûr et à sa convenance. Pendant qu'elle s'éloignait, les troupes royales furieuses d'avoir été leurrées dans leurs espérances, se précipitèrent sur la garnison ligueuse et la massacrèrent. Il y eut une heure d'un désordre insensé, que ni La Valette ni Lesdiguières ne purent réprimer! La Valette parcourant les rangs de ses soldats mutinés, à cheval et l'épée à la main, fit des efforts inutiles pour protéger les vaincus, et tua, dans son exaspération, cinq soldats de son armée (1).

En quittant Pignans La Valette descendit vers Solliès, s'empara du château, le 19 juillet (2), et arriva à Toulon, où il déposa son artillerie. Il reprit alors le chemin de la Haute-Provence, passa par Lorgues, que les ligueurs venaient d'abandonner, laissa Chambaud avec un régiment à Brignoles, et regagna Riez et Sisteron, visitant tous les lieux qui étaient restés fidèles à la cause royale, et y mettant garnison. Lesdiguières rentra en Dauphiné.

Pendant que cette campagne, faite par les chefs des deux partis, s'accomplissait, des rencontres fortuites entre ligueurs et royalistes avaient eu lieu sur divers points de la province : en juillet, le baron d'Oize ayant avec lui trente ou quarante mai-

---

(1) Louvet dit que la garnison était composée de ligueurs ayant assisté à la prise de Barjols, et que parmi les soldats de La Valette se trouvaient ceux qui avaient échappé au massacre. Si ce fait était vrai, et rien n'indique qu'il ne le soit pas, il donnerait une explication naturelle de la fureur des royalistes.

(2) La Valette frappa la communauté de trente mille écus d'amende. Lesdiguières trouva la somme exorbitante, disant : *que cette grosse somme incommoderoit le Dauphiné.* Le village paya.

tres, en vint aux mains, entre Vidauban et Pignans, avec Buous et le dauphinois du Poët. Les deux troupes s'attaquèrent vivement, et il y eut des morts de part et d'autre ; les ligueurs, plus maltraités, abandonnèrent le champ de bataille. La rencontre que fit Panisse, le 29 juillet à Peinier, de Belloc, fut plus heureuse pour les armes ligueuses : les deux partis donnèrent l'un sur l'autre pendant la nuit, avec un désordre inséparable d'un combat imprévu au milieu d'une obscurité profonde. Le terrain resta à Panisse, qui ramena plusieurs prisonniers à Aix.

Il ne faut pas s'y tromper, du reste, le mot *Guerre* avait au XVIe siècle une signification toute particulière. Ainsi par guerre, il ne faut pas entendre un plan de campagne arrêté d'avance, une série étudiée d'habiles opérations stratégiques exécutées par les deux armées ennemies : des courses rapides sur le territoire en hostilité, des chevauchées de deux ou trois cents hommes, des surprises de petites villes, des escalades de châteaux, et de temps en temps des rencontres fortuites entre partis qui laissaient sur le carreau une trentaine de cadavres, telles étaient les actions auxquelles on donnait le nom de guerre. Rarement y avait-il de plus sanglantes rencontres. En Provence, le petit nombre d'hommes composant les armées des partis ennemis, la nécessité de laisser garnison dans tous les lieux dont on s'emparait, empêchaient ces partis d'en venir sérieusement et définitivement aux mains. Pendant un certain temps tous les faits de guerre se résumèrent dans des rencontres qui n'étaient le plus souvent que des duels entre les deux troupes, et dans lesquelles Boyer faisait merveille (1), dans des châteaux

(1) « Boyer, dit Nostradamus, qui, comme un de ces vieux paladins et
« chevaliers errants, ne rencontre adventure de guerre qu'il ne veuille
« essayer. »

ou places plus ou moins bien fortifiés que les partis prenaient et reprenaient tour à tour, au détriment et pour le plus grand malheur des habitants, toujours victimes de la fureur des vainqueurs.

Sur ces entrefaites Ampus était revenu de Piémont avec quelque argent et la promesse du duc de Savoie que le comte de Martinengue allait entrer en Provence dans quelques jours, avec un corps de troupes, en attendant que lui-même, empêché dans ce moment, pût marcher au secours des ligueurs. Martinengue passa, en effet, le Var, le 29 juillet, à la tête de quatre cents lances et de huit cents hommes d'infanterie (1). Ampus se porta à sa rencontre, et les deux corps d'armée, après s'être emparés de Signes, qui ne fit aucune résistance, se dirigèrent vers Brignoles. Après avoir examiné l'assiette de la place, comme s'ils avaient voulu en faire le siége, les ligueurs ayant reconnu qu'elle était pourvue d'une bonne garnison et assez bien fortifiée, continuèrent leur route vers Aix. La voie la plus directe consistait à faire passer le canon par la plaine de Saint-Maximin. Les ligueurs prirent, en effet, cette route, et campèrent le 3 août à peu de distance de la ville, pour se reposer pendant la nuit seulement, car rien n'indique qu'ils eussent l'intention d'assiéger la place. Chambaud, qui commandait dans Saint-Maximin, crut qu'il allait avoir à soutenir un siége, et, avec une témérité inexcusable, il résolut de prévenir toute agression en attaquant le premier les ennemis. Le 4, au lever du soleil, il exécuta une sortie avec les meilleures troupes de la garnison et engagea l'action. Après un combat qui dura trois heures, les royalistes furent ramenés par la cavalerie savoyarde jusque sous les murs de Saint-Maximin, « et y demoura beau-« coup de morts et de blessés, dit Puget Saint-Marc, et s'il

---

(1) Fabrègues dit qu'il avait trois cents chevaux et mille fantassins.

« eust eu affaire (Chambaud) à gens de mestier, il courait grand
« danger de perdre la vie. » Le lendemain, dimanche, 5 août,
les ligueurs, encouragés par cet avantage, résolurent d'attaquer
Saint-Maximin, dans l'espérance d'arriver à Aix précédés d'un
fait d'armes de quelque importance, et vinrent prendre leurs
positions devant la ville (1).

Ils arrivèrent un peu après le coucher du soleil, et établirent
leur artillerie, composée de cinq canons, sur un coteau couronné de moulins à vent. Le 6, ils ouvrirent le feu et tirèrent
sans relâche jusque vers trois heures de l'après-midi, où ils
firent une brèche entre la porte de Borbolin et la grande tour.
La chute du mur d'enceinte leur fit reconnaître que les retranchements formés derrière étaient assez forts pour leur faire
perdre beaucoup d'hommes s'ils voulaient tenter l'assaut. Ils
entreprirent d'ouvrir une tranchée qui, partant du pied de la
batterie, devait aboutir à une contrescarpe qui correspondait à
la brèche. On travailla trois jours à cette tranchée. Pendant ce
temps les assiégés réparèrent la brèche, firent de nouveaux
retranchements et organisèrent complétement la défense. Les
ligueurs étaient arrivés à cinquante pas environ de la pointe de
la contrescarpe ; ils descendirent deux canons, les mirent en
batterie derrière la muraille d'un enclos situé sous les murs de
la ville, et recommencèrent le feu ; ils parvinrent à ouvrir une
seconde brèche, à côté de la première, de deux cents pas de long.
Ils tirèrent ce jour là cinq cent soixante coups de canon avec
cinq pièces seulement. Chambaud et Valavoire prévoyant un
assaut, firent jeter dans le fossé un grand nombre de planches

---

(1) Du Virailh pense que Martinengue et Ampus furent poussés à faire
le siége de Saint-Maximin, par la persuasion dans laquelle ils étaient que
le régiment de Chambaud avait été complétement détruit dans le combat
de la veille.

garnies de clous et creuser des chausses-trappes recouvertes de paille ; ils prévinrent les habitants qu'ils eussent à s'armer et à combattre sur la brèche dès que le signal leur en serait donné par la cloche de l'église, et ayant confié à Du Virailh la garde du fossé et de la contrescarpe, ils se mirent chacun à un coin de la brèche avec ce qu'ils avaient de soldats et bon nombre d'habitants de bonne volonté. Les ligueurs parurent s'ébranler pour venir à l'assaut, et on entendit un grand bruit de tambours et de trompettes, mais en somme ils ne voulurent faire ou ne purent faire qu'un simulacre d'attaque : « Seulement, « dit Du Virailh, sortirent deux casaques rouges de leur tran- « chée, qui vindrent jusque sur la pointe de la contrescarpe, « et après avoir regardé l'un après l'autre dans le fossé s'en « retournèrent. » La nuit vint, après quelques nouvelles tentatives infructueuses, et les assiégés en profitèrent pour réparer la brèche.

Les ligueurs commencèrent alors une nouvelle tranchée qui devait contourner la contrescarpe et aboutir directement au fossé ; mais les travaux ne purent se faire qu'avec lenteur et pendant la nuit, à cause du feu incessant des assiégés. Sur ces entrefaites, A. de Puget Saint-Marc, qui venait de passer sous les enseignes de La Valette, et était à Pertuis auprès de lui, sachant que les royalistes manqueraient bientôt de poudre, sollicita l'autorisation de tenter de faire entrer des munitions dans la place. Il prit par Mirabeau avec trois compagnies, et arriva à Trets au point du jour. Le lendemain il disposa cent vingt arquebusiers portant chacun cinq livres de poudre dans un sac derrière le dos, et ayant confié le commandement de cette expédition au capitaine La Violette, il lui donna l'ordre de traverser les lignes ennemies et de se jeter dans Saint-Maximin. Cette troupe arriva avant le jour sur les avant-postes ligueurs. Un homme natif du Comtat, nommé Perrin, qui parlait purement l'italien, marchait en tête et servait de guide. Les royalistes rencontrèrent une sentinelle à cheval, qui, voyant venir à elle une masse mouvante, se mit en état de défense; mais Perrin s'étant approché lui raconta brièvement une histoire de maraude nocturne accomplie par de gais compagnons savoyards; le soldat crut avoir affaire à des compatriotes et se disposait à les laisser passer, quand Perrin lui asséna sur la tête un coup de pertuisane qui lui fit une profonde blessure. Le malheureux tomba en poussant des cris affreux qui jetèrent l'alarme parmi les sentinelles voisines. Les royalistes, sans perdre de temps, donnèrent sur le camp des ligueurs réveillés en sursaut; la tête de la petite colonne le traversa heureusement, mais une centaine d'hommes furent arrêtés dans leur marche et massacrés.

Cette affaire combla les assiégeants de joie; ils continuèrent leurs travaux de tranchée avec une ardeur nouvelle, et établirent une batterie en avant de la contrescarpe, qui, battant de près les remparts, ne tarda pas à ouvrir une grande brèche. Les assiégés se défendaient avec courage et résolution. Un soir Chambaud ayant fait monter avec lui, sur la plate-forme du clocher de l'église, les capitaines les plus expérimentés de la garnison, et leur ayant montré les travaux des ennemis, leur demanda leur avis sur les moyens de les déloger de la tranchée. Quelques-uns opinèrent pour une sortie faite à midi, heure où les soldats accablés par la chaleur se livraient selon l'usage italien aux douceurs de la sieste; la majorité fut d'avis d'élever davantage une portion du rempart, vis-à-vis la tranchée, d'y transporter des canons, et, par un feu plongeant de forcer les assiégeants à évacuer leurs positions. On adopta cette dernière opinion et on mit la main à l'œuvre; mais soit que les matériaux manquassent bientôt, soit que les travailleurs fussent trop exposés aux coups meurtriers des ligueurs, on allait être obligé d'abandonner cette fortification, quand un violent orage accom-

pagné d'éclairs et de tonnerre descendit de la montagne de la
Sainte-Baume, et vint couvrir la ville et le camp de torrents de
pluie. Les assiégeants avaient abandonné leurs positions et
s'étaient retirés dans leurs campements ; Du Virailh, qui était
de service à la brèche et s'était aperçu de ce mouvement de
retraite, s'avança avec un petit nombre d'hommes pour examiner les travaux ; il s'engagea dans un boyau et rencontra un
corps de garde abandonné sur la porte duquel un soldat avait
cherché un abri. Celui-ci en reconnaissant les ennemis prit la
fuite en criant : *Aux armes!* Du Virailh, l'épée à la main, s'engagea plus avant et donna jusque sur le camp des ligueurs,
qu'il attaqua avec impétuosité. Valavoire en entendant le bruit
des arquebusades, et redoutant les conséquences de la témérité
de son neveu, se hâta de venir à son secours avec tout ce qu'il
avait de troupes sous la main ; il le trouva aux prises avec les
ennemis et acculé dans un boyau où il se défendait comme un
lion. Il le dégagea, non sans perte d'hommes, et rétablit un
moment l'avantage pour les royalistes ; mais les ligueurs s'étant
bientôt présentés en plus grand nombre, ils furent obligés de
se replier sur la ville. Chambaud arriva à son tour sur le lieu
du combat avec toute la garnison de Saint-Maximin, à laquelle
il avait fait quitter les arquebuses qui, par la pluie, ne pouvaient rendre que de faibles services, et qu'il avait armée de
piques. Il attaqua vivement les assaillants, jeta la confusion
dans leur camp, et rentra dans la place après avoir brisé les
affûts des canons et bouleversé et comblé une partie de la
tranchée.

Le siége durait déjà depuis plus de quinze jours, et les ligueurs,
qui avaient tiré onze cents coups de canon, n'avaient pu encore
parvenir à donner un assaut. Le 22 août ils retirèrent leurs
canons, et vers minuit, par un ciel sombre et orageux, malgré les
terribles raffales d'un vent de mistral qui soufflait depuis la veille,

ils délogèrent avec tant d'ordre et si peu de bruit, que les assiégés ne connurent leur départ qu'au lever du soleil. Ils se dirigèrent vers Aix ; mais avant d'entrer dans cette ville, et comme pour se venger de leur échec devant Saint-Maximin, ils vinrent ravager, dans les premiers jours de septembre, les territoires de Salon et de Berre.

La Valette, après la levée du siége de Saint-Maximin, avait été rejoint à Riez par Chambaud, et était venu avec lui à Lorgues et à Brignoles. Il se rendit de cette ville à Saint-Maximin. Avant d'entrer dans la place, il examina avec attention les positions occupées par les ennemis et la brèche déjà en partie réparée. Il s'enquit auprès de Du Virailh des moindres détails du siége, et demanda à voir tous ceux qui s'étaient distingués dans cette belle défense. Il vint ensuite à l'église et fit ses dévotions dans la chapelle où on conservait pieusement les restes de Sainte Magdeleine. En sortant de cette antique basilique, il fit une visite à Valavoire qui était malade ; il demeura plus d'une heure auprès de lui et lui accorda tout ce qu'il lui demanda, tant pour ses soldats que pour la communauté. Il lui fit un don particulier de cinq cents boulets qu'on avait ramassés dans la ville, sur les onze cents lancés par l'ennemi. « Immédiatement après, dit
« Saint-Marc, auquel nous empruntons ces détails, il alla atta-
« quer Cogolin et le força avec quelques pièces de canon qu'il
« avait fait venir de Saint-Tropez. Les soldats, commandés par
« Saint-Romans, s'étaient retirés dans le chasteau, mais ils ne
« tardèrent pas à venir à composition. De là nous allâmes à
« Hyères et retournâmes à Tholon, où nous apprîmes peu
« après l'entré du duc de Savoye en Prouvence. »

CHAPITRE IX

LE DUC DE SAVOIE EN PROVENCE
1590-1592

Le duc de Savoie entre en Provence.— Le Parlement le nomme commandant-général de la province.—Ses premiers succès de guerre.—Retraite désastreuse de son armée de Pertuis à Aix.— Mort d'Ampus.—Assemblée des États généraux ligueurs à Aix et des États généraux royalistes à Riez.— Le duc se prépare à passer en Espagne pour demander des secours à Philippe II. — Émeute à Marseille. — Casaulx, maître de la ville, y fait appeler le duc de Savoie. — Arrivée du duc à Marseille. — Premiers symptômes de rupture entre le duc et la comtesse de Sault. — Départ de Charles-Emmanuel pour Madrid.— Les royalistes entrent en campagne.—Lesdiguières descend en Provence.—Combat d'Esparron et ravitaillement de Berre. — Les ligueurs sont complétement battus.— La comtesse de Sault relève leur courage.— Arrivée du duc de Savoie à Madrid.— Intrigues de Fabrègues à la cour d'Espagne.— Traité secret de Philippe II avec la comtesse de Sault.— Retour du duc de Savoie en Provence.— Complot de la faction de la comtesse contre lui. — Bausset gouverneur du château d'If refuse de se soumettre au duc et demande des secours au grand duc de Toscane. — Arrivée du duc de Savoie à Aix.— Siége et prise de Berre.— Premières hostilités déclarées entre la comtesse de Sault et le duc.— Expéditions des royalistes.— Lesdiguières entre en Provence.— La Valette et Montmorency ravagent le territoire d'Arles.— Rupture entre la comtesse et le duc.— Arles sous la domination de Biord.—Le duc de Savoie se rend à Arles.—Trahison du consul La Rivière.—Arrestation de Biord.—Le duc assiége le Puech. —Il fait arrêter la comtesse de Sault.—Il s'allie avec Carcès.—Casaulx est nommé premier consul à Marseille.— Émeute dans cette ville.— Prise de l'abbaye de Saint-Victor sur les troupes du duc.— La Valette et Lesdiguières entrent en campagne.— Prise de Digne.— Opérations militaires dans la Haute-Provence.— Bataille de Vinon.— Le duc de Savoie tente de renouer son alliance avec la comtesse.—Mort de La Valette.— Émeute à Arles.— Mort de La Rivière et de Biord.— Le duc de Savoie quitte la Provence et retourne en Italie.

Le duc de Savoie avait dû entrer en Provence dès le mois de mai ; quelques assurances qu'il avait voulu se ménager à la cour de Madrid, et l'assentiment du duc de Mayenne qu'il crut devoir solliciter, bien décidé, du reste, à s'en passer s'il lui était refusé, retardèrent son départ. Il avait envoyé Lacroix Lambert au duc de Mayenne, qui lui transmit son consentement par Roissieu, après des conférences que Villeroy eut de sa part avec Pobel, baron de Pierres, ambassadeur de Son Altesse en France, et avait dépêché de Ligny auprès de Philippe II pour obtenir des subsides et des hommes. Ses instructions portaient : que la Provence, par laquelle Charles-Quint avait deux fois tenté inutilement d'envahir la France, était disposée en ce moment à se détacher de la monarchie ; que les villes de Marseille, d'Arles et d'Aix étaient les plus ardentes pour une séparation ; qu'en supposant même qu'on parvint à s'entendre plus tard en France, il y aurait folie à laisser échapper l'occasion de s'emparer de la Provence, route naturelle par mer de l'Italie et de Venise ; que la France, privée de ses ports sur la Méditerranée, perdrait son prestige, son influense, ses relations en Orient et à la cour du Grand Seigneur, et que cette influence, qui avait été assez puissante pour entraîner la Turquie à unir ses armes à celles de François Ier contre l'Espagne, reviendrait inévitablement à Philippe II, et lui permettrait « de bastir une monarchie souve-« raine sur la chrestienté (1) ». De Ligny avait réussi dans sa mission. Le roi d'Espagne s'était facilement laissé convaincre,

_____
(1) MAUROY, our. cit., p. 170.

et pensant que son gendre allait conquérir pour lui, il avait mandé à André Doria de lever douze cents hommes en Sicile et à Naples, et de les conduire à Nice pour les mettre sous les ordres du duc.

Cependant le comte de Martinengue, malgré son échec devant Saint-Maximin, avait été reçu à Aix avec beaucoup d'enthousiasme. Le Parlement lui donna le commandement général de l'armée, et les consuls déclarèrent vouloir lui obéir comme au représentant de Son Altesse. Il se hâta de faire connaître à son maître que le moment était venu pour lui de se rendre au milieu d'une population qui n'attendait que sa présence pour faire éclater sa reconnaissance et son amour. Charles-Emmanuel n'hésita plus ; il écrivit au Parlement qu'il *avait le pied à l'étrier*, et que Fabrègues (qui depuis le commencement de l'année était auprès de lui) partait en avant pour préparer les étapes dans les quartiers d'Antibes et de Grasse. Cette nouvelle remplit de joie la ville d'Aix. Le Parlement députa, le 5 octobre, les conseillers du Castellar, Espagnet et l'avocat général du Laurens, qui venait de passer dans le parti savoyard, pour aller recevoir le duc au passage du Var. Les États du pays nommèrent, dans le même but, une députation composée de l'évêque de Riez, Elzéar de Rastellis, de l'aumonier de l'abbaye de Saint-Victor (1), de Jean de Barcillon, seigneur de Mauvans, de Jean de Forbin, seigneur de la Fare, de l'avocat Henri Rabasse, de H. Guiran et de Séguiran. Ces députés, escortés par la cavalerie piémontaise et provençale, sous les ordres de Martinengue,

(1) « Les députez du Parlement et des trois Estats le feurent recevoir « jusques à Nice, et madame la comtesse fist couler parmi eux l'aulmonier « de Sainct-Victor de Marseille, comme ung des députez de l'église, afin « qu'il semblast que la ville de Marseille heust quelque part à ceste députation....... Mais il parloit sans mémoire ni mandat. » *Mémoires de* N. DE BAUSSET.

arrivèrent à Antibes, et n'ayant pas rencontré Son Altesse, ils se rendirent à Nice, où ils furent splendidement reçus par la cour de Savoie, et passèrent quatre jours fêtés et caressés par le duc, l'infante et les courtisans.

Le 15 octobre, Charles-Emmanuel passa le Var avec quatre mille soldats d'infanterie et deux mille chevaux (1). Il était accompagné de deux cents gentilshommes magnifiquement vêtus de velours violet, et portant brodés d'or sur la manche gauche de leur casaque, le Sagittaire avec le mot *Opportune*, que le duc avait pris pour devise. Cent vingt mules portant des coffres remplis d'or, disaient-on, suivaient l'armée. Quelques seigneurs provençaux étaient venus attendre le Protecteur à Antibes. A peine avait-il mis les pieds sur la terre de France qu'il fut assailli de conseils et de demandes. En arrivant à Grasse, de Gault, gouverneur de la ville, lui persuada qu'il était de son intérêt de soumettre quelques places qui ne reconnaissaient pas son autorité, pour frapper l'esprit des populations et laisser derrière lui des exemples salutaires ; et il lui désigna les villages de Mons et de Gréolières comme tenant avec ardeur le parti de La Valette. Au fond, de Gault n'agissait que dans un but de vengeance personnelle, au moins à l'égard de Mons, dont les habitants s'étaient toujours montrés hostiles à sa famille et avaient chassé son père de son château à l'époque de la guerre des Razats. Le duc n'était pas fâché de retarder son arrivée à Aix ;

(1) D'après Samuel Guichenon, dans son *Histoire généalogique de la royale maison de Savoye*, les troupes entrées en Provence se composaient de : Mazin, avec deux mille hommes de pied ; Gaspard Purpurat, avec douze cents hommes ; César Volvera, avec huit cents piquiers ; trente compagnies de chevau-légers, sous François d'Arconas, Raphaël de Fossa et du comte François Ville ; don Sanche de Salinas, avait cinquante lanciers et cinquante arquebusiers à cheval espagnols ; don Garcia, une compagnie d'arquebusiers à cheval ; enfin le duc avait auprès de lui deux cents gentilshommes pour le servir à la chambre, à table et au combat.

c'était pour lui un moyen de sonder l'opinion publique et de laisser au pays le temps de se prononcer. Il consentit à cette expédition et, malgré les difficultés des chemins, dans un pays montueux et très-accidenté, il fit avancer trois canons et deux couleuvrines. Gréolières se rendit sans résistance avec la vie sauve pour les habitants, mais Mons, plus coupable aux yeux de de Gault, fut rudement traité. Le village se défendit vaillamment. D'après les *Mémoires* du piémontais Cambiano, manuscrit qui existe aux archives de Nice, Charles-Emmanuel fut sur le point d'être enlevé par les assiégés dans une de leurs sorties, et il ne dut son salut qu'à Martinengue, qui vint le dégager avec une compagnie de cavalerie. Les *Mémoires* des comtemporains provençaux, ne parlent pas de cet événement, et Louvet en fait seul mention, parmi les historiens, en disant que le duc « pensa estre tué d'une mosquetade qui abattit son « cheval sous luy ». Après quelques jours de siège, le capitaine Lafons, qui commandait le château, le vendit aux ligueurs pour la somme de 20,000 florins, et livra la place. Un officier, du nom de Just, prit possession du village avec sa compagnie. Le duc fit jeter en prison, jusqu'à parfait paiement des 20,000 florins promis à Lafons, cent des plus notables habitants, parmi lesquels de Gault en choisit vingt qu'il fit pendre à une poutre placée transversalement dans la principale rue. Ces affreuses représailles furent accompagnées de circonstances qui frappèrent les assistants de terreur : les femmes des condamnés voulurent accompagner leurs maris jusque sur le lieu du supplice, et ne cessèrent de les embrasser que lorsque les soldats leur eurent passé la corde autour du cou ! Le duc de Savoie doit être exonéré de la responsabilité de ces cruautés ; il en fut informé par le seigneur du Bar et ordonna immédiatement à l'armée d'évacuer la place. Il se remit en route et se dirigea sur Fayence, ayant perdu douze jours en expéditions inutiles.

Il laissa son artillerie, qui retardait sa marche, à Fayence, sous la garde d'une bonne garnison, et se rendit à Draguignan. Les populations des environs étaient accourues pour le voir, et comme on lui parlait de l'empressement qu'on mettait à venir le saluer, il ne put s'empêcher de dire « que ce luy estoit un
« grand plaisir de voir l'allégresse que chascun témoignoit de
« son arrivée; que néanmoins on aurait tort de le prendre pour
« un prince estranger, puisqu'il estoit fils d'une fille de France;
« que, du reste, on ne devoit point avoir ombrage de sa venue;
« qu'il n'estoit venu que pour conserver la province dans sa
« religion, dans ses libertés; qu'il prétendoit d'employer ses
« moyens et sa personne avec tant d'abandonnement et tant de
« profusion, qu'il espéroit après cela que si la conjoncture des
« affaires le faisoit roy, les Provençaux en seroient bien
« aises (1) ». Ces paroles, qui trahissaient des espérances dont il croyait la réalisation prochaine, auraient dû désillusionner les Provençaux, mais le fanatisme religieux et les passions politiques rendent les hommes aveugles même pour leurs plus chers intérêts. Le duc venait à peine d'arriver à Draguignan, quand le comte de Carcès lui fit demander s'il lui serait agréable de recevoir ses salutations, et sur quel point de sa route il voulait le rencontrer. Cette démarche parut flatter Charles-Emmanuel, et il allait lui assigner un lieu de rendez-vous, lorsque Besaudun prenant la parole représenta Carcès comme le principal instigateur de *la journée du palais*, et l'agent du duc de Mayenne, et déclara qu'il valait mieux l'avoir pour ennemi déclaré que pour ami incertain et probablement infidèle. Le duc céda à cette pression et aux représentations que lui firent les seigneurs provençaux qui l'entouraient, et se fit excuser auprès de Carcès de ne pouvoir lui accorder l'entrevue qu'il sollicitait.

(1) GAUFRIDI, p. 703.

L'armée savoyarde quitta Draguignan, passa par Ryans, et arriva le 17 novembre à Meyrargues, à trois lieues d'Aix. Charles-Emmanuel fit camper ses troupes et repartit au commencement de la nuit, à cheval, en compagnie de Créqui, d'Oize, d'Ampus, de Besaudun, du comte de Martinengue et de Fabrègues. Il entra dans la ville à huit heures du soir et se fit conduire à l'hôtel de la comtesse de Sault, qu'il trouva dans sa cuisine donnant des ordres à ses valets. On raconte que s'approchant d'elle sur la pointe des pieds et sans qu'elle le vit, il lui mit les mains devant les yeux en lui disant : *Devinez qui je suis ?* La comtesse surprise et confuse le retint à souper et lui offrit un appartement chez elle pour passer la nuit (1) ; mais le duc n'accepta pas et vint coucher à l'archevêché. Le lendemain, 18, il sortit dans un carrosse fermé et fut entendre la messe hors de la ville, à la chapelle des Capucins. A midi, tout étant préparé pour sa réception, il fit son entrée solennelle, à cheval, vêtu d'une casaque de velours noir brodée de fleurs de lys d'or, au milieu d'un splendide cortége composé de plus de trois cents gentilshommes, précédé et suivi de la cavalerie provençale et savoyarde (2). Au moment de se mettre en route, un conflit

---

(1) Les royalistes répandirent à ce propos les bruits les plus injurieux pour la réputation de la comtesse de Sault, et le peuple, toujours disposé à accepter comme vraies les calomnies qui s'attachent aux grands, fit sur elle des chansons scandaleuses.

(2) D'après Samuel Guichenon, (*Histoire généalogique de la royale maison de Savoye*, t. II, p. 729), l'ordre du cortége était le suivant : Cinq compagnies d'arquebusiers à cheval savoyards.—Trente cornettes de cavalerie provençale et savoyarde.— Les pages du duc vêtus de velours jaune. — La noblesse de Provence. — Les gentilshommes de la maison de Son Altesse.—La compagnie d'hommes d'armes du duc.—Trois pages à cheval, dont l'un portait le bouclier, l'autre le casque, les brassards et la lance, et le troisième la cuirasse du duc.— Les héraulds d'Aouste, de Chablais, de Savoie, de Piémont et de l'ordre de l'Annonciade.—Le grand écuyer de Savoie, comte Sylva de Rovère de Saint-Séverin. —Les conseillers du Castellar,

s'était élevé entre les seigneurs provençaux, pour savoir quel rang chacun devait occuper dans la cérémonie : les uns voulaient marcher selon l'ordre d'ancienneté des capitaines, ce que les barons refusèrent de faire, alléguant possession de préséance en vertu de leur titre, tandis que d'autres proposaient de tirer au sort. Ces contestations duraient déjà depuis plusieurs heures, quand le duc y mit fin en décidant qu'on se rangerait dans l'ordre où l'on était arrivé au lieu de rendez-vous.

La plus grande animation régnait dans la ville. La population se porta à la rencontre du Protecteur, parée comme en un jour de fête. Les consuls et les asssseurs, à cheval, vinrent le recevoir hors les murs, accompagnés de cinq cents enfants vêtus de taffetas jaune, portant des banderolles et poussant des cris incessants de : *Vive le duc! Vive la messe!* Arrivés à trente pas de Son Altesse, ils mirent pied à terre ; le prince descendit de cheval pour recevoir leurs félicitations, et Fabri de Fabrègues le harangua. Dans un discours, que les passions de l'époque, toutes ardentes qu'elles étaient, ne peuvent faire accepter, et dans lequel il violait en même temps les droits de la population et les droits de l'histoire, il déclara : que les Provençaux n'étaient obligés envers la France que par suite des violences faites à René d'Anjou, et que les ducs de Lorraine, leurs seigneurs naturels, les ayant abandonnés, le pays était rentré dans sa première liberté ; et au nom du Parlement, des villes d'Aix, de

---

Espagnet et l'avocat général du Laurens, députés auprès du duc à Nice. — Les pages de la chambre. — Trois compagnies d'archers, d'arquebusiers et de hallebardiers. — Son Altesse montant un cheval blanc. — Les députés des communautés aux États du pays. — Plusieurs régiments d'infanterie. La chambre des Comptes et le Parlement prirent place dans le cortège immédiatement après les députés aux États généraux, à la porte des Augustins.

Marseille, d'Arles et des autres bonnes villes, il le déclara comte de Provence, Forcalquier et terres adjacentes (1).

A une portée d'arquebuse de la ville, le duc trouva les compagnies de quartiers armées et rangées en bataille. A la porte des Augustins, par laquelle il entra, il fut harangué par le doyen des conseillers au Parlement, en absence d'un président (2), et par le président de la cour des Comptes. Les consuls lui offrirent le dais, et le clergé, venu aussi à sa rencontre, lui offrit la croix. Il eut la sagesse de refuser, disant que la croix n'était due qu'à Dieu et le dais au roi ! Mais il accepta les clefs de la ville, qu'on lui présenta sur un plat d'argent. C'était là pour lui un acte véritable de souveraineté accompli sous forme symbolique, et qui avait à ses yeux une signification autrement importante que l'honneur ridicule ou impie du dais et de la croix. Comme il tirait de sa poche un mouchoir de soie blanche pour prendre les clefs avec plus de respect, ce mouchoir se trouva plein de petites pièces d'or qui se répandirent sur le sol autour de lui. La multitude redoubla en ce moment ses cris d'allégresse, car elle ne manque jamais de se laisser prendre à ces piéges grossiers tendus à son imbécille crédulité ou à ses vulgaires appétits, et ce fut au milieu des acclamations insensées d'une population en délire que le duc arriva à l'église métropolitaine de Saint-Sauveur. « La joie que ce peuple reçeut (j'estois pour
« lors à Aix tout languissant et malade, où je vis toutes ces

---

(1) Fabrègues, au dire de Mauroy, avait déjà fait cette déclaration au duc, quand il avait été envoyé en ambassade vers lui, pour le décider à entrer en Provence. *Voyez* MAUROY, *our. cit.* p. 164.

(2) Le doyen des conseillers était du Castellar. Des quatre présidents en exercice aucun n'était à Aix : Coriolis était à Manosque, à la tête du Parlement royaliste ; Saint-Jean et du Chaine, depuis leur emprisonnement, vivaient loin des affaires, l'un à Avignon et l'autre à Marseille ; enfin de Piolenc s'était volontairement retiré à Pont-Saint-Esprit pour rester étranger à tous les partis.

« choses, dit Nostradamus) fust tellement desmésurée, qu'elle
« est presque incroyable, et ne sçauroit aucune plume, tant
« soit-elle bien coupée, vivement l'exprimer ny dire. Si ne
« pouvoit monstrer assez d'estonnement plusieurs, ni d'admi-
« ration quelques autres, en la confiance que ce prince mons-
« troit avec un visage gay et serein, dans un pays estranger.
« Certainement je contemplay fort attentivement, avec admira-
« tion, horreur et marisson tout ensemble, ce prince, car il
« estoit en la plus entière et blonde fleur de son âge, ayant
« l'aspect fort agréable et doux, et la parole toute françoise,
« pensant en moi mesme comme ce pauvre pays estoit donné
« comme en proye et en prix, par ceux qui le devoient défendre
« au prix de leur propre sang. »

Charles-Emmanuel avait, du reste, toutes les qualités qui séduisent et captivent les masses : il était jeune, n'ayant pas encore atteint sa trentième année, et d'une physionomie ouverte et expressive ; il avait le front haut, le nez d'une courbure royale, la bouche fine et facile aux paroles aimables, la barbe abondante et la moustache galamment retroussée ; un air de prince, et avec cela une certaine bonhomie, qui n'était qu'apparente, et n'excluait pas la noblesse des manières. Il était familier avec les gentilshommes, bon et affable avec le peuple ; mais au fond c'était un homme d'une ambition immense, un tortueux politique formé à l'école de Machiavel, de Philippe II et de Catherine ; « brouillon suprême et impatient, écrivait le
« cardinal d'Ossat, Monsieur de Savoye veut prendre l'autruy
« et ne veut point rendre, veut contracter, promettre, signer,
« confirmer et récompenser, et ne point tenir et ne rien exécu-
« ter, prenant pour galanterie de violer sa foy. » Après avoir assisté à un *Te Deum*, où l'archevêque officia et le harangua, il se rendit au palais épiscopal, qui lui avait été donné pour demeure. La comtesse de Sault s'empressa d'aller le saluer ; le

duc lui fit les plus grandes démonstrations d'amitié, et l'assura qu'il ne voulait être dirigé que par ses conseils. La comtesse au comble de la joie, réunit le même soir, chez elle, les procureurs du pays et les procureurs joints, qui étaient les représentants permanents des États du pays, et leur fit décider qu'on donnerait pleins pouvoirs au duc pour tout ce qui était du ressort de l'administration de l'armée et de la police (1), sous le bon plaisir du Parlement, car le prince, qui connaissait les passions de cette compagnie et espérait les diriger toujours à son gré, avait déclaré qu'il ne voulait rien faire sans son agrément.

Le lendemain, les évêques de Riez, de Vence et de Sisteron, suivis des procureurs du pays, se rendirent au sein du Parlement pour lui faire connaître la résolution qui venait d'être prise. Le comte de Carcès avait déjà prévenu de cette démarche les conseillers qui appartenaient à son parti. Ceux-ci s'opposèrent à ces concessions, et soutinrent que les magistrats ne pouvaient se dépouiller de la police, que c'était leur plus belle prérogative, et qu'en tout cas, il fallait préalablement obtenir l'approbation du duc de Mayenne. Le conseiller Arnaud fut celui qui fit valoir ces arguments avec le plus de force et d'insistance. Après de longs débats, le parti du duc l'emporta. Le Parlement rendit un arrêt par lequel il donnait à Charles-Emmanuel le commandement général de l'armée et la police de la province, ne se réservant que l'administration de la justice. Quatre conseillers furent désignés pour venir soumettre à son acceptation la décision du Parlement ; le duc répondit avec une feinte modestie : que cette offre était faite de si bonne grâce, qu'il n'était pas en son pouvoir de la refuser ; que cependant il n'acceptait que pour la forme l'autorité qu'on lui confiait, et

---

(1) On entendait par *police*, l'administration de la province.

que les magistrats provençaux n'en resteraient pas moins souverains.

Le 23 novembre, Charles-Emmanuel, qui usait de tous les moyens pour séduire la population, se rendit au palais, superbement vêtu et au milieu d'un riche et nombreux cortège : « Ladicte Altesse, dit un témoin oculaire, estoit habillée de « satin blanc et portait un manteau violet semé d'or, de perles « et de diamants ; son cheval estoit de mesme. Elle estoit suivie « de grande quantité de noblesse (1). » La Cour le reçut en robes rouges. Il refusa le fauteuil du roi, que le conseiller du Castellar, qui présidait, le pressait de prendre. Après un réquisitoire de l'avocat général du Laurens, la Cour rendit l'arrêt suivant :

« Sur la requeste et réquisition judiciellement faictes par le
« procureur des gens des trois Estats de ce païs, adcistés des
« depputés du clergé, de la noblesse et aultres mentionnés en
« leur réquisition, tendant à fin, pour les causes y contenues,
« que Son Altesse le duc de Savoie, Chablais, Aouste et Gene-
« vois, marquis en Ittalye, prince de Piedmont, comte de
« Genève, Baugé, Romon, Nisce et Ast, baron de Vaux, Gex
« et Faucigny, seigneur de Bresse, Virail et du marquisat de
« Cève, Maro, Oucellys, aye toute auctorité et commandement
« des armées, estat et police en ceste province, et la conser-
« vation d'icelle en l'union de la religion catholique, aposto-
« lique et romayne, soubs l'obeyssance et auctorité de l'Estat
« et couronne de France,

« Veu ladicte requeste contenant au regard conclusions du
« procureur général du roi adhérant à icelle, du vingt-uniesme
« de ce moys.

(1) *Journal de* FOULQUE DE SOBOLIS. *Manuscrit de la bibliothèque de Carpentras.*

« La Cour a ordonné et ordonne que Son Altesse aura toute
« aucthorité et commandement des armées, estats et police de
« ceste province, pour icelle conserver en l'unyon de la reli-
« gion catholique, apostolique et romayne, soubs l'obeyssance
« et auctorité de l'estat royal et couronne de France ; et seront
« baillés extraits audict procureur général pour les envoyer par
« tous les siéges de la sénéchaussée de ce païs, pour y être le
« présent arrest leu et enregistré, gardé et observé sellon sa
« forme et teneur. » — A. DE SAINT-MARC. — H. SOMMAT.
— N. FLOTTE.

Présents : M. M. H. SOMMAT, ancien en absence en empes-
chement. E. PUGET. J. A. THOMASSIN. J. RASCAS. P. VENTOU.
C. ARNAUD. C. FABRI. O. DE TULLE. R. HESPAGNET. E. CROSE.
H. DE SAINT-MARC. J. DE VILLENEUFVE. — N. FLOTTE.

« Faict au Parlement de Provence, séant à Aix, et publié en
« audience, y adcistant Son Altesse, estant messieurs en robbes
« rouges, le XXIII novembre 1590 (1). »

L'arrêt prononcé, le premier huissier appela une cause purement civile, et la cause étant plaidée, l'audience fut levée. Ainsi
se trouva consommé par la plus haute magistrature de la province, gardienne des libertés publiques, le plus effroyable atten-
tat à la liberté du peuple.

(1) Les historiens ont émis les assertions les plus contradictoires sur
cette séance. Les uns, avec Dupleix, confondant le discours de Fabrègues,
à l'entrée du duc à Aix, avec l'arrêt du Parlement, disent que la Cour élut
le duc de Savoie *seigneur et comte de Provence*, à la charge de laisser la
province sous la souveraineté du roi catholique qui serait élu par les États
généraux de France; d'autres, avec les *œconomies royales*, assurent que
le Parlement, loin de réserver la souveraineté du futur roi de France, décida que le nouveau comte « tiendroit le comté en féodalité de la couronne
« d'Espagne au lieu de celle de France, qu'ils (les Provençaux) répudioient
« du tout ». Les historiens de Provence ne disent rien de la prétendue
élection du duc de Savoie comme comte de Provence, mais aucun d'eux

Charles-Emmanuel se crut le maître de la Provence, et il dut penser qu'il aurait bon marché des restrictions ou empêchements que ceux qui livraient leur pays avec une si coupable confiance avaient introduit dans les termes de son investiture. Pour s'attacher plus fortement le clergé, il rendit plusieurs ordonnances qui défendaient sous les peines les plus sévères les blasphèmes contre Dieu et les Saints, et les injures contre les prêtres et religieux. Il édicta les peines les plus sévères contre le vol, la désertion et la licence des mœurs. Ses conseillers les plus intimes furent Guiran, Rabasse et Fabri de Fabrègues, amis dévoués de la comtesse de Sault. Il nomma le vénitien Martinengue lieutenant général de l'armée, Besaudun maître de camp, Ampus colonel général de l'infanterie, Meyrargues grand-maître de l'artillerie, d'Oize gouverneur des quartiers d'outre-Durance, Villeneuve-Vaucluse gouverneur des quartiers de Fréjus, Grasse, Vence, Digne, Glandevès, Senez et Draguignan. Ayant ainsi pourvu aux commandements, il entra en campagne.

La guerre s'engagea au cœur de l'hiver. La Valette après avoir fortifié Toulon était remonté dans la Haute-Provence, laissant sur son passage des garnisons dans Brignoles, Riez et Manosque. Il était dans cette dernière ville, quand le duc de Savoie commença les hostilités. L'alarme se mit dans plusieurs

---

n'a publié le texte de l'arrêt. « Il est bien extraordinaire, dit Henri Martin.
« qu'un fait aussi éclatant puisse rester en doute. Le procès-verbal des
« États d'Aix ayant été probablement détruit après la Ligue, il ne paraît pas
« possible d'arriver à des preuves positives. Il y a toute apparence que le
« duc fut seulement élu protecteur. »
Ce procès-verbal existait cependant, et nous l'avons donné ci-dessus,
d'après M. Roux Alphérand, qui le premier l'a découvert, en 1842, sur les
registres du Parlement conservés au greffe de la Cour impériale d'Aix
(deuxième registre des arrêts publiés à la barre. 1590. Neuvième cahier).
Il confirme, comme on le voit, la pensée de Henri Martin, à savoir que le
duc fut seulement élu protecteur de la Provence.

places royalistes. La Salle, gentilhomme gascon, qui commandait à Rognes et avait été gagné par la comtesse de Sault, livra la place à Charles-Emmanuel, qui paya sa défection du commandement d'une compagnie de chevau-légers et d'une somme de 2,000 livres. Le 30 novembre, le duc vint mettre le siége devant Salon avec douze pièces de canon. Après trois jours de feu le faubourg fut emporté, et le 4 décembre la ville et le château se rendirent. Cette place, abondamment pourvue de soldats et de munitions, aurait pu résister longtemps ; mais la désunion et la jalousie qui existaient parmi les capitaines royalistes paralysèrent la défense. Les assiégés, après avoir abandonné le faubourg sans combat, prirent, une fois retirés dans la ville, de si déplorables dispositions, qu'ils furent forcés dans leurs retranchements, poursuivis de rues en rues et obligés de capituler honteusement au moment où deux cents hommes de secours envoyés de Pertuis entraient dans la ville. Istre, Eygnières et la Hittère, gentilhomme gascon, s'étaient presque rendus à discrétion ; le duc consentit cependant à ce que les capitaines et soldats sortissent avec armes et bagages ; les officiers obtinrent de garder leurs chevaux, mais les soldats défilèrent devant l'armée ligueuse enseignes ployées et tambours muets. Les vaincus furent dirigés sur Berre, d'où Mesplez les renvoya à Pertuis quelques jours après.

Un accident de guerre, que le duc et ses partisans exploitèrent très-habilement, marqua le siége de Salon et lui donna pendant un certain temps un retentissement considérable. Une partie assez étendue de la muraille d'enceinte, qui n'était pas battue par l'artillerie, s'écroula d'elle-même sous les ébranlements du canon, et ouvrit une brèche aux assiégeants. Charles-Emmanuel détourna au profit de sa popularité cette circonstance fortuite. Des courriers en portèrent le récit amplifié dans toute la province, et pour donner à ce fait une authenticité et une valeur plus grandes il daigna lui-même en écrire les détails au Parlement. Le clergé, dans la chaire, compara le duc à Josué, qui faisait tomber les murs de Jéricho au son des trompettes; et il ne l'appela plus que l'*invincible protecteur du peuple fidèle!* Le peuple, dont l'imagination se plaît aux événements qui naissent de causes mystérieuses pour lui, n'eut pas de peine à croire que Dieu était avec le prince et faisait des miracles pour le succès de ses armes.

Le duc, avant de s'éloigner d'Aix, avait promis le gouvernement de Salon à Meyrargues. Contre sa parole et les termes de la convention qui lui faisaient une obligation de remettre les places sous l'autorité des gentilshommes du pays, il en donna le commandement à un seigneur de sa maison du nom de Campillon. Cette violation de ses promesses produisit dans son entourage provençal un vif mécontentement et un commencement d'irritation, que les événements qui allaient s'accomplir ne devaient pas tarder à traduire en hostilités et enfin en révolte ouverte.

La prise de Salon entraîna la chute de plusieurs places des environs : Chateauneuf rendit Miramas le 9 décembre, Merveilles et Saint-Chamas n'attendirent pas d'être attaqués et envoyèrent leur soumission au duc. Celui-ci passa alors la Durance à Cadenet. Cette rivière semblait faire le partage des terres de la Ligue et des terres royalistes : Apt, Villelaure, Janson, La Bastide-les-Jourdans, capitulèrent. L'armée ligueuse se présenta devant Grambois, où Chambaud venait d'entrer le 17 décembre. Les assiégés se défendirent vaillamment et résistèrent pendant quatre jours ; mais après quatre cents coups de canon, une grande brèche ayant été faite aux remparts, Chambaud se retira dans la citadelle avec la garnison. Les habitants livrés à eux-mêmes furent saisis de frayeur et abandonnèrent le village la nuit suivante, en même temps que Chambaud évacuait le château par une poterne donnant sur la campagne et se retirait à Pertuis.

Ces succès obtenus coup sur coup alarmèrent La Valette ; il craignit que le duc ne portât toutes ses forces sur Manosque, où siégeait le Parlement royaliste, et il le transféra à Sisteron. Sur ces entrefaites, le marquis d'Oraison fit au duc des propositions pour obtenir une suspension des hostilités. Il paraît difficile de croire que l'initiative de cette démarche ait été prise par le marquis, comme le disent les historiens de Provence, dans le but de garantir ses terres des armes des ligueurs ; il est plus naturel de penser que La Valette qui, dans ce moment, était dans l'impossibilité de s'opposer à la marche du duc, était l'instigateur de ces propositions, car ce qui, en effet, devait lui importer surtout, c'était de gagner du temps pour attendre des secours du Dauphiné. Le duc de Savoie écrivit au Parlement une lettre remarquable par l'art qu'il mettait à s'effacer ostensiblement devant lui : « Messieurs, disait-il, se présentant une
« occasion sur un traicté que le marquis d'Oraison m'a fait
« proposer, sachant aussi l'honneur que je vous dois, je n'ai
« voulu faillir vous en donner avis pour vous supplier que la
« résolution en puisse estre faicte avec vous et les procureurs
« du pays, ne m'estant point voulu engager de parole jusqu'à
« ce que tous ensemblement ayons advisé ce qui sera le plus
« utile pour le pays et repos de tous les gens de bien ; m'as-
« seurant bien que y estant adsisté de vos prudences, mes
« actions seront toujours plus approuvées. Pour ma part,
« oultre l'honneur que je vous dois, je vous tiens encore
« comme mes pères, me voulant conduire en toutes choses
« comme vous l'aurez agréable, vous suppliant de vouloir dépu-
« ter tels de vous aultres que vous jugerez, pour venir jus-
« ques ici avec messieurs les procureurs du pays, auxquels
« j'escris pareillement, pour en prendre tous ensemble votre

« bonne résolution. » Mais il n'était ni dans les idées ni dans l'intérêt du duc de faire la paix, qui aurait rendu ses services inutiles, et il comptait sur la comtesse de Sault pour faire échouer toutes les tentatives d'accommodement. La comtesse, en effet, obtint du Parlement qu'il enverrait le conseiller Espagnet vers le duc, pour le dissuader d'accepter toutes propositions de paix. Charles-Emmanuel rompit en peu de temps les négociations et partit pour aller mettre le siége devant Pertuis, dont il voulait faire sa base d'opérations dans sa campagne au delà de la Durance.

On était arrivé au 28 décembre. L'hiver était d'une rigueur extrême. Depuis quelques jours il était tombé une telle abondance de neige, que la campagne morne, triste et inanimée, ne présentait plus qu'une vaste plaine d'une blancheur éblouissante. L'armée quitta Grambois, et comme toute trace de routes ou de chemins avait disparu, elle se mit en marche sans ordre et à l'aventure, chaque capitaine passant avec ses soldats et son matériel par les passages qui leur paraissaient les moins dangereux ou les moins pénibles. La Valette, qui savait la valeur de Pertuis comme centre stratégique, en avait confié le commandement à Regnaud d'Allen, « desja grisonnant, dit « Nostradamus », dans lequel il avait une haute confiance, et y avait envoyé sa compagnie commandée par Sansoux, ainsi que Montaud, Mirabeau, Belloc et Boyer avec leurs compagnies. Le duc de Savoie espérait pouvoir donner contre la place dès le premier jour de son arrivée et l'emporter de vive force ; mais au moment où il approchait, il s'éleva une tourmente tellement terrible, que ses soldats frappés de terreur et aveuglés par les tourbillons de neige s'égarèrent, abandonnèrent les canons et n'arrivèrent que par bandes séparées à Notre-Dame des Prés, à peu de distance de la ville, où ils campèrent en désordre. Ce n'était là qu'une partie des dures épreuves qui attendaient les ligueurs. Dans la nuit qui suivit, le ciel, qui s'était toujours montré sombre et orageux, s'éclaircit tout à coup sous l'influence de quelques raffales de vent de nord-ouest, et le terrible mistral s'étant mis à souffler avec furie, le froid devint en quelques heures intolérable. Les soldats, mal pourvus d'objets de campement, se débandèrent, comme si la fuite avait dû les préserver de la mort, et un grand nombre périrent en cherchant à gagner les fermes ou les villages voisins. Ce fut une véritable déroute. Le lendemain, quand le jour parut, plus de huit cents arquebusiers manquaient au camp, et leurs cadavres gisaient au loin sur la neige durcie; presque toutes les sentinelles étaient mortes de congélation, et sur quatre cents chevaux qui avaient été désignés de service, il n'en restait plus que soixante.

Le 3 janvier 1591 le duc battit en retraite sur la Tour-d'Aigues. Regnaud d'Allen sortit avec cent vingt-cinq cavaliers pour le harceler dans sa marche; mais Charles-Emmanuel ayant fait exécuter un retour offensif par Besaudun à la tête de deux compagnies de chevau-légers, il jugea prudent de ne pas s'engager davantage et rentra à Pertuis. Les ligueurs arrivèrent à la Tour-d'Aigues, dont Ampus s'était emparé dans le courant de décembre, dans un état de découragement profond. Ils y déposèrent leurs canons sous la garde d'une forte garnison, et se retirèrent dans leurs quartiers d'hiver.

Pendant que ces événements se passaient, les ligueurs faisaient une perte cruelle sous les murs de Tarascon. Après la défaite de d'Etampes, un certain nombre de gentilshommes de cette ville, humiliés dans leur patriotisme de la trahison et de la lâcheté de leurs consuls, et irrités du désastre subi par leurs amis politiques, songèrent à faire reconnaître au peuple l'autorité de Henri IV. Ils s'entendirent pour cela avec du Pérauld, gouverneur de Beaucaire et gendre de Montmorency, qui leur promit de faire occuper la place par une garnison languedocienne royaliste, s'ils se chargeaient de lui en ouvrir les portes sans effusion de sang. Pour atteindre ce résultat, ils firent répandre le bruit qu'un bois très-fourré, qui était à peu de distance des remparts, et dans lequel Carcès s'était caché pour attendre d'Etampes et le surprendre, était un danger permanent pour la population, en permettant aux ennemis de s'approcher de la ville sans être aperçus et de s'en emparer à l'improviste. Cette idée jetée dans le courant des conversations populaires obtint facilement créance, et bientôt chacun se crut menacé d'une catastrophe si ce bois ne disparaissait pas promptement. Les consuls voulant donner une satisfaction à ces ridicules appréhensions, décidèrent que les habitants seraient appelés à abattre eux-mêmes les arbres, et que dans ce but ils sortiraient tous à un jour donné, armés de haches, sous les ordres de leurs capitaines de quartier. Chacun se fit un devoir de prêter son concours à l'œuvre de sécurité générale, et un dimanche, la population entière, hommes, femmes et enfants, sortit de la ville, les consuls en tête, pour procéder à la destruction du bois. Du Perauld, prévenu d'avance, passa le Rhône avec deux compagnies, entra dans la place sans trouver de résistance, l'occupa militairement, cassa les consuls, et les ayant remplacés par des hommes de son parti, il fit reconnaître l'autorité du roi par la population stupéfaite d'une révolution survenue si rapidement et si inopinément.

Il importait au duc de Savoie de recouvrer cette ville, qui gardant un des passages les plus fréquentés du Rhône, avait une grande importance stratégique. Il noua dans ce but des intelligences avec des religieux qui s'engagèrent à faciliter l'exécution de ses projets. Ampus fut désigné pour accomplir ce coup de main. Après la prise de la Tour-d'Aigues, il se mit en route avec quelques compagnies d'infanterie et une compagnie d'arquebusiers à cheval. Il campa le 9 janvier 1591 à une lieue de Tarascon, près d'une métairie, où il avait donné rendez-vous à quelques conjurés. Le lendemain, vers midi, un moine arriva, qui lui annonça que le complot était découvert, que la garnison et les habitants avaient pris les armes, et qu'il fallait battre en retraite. Ampus, emporté par un courage téméraire, s'avança alors suivi de quelques cavaliers seulement, pour juger de l'état des lieux et des choses. Il était à peine arrivé à une portée d'arquebuse de la place, quand un feu très-vif s'ouvrit dans une courtine, et vint semer le désordre et la mort dans son escorte. Ampus atteint d'une balle qui lui avait traversé un poumon, s'affaissa sur le cou de son cheval qui, ne se sentant plus dirigé, partit au galop et le désarçonna. En ce moment une compagnie de cavalerie exécutait une sortie. Les ligueurs firent les plus louables efforts pour emporter leur vaillant capitaine; mais lui, se sentant mourir et vomissant le sang à pleines gorgées, les pria de le laisser entre les mains des royalistes, et leur ordonna de se replier sur la métairie et de là sur la première garnison ligueuse. Il fut trouvé sur le bord d'un chemin, agonisant et les mains jointes sur sa poitrine. Les cavaliers royalistes firent un brancard avec des branches d'arbres et le transportèrent à Tarascon, où il mourut le lendemain 11 janvier, à l'âge de trente-un ans (1), très-regretté de son parti et du duc de Savoie. Ses ennemis politiques rendirent justice à ses hautes qualités et lui firent de solennelles funérailles. Avec un grand courage, Ampus était prudent dans les conseils et habile dans les négociations. Comme homme de guerre il était bien supérieur à Carcès, qui le jalousait beaucoup, et si heureux dans ses expéditions, qu'on peut dire qu'il ne fut jamais battu. Il était plein de fougue et

---

(1) Il avait été baptisé à La Verdière le 7 juillet 1560.

d'ardeur, toujours à la tête de ses soldats pendant l'action, les encourageant de ses paroles et les soutenant de son exemple. On pouvait lui reprocher une exaltation religieuse qui touchait au fanatisme et obscurcissait parfois chez lui les manifestations de son âme naturellement généreuse et élevée. Mais au moins pouvait-on dire qu'il était sincère dans sa foi, et que s'il fut inexorable dans la guerre qu'il fit aux huguenots et aux bigarrats, et s'il contribua à livrer la Provence à un prince étranger, ce fut sans arrière-pensée d'ambition personnelle, et pour le triomphe seul de la religion, qu'il croyait en péril avec un roi hérétique. S'il eut vécu quelque temps encore, il est permis de croire qu'il eut déposé les armes à l'abjuration de Henri IV.

Pendant qu'Ampus succombait sous les murs de Tarascon, Besaudun, son frère, allait ravitailler Méolhon, place frontière du Dauphiné, que Gouvernet assiégeait depuis quelques mois. Besaudun réussit dans son expédition, malgré les difficultés qu'elle présentait, à la grande satisfaction de la comtesse de Sault, qui redoutait que Méolhon, place forte voisine de son comté de Sault, ne tombât entre les mains de Lesdiguières. En même temps, le duc de Savoie, que la présence des troupes dauphinoises sur la frontière de la Provence inquiétait pour son artillerie laissée à Grambois et à la Tour-d'Aigues, sortit le 18 janvier et ramena ses canons à Peyrolles et à Aix.

Les rigueurs de l'hiver avaient fait momentanément déposer les armes; le duc de Savoie et La Valette répartirent leurs troupes dans leurs garnisons respectives. La guerre étant forcément suspendue, les chefs des deux partis luttèrent à qui donnerait les fêtes les plus somptueuses, et les officiers placés sous leurs ordres ayant cru devoir les imiter dans leurs gouvernements, on n'entendit bientôt plus dans cette malheureuse province que les éclats bruyants des réjouissances des riches et des heureux. Le peuple, rendu hébété par l'excès de ses maux, se laissa

entrainer par ces exemples malsains, et il sembla que les plaisirs et la galanterie avaient pour toujours remplacé les alarmes de la guerre civile et cicatrisé les plaies profondes qu'elle avait faites. « Jamais, dit du Virailh, on ne vit tant de festins ni tant
« de danses parmy le simple peuple de Provence, qu'en ce
« caresmeprenant de l'année 1591. On auroit dit que Dieu luy
« avoit osté le sentiment de ses maux. L'autheur, qui estoit
« à Sainct-Maximin en garnison, en quatre ans qu'il est
« demouré audict lieu, n'avoit tant veu de réjouissances, quoy-
« que le peuple eust souffert un siége, perdu la plus grande
« partie de ses bleds, et qu'ensuite une maladie d'automne
« eust emporté la moitié de ses habitants. »

Tandis que le duc s'amusait à des mascarades à Aix, Buous attirait en rase campagne une compagnie italienne logée à Saint-Michel et la taillait en pièces; de Capries tendait une embuscade à la compagnie de Meyrargues pendant qu'elle passait en vue de Saint-Maximin et lui tuait plusieurs hommes; Valavoire pétardait la porte de Fuveau, près d'Aix, pénétrait dans la place et la pillait.

Le duc de Savoie avait conquis plusieurs villes par ses armes ou par son or, mais la grande difficulté consistait à les retenir sous son obéissance. Le 22 janvier, il assembla à Aix les États généraux du pays. Du Castellar, Honoré Flotte et du Laurens y siégeaient comme commissaires du duc. Le haut clergé n'y était représenté que par les évêques de Vence, de Riez et de Sisteron; l'archevêque d'Aix, les évêques de Marseille, de Grasse, de Digne et de Senez, y avaient envoyé des délégués; la noblesse avait fait presque totalement défaut, et le tiers état n'y avait pour mandataires que les députés de seize villes (1). Le duc présida la séance d'ouverture. Il exposa dans un long dis-

(1) Grasse, Draguignan, Digne, Saint-Paul de Vence, Apt, Castellane,

cours les motifs qui l'avaient décidé à entrer en Provence, et quelles idées avaient dirigé sa conduite depuis qu'il avait pris les affaires en main ; il se défendit de l'intention que lui prêtaient ses ennemis de vouloir mettre la province sous sa domination, et affirma qu'il voulait la conserver à la couronne de France. Il vanta les succès déjà obtenus, exagéra les espérances qu'ils faisaient présager, et loua outre mesure la valeur et le dévouement des ligueurs. Mais il montra Lesdiguières, maitre de Grenoble et des Echelles, descendant en Provence pour unir ses armes à celles de La Valette, et en présence d'un danger si redoutable, il déclara qu'il était de toute nécessité de faire de nouveaux sacrifices. Au fait le duc n'avait plus d'argent et il en demandait. Il était entré en Provence suivi d'une longue file de mules portant des caisses remplies d'or, disaient ses affidés, et quelques mois s'étaient à peine écoulés qu'il était déjà aux abois! Le feu de l'ennemi, l'inclémence du ciel, la désertion, avaient considérablement réduit son armée; il lui fallait donc pour poursuivre ses projets des hommes et de l'argent. Il proposa d'entretenir à ses frais la cavalerie provençale et la sienne, ainsi que l'artillerie, mais il exigeait que les États levassent dix mille fantassins que la province entretiendrait. Les États firent un suprême effort pour fournir au duc les moyens de les asservir mieux : ils votèrent la vente des biens des hérétiques, la saisie des gages des officiers absents, celle des revenus des gens d'église du parti royaliste, et délibérèrent que la province fournirait dix mille hommes d'infanterie. Une partie de la Provence étant sous l'obéissance de La Valette, il était difficile sinon impossible de percevoir sur le territoire de la Ligue les fonds nécessaires à l'entretien de

---

Barjols, Guillaume, Annot, Colmars, Lorgues, Aups, Saint-Rémy, Reillane, Les Mées, Calias.

dix mille soldats; on résolut de demander des secours au pape, au roi d'Espagne, et d'en solliciter du duc de Mayenne, par les députés qu'on désigna pour assister aux États de la Ligue, qui allaient s'ouvrir à Orléans pour l'élection d'un roi catholique (1).

En même temps que les États ligueurs s'assemblaient à Aix, La Valette réunissait, le 25 janvier, les États généraux de son parti à Riez, en vertu des lettres patentes du roi données à Gisors le 21 octobre de l'année précédente. On vit, au milieu de ces déplorables conflits, certaines villes divisées en deux factions armées, tenir simultanément des assemblées préparatoires et envoyer des députés aux deux États. Treize communautés furent représentées à Riez (2). La noblesse y eut douze seigneurs, dont deux de la maison de Villeneuve et deux de la maison de Castellane; le clergé y fut très-peu nombreux. Les commissaires du roi furent : Manaud de Monnier, avocat général, et Henri de Serres, président au bureau des trésoriers généraux de France en la généralité de Provence. La Valette parla avec beaucoup de force contre les ligueurs, et les montra comme des rebelles et des traîtres ayant livré le pays à un prince étranger; il représenta le duc de Savoie comme un ennemi implacable de la France, et rappela que ses aïeux avaient autrefois usurpé sur la Provence les comtés de Nice et de Barcelonette. Les députés s'engagèrent à faire tous leurs

(1) Les députés aux États d'Orléans furent : l'évêque de Sisteron, et les conseillers Flotte et du Castellar. Ceux envoyés vers le roi d'Espagne : l'évêque de Riez, Forbin de La Fare et Fabrègues; ceux envoyés vers le pape : Canégiani, archevêque d'Aix, du Laurens, le chanoine de Paule, et l'avocat Salomon.

(2) Forcalquier, Sisteron, Fréjus, Draguignan, Brignoles, Moustiers, Saint-Maximin, Seyne, Pertuis, Riez, Manosque, Les Mées, Castellane. On remarquera que quelques-unes de ces communautés avaient aussi des représentants aux États ligueurs.

efforts pour rétablir dans le pays l'autorité de Henri IV ; ils acceptèrent et validèrent toutes les dépenses faites, mais ils déclarèrent qu'ils étaient dans l'impossibilité de lever de nouvelles troupes et de les entretenir. Ils souscrivirent une adresse au roi, que les sieurs de Monnier et de Barras, auxquels ils adjoignirent les premiers consuls de Brignoles et de Forcalquier, furent chargés de lui remettre. Dans cette adresse, ils demandaient la destitution de Carcès comme grand sénéchal, et la concentration entre les mains de La Valette des fonctions de grand sénéchal et de gouverneur ; l'autorisation pour le parlement de Provence (c'est ainsi qu'ils appelaient le parlement royaliste) de juger les procès criminels intentés contre les ecclésiastiques, les gentilshommes et autres personnes de quelque condition qu'elles fussent, accusées de crime de rebellion et de lèse-majesté, et que sur la confiscation de leurs biens, il fut assigné au pays une somme de trois à quatre cent mille écus, afin de l'indemniser des dépenses qu'il avait été obligé de faire depuis trois ans pour soutenir la guerre contre les ligueurs.

Ces délibérations qu'on prenait dans les deux assemblées pour soutenir la guerre, ne servaient qu'à mettre dans un plus grand jour l'impuissance des moyens qu'on avait pour la continuer.

Le duc de Savoie, cependant, obéré dans ses finances et incapable d'achever la conquête avec ses propres ressources, voulut mettre son beau-père dans l'obligation de tenir ses promesses, et résolut de s'adresser directement à lui en se rendant personnellement à Madrid (1). Avant d'accomplir ce voyage, il tenta

(1) « Il n'espéroit rien moins que cent mille escus par mois de secours
« d'Espagne, selon ce que le sieur Alexandre Vitelly, prisonnier à Saint-
« Maximin, dit au sieur du Virailh. » *Mémoires de* DU VIRAILH.

de s'assurer de Marseille qui, outre l'importance qu'elle tirait de sa population et de son commerce, lui devenait d'une absolue nécessité comme point de communication avec l'Espagne, tant que Toulon serait sous l'obéissance du roi. Il écrivit aux consuls une lettre pleine de caresses pour leur faire connaître ses succès sur les royalistes *hérétiques* et leur exprimer le désir qu'il avait de venir s'embarquer dans leur port pour se rendre en Espagne; mais ses démarches n'aboutirent qu'à un voyage que le consul Ramezan fit à Aix pour le féliciter de ses succès, sans qu'il lui dit un mot de son voyage à Marseille ni des sentiments de la population à son égard. Le temps pressait et il fallait prendre une détermination; la comtesse de Sault s'engagea à brusquer cette affaire, moins peut-être dans l'intérêt du duc que dans le but d'anéantir dans cette ville la faction de Carcès, qui y dominait. Elle avait pour familiers de sa maison Louis d'Aix et Charles Casaulx, qui travaillaient depuis longtemps l'esprit public de la ville, et avaient déjà formé un parti assez nombreux dévoué aux intérêts de la comtesse. Casaulx croyant le moment favorable, profita du mariage d'une de ses filles pour prier la comtesse de Sault de vouloir bien venir honorer cette fête de famille de sa présence. La comtesse, accompagnée de Besaudun, se rendit à son invitation. Elle fut reçue par Casaulx et ses amis les plus influents avec beaucoup d'honneur, les consuls eux-mêmes allèrent à sa rencontre et l'entourèrent pendant toute la durée de son séjour des plus grands respects; mais quand elle voulut les faire consentir à recevoir le duc, ils opposèrent un refus formel et énergique.

Le comte de Carcès, pendant le séjour de la comtesse à Marseille, était venu se loger dans les environs de la ville, où il recevait tous les jours la visite des chefs de son parti, qu'il poussait aux résolutions les plus violentes. Le 20 février, dans la nuit, quelques meneurs de la faction s'assemblèrent secrètement, et délibérèrent de se défaire de la comtesse ainsi que de Besaudun et de Casaulx ; mais le complot échoua par l'incapacité ou la faiblesse de plusieurs conjurés. La comtesse de Sault revint à Aix ignorant le danger qu'elle avait couru, laissant à Casaulx et à Louis d'Aix le soin de continuer son œuvre.

Casaulx n'était pas un homme à attendre du temps la réalisation de ses espérances ; le lendemain il assembla une foule d'agitateurs et se présenta à l'Hôtel de ville demandant hautement la présence du prince à Marseille. Les consuls, de leur côté, opposèrent une contre-manifestation et parcoururent les rues suivis d'une grande foule qui criait : *Vivo la Franço! Fouaro savoyard!* Au milieu de la confusion et du tumulte qui régnaient dans la ville, les ligueurs carcistes rencontrèrent un habitant nommé Rodigue qui criait : *Vive le duc de Savoie!* et le tuèrent d'un coup de pistolet. En quelques instants Marseille fut en insurrection. Casaulx appela ses amis aux armes ; il occupa l'église des Accoules, fit sonner le tocsin, s'empara de la porte d'Aix, s'y établit solidement et se barricada dans le quartier de Cavaillon en attendant le lendemain. Le soir quelques capitaines de quartier dévoués à sa cause lui amenèrent leurs compagnies, et la nuit arriva au milieu des préparatifs d'une émeute formidable.

Les consuls ne surent prendre aucune précaution militaire ; les ligueurs carcistes avaient perdu du terrain et la ville se réveilla aux cris de : *Vive la Messe et Son Altesse!* Casaulx sortit du quartier de Cavaillon trainant après lui de l'artillerie et suivi d'une immense populace. Il ne rencontra pas de résistance sérieuse, dispersa facilement les quelques groupes ennemis qui se montrèrent sur son passage, se saisit de l'église de la Major, du fort Saint-Jean, qui opposa quelque résistance et où deux de ses hommes furent tués, et continuant à marcher devant lui, *emporta,* dit un de nos vieux historiens, *le lieu sacré de l'Hôtel de ville.* Le consul Ramezan avait pris la fuite, les deux autres consuls furent faits prisonniers. La terreur régnait dans Marseille. Les prisons se remplirent. Plusieurs, parmi les notables habitants, vinrent se réfugier dans les villes qui tenaient le parti du gouverneur, ou gagnèrent sur des barques les côtes d'Espagne ou d'Italie.

Casaulx maître de la ville assembla deux jours après un conseil général, parla en faveur du duc de Savoie, et fit décider que si le prince voulait entrer à Marseille il y serait reçu avec les plus grands honneurs. Il écrivit ensuite à tous les consuls des villes du littoral pour les attirer au parti du duc ; mais Fréjus, Hyères, Saint-Tropez et Toulon refusèrent de se soumettre. Les consuls de ces villes répondirent que le duc de Savoie témoignait visiblement par sa conduite qu'il avait l'intention de réduire la Provence à son autorité, et ils proposèrent à Casaulx une confédération des villes maritimes, indépendante de toutes les factions. Casaulx n'accepta pas et se plaignit vivement de la suspicion en laquelle on tenait le duc, disant qu'il n'était entré en Provence qu'avec le consentement du duc de Mayenne et du Parlement.

Au bruit de cette révolution, la comtesse de Sault se hâta de se rendre à Marseille. Quelques jours après elle écrivit au duc, par les conseils de Casaulx, qu'il n'avait qu'à se présenter et qu'il serait reçu avec enthousiasme. Le prince se mit immédiatement en route et entra à Marseille, le 2 mars, vers quatre heures du soir, accompagné d'un grand nombre de gentilshommes. Il parcourut les principales rues, à cheval, tenant son chapeau à la main, et saluant « d'une façon fort affable et cour- « toize » la population accourue sur son passage. Il descendit à l'église cathédrale de la Major, fit une courte prière et demanda à voir les reliques ; il vint ensuite coucher à la maison du roi.

Le lendemain il visita la ville, en loua l'assiette et admira fort le port, disant à ceux qui l'entouraient : voilà le plus beau port du monde !

En même temps que le duc de Savoie entrait à Marseille, le président Jeannin y arrivait par mer. Les princes ligueurs n'avaient pu s'entendre sur l'élection d'un roi de France et s'étaient ajournés jusqu'à ce que les affaires de l'Union fussent en meilleur état. Ils avaient décidé, en attendant, qu'un ambassadeur serait envoyé vers le roi d'Espagne, pour remontrer à Sa Majesté catholique la fâcheuse situation de la Ligue, et le peu d'avantage qu'il y aurait à convoquer les États généraux pour nommer un roi sans avoir les moyens de faire respecter leur décision. Jeannin avait été désigné pour remplir cette mission. C'était un homme habile et ferme, très-dévoué au duc de Mayenne et ennemi déclaré de l'entreprise du duc de Savoie en Provence. Il s'était embarqué à Gênes pour se rendre en Espagne, mais ayant rencontré en mer une barque sortie de Marseile qui lui avait appris la révolution qui venait de s'opérer dans cette ville, il donna l'ordre de changer de route et de faire voile pour les côtes de Provence. En arrivant sur rade de Marseille, un de ses serviteurs s'écria, dit-on : *Dieu soit loué ! nous voici en terre de France ! — Oui !* répondit gravement Jeannin, *de France ou de Piémont !* Le duc de Savoie fut vivement contrarié de l'arrivée intempestive du président, néanmoins il lui fit bon visage et le logea dans une des plus belles maisons de la ville.

Jeannin ne séjourna que trois jours à Marseille. Il fut étrangement surpris de trouver cette ville, qui avait été jusqu'à ce moment le foyer de la Ligue française, entièrement gagnée au parti savoyard. Il se mit en relation avec tous ceux qui étaient restés attachés au duc de Mayenne, « il parla aux cappitaines « et à tous ceux qu'on luy indiqua qui avoient quelque pouvoir,

« les exhorta de retenir l'affection qu'ils debvoient à l'Estat de
« France, de ne se séparer point d'avecq Monsieur de Mayenne,
« et espérer que, si la France estoit affligée de division, Dieu
« luy feroit la grâce de la réunir, et lors les plus misérables
« seroient ceux qui auroient mis sur leur col le joug de l'es-
« tranger (1) ». Le duc de Savoie n'ignorait pas les démarches
actives du président pour relever et fortifier à Marseille le parti
du duc de Mayenne ; pour contre-balancer son influence, il
voulut attirer dans sa faction le lieutenant Nicolas Bausset, gouverneur du château d'If. Bausset, gendre du président du
Chaine, avait une âme patriotique ; quoique tenant ardemment
le parti de la Ligue, ses idées ne s'étaient pas troublées aux
commotions de la guerre civile, et il repoussait toute domination et même toute intervention étrangère. Si, plus tard, il fit
un appel aux Florentins, ce fut avec des stipulations qui les
réduisaient à l'état de mercenaires, et ne leur permettaient que
de combattre pour la défense de l'île, sans être même autorisés
à pénétrer dans l'intérieur de la forteresse. Bausset refusa
noblement les propositions du prince, qui conçut, à partir de ce
moment, un profond ressentiment contre lui ; mais le président
Jeannin le fit féliciter de sa conduite et l'encouragea à persé-
vérer dans ses sentiments de fidélité.

Aux députés des États : l'évêque de Riez, Forbin la Fare et
Fabrègues, on avait adjoint Saquier, assesseur de Marseille,
François Ouilly et le notaire Casauls, qui devaient accompagner
en Espagne le duc de Savoie. Celui-ci avait fait consentir le président Jeannin à naviguer de conserve avec lui. Le 8 mars,
malgré une forte brise et par une mer très-agitée, le duc monta
sur une galère et appareilla, ayant avec lui les députés provençaux, et suivi de la galère qui portait le président Jeannin. On

(1) *Mémoires de* NICOLAS DE BAUSSET.

dit que sur le point de quitter Marseille, il dit à Charles Casaulx en lui serrant la main : *Adieu, capitaine Casaulx ! je vous recommande les Bigarrats !* Le vent força les deux bâtiments à relâcher à Bouc, où ils restèrent un mois, attendant que l'état de la mer leur permit de se diriger vers l'Espagne.

Les nombreux personnages qui cinglaient vers Barcelonne, prince, évêque, ambassadeur, magistrats et bourgeois, représentaient tous des ambitions diverses, et passaient dans leurs cabines des nuits sans sommeil, cherchant dans leur esprit quelles intrigues ils allaient nouer autour du sombre monarque de l'Escurial, pour faire prévaloir les intérêts opposés qu'ils servaient. Au fond, l'évêque de Riez était le seul qui fut dévoué au duc de Savoie ; La Fare et Fabrègues étaient les agents de la comtesse de Sault, Saquier, Ouilly et Casaulx, ceux de Charles Casaulx, et le président Jeannin celui du duc de Mayenne. Il est nécessaire, en ce moment, pour avoir une explication précise des événements qui suivirent, de se rendre compte de la situation de la comtesse de Sault et du duc de Savoie, lesquels, sous les apparence d'une entente complète, cherchaient mutuellement à se tromper, en attendant qu'ils en arrivassent à une rupture violente et scandaleuse. La comtesse de Sault, qui agissait dans l'espérance de créer en Provence une grande position à sa famille, n'avait jamais vu dans le duc de Savoie qu'un instrument pour anéantir l'armée royale et le parti des Bigarrats. Quand ses amis, députés vers le duc, avaient, par ses ordres, verbalement stipulé que la garde des places conquises ne serait confiée qu'à des gentilshommes provençaux, elle avait évidemment voulu se ménager une insurrection générale le jour où le duc ne lui étant plus nécessaire, elle voudrait se débarrasser de lui. Son influence était considérable, et elle lui paraissait sans limites : la noblesse lui était dévouée, le peuple se laissait docilement diriger par elle, la majorité du

Parlement tenait son parti, et elle venait d'établir sa popularité dans Marseille ! Rien ne s'opposait plus à ce qu'elle commençât à discréditer le duc de Savoie, dont elle redoutait les projets ambitieux depuis qu'elle l'avait vu à l'œuvre. Le duc, de son côté, avait sondé l'influence de la comtesse de Sault, et croyant s'être assuré qu'il avait tiré d'elle tout ce qu'elle pouvait donner, il pensa que le moment était venu de se montrer ingrat et de se créer de nouveaux appuis en attirant dans son parti le comte de Carcès, qui, dans un avenir prochain, pouvait lui être d'un plus grand secours que la comtesse. Il s'était servi des talents d'intrigues de celle-ci pour se faire appeler en Provence et s'y faire accepter, mais il n'avait plus rien à espérer d'elle, et il voulut faire du comte de Carcès un contre-poids à son influence, se réservant de ruiner son crédit s'il lui devenait suspect ou onéreux. Il eut dès les premiers jours de l'année 1591 une correspondance suivie avec lui, si toutefois leurs relations secrètes ne remontaient pas plus loin, comme le soupçonnèrent Ampus et Fabrègues quand, l'année précédente, ils avaient été députés auprès du duc (1).

Pendant le séjour du duc de Savoie à Marseille, la comtesse avait appris de façon à n'en pouvoir douter que le duc avait des intelligences avec le comte de Carcès, et qu'il avait tenté de détacher de son parti Sommat du Castellar, Meyrargues et même Casaulx et Biord, d'Arles. Quoique Fabrègues, dans ses

---

(1) « Madame de Ligny nous disoit en riant qu'il falloit faire en Pro-
« vence un Estat comme à Venise, et que le duc seroit le doge du Sénat,
« sans aultre pouvoir. Nous fismes toujours mesmes responces : que la
« Provence se vouloit conserver dans l'obéyssance d'un roy catholique.
« Elle nous disoit que tout le monde n'estoit pas de nostre sentiment, et
« que beaucoup des plus considérables faisoient de grandes advances
« contraires à nos propositions ; ce qui nous fit soupçonner le comte de
« Carcès et du Laurens. » *Mémoires de* FABRÈGUES.

Mémoires, ne dise pas d'où lui vint cette révélation, il est permis de penser que ce furent du Castellar et Meyrargues qui la mirent en garde contre le danger qui la menaçait. La comtesse, Besaudun, La Fare, Meyrargues et Fabrègues se réunirent à l'effet d'aviser aux moyens d'empêcher le roi d'Espagne et le pape de donner des secours au duc de Savoie, car ils voulaient éviter avant tout qu'il ne disposât en Provence de forces étrangères assez puissantes pour comprimer à un moment venu toute tentative de la population contre lui. A tout prendre on aimait mieux s'entendre avec le roi d'Espagne, et Fabrègues fut particulièrement chargé de traiter sur ces bases avec lui, en lui démontrant tout ce que la conquête de la Provence par le duc aurait de fatal pour l'Espagne. On avait eu tout d'abord le dessein de cacher ces machinations à Casaulx ; mais on décida ensuite qu'il fallait lui communiquer l'intrigue qu'on allait nouer, et celui-ci donna l'ordre à son frère, qui faisait partie de la députation marseillaise, de suivre les instructions de Fabrègues, tout en réservant ses intérêts propres, qu'il ne voulait pas sacrifier entièrement à ceux de la comtesse.

Les instructions données par écrit à Fabrègues, et très-probablement rédigées par celui-ci et par la comtesse de Sault, jettent un grand jour sur l'état politique de la Provence à cette époque, et la situation des différents partis.

« *INSTRUCTIONS secrètes données par Madame la comtesse de Sault*
« *à M. de Fabrègues, ambassadeur des Estats catholiques de Provence, allant en Espagne* (1).

« Monsieur de Fabrègues s'insinuera dans la confidence de
« Mgr le nonce et de M. le président Jeannin ; leur fera con-
« noistre que M. le duc de Savoye se veut rendre souverain
« de Provence, l'importance de ce démembrement et la néces-

(1) *Mémoires de* FABRÈGUES.

« sité de l'éloigner ; mais il ne leur fera pas sçavoir la pensée
« que la comtesse de Sault a de mettre la province en liberté.

« Il tachera d'apprendre par le moyen de Mᵍʳ le nonce, la
« conduite de du Laurens à Rome, le priant de faire connois-
« tre au Saint-Père, le servile attachement qu'il a au duc de
« Savoye, et de le décrier comme n'estant pas advoué de la
« plus grande et meilleure partie de la noblesse catholique.

« Il saura par M. le président Jeannin, le degré d'estime et
« de confiance du comte de Carcès auprez de M. le duc de
« Mayenne, et le priera de lui faire savoir la basse servitude
« dans laquelle il vit auprès de M. le duc de Savoye, dont il est
« le ministre à tout faire aveuglement.

« Le tout à l'inceu de M. l'évesque de Riez, non point par
« défiance de sa fidélité, mais pour plus grand secret. Il se
« défiera de l'envoyé de M. de Lorraine et des députez de
« Casaux, qu'il fera parler pour descouvrir ses intentions pour
« ladicte comtesse, pour sa fortune et pour la ville de Marseille,
« et communiquera toutes choses à M. de La Fare. Après
« les premières audiences de son ambassade, il en demandera
« de particulières et secrètes par l'entremise de Mᵍʳ le nonce
« ou de M. le président Jeannin, à l'inceu de l'évêque de Riez,
« auxquelles il représentera à S. M. C. : premièrement l'estat
« de la Provence partagée en deux factions des catholiques et
« du roi de Navarre, La Valette estant le chef de celle-cy comme
« gouverneur du pays, soustenu par Lesdiguières, d'une quin-
« zaine d'officiers du Parlement, qui font une chambre à Sis-
« teron, où sont aussi trois ou quatre officiers des Comptes,
« des deux tiers de la noblesse, catholiques ou protestants, et
« de tous les huguenots du pays ; que le marquis d'Oraison est
« le premier gentilhomme de ce parti, et les principaux après
« luy sont les trois Buoux, Valavoire, Pontevès, Janson, Tourvès,
« de Cormis, comme les plus estimés et les plus considérés.....

« Que l'advocat général Monnier est l'âme de ce faux parle-
« ment, et que de Cormis est le conseil de La Valette, qu'il
« fait sa liaison avec Lesdiguières, et a fait leur ligue et a
« fait venir trois fois celui-ci en Provence.

« Que La Valette a de bonnes troupes gasconnes conduites
« par de bons chefs : Mesplez, Montaud, Chambaud, Ramefort,
« Montrestruc, les deux Belloc, Escarravaques, Signac, San-
« soux, etc. ; qu'il est maistre des trois quarts des villes et
« places ; que son armée battra toujours celle de M. le duc de
« Savoye, surtout lorsque Lesdiguières sera joint à luy.

« Que le parti catholique a pour luy le gros du Parlement
« et de la chambre de la cour des comptes; les trois villes capi-
« tales et le tiers de la noblesse, c'est-à-dire la comtesse de
« Sault, Créqui et Sault ses deux fils, le comte de Carcès, le
« marquis de Trans, Allamanon, du Bar, La Barben, Besau-
« dun, etc....; que les villes sont au plus fort et aux garni-
« sons ; que bien que Marseille et Arles soient de l'Union,
« elles ne dépendent cependant pas de la comtesse ni du
« Parlement ; Casaux et Biord tranchans du souverain et
« reconnoissans bien peu les supérieurs ; qu'ils sont néan-
« moins dépendants de la comtesse, surtout Casaux. Qu'il y a
« trois factions parmi les catholiques : celle de la comtesse,
« celle du comte de Carcès, et la neutre, qui se laisse aller à la
« comtesse comme la plus forte, surtout après l'esloignement
« des présidents du Chaine et Estienne et des conseillers
« Aymar et Simiane, et après l'emprisonnement des conseil-
« lers Agar, Puget, Joannis et Désideri, de manière qu'elle est
« maistresse du Parlement, des Estats d'Aix, des troupes, de
« la noblesse et du clergé; que le comte de Carcès est foible
« et sans authorité, n'ayant pour luy que Trans, Romoles,
« Aups, La Molle, Seillans, Montfort et deux ou trois autres,
« avec quelques petits séditieux d'Aix, sans force ny crédit, la

« où toutes les bonnes et braves testes sont pour elle, avec
« deux cents gentilshommes et toutes les villes libres de gar-
« nison.

« Il représentera en second lieu que ni la comtesse, ni la
« noblesse, ni le Parlement ni les États ne peuvent plus se
« confier aux forces ni en la foy de M. de Savoye ; que celles-
« là sont foibles, son armée petite, mal disciplinée, les soldats
« mauvais, les officiers pires, que le comte de Martinenge,
« leur général, a toujours esté battu, qu'il a perdu toute répu-
« tation au siége de Sainct-Maximin, l'ayant levé avec honte;
« que les armes de Piémont sont méprisées ; que la présence
« du prince ne les a pas rendues redoutables; que la réduction
« de Rognes fut concertée le duc estant encore à Nice ; qu'à
« son arrivée il n'avoit osé attaquer ni Berre, ni le Puy, bien
« qu'il s'y fut engagé; que la comtesse ménagea et disposa les
« réductions de Salon et de Méjanes pour establir la réputa-
« tion du duc; que pour son premier exploit il avoit attaqué
« Pertuis, petite et foible ville dont il avoit esté contraint de
« lever le siége ; que la noblesse a conçeu si mauvaise opinion
« de ses armes qu'elle croid qu'il sera toujours battu, et la
« pluspart auroient quitté le parti sans les prières et le crédit
« de la comtesse; que les Piémontois tremblent au seul nom
« de Lesdiguières, et qu'il n'y a rien de bon en l'armée que le
« peu d'Espagnols que Salines commande.

« Qu'on ne peut non plus se fier en la foy de M. de Savoye,
« parce qu'il l'a déjà rompue, non-seulement en ce qu'il n'a
« attaqué ni Berre, ni le Puy, mais aussi en ce qu'il a mis
« Champillon, son sujet, dans le chasteau de Salon, contre sa
« promesse et les conditions du traité qui l'obligeoient d'y met-
« tre garnison provençale, sous un chef du pays, qui devoit
« estre Meyrargues.

« Que sa conduite luy avoit fait fermer les portes de Mar-

« seille, mais que la comtesse y estant accourue, elle avoit fait
« chasser les consuls et les séditieux, et ouvrir les portes au
« duc avec l'aide du viguier Besaudun et de Casaulx ; que ce
« service important avoit esté mal reconnu, M. de Savoye
« ayant taché secrètement de gagner Casaux et de le débau-
« cher de l'amitié de la comtesse, aussi bien que plusieurs du
« Parlement et de la noblesse ; qu'il a sollicitez d'estre dans
« les intérêts du comte de Carcès contre tous, fomentant ainsi
« les divisions au lieu de les estouffer, et voulant abattre le
« pouvoir de la comtesse qui seule peut luy résister, pour
« après estre maistre absolu, et saisir sans obstacle toutes les
« places, ce que les siens ont témoigné à Marseille sur les
« plaintes des procureurs du pays, sur ce que un estranger
« avoit esté mis au chasteau de Salon, déclarant que le duc ne
« devoit pas estre à la mercy d'un peuple inconstant, et qu'il
« devoit estre maistre des places, Ligny l'a répété, et qu'il
« prétendoit d'avoir le gouvernement de Marseille et de ses
« trois isles ; Frédéric a dit : qu'Arles estoit pour don Amédée ;
« Berre, le Martigues et la Tour-de-Bouc, pour Vitelly ; Tolon
« pour Martinengo ; Brégançon et les isles d'Yères pour Vin-
« ceguerre ; Antibes pour le comte de Francville ; Sisteron pour
« Saint-Maurice ; Seyne pour don Frédéric ; Entrevaux pour
« le comte de Buzacio, et Saint-Paul pour le comte Mazuce.
« L'on dit que le partage est fait depuis Turin, et le duc montre
« ouvertement qu'il veut empiéter la Provence.

« Ce démembrement serait préjudiciable à la couronne d'Es-
« pagne, si la France y doit estre unie, et si elle doit avoir un
« roi particulier ; la Provence veut estre libre et vivre libre-
« ment sous la protection de S. M. C. qui y aura plus de pouvoir
« qu'il n'a à Gênes, et à qui on remettra un port de mer dont
« il sera le maistre. Ce dessein réunira toute la noblesse catho-
« lique, le parlement de Sisteron, surtout le président Coriolis

« et l'avocat général Monnier, Oraison, Janson, Tourves, Saint-
« Cannat, les Arcs, Valavoire, de Cormis, zélés amateurs de la
« liberté et des avantages de leur patrie. Lesdiguières sera bien
« aise qu'on luy moustre le chemin à l'exemple pour en faire
« de mesme, et estre en Dauphiné ce que le prince d'Orange
« est en Hollande ; et pour aider un si bon dessein, S. M. C.
« est suppliée de disposer M. de Savoye de porter ses armes ou
« en Dauphiné ou en Bourgogne, où il pourra plus utilement
« servir le juste dessein qu'elle peut avoir de recouvrer une
« province qui lui appartient, et auquel les Estats de Provence
« pourront contribuer par une bonne armée dans quelque
« temps. »

« En troisième lieu Fabrègues déclarera plus particulièrement
« à sa dicte majesté que la comtesse a résolu de mettre la Pro-
« vence en liberté pour vivre indépendamment sous la protec-
« tion de l'Espagne, à qui pour cet effet elle donnera un port
« de mer ; que elle a cent gentilshommes dans une absolue
« dépendance, pour suivre tous ses mouvements, et toutes les
« villes libres de garnison ; qu'avec une armée raisonnable,
« elle saisira dans trois mois toutes les places, excepté les isles,
« Marseille, Arles et Tolon ; que si elle est aidée d'une armée
« navale, elle fera prendre Tolon dans un mois. »

Pour mener son entreprise à bonne fin, Fabrègues était chargé
de démontrer qu'il fallait trente mille fantassins et six mille
cavaliers : douze mille hommes et mille chevaux pour les garnisons, dix-huit mille hommes et cinq mille chevaux pour l'armée
active. La comtesse s'engageait à faire fournir par les États les
treize mille hommes de garnison ; quant aux vingt-trois mille
hommes devant former l'armée active, ils devaient être ainsi
recrutés : la Provence lèverait quatre mille hommes de pied et
mille chevaux, l'Espagne donnerait six mille hommes de pied
et mille chevaux, et on enrolerait huit mille hommes de pied et

trois mille chevaux en Espagne, en Italie et en France. Pour le recrutement et l'armement de ces dernières troupes, le roi était humblement supplié de fournir cent mille ducats de Castille, trois mille chevaux harnachés, armés de pistolets et carabines, quatre mille mousquets, quatre mille piques, plus vingt-quatre canons, dont huit de batterie et seize de campagne avec l'attirail des chevaux, affûts, munitions, cordages et instruments nécessaires pour deux armées, deux ingénieurs, trois officiers d'artillerie, des canonniers, quatre mineurs, deux pétardiers, etc.;
« et moyennant ce secours, la comtesse promet pour soy, pour
« les Estats, pour la noblesse, pour le Parlement et pour la
« ville d'Aix, d'entretenir ceste armée tant que la guerre
« durera..... qu'ils ne feront paix que du consentement de S.
« M. C.; que elle fera remettre une ville maritime avec port,
« savoir : Cassis ou la Cientat ou Saint-Raphaël, trois jours
« après l'arrivée des troupes ; ou, si sa dicte majesté veut
« Antibes ou Saint-Tropez ou la Tour-de-Bouc, un mois après
« le dict temps, et si elle désiroit Tolon, promet la lui remettre
« un mois après l'arrivée d'une armée navale, qui s'y tiendra
« pendant le siége à l'embouchure du port et de la ville. Elle
« en sera maîtresse absolue pour en disposer comme bon lui
« semblera, sans pourtant la pouvoir remettre à autres qu'aux
« dits Estats ou à la comtesse. »

« La Provence vivra libre et indépendante sous la protection
« de S. M. C. La comtesse et les Estats auront un résident
« auprès d'elle, qui en tiendra un auprès de la comtesse. Le
« traité sera signé par le roi, le nom de la comtesse en blanc,
« qui sera rempli lorsqu'elle le signera avec ses deux fils et
« deux de ses principaux amis. La comtesse promet de le faire
« signer au Parlement, aux procureurs du pays et à cent gen-
« tilshommes, cinq jours après l'arrivée des troupes et de
« l'argent.

« M. de Fabrègues communiquera le dessein qui regarde
« M. de Savoye, et de l'opposition au démembrement qu'il
« voudroit faire, à M. le Nonce et au président Jeannin, sans
« leur descouvrir le projet de mettre la Provence en liberté et
« le traité secret avec le roi catholique. Il tachera de pénétrer,
« dans des conférences avec le président Jeannin, l'intention du
« duc de Mayenne. »

Outre ce traité, Fabrègues était chargé d'en conclure un second qui devait ménager les intérêts de la comtesse ; il devait demander cent mille ducats lors de la signature du traité, et deux cent mille de pension annuelle durant la guerre « pour
« le dédommagement des terres qui lui seront saisies hors de
« Provence, et pour les extraordinaires despenses que elle fera
« nécessairement pour gagner la noblesse qui ne dépend pas
« d'elle, et entretenir en bonne volonté celle qui en dépend. »

Comme on le voit par ces instructions, l'idée qui prévalait en ce moment parmi les chefs de la Ligue était celle-ci : constituer la Provence en une république qui aurait eu, en attendant la majorité du comte de Sault, la comtesse pour ministre dirigeant, le Parlement pour sénat, et le roi d'Espagne pour protecteur. Cette combinaison devait être adoptée par Philippe II, qui voyait dans son prectorat un acheminement infaillible à la conquête pacifique de la province. Mais tous ces calculs nés de l'ambition devaient avorter misérablement, car si les grands de la terre parviennent quelquefois à détourner par surprise les peuples de leur voie au profit de leurs passions, ils n'ont pas le pouvoir de changer leur destinée, qui est entre les mains de Dieu.

Pendant que le duc de Savoie et la députation provençale séjournaient dans la capitale de l'Espagne, des événements considérables se passaient en Provence. Après le départ du duc, Lesdiguières, qui venait d'obtenir d'éclatants succès en Dauphiné, entra en Provence par le comté de Sault avec du Poët,

Blaccons et Morges. En attendant que La Valette descendit de Sisteron, où il avait passé l'hiver, il prit Aurent et mit le siège devant le château de Beynes ; mais arrêté par des obstacles auxquels il ne s'attendait pas, il quitta la place, et ayant fait sa jonction avec le gouverneur, ils marchèrent sur Digne. Ils avaient avec eux neuf cents cavaliers et deux mille fantassins.

Le comte de Martinengue, qui en l'absence du duc de Savoie avait le commandement général des forces de la Ligue, sortit d'Aix pour aller dégager Digne. Il arrivait à peine à Aups, quand il apprit que Lesdiguières et La Valette renonçant à leur projet revenaient sur leur pas et se dirigeaient vers Vinon. C'était un petit village assis sur le Verdon, et qui n'avait d'importance que par sa position, car il commandait la route qui faisait communiquer la Basse-Provence avec le pays d'outre-Durance, et pouvait, entre les mains des ennemis, intercepter les communications entre Aix et la montagne. Martinengue marcha sur Vinon, mais il ne put arriver avant les royalistes, qui s'y étaient déjà établis et fortifiés, et il redescendit à Barjols, Varages, Tavernes et La Verdière pour y attendre les événements. Quelques jours à peine s'étaient écoulés, quand, la veille de Pâques, il reçut l'avis erroné que La Valette et Lesdiguières venaient de quitter Vinon pour continuer leur marche en passant par Ginasservis. Il résolut de venir à leur rencontre et de leur offrir le combat dans une grande plaine qui s'étend au dessous de cette place. Ses troupes étaient à peu près en nombre égal à celles des ennemis, et elles avaient l'avantage d'être fraîches, reposées, tandis que les royalistes étaient fatigués par plus de quinze jours de marche dans un pays difficile et très-accidenté. Du reste il avait le plus vif désir de combattre, espérant cacher son échec de Saint-Maximin sous l'éclat d'un succès glorieux, et relever ainsi sa réputation militaire fort compromise. Il envoya précipitamment une centaine d'hommes dans le château de Ginasservis, pour arrêter La Valette pendant quelques heures, et lui donner le temps de monter de Barjols à ce village, et partit vers minuit. Il arriva à six heures du matin à Saint-Martin de Pallières, où il apprit à son grand désappointement que La Valette n'avait pas quitté Vinon. Dans on ne sait quel but, et contre l'avis de Besaudun, il divisa alors son armée en trois corps, qui vinrent occuper les trois villages de Rians, d'Esparron et de Saint-Martin de Pallières, distants l'un de l'autre d'une lieue environ : le comte de Martinengue, avec la plus grande partie de la cavalerie savoyarde, était à Rians ; Saint-Romans, avec l'infanterie savoyarde, la compagnie de chevau-légers de Vitelly et la compagnie de cavalerie de Cucuron, à Esparron ; le comte du Bar, Meyrargues et tous les autres capitaines provençaux, à l'exception de Besaudun qui était resté auprès de Martinengue, étaient avec leurs compagnies à Saint-Martin de Pallières.

La Valette et Lesdiguières voulaient éviter une rencontre avec les ligueurs. Leur but était, en quittant Vinon, de descendre directement à Berre, que le duc de Savoie avait fait bloquer avant son départ, et dont la garnison était réduite à la dernière extrémité. Le 15 avril, lundi de Pâques, ils apprirent par un fermier que le seigneur d'Esparron leur avait secrètement dépêché, que les ennemis avaient commis la faute grossière de diviser leurs forces et qu'ils pouvaient être écrasés séparément si on parvenait à les surprendre. Les deux généraux royalistes n'hésitèrent pas à tenter cette fortune. Ils partirent avant le lever du soleil, passèrent par Ginasservis sans s'y arrêter, tournèrent le village de La Verdière, et manœuvrèrent pour déboucher entre Rians et Saint-Martin, dans l'intention d'isoler le général en chef d'une partie de son armée. En arrivant en vue de Saint-Martin, ils aperçurent du Bar et tous les Provençaux en marche pour se retirer à Esparron, soit qu'ils eussent été avertis de l'approche de l'ennemi, soit que craignant une agression soudaino, ils eussent voulu se concentrer davantage. Les ligueurs n'étaient plus qu'à une très-petite distance d'Esparron, quand ils découvrirent l'avant-garde royaliste ; ils hâtèrent le pas et firent leur jonction avec la garnison du village qui, promptement avertie, avait pris les armes et était sortie. Ces troupes, formant un effectif d'environ douze à treize cents hommes, se mirent en bataille sur l'arête du coteau d'Esparron, qui se prolonge d'un côté jusqu'à Saint-Martin, et de l'autre presque jusqu'à Rians, en passant par Artigues. Elles étaient massées sur une ligne peu étendue dont la tête était contre le château même d'Esparron. Lesdiguières menait l'avant-garde royaliste, toute composée de cavaliers ; il détacha en avant du Poët et Valavoire avec leurs compagnies pour reconnaître la position des ennemis. Ces deux capitaines s'avancèrent jusqu'au pied du coteau qui, quoique peu élevé, présentait cependant une pente très-raide, et furent bientôt rejoints par Lesdiguières suivi de tout le reste de l'avant-garde. Le général dauphinois après avoir examiné le terrain donna l'ordre à du Poët et à Valavoire de marcher à l'ennemi, « les asseurant qu'il ne tiendroit pas et se « retireroit incontinent ». Ces deux gentilshommes s'avancèrent droit au centre de la ligne des ligueurs, par des sentiers rudes et escarpés permettant à peine à deux cavaliers de marcher de front. Les Savoyards firent d'abord bonne contenance et se préparèrent à combattre, mais l'extrémité de l'aile qui touchait au château s'étant mise en mouvement pour rentrer dans le village, ils se troublèrent et ne tardèrent pas à être pris de panique. La cavalerie partit au galop de ses chevaux dans la direction de Rians pendant que l'infanterie rentrait en désordre dans Esparron. Du Poët et Valavoire se lancèrent avec leurs compagnies à la poursuite des cavaliers. Pendant ce temps La Valette arrivait devant le village et prenait position dans la plaine entre Esparron et Rians, pour arrêter Martinengue qu'il

supposait devoir venir tenter de dégager ses troupes. Celui-ci, en effet, dès qu'il avait appris l'attaque, était sorti de Rians avec ses quinze cents hommes ; mais au lieu de passer devant Artignes et de venir droit à Esparron, il avait pris derrière les hauteurs qui sont dans le nord de Rians et s'était dirigé du côté du village de Besaudun pour cacher sa marche, espérant franchir facilement le coteau sur lequel est Esparron et entrer dans la place en la prenant à revers. Le pays était dépourvu de routes, et de nombreux fossés, d'épaisses haies vives servant de délimitation aux propriétés, le sillonnaient en tous sens ; Martinengue s'égara et perdit beaucoup de temps. Il traversait un fourré de bois taillis, quand tout à coup il rencontra sa cavalerie d'Esparron qui, toujours poursuivie par du Poët et Valavoire, avait descendu le côté nord du coteau et tentait de regagner Rians. La rencontre des deux détachements ligueurs changea l'affaire de face. Les royalistes, en présence du grand nombre d'ennemis qu'ils avaient devant eux, hésitèrent et ne tardèrent pas à battre en retraite, jusqu'au moment où ils rallièrent Lesdiguières qui les avait suivis de loin avec la cavalerie dauphinoise. Ils revinrent alors de nouveau sur les ligueurs, qui ne résistèrent pas et se débandèrent. Le comte de Martinengue fut entraîné dans la déroute et ne s'arrêta qu'à Rians, toujours poursuivi par Lesdiguières qui lui tua soixante homme et reprit ensuite la route d'Esparron. « Les soldats, dit Besaudun, furent saisis d'une sy
« grande apréhension tout ce jour, pour se voir surpris et sépa-
« rés, qu'il n'y eust jamais moïen de les pouvoir asseurer, et
« perdirent la commodité de pouvoir tailler en pièces M. Desdi-
« guières avec toute sa troupe, qui s'estoit séparé de son armée
« pour suivre ceste cavalerie qui sortoit d'Esparron, ne cuidant
« pas avoir la rencontre de tout le reste. »

Pendant ce temps La Valette était arrivé devant Esparron, où l'infanterie provençale et savoyarde faisait avec beaucoup d'énergie des préparatifs de défense. L'état d'incertitude dans lequel il était sur les mouvements de Martinengue, et l'éloignement du corps de Lesdiguières, le forcèrent à se tenir sur la défensive jusque vers trois heures de l'après-midi. En ce moment Lesdiguières le rejoignit et lui fit connaître les événements de la matinée. Il concentra alors tous ses efforts sur Esparron. Il vint camper à peu de distance du village, et ayant fait mettre pied à terre à la cavalerie, il tenta une première attaque. Les assiégés avaient élevé une formidable barricade qui fermait la grande rue, du côté du château. La Valette ordonna à Saint-Andiol et à Le Poy de l'enlever. L'affaire fut menée avec beaucoup d'entrain et soutenue avec une grande valeur par les ligueurs. Saint-Andiol, Monthau de Salon et Bastide de Pertuis y furent blessés (1), et deux soldats tués. Les royalistes se retirèrent. La Valette, irrité de cet échec, fit bloquer la place, et, vers cinq heures du soir, fit pétarder un moulin à vent qui était occupé par vingt arquebusiers ennemis. Le moulin fut pris et les vingt soldats tués. Le lendemain, de bonne heure, les hostilités recommencèrent. Les royalistes investirent une maison située au-dessous du château et attenante à l'église, dans laquelle Cucuron s'était établi la nuit précédente avec sa compagnie. Après une brillante défense de plusieurs heures, les ligueurs, qui n'avaient reçu aucune distribution de vivres depuis plus de vingt-quatre heures, se rendirent. Les royalistes occupèrent ce poste, qui, par sa position, leur permettait d'enfiler la grande rue du village dans toute sa longueur. Les assiégés ne pouvant plus sortir des maisons sans être exposés au feu des arquebusiers ennemis, commencèrent à être ébranlés dans leur résolution de résistance. La Valette fit saper ensuite les deux maisons qui formaient les attaches de la grande barricade, pour pouvoir

---

(1) A la suite de cette blessure, Saint-Andiol subit l'amputation du bras.

la prendre à revers. Cette opération, bientôt connue des assiégés, porta l'effroi dans leurs rangs. Il n'y avait plus dans la place une seule ration de pain, les abords du village étaient au pouvoir des ennemis, et on savait depuis la veille que Martinengue était en fuite ; la garnison demanda à parlementer. Le piémontais Vitelly se présenta à La Valette, portant sur son visage et ses vêtements les traces de deux jours d'abstinence et de combats. Le gouverneur l'accueillit avec honneur et ordonna qu'on lui donnât à dîner, en disant : *On voit à votre visage, Monsieur, que vous avez grand besoin de manger!* Vitelly demanda la liberté pour les assiégés, avec le droit de se retirer armés, sur quoi La Valette se récria, disant qu'il n'était pas venu pour prendre Esparron, qui lui importait peu, mais bien ceux qui étaient dedans, et que s'ils ne venaient pas volontairement à lui, il saurait bien les réduire par la force ! il accorda seulement la vie sauve. Les assiégés se constituèrent prisonniers ; ils étaient au nombre de treize cents, dont trois cents cavaliers.

Les pertes éprouvées par les ligueurs dans les différents combats qui avaient eu lieu pendant ces deux jours atteignirent le chiffre énorme de cinq cents hommes tués. Buous, Valavoire, du Poët, Saint-Andiol s'étaient surtout distingués parmi les capitaines royalistes. La Valette répartit les prisonniers pouvant payer rançon entre les officiers de son armée qui avaient été blessés ; il envoya les soldats à Brignoles, et les rendit quelques jours après à la liberté, à la condition qu'ils ne porteraient plus les armes contre le roi. Il dirigea sur Saint-Maximin, et ensuite sur Sisteron, Cucuron, Vitelly et Saint-Romans. Quelques jours après la prise d'Esparron le gouverneur écrivait à Baratte : « Monsieur de Baratte, je fais response à ma femme et
« je vous prie de la lui faire tenir. Quant à ce qui s'est passé,
« je vous dirai que Dieu nous a fait la grâce de joindre l'ennemi,
« et l'avons si bien étrillé, qu'il a perdu plus de trois ou quatre

« cents chevaux et mille hommes de pied. Il peut avoir de
« morts environ cinq cents, le reste est prisonnier. Nous avons
« Sainct-Romans, Vitelly, Cucuron, Castellet, Brunet de la
« Ciotat, Fonsac et sept à huit autres capitaines, quatorze dra-
« peaux et trois cornettes de cavalerie. Voila tout, mon amy,
« faites en part à tout ce quartier là. De Brignoles ce 21
« avril 1591. »

La Valette et Lesdiguières descendirent à Brignoles et à Sainct-Maximin, où ils laissèrent leur armée se reposer pendant quelques jours. Le 24 avril ils se mirent en route pour aller ravitailler Berre. Sur leur passage ils prirent Vitrolles, Grans et Marignane. Les ligueurs qui bloquaient Berre s'étant retirés dès qu'ils avaient connu leur présence dans les environs, ils purent, sans combat, faire entrer des provisions et des renforts dans la place. Cette expédition accomplie, La Valette et Lesdiguières se séparèrent : Lesdiguières passa le Rhône à Cabanes et entra en Languedoc, La Valette franchit la Durance à Noves, prit par Lourmarin, Pertuis, Manosque, et gagna Sisteron après s'être emparé de Lurs, où l'évêque de Sisteron, prince de Lurs, s'était cantonné avec des troupes.

Cette courte campagne avait discrédité les Savoyards : « Le
« comte de Martinengo, dit un témoin oculaire, avec tous les
« Savoyards, abattus comme des fondeurs de cloches, arrivèrent
« à Aix et donnèrent, par leur estonnement, une telle peur à
« tous les leurs de la ville et des champs, qu'ils pensoient estre
« tous perdus sans rémission, et ne savoient dire aultre chose
« les fuyards, sinon que leurs chefs les avoient mal conduict (1). »
L'armée ligueuse était découragée et désorganisée. Plusieurs villes furent ébranlées dans leur fidélité au parti, et l'état déplorable des vaincus d'Esparron rentrant à Aix plongea cette ville

---

(1) H. DE MEYNIER, *ouv. cit.* p. 135.

dans les plus cruelles alarmes. La comtesse de Sault montra dans ces circonstances une fermeté virile. Elle sut inspirer son courage et son activité à tous ceux qui l'entouraient. Elle poussa le Parlement à lever de nouvelles troupes, et fit un appel à ses récents alliés, les Marseillais, qui fournirent une somme d'argent assez considérable pour équiper et armer les recrues. Par ses ordres, des capitaines partirent avec des détachements et vinrent maintenir dans l'obéissance les lieux qui montraient des tendances à abandonner le parti de la Ligue ; elle fit payer la cavalerie savoyarde et le régiment espagnol qui tenaient garnison à Aix, pour empêcher les désertions ; elle fit évacuer les villages des environs d'Aix, et porter tous leurs approvisionnements dans la ville, pour affamer les ennemis s'ils se présentaient ; elle envoya Meyrargues et du Bar à Salon avec six cents fantassins et cent vingt chevaux ; elle pourvut enfin plusieurs places d'outre-Durance, car on ne savait sur quel point les royalistes porteraient leurs coups. « Il est difficile, dit Louvet, de « juger comme l'on put jamais pourvoir à la garde d'un si « grand nombre de places si promptement et parmi un si grand « effroy. » Les ligueurs reprirent courage et se raffermirent peu à peu. La comtesse ayant mis de l'ordre dans la défense, résolut de serrer Berre de plus près. La possession de cette ville, qui avait accès sur la mer et possédait les salines les plus riches du pays, avait pour elle une haute importance, car elle voulait en faire sa place de défense, si le duc découvrant ses intrigues à la cour d'Espagne rompait ouvertement avec elle et lui fermait la route de Marseille. Elle fit élever un nouveau fortin de blocus, ce qui en porta le nombre à quatre, et renforça les troupes d'une compagnie de soldats. Enfin pour achever de relever le courage de l'armée et mettre un terme aux désertions qui l'épuisaient, elle fit distribuer douze mille écus de sa bourse aux soldats, en leur faisant espérer que le duc de Savoie allait arriver bientôt avec des hommes, de l'argent, des vivres et des munitions.

La Valette assembla, le 14 mai, les communautés de son parti à Sisteron. Il obtint une levée d'hommes et des subsides. Les hostilités continuèrent, mais sans présenter aucune affaire remarquable. Montaud revint de Gascogne où il était allé pour recruter un régiment, « mais M. de La Valette, dit Mauroy, « descrié à cause de sa pauvreté, ledict sieur baron ne luy peut « amener ce qu'il désiroit ; ce fust seulement trente maistres et « environ cinquante ou soixante arquebuziers à cheval ». Sur sa route il s'empara, le 8 juin, de Pignans, après avoir battu trois cents ligueurs, pilla la place et incendia la maison capitulaire, dans laquelle les chanoines colligeaient depuis longtemps un grand nombre de titres, documents et manuscrits précieux pour l'histoire du pays. Quelques jours après, le 22 juin, Martinengue sortit d'Aix et tenta de surprendre Trets, mais il échoua et fut obligé de rentrer, n'ayant fait prisonniers que cinq soldats pris dans une embuscade.

Cependant le duc de Savoie, Jeannin et la députation provençale étaient arrivés à Barcelonne, et tous ensemble ils avaient fait route pour Madrid. Fabrègues, dans ce voyage, s'insinua adroitement dans l'amitié du nonce et de Jeannin. Les députés de Marseille évitèrent le plus qu'ils purent le duc et son entourage et semblèrent s'attacher à Fabrègues, disant qu'ils en avaient reçu l'ordre de Casaulx. Cela ne les empêcha pas, une fois rendus à Madrid, d'avoir des entrevues secrètes avec le premier ministre de Philippe II, et de traiter avec lui de la remise de Marseille au roi, à la condition que Casaulx aurait le gouvernement de la ville sa vie durant, ainsi que celui des forts de Notre-Dame de la Garde, Saint-Victor, Saint-Jean et château d'If, et son fils la surintendance des galères, la charge perpétuelle de viguier, la table de la mer et vingt milles ducats de pension. Pendant la durée de son séjour à Madrid, Fabrègues fut, en outre, complétement édifié sur le projet du duc de Savoie ; il apprit que le duc avait avoué ses projets de conquête, qu'il voulait s'emparer de toutes les places fortes, qu'il était en relations secrètes avec Biord, et, à l'insu de celui-ci, avec son lieutenant La Rivière, pour se faire livrer la ville d'Arles ; qu'il avait insisté auprès du roi pour qu'il refusât les propositions de Casaulx, conseillant au contraire de faire des ouvertures à Louis d'Aix, qui était d'une vénalité plus facile à satisfaire, et qui avait personnellement plus d'influence sur la populace (1).

Le 25 avril on apprit à la Cour le désastre d'Esparron. Le duc de Savoie en fut si affligé qu'il en eut la fièvre et garda le lit pendant trois jours. Il fit appeler Fabrègues et l'évêque de Riez pour qu'il lui donnât connaissance de la relation qu'ils venaient de recevoir de cette affaire, les priant de cacher cette funeste nouvelle au roi. Fabrègues s'excusa en disant qu'il avait reçu l'ordre du Parlement de faire cette communication et de demander un prompt secours. Le duc le pria alors de ne pas remettre au roi la relation du Parlement, qui contenait des accusations très-violentes contre les officiers et soldats savoyards, et lui proposa celle que Martinengue lui avait fait parvenir, et qui était la contre-partie de la première, celui-ci rejettant toute la faute du désastre sur les Provençaux. Après une longue discussion on finit par se mettre d'accord, et on décida qu'on ne ferait connaître au roi que les résultats généraux sans entrer dans les détails. Le lendemain, en effet, Fabrègues fut admis en audience par le roi et lui rendit compte de la défaite d'Esparron. Le roi ne prit d'abord qu'un médiocre intérêt à ce récit de la rencontre de quelques mille hommes et de la prise d'un misérable village par les royalistes ; mais Fabrègues ayant poussé Saquier

---

(1) *Mémoires de* FABRÈGUES.

et Casaulx à demander à leur tour une audience particulière à Philippe II, pour lui donner communication de la relation du Parlement, dans laquelle Martinengue et Vitelly étaient déclarés coupables d'inhabileté et de lâcheté, le roi commença à s'intéresser vivement à l'affaire. Il fit immédiatement appeler Fabrègues pour avoir des détails et des éclaircissements; il se fit expliquer les différentes phases du combat et demanda des renseignements sur les officiers qui avaient joué le principal rôle dans cette rencontre, même sur les officiers royalistes. Fabrègues exalta beaucoup Besaudun et les autres capitaines provençaux, et rejeta le désastre sur l'incapacité notoire des Savoyards; il s'étendit longuement sur les talents militaires de Lesdiguières et le présenta comme l'ennemi le plus redoutable de la Ligue en Provence. C'était là où le roi voulait en venir. Il lui demanda si lui ou la comtesse de Sault avaient eu des rapports avec le général dauphinois, et comme Fabrègues lui répondait qu'il avait eu, en effet, l'occasion « de s'assurer de « sa civilité », le roi lui déclara que s'il pouvait attirer Lesdiguières à son service, il lui en aurait une reconnaissance éternelle. Il lui dit qu'il n'avait jamais eu la pensée d'exiger qu'il tournât ses armes contre le roi de Navarre, ce qui serait outrager son honneur, mais qu'il désirait seulement employer ses services en Flandres, en l'opposant au prince d'Orange. Il ajouta qu'il y aurait intérêt à lui, Fabrègues, et à la comtesse de Sault, à réussir dans une si utile négociation, car ils débarrasseraient ainsi la Provence de son principal ennemi; que La Valette, réduit à ses propres ressources serait bientôt vaincu; que, du reste, la comtesse de Sault devait, en toute justice, trouver des avantages personnels dans cette combinaison, et qu'il s'emploierait pour faire marier son fils aîné Créqui avec la fille de Lesdiguières, et qu'il se chargerait de pourvoir Créqui de grandes charges. Fabrègues répondit qu'il ne voyait dans ce projet rien que de bon et d'avantageux pour la Provence et pour la comtesse, mais il fit remarquer qu'il y aurait de grands obstacles à vaincre, que les protestants du Dauphiné ne souffriraient pas qu'on leur enlevât leur chef, que La Valette se joindrait à eux, et que de Cormis, qui avait beaucoup d'ascendant sur Lesdiguières, le retiendrait au service du roi. Philippe II répondit à cela que sans doute le projet échouerait si on mettait tout le monde dans la confidence, mais qu'il fallait agir en secret et ne traiter qu'avec Lesdiguières ; qu'il promettait de lui donner le généralat des armes et le gouvernement du Hainaut, avec dix mille écus de revenus sur un comté, dix mille écus de pension, quarante mille écus comme émoluments de sa charge, et le collier de l'ordre de la Toison d'or. Mais il exigeait avant tout qu'il abjurât sa foi et embrassât la religion catholique, ce que, ajoutait le roi, il n'aura pas de peine à faire, car il n'est que « *protestant d'Estat* ». Il promettait, en outre, de donner à Créqui le gouvernement d'une place considérable du Hainaut ou du Luxembourg, avec un grand commandement de cavalerie, lui assurant dans deux ans la position de général en chef de la cavalerie et la lieutenance de Lesdiguières en Hainaut (1).

En même temps que Fabrègues recevait ainsi les confidences du roi, le président Jeannin lui apprenait que le duc de Savoie lui avait fait des ouvertures pour qu'il négociât une ligue entre lui et le duc de Mayenne, s'engageant à fournir des troupes au duc de Mayenne, à la condition que celui-ci lui laisserait incorporer la Provence et le Dauphiné à ses États de Bresse et de Savoie. Comme premier acte de cette ligue, il avait demandé que le comte de Carcès fut nommé général en chef de la Ligue

---

(1) Par une coïncidence étrange, Lesdiguières se trouva plus tard entraîné à abjurer le protestantisme, et sa fille se maria, en effet, avec Créqui, fils aîné de la comtesse de Sault.

en Provence par le duc de Mayenne. D'un autre côté, le nonce du pape lui disait que le duc l'avait sollicité de faire considérer du Laurens, à Rome, comme son ami très-particulier, et de le faire recommander par le Saint-Père, à son retour à Aix, pour qu'il eut la charge de premier président ; que du Laurens s'était plusieurs fois exprimé à Rome très-vivement sur la comtesse de Sault, Meyrargues, Besaudun et sur Fabrègues lui-même ; qu'il avait fait des instances pour que le pape couronnât le duc de Savoie roi de Jérusalem et le reconnût comme comte de Provence ; enfin il lui annonça un jour qu'il venait de recevoir des dépêches qui lui apprenaient que l'archevêque d'Aix était mort, que le docteur Génebrard allait être nommé pour lui succéder, avec ordre du Vatican de vivre en bonne intelligence avec la comtesse de Sault, parce que le Saint-Père préférait la comtesse au duc pour ce qui regardait la Provence.

En prenant congé du roi, dans une dernière audience particulière, Fabrègues arrêta les termes du traité à intervenir entre Sa Majesté catholique et la comtesse. Le roi lui demanda ensuite des renseignements sur La Rivière, Louis d'Aix, du Laurens, Carelasse et Tempe, deux chefs des séditieux d'Aix, et sur quelques autres personnages dont le duc de Savoie lui avait parlé longuement ; il lui recommanda de dire à la comtesse de Sault de conserver les meilleures relations avec le pape et le duc de Mayenne, quoique Fabrègues reconnut qu'il n'avait en eux, au point de vue politique, qu'une médiocre confiance. En le quittant, il lui fit espérer dans un temps prochain une flotte pour prendre Toulon par mer, et il donna l'ordre, en effet, avant le départ de la députation, d'armer un grand nombre de galères ; mais Fabrègues n'avait pas encore quitté Madrid, que le nonce du Pape lui apprenait que ces préparatifs étaient pour Marseille, en prévision de l'exécution du traité de Casaulx.

Le traité conclu par Fabrègues portait : « Sa Majesté Catho-

« lique ayant veu et fait examiner dans son conseil les proposi-
« tions qui luy ont esté faictes par le sieur de Fabrègues de la
« part de la dame comtesse de Sault, accepte les offres de
« mettre sur pied, outre les garnisons des places de Provence,
« une armée de dix-huit mille hommes de pied et de cinq
« mille chevaux, dont ladite dame où les Estats dudit païs
« fourniront quatre mille hommes de pied et cinq cents che-
« vaux, Sa Majesté chrestienne promettant d'envoyer cinq mille
« hommes de pied de ses vieilles troupes et mille à cheval,
« sçavoir : mille Espagnols à pied et deux cents à cheval, mille
« Bourguignons à pied et deux cents à cheval, mille Wallons à
« pied et deux cents à cheval, mille Lorrains ou Flamands à
« pied et deux cents à cheval, mille Suisses, ou Grisons, ou
« Allemans à pied et deux cents Italiens ou Croates à cheval ;
« et pour la levée de neuf mille hommes de pied et trois mille
« cinq cents à cheval restans, que se fera en Provence ou païs
« voisins, sadite Majesté Catholique promet de donner cent mille
« ducats de Castille le jour que ladite Dame jurera et signera le
« présent traicté, et quatre mille mousquets, autant de piques,
« mille pertuisanes, deux mille chevaux arnachez de bride et
« de selle et armés d'une carabine, deux pistolets chascun, qui
« seront remis au pouvoir de ladite comtesse, lorsque lesdites
« troupes de Sa Majesté Catholique arriveront en Provence,
« lesquelles seront débarquées au port de Gapeau ou de l'Ar-
« gentière au temps qui sera marqué à ladite Dame.

« Promet aussi Sa Majesté Catholique, pour aider ladite
« Dame et les Estats à entretenir ladite armée, de contribuer et
« donner annuellement pendant la guerre, soixante mille
« ducats de Castille en deux payemens esgaux par advence,
« dont il fera le premier à l'arrivée des troupes en Provence
« auxdits ports de Gapeau ou de l'Argentière au golfe et terroir
« d'Yères.

« Promet aussi Sa Majesté Catholique, de donner à ladite
« Dame audit temps de l'arrivée desdites troupes, cent mille
« ducats de Castille, pour les pertes, frais et dépenses de ses
« amis. »

« Promet aussi sadite Majesté Catholique, de donner annuel-
« lement vingt mille ducats de Castille qui seront distribuez à
« l'indication de ladite Dame à ses principaux et plus affidés
« partisans, et ce vingt ans durant. »

« Et moyennant ce, ladite Dame comtesse de Sault, promet
« pour elle, pour son parti et pour les Estats de Provence, de
« mettre sur pied et entretenir ladite armée de onze mille
« hommes de pied et cinq mille chevaux, outre les garnisons
« des places, et de faire la guerre en Provence à la volonté de
« Sa Majesté Catholique, et lorsqu'il se pourra, sans danger
« dudit païs, de la faire entrer en Languedoc, jusques à la fron-
« tière du Roussillon et de la Catalogne, et plus avant si besoin
« est et se peut, ou bien en Dauphiné et Bresse, suivant les
« ordres de Sa Majesté Catholique. »

« Sera tenue ladite Dame comtesse de Sault, de remettre à
« Sa Majesté Catholique une ville ou place maritime dont elle
« aura la domination souveraine et en disposera comme bon
« luy semblera, excepté qu'il ne pourra la remettre en d'autres
« mains que de ladite Dame en cas qu'il la voulut quitter, et à
« cet effet, si ladite Majesté veut avoir Cassis ou la Cieutat, ou
« Sainct-Raphaël ou le port d'Agai, ladite Dame comtesse de
« Sault sera tenue de la remettre au pouvoir de celuy qui sera
« choisi, cinq jours après l'arrivée desdites troupes ; que si
« sadite Majesté désire Antibes ou Sainct-Tropez ou la Tour-de-
« Bouc, sera tenue ladite Dame comtesse de remettre la place
« dans un mois aprez ladite arrivée ; et si sadite Majesté désire
« avoir Tolon, ladite Dame sera tenue de le faire assiéger par
« terre jusqu'à ce qu'elle soit rendue, et sa dite Majesté la fera

« assiéger par mer par une armée navale suffisante, qui sera à
« l'embouchure du port. »

« Sera tenue ladite Dame comtesse, de remettre d'abord, cinq
« jours après l'arrivée desdites troupes, une ville ou port mari-
« time, tel qu'elle pourra, jusqu'à ce qu'elle puisse remettre
« une des places cy-dessus nommées au choix de sadite Majesté,
« qui fera remettre à ladite Dame ce premier port, lors et en
« même temps qu'elle remettra le second. »

« Accepte sadite Majesté Catholique, la protection de ladite
« Dame, de son party et de toute la Provence, contre tous, pour
« défendre et conserver leur liberté dans laquelle ils vivront
« indépendants de toute domination en forme de RÉPUBLIQUE
« libre. »

« Accepte encore sadite Majesté Catholique, l'offre que ladite
« Dame a faite pour elle, pour son party et pour lesdits États
« de Provence, d'entretenir et faire durer la guerre tant qu'il
« plaira à sadite Majesté, ne point faire de paix sans son consen-
« tement, et de la rompre toutes les fois qu'il luy plaira, pour
« reprendre la guerre moyennant les mêmes faveurs de Sa
« Majesté, et dans les mêmes conditions du présent traicté. »

« Ladite Dame comtesse de Sault, après le traicté signé,
« envoyera un gentilhomme qui résidera auprez de Sa Majesté
« Catholique, laquelle tiendra aussi un résident auprès de
« ladite Dame. »

« Le présent traicté signé de Sa Majesté Catholique, sera
« porté par un gentilhomme exprès à ladite Dame comtesse de
« Sault au port de l'Argentière au temps qui sera accordé, qui
« le signera et jurera et fera signer et jurer à ses deux fils et
« trois principaux gentilshommes de son parti, et dans la hui-
« taine aprez l'arrivée en Provence des troupes et la délivrance
« de l'argent promis, elle le fera signer au Parlement, aux
« procureurs du païs et à cent gentilshommes, et ratifier aux

« premiers Estats qui se tiendront. Et aura le présent traicté
« son effect dez qu'il sera juré et signé par Sa Majesté Catho-
« lique, par ladite Dame Comtesse de Sault, ses deux fils et
« trois principaux gentilshommes de son parti (1). »

Par un traité secret, le roi accordait, en outre, à la comtesse de Sault, cent mille ducats une fois donnés, le jour de la signature du pacte, et vingt mille ducats de pension pour elle et ses enfants, plus cent chevaux de service armés de pistolets et trente hommes d'armes.

Le 12 juin, le duc de Savoie et la députation provençale quittaient la cour d'Espagne. Philippe II avait froidement accueilli les demandes de son gendre ; il avait préféré traiter secrètement avec Fabrègues et les députés de Casaulx. Il se souciait peu, en effet, de seconder l'ambition personnelle du prince de Savoie, au moment où il poursuivait l'idée d'asseoir l'infante, fille de la sœur aînée de Henri III, sur le trône de France, et il ne voulait à aucun prix que son gendre annexât à ses États une province qui n'était séparée de l'Espagne que par un bras de mer, et qui comptait parmi ses villes, Marseille, le plus grand port de la Méditerranée. Comme tous les ambitieux et les égoïstes, il aurait préféré que son gendre travaillât pour lui, qu'il fît, par exemple, la guerre en Bourgogne, et il s'était plusieurs fois exprimé catégoriquement là-dessus. Mais le duc de Savoie, qui éprouvait le besoin d'étendre les limites de son duché jusqu'au Rhône, s'était toujours défendu respectueusement, renvoyant l'exécution de cette entreprise au moment où la Provence serait conquise et lui obéirait. Philippe II n'avait pas insisté, dans la crainte, au dire de Fabrègues, que son gendre ne s'alliât au roi de Navarre, et n'osant le renvoyer sans secours et sans espérance, bien persuadé, du reste, que les embarras qu'il allait

---

(1) *Mémoires de* Fabrègues.

trouver en Provence le forceraient à modifier ses projets, il lui donna mille hommes d'infanterie et lui promit cinquante mille écus par mois pendant sept mois (1). La députation vint s'embarquer à Barcelonne, d'où elle partit le 29 juin. Ces hommes qui avaient quitté leur pays pour aller traiter de sa servitude, les uns, comme les agents de Casaulx, à beaux deniers comptant, les autres, comme Fabrègues, attirés par le mirage d'une liberté provinciale qui n'aurait pas tardé à être absorbée par le roi d'Espagne, allaient voir sombrer leurs convoitises ou leurs illusions sous des événements qui n'avaient pu entrer dans leurs prévisions. La providence gardait à chaque chef de parti son châtiment : au duc de Savoie, la honte d'une évacuation de la province qui ressemblait à une fuite ; à la comtesse de Sault, la dure punition des ambitieux et des intrigants : la désaffection publique et l'oubli ; à Casaulx, une mort violente et les outrages de ses contemporains. Le peuple, au nom duquel tout le monde parlait et agissait, et dont, au fond, personne ne se préoccupait, allait se rallier à la bourgeoisie, qui avait commis et allait commettre encore bien des fautes et montré bien des défaillances, mais qui puisait une grande force dans ses instincts de patriotisme et de véritable liberté. Ces deux éléments de la population, qui représentaient la force unie à l'intelligence, allaient seuls rester debout au milieu de ces intrigants abattus, et forcer la noblesse à rentrer dans la voie sainte qui devait conduire la patrie provençale vers les hautes destinées qui lui étaient assignées.

(1) « Le duc de Savoye s'embarqua à Marseille avec le président Jeannin pour aller en Espagne, où il reconnut, comme fit ledit président, que l'on avoit aussi peu d'envie qu'il devint maitre de la ville de Marseille que de la France, soit que le roy d'Espagne fit estat que ladite ville ne pouvoit lui échapper avec le reste du royaume, ou que l'accroissement de son gendre lui fut aussi suspect qu'aux autres. » *Mémoires de* VILLEROY, p. 237.

Le duc de Savoie, retenu longtemps à la mer par les calmes de l'été, n'arriva à Marseille que le 6 juillet, avec quinze galères qui portaient les mille soldats espagnols. La flotte fut signalée le matin. La vue de ces nombreuses voiles produisit une grande émotion à Marseille. Casaulx, qui n'avait cherché dans le duc qu'un moyen de satisfaire son ambition, n'avait pas eu de peine à le rendre suspect aux yeux de ses compatriotes le jour où sous le protecteur il avait deviné le maître. Il fit répandre le bruit que le prince venait s'emparer de la ville. Les consuls, sur ses instances, se rendirent auprès du duc pour l'inviter à n'entrer dans le port qu'avec deux galères seulement : « J'en« trerai seul, si cela vous fait plaisir, » répondit d'un ton brusque Charles-Emmanuel, et en même temps il ordonna à son pilote de prendre la tête de la ligne. A peine sa galère avait-elle franchi l'entrée du port, que les canons des batteries de la marine firent une salve en signe de réjouissance ; un épais nuage de fumée ayant couvert la mer et dérobé les mouvements de la flotte aux spectateurs, celle-ci donna dans la passe à la suite du duc et vint accoster le quai. Les Marseillais se considérèrent comme offensés, un immense cri s'éleva du sein de la population rassemblée sur le rivage, quelques miliciens de service au fort Saint-Jean déchargèrent leurs arquebuses sur les galères et tuèrent deux mariniers. Le duc s'empressa de calmer l'exaspération publique ; il dit « que les Gennois qui l'avoient « accompaigné ne luy estoient pas affectionnez, et eussent estez « bien aises que la ville heust monstré d'estre en défiance de « luy, tellement que, pour leur faire voir qu'ils estoient en « grande intelligence et amitié, il avoit faict entrer toutes les « galères (1) ». Il promit que la flotte se retirerait le lende-

---

(1) *Mémoires de* BAUSSET. Les galères appartenaient au port de Gênes et étaient montées et commandées par des Génois.

main et irait débarquer les troupes à la Ciotat; ce qu'elle fit en effet.

L'esprit politique de Marseille préoccupait vivement la province depuis que le duc de Savoie avait été reçu et acclamé par cette ville à son départ pour l'Espagne. La Valette attendait avec anxiété quelle conduite ses habitants allaient tenir à l'égard du prince à son retour. La résistance qu'ils mirent à ne laisser entrer que deux galères dans le port causa une vive satisfaction dans le parti royaliste. La Valette en informa le roi, et la joie qu'en éprouva celui-ci fut si grande, qu'il crut devoir faire connaître ce fait au duc de Montmorency. « J'ai sçeu, lui
« écrivait-il le 22 août, du camp devant Noyon, du sieur de
« La Valette, comme le duc de Savoye est retourné en Provence
« avec huict ou neuf galères, et que ceulx de Marseille n'ont
« permis qu'il en soit entré que deux dans le port, et chargées
« de ceulx de sa maison seulement. Si cela est, c'est signe
« qu'ils ne sont pas encore de tout à luy, comme j'ai sçeu qu'il
« le fait dire en Italie...... (1) »

Fabrègues, en arrivant à Marseille, trouva Besaudun, qui avait été reçu froidement par le duc. Ils eurent une conférence avec Casaulx. Celui-ci leur apprit que Martinengue et Vitelly, qui était parvenu à s'enfuir de Sisteron, avaient, pendant l'absence de leur maitre, gagné Biord, qui leur avait promis de livrer Arles au duc. Casaulx avait été instruit de ces menées par La Rivière, lieutenant de Biord. Il ajouta qu'il avait une occasion de le faire venir à Marseille, sous le prétexte du baptême d'un de ses neveux, et s'engagea à le rallier complétement au parti de la comtesse. Fabrègues lui fit jurer, quel que fut le résultat de ses démarches, de ne rien lui découvrir de leur secret.

(1) *Lettres missives de* HENRI IV, t. III, p 468.

Les rapports qui arrivèrent promptement à Fabrègues sur la fidélité chancelante de quelques capitaines influents de son parti, et sur les intrigues des agents du duc, l'épouvantèrent. Il en conféra avec Besaudun, et ils conçurent une résolution hardie. A un danger imminent ils voulurent opposer une solution violente, et décidèrent de s'emparer de la personne du prince en procédant à son arrestation. Ils communiquèrent leur projet à La Fare, Guiran, du Castellar, Rabasse et quelques autres sur lesquels ils pouvaient compter. Ils devaient engager le duc à faire le siège du Puech, l'appeler le lendemain à Aix sous le prétexte d'une affaire urgente, et le faire arrêter en route par Meyrargues et Besaudun, qui l'auraient escorté avec leurs compagnies. Une fois le duc prisonnier, ils devaient congédier ses troupes, moins le contingent espagnol, pour lequel Fabrègues avait un ordre de Philippe II, qui lui enjoignait de ne pas sortir de Provence sans une autorisation du roi. Besaudun avait proposé de communiquer ce projet à Salines, qui commandait les troupes espagnoles, et avec lequel il était lié d'une étroite amitié, mais Fabrègues s'y opposa.

Casaulx avait été exclu des conférences où ces résolutions avaient été arrêtées. Le lendemain, comme Fabrègues et Besaudun allaient lui faire leurs adieux avant de partir pour Aix, soit qu'il eut connaissance de ce qui s'était passé, soit qu'il agit sous son impulsion propre, il leur proposa brusquement de faire tuer le duc. Fabrègues et Besaudun repoussèrent ce projet, mais Casaulx les ayant pressé et leur ayant démontré qu'il n'y avait pas de voie plus sûre pour débarrasser le parti et la Provence de lui, Besaudun lui confia alors imprudemment leur secret, ce dont il ne tarda pas à se repentir.

A son arrivée à Aix, Fabrègues vit la comtesse et lui remit le projet de traité à intervenir entre le roi d'Espagne et elle. Ils décidèrent qu'il fallait attendre au moins trois mois avant d'y donner suite : ils fondaient peut-être de grandes espérances sur les résultats de l'arrestation du duc, et pensaient que cet événement pouvait amener des conséquence qui leur laisseraient les coudées franches pour pousser le pays dans la voie qui leur paraîtrait la meilleure. En attendant, ils arrêtèrent que « Arles « n'estant pas de leur parti et Marseille estant chancelante, il « fallait accepter provisoirement les conditions du roi d'Espagne « et lui donner une place maritime ; que si Marseille se décidait pour eux, on pourrait esviter, en la lui abandonnant, de « faire le siége de Tolon, qui exigeroit une grande perte de « temps et occuperoit un grand nombre de soldats ; qu'il falloit « espérer que le roi feroit en Provence ce qu'il faisoit en Toscane, dans la Romagne, sur les costes d'Afrique et dans l'Inde, « où il possédoit des ports sans avoir jamais cherché cependant « a s'estendre dans l'intérieur ; qu'il pourroit bien garder Marseille et même, plus tard, Arles, pour avoir une porte ouverte « sur le Roussillon, mais qu'il n'y avoit pas apparence qu'il « voulut asservir la Provence, qu'il prendroit au contraire sous « sa protection (1) ». Ils examinèrent ensuite les moyens de se débarrasser du duc ; ils rejetèrent celui de Casaulx, ainsi que l'idée émise par un de leurs amis, de tourner leurs armes contre le duc un jour de bataille, de manière à le mettre entre les feux de La Valette et des ligueurs provençaux. Il parut à la comtesse et à Fabrègues que c'était une perfidie honteuse que de livrer aux ennemis celui qu'on avait appelé avec tant d'instance et reçu avec tant d'enthousiasme. On s'arrêta au plan d'arrestation proposé par Besaudun, et on décida qu'en attendant on ferait bon visage au duc, et que le secret de l'entreprise resterait entre Oize, Meyrargues, Allamanon, Croze, du Castellar, Guiran et Rabasse. Quelques jours après, La Rivière

(1) Voir les *Mémoires de* FABRÈGUES.

étant venu à Marseille pour assister au baptême du neveu de Casaulx, ce dernier lui fit des ouvertures et le trouva tout disposé à traiter avec le roi d'Espagne ; mais il mit pour condition que la comtesse et le Parlement rompraient ouvertement avec le duc. Casaulx lui déclara que la comtesse y était complétement déterminée, et comme La Rivière disait qu'on ne pourrait se défaire de lui qu'en le tuant, Casaulx eut l'imprudence de lui avouer qu'il avait déjà donné ce conseil, mais qu'il avait été repoussé et qu'on s'était arrêté au projet de s'emparer de sa personne au siége du Puech, qu'on allait l'engager à entreprendre. Cette révélation devait perdre le parti de la comtesse, en faisant échouer le complot par la trahison de La Rivière.

En même temps que les mille soldats espagnols envoyés par Philippe II débarquaient à la Ciotat et se dirigeaient sur Aix, quatre galères toscanes, portant des hommes, des vivres et des munitions, arrivaient au château d'If. Nicolas de Baussel, qui commandait aux îles pour le duc de Mayenne, avait reconnu l'impossibilité de se maintenir, si Marseille se livrait au duc, et il avait demandé des secours au grand duc de Toscane. Ce prince, jaloux de la splendeur croissante de la maison de Savoie et poussé par la grande duchesse, qui était de la maison de Lorraine, s'était hâté d'accéder à sa demande. Charles-Emmanuel n'avait pas encore quitté Marseille quand les galères toscanes arrivèrent sur rade. Il entra dans une violente colère et fit dire à Baussel de venir lui donner des explications ; mais celui-ci ayant refusé d'obéir, il le fit déclarer rebelle par le conseil de la communauté, avec défense, sous peine de mort, de lui fournir des vivres.

Sur ces entrefaites, l'avocat général du Laurens arriva de Rome, apportant une bulle par laquelle Grégoire XIV ordonnait à tous les prélats, princes, gentilshommes et communautés, d'abandonner avant quinze jours le roi Henri IV, sous peine d'excommunication. Le retour en Provence du duc de Savoie et cet acte de la puissance théocratique relevèrent complétement le courage des ligueurs, qui se disposèrent à reprendre les armes.

Après avoir séjourné quelques jours à Marseille, le duc de Savoie était parti pour Aix, où, ayant fait faire au peuple d'abondantes distributions d'argent, il avait été reçu avec un grand enthousiasme. On ne tarda pas, néanmoins, à s'apercevoir que ses sentiments à l'égard des chefs du parti et des capitaines ligueurs provençaux étaient bien changés. Lui qui avait toujours eu le sourire facile, et s'était constamment montré accessible à chacun, ne parut plus en public qu'avec un visage froid et sérieux. Il y avait dans son regard et dans ses paroles une anxiété et comme une défiance de tous ceux qui l'approchaient, qui n'étaient pas dans ses habitudes étudiées depuis qu'il était entré en Provence, et bientôt il ne reçut plus que ses amis les plus intimes et ses confidents les plus secrets. Ses relations avec la comtesse de Sault devinrent gênées et souvent tendues, jusqu'à en arriver presque à une rupture : au fait, il avait été mis à peu près au courant des menées de Fabrègues à Madrid par du Laurens, auquel un secrétaire du pape, chargé d'ouvrir les dépêches du nonce à la cour d'Espagne, les avait révélées, et il en gardait un profond ressentiment contre celle-ci.

Dès son arrivée à Aix, le duc avait assemblé un conseil de guerre et fait décider que le siège de Berre serait poussé avec activité. Il se mit immédiatement après en marche avec une armée composée de huit cents chevaux, douze cents arquebusiers savoyards, douze cents fantassins provençaux, deux cents piquiers espagnols et douze pièces de canon. Berre étroitement bloquée déjà n'avait plus reçu de vivres depuis le ravitaillement opéré par La Valette et Lesdiguières. Les défenses de la place consistaient dans un mur d'enceinte de peu de résistance, dans une citadelle couverte par une demi-lune ou ravelin, entourée d'un fossé large et profond qui coupait presque entièrement la presqu'île, et en deux forts, l'un au lieu dit des *Moulins* et l'autre à la *Bastide de Néric*. Antérieurement, il existait un troisième fort plus en dehors de la place, mais les ligueurs ayant été sur le point de s'en emparer en juin, Mesplez l'avait fait raser (1). Berre étant située sur une presqu'île, le duc de Savoie rendit l'entrée de tout nouveau secours impossible, en creusant de nombreuses tranchées et en gardant exactement toutes les avenues.

Quand le vaillant Mesplez avait remplacé le seigneur d'Istre dans le commandement de Berre, il avait avec lui six compagnies; mais le feu de l'ennemi, les maladies, les privations de toutes sortes avaient considérablement réduit la garnison à l'arrivée du duc de Savoie. La Valette informé de l'effort qu'allait tenter la Ligue pour réduire une place qu'il considérait comme de haute importance, demanda des secours à Lesdiguières, qui lui envoya Gouvernet avec cent hommes seulement, et descendit de Sisteron. Il avait avec lui quinze cents hommes d'infanterie, sept cents chevaux et huit cents arquebusiers. Il passa par les Mées, Riez, Correns, le Val, Saint-Maximin, et arriva le 28 juillet à Condoux, près de Berre. Il espérait attirer le duc hors de ses lignes de retranchements, et était décidé à courir les chances d'un combat, malgré l'infériorité numérique de son armée. Le lendemain il quitta Condoux et vint camper aux granges de Vautubières, à une lieue de l'arrière-garde des ligueurs. Mesplez informé de la présence du gouverneur sur le territoire, organisa tout ce qu'il lui restait de troupes ainsi que

(1) *Notice historique sur la ville de Berre*. Manuscrit de M. V. Castillon.

les habitants en état de porter les armes, et se prépara à faire une sortie, si les deux armées en venaient aux mains. La Valette se rapprocha davantage des ennemis et vint choisir son terrain dans une plaine, du côté de la Fare, mettant tout en œuvre pour faire accepter au duc un combat à la faveur duquel il espérait forcer les ligueurs à s'éloigner de Berre, ou tout au moins à faire entrer dans la place des hommes, des vivres et des munitions de guerre. Le duc, qui ne manquait pas de bravoure et aimait à laisser beaucoup à l'imprévu, avait d'abord voulu accepter la bataille, poussé en cela par les capitaines provençaux et surtout par Besaudun ; mais il en fut détourné par Martinengue, qui lui démontra que cette détermination était une imprudence qui pouvait devenir fatale pour le but qu'il poursuivait. Il s'obstina, à partir de ce moment, à rester dans ses lignes. L'inaction du duc irrita La valette, qui, plusieurs fois, ne put retenir des paroles de colère et de mépris en parlant de son ennemi : « Je ne vous dis rien du succès de « notre voiage, écrivait-il à Baratte, parce que le duc s'est « retranché par forts et fossés, et n'a jamais voulu venir au « combat. » Désespérant de pouvoir être utile aux assiégés, n'ayant pas de canons pour prendre l'offensive, il fit dire à Mesplez qu'il allait se retirer pour se porter à la rencontre de cinq cents cavaliers que le connétable de Montmorency lui envoyait ; il l'engagea à tenir pendant quinze jours encore, l'autorisant, si au bout de ce temps il n'était pas venu le secourir, à entrer en composition.

Mesplez soutenait depuis longtemps un blocus très-rigoureux. Tous les approvisionnements étaient épuisés, et la mort avait fait de nombreuses victimes parmi les habitants et la garnison. Depuis deux semaines on ne distribuait plus, chaque matin, qu'une maigre ration composée d'un pain fabriqué avec de la farine de graines de lin. Cette dernière ressource allait bientôt faire défaut à son tour, et Mesplez était sur le point de voir tous ceux qui restaient encore debout autour de lui succomber à la faim. Il demanda à parlementer. Le comte de Martinengue fut chargé de traiter des conditions. Pendant les pourparlers, Mesplez apprit que La Valette n'ayant pas rencontré le renfort languedocien s'était rabattu sur la Tour-d'Aigues, propriété de la comtesse de Sault. Il eut un instant l'espérance que par l'influence de celle-ci, le duc lèverait le siége pour aller dégager les terres et les vassaux de son alliée, et il mit sa reddition à de telles conditions, que Martinengue fut obligé de se retirer. Mesplez ne s'était pas mépris sur le but de La Valette quand il avait manœuvré pour porter la guerre sur le territoire d'outre-Durance, malheureusement le duc se souciait fort peu en ce moment des intérêts de la comtesse, et il laissa les royalistes piller sans crainte et sans dangers la Tour-d'Aigues ; il résolut même de profiter de l'éloignement du gouverneur pour tenter un grand coup contre Berre.

Un jour qu'il examinait les abords de la place, il remarqua que par suite du retrait de l'eau des étangs on pouvait se rendre aux Salins presque à pied sec. Il résolut d'établir sur ce terrain une batterie qui n'était qu'à cinq cents pas de la ville, et y fit transporter douze canons et cinq bâtardes ou couleuvrines. Le lieu où il établit sa batterie prit le nom, qu'il porte encore, de île de Saint-Victor, en l'honneur du fils du duc, Victor-Amédée, âgé de quatre ans. Le lendemain les ligueurs commencèrent le feu, qui dura deux jours Mesplez, foudroyé par l'artillerie, en proie à la famine, sans espérance de secours, capitula le 20 août, après avoir supporté toute les horreurs d'un siége et essuyé le feu de mille trente-sept coups de canon, ce qui était formidable pour l'époque. Les termes de la capitulation portaient que : la garnison sortirait vies et bagues sauves, tambour battant, enseignes déployées, balle en bouche et mèches allumées des deux bouts ; que les soldats seraient conduits à Pertuis ; que les habitants qui voudraient se retirer auraient un sauf conduit pour eux et leurs familles, et que ceux qui demeureraient auraient toute sûreté pour leurs personnes et leurs biens. Le duc de Savoie voulant témoigner à Mesplez tout le cas qu'il faisait de sa valeur, lui fit présent d'une bourse contenant quatre mille écus d'or et d'un cheval barbe. En recevant, le jour de la capitulation, les principaux officiers ligueurs qui venaient le féliciter, il loua hautement Mesplez et ajouta : qu'il s'estimerait bien heureux s'il avait à son service douze hommes comme lui. Le lendemain 21 août, Mesplez évacua la place. Il défila devant la tente du duc de Savoie à la tête de soixante soldats et de trente habitants environ ! c'était tout ce qui restait, pouvant porter les armes, d'une garnison nombreuse et d'une population qui avait toujours bravement combattu. Le duc ressentit une émotion profonde à l'aspect de ces valeureux soldats exténués de faim et de misère, maigres et hâves. Il fit offrir à Mesplez, s'il voulait le servir, dix mille écus et le gouvernement de Revel, en Piémont, ou de toute autre place à son choix ; mais Mesplez refusa noblement. La colère remplaça alors chez le duc l'admiration, et s'adressant au vaincu, il lui dit : que s'il tombait jamais entre ses mains, il le ferait pendre (1).

Déjà quelques orages précurseurs des tempêtes qui allaient éclater s'étaient manifestés dans les relations du duc de Savoie

---

(1) *Addition au siége de Berre par le sieur de* VIGNAN.
La reddition de la place eut lieu après dix-sept mois et trois jours de siége, le jour de Saint-Bernard, prénom de Mesplez, d'où les deux vers provençaux rapportés par Nostradamus :

    Lou propre jour de Sant-Bernard,
    Lou duc a pres Berro à Bernard.

Les ligueurs trouvèrent à Berre pour cent mille écus de sel.

avec la comtesse de Sault. Cette dernière comprenait qu'elle ne pourrait se débarrasser du prince aussi facilement qu'elle l'avait supposé, et était effrayée de la puissance qu'il s'était acquise dans la province. Elle essaya de nouer des relations avec La Valette. Dans une halte qu'il fit à Saint-Maximin, en descendant vers Berre, elle envoya vers lui un de ses amis nommé Puylobier, qui arriva pendant la nuit, et repartit avant le jour (1) ; mais il est probable que les conditions d'alliance proposées ne furent pas acceptées.

La prise de Berre précipita les événements. Le duc de Savoie avait promis depuis longtemps le gouvernement de cette ville à Besaudun. Quand Mesplez l'eut évacuée, il le fit appeler et le lui proposa de nouveau, mais à la condition qu'il prêterait serment de fidélité entre ses mains, qu'il accepterait pour lieutenant un officier de Savoie, et que les Provençaux ne composeraient que la moitié de la garnison. Besaudun fut profondément froissé de ces propositions et n'hésita pas à refuser en des termes respectueux, mais qui n'excluaient pas un certain sentiment de colère. Le duc, qui n'admettait plus de compromis et marchait résolument à son but, le congédia froidement et, le même jour, investit de ce gouvernement un capitaine de son armée du nom de Just, auquel il donna une garnison composée, à peu d'exception près, de troupes savoyardes et espagnoles.

Besaudun, la comtesse, tout le parti, considérèrent cet acte d'autorité comme une violation manifeste des promesses du duc. Ils en conçurent une vive irritation et s'en plaignirent hautement. La comtesse et les procureurs du pays écrivirent en termes amers au duc pour réclamer ce gouvernement pour Besaudun. Fabrègues porta ses remontrances à de Ligny et lui

---

(1) LOUVET, t. II, p. 225.

dit : « Qu'on verroit bien à ce coup s'il sçauroit donner un bon
« et salutaire conseil à son maistre, et qu'il falloit aviser bien
« soigneusement à la conclusion de ce poinct, pour ce que tout
« le bien et le mal qu'on en pourroit jamais espérer en dépen-
« doit, et que les affaires estoient au plus beau chemin qu'on pou-
« voit désirer, mais que pour mesme moyen elles estoient aussy
« sur le poinct de la plus grande ruyne qu'on sçauroit jamais
« craindre (1). » De Ligny ne lui ayant donné aucune satisfaction, il sollicita et obtint une entrevue avec le duc. Il lui représenta les conséquences de sa décision, qui pouvait amener la
division dans le parti ; il lui montra la noblesse provençale
comme tenant à honneur de voir les services de Besaudun
récompensés, et l'émotion de la province, qui allait voir dans
cette disgrâce la confirmation des projets d'ambition personnelle de Son Altesse, qui, disait-on, voulait envahir le pays. Le
duc ayant récriminé avec aigreur et prononcé le nom de la
comtesse de Sault, Fabrègues lui répondit qu'il était autorisé à
lui dire que la comtesse voyait bien que le duc ne voulait plus
d'elle, quoiqu'elle l'eût toujours servi utilement et fidèlement ;
que ses ennemis l'avaient perdue dans son esprit, et qu'elle
l'engageait bien à réfléchir à ce qu'il allait faire ! Charles-
Emmanuel ne tint aucun compte de ces démarches et de ces
avertissements ; il lui importait peu, en effet, en ce moment, de
se démasquer, et une rupture avec son alliée pouvait lui être
plus profitable que la continuation de relations pleines de
défiances et peut-être de dangers. Il fit répandre dans l'armée
et à Aix mille bruits injurieux contre son alliée et contre les
gentilshommes qui tenaient son parti ; on disait : que la noblesse
provençale n'était composée que de traitres ; qu'on trompait
« ce pauvre prince », qui avait si libéralement sacrifié ses sol-

---

(1) *Mémoires de* BESAUDUN.

dats et ses finances, risqué sa vie, abandonné sa femme et ses enfants, et qu'en retour de tant de dévouement et de sacrifices, on voulait le chasser pour appeler les hérétiques, si toutefois on ne parvenait pas à le livrer aux ennemis ; que la comtesse de Sault trahissait la Ligue, qu'elle voulait se marier avec La Valette (1) et marier son fils avec la fille de Lesdiguières, et que pour consommer ces immenses attentats, elle mettait tout en œuvre pour discréditer le duc et paralyser ses bonnes intentions.

La Ligue en Provence s'était déjà scindée en deux factions : la Ligue française et la Ligue savoyarde. Cette dernière se divisa à son tour, et il y eut, à partir de la prise de Berre, la faction de la comtesse et la faction du duc. Casaulx, que ses intérêts liaient plus étroitement à la comtesse, écrivit au duc que le plus grand mécontentement régnait à Marseille ; qu'on se plaignait hautement de ce qu'il violait le pacte, en mettant

(1) Le gouverneur avait perdu sa femme à Sisteron, dans le courant du mois de mai. L'idée d'un mariage entre la comtesse de Sault et La Valette était fort répandue en Provence. L'initiative en était due, paraît-il, à un gentilhomme du parti du gouverneur, qui voyait dans ce compromis un moyen de mettre un terme à la guerre civile. Pendant le séjour du duc de Savoie en Espagne, ce gentilhomme écrivant à un de ses amis qui tenait le parti de la Ligue, lui disait : « ..... Vous avés une veufve de vostre côté « et nous avons un veuf du nostre. Ce seroit un grand bien de trouver par « le moyen d'un mariage quelques remèdes aux troubles de ceste province, à quoy je ne connois personne plus propre et plus capable pour « en fére les ouvertures que vous. Sçachez les dispositions de la volonté « de Madame la comtesse, et l'asseurez de ma part, comme serviteur très-« humble que je luy suis, que celuy que bien entendez est autant disposé « à l'honorer et la servir qu'elle le sauroit désirer. » Cette lettre fut remise à la comtesse, qui la communiqua à Martinengue, lequel lui conseilla de paraître disposée à accepter ; « mais elle ne voulut pas jouer « à cela. » A l'arrivée du duc en Provence, celui-ci crut pouvoir se servir de cette confidence pour ruiner son crédit et la montrer comme trahissant son parti.

des gouverneurs étrangers dans les villes soumises ; que son dévouement personnel au prince l'exposait aux accusations les plus passionnées, que la population disait hautement qu'il voulait vendre la ville au duc, et qu'il craignait d'être obligé de quitter bientôt Marseille où sa vie était en danger, si Son Altesse ne donnait pas immédiatement une preuve de la sincérité de ses intentions en confiant le gouvernement de Berre à Besaudun. Le duc ne se laissa pas émouvoir ; il répondit à Casaulx : que s'il avait des craintes pour sa vie, il n'avait qu'à venir se réfugier auprès de lui, mais que pour ce qui regardait le gouvernement de Berre, il n'avait cru pouvoir agir autrement dans l'intérêt de la province. Au fond, il n'aurait peut-être pas été fâché de voir Casaulx cesser d'exercer à Marseille l'empire de son autorité, car on raconte que parlant de lui, il se laissa aller à dire : « Si nous pouvions tirer cet homme « de Marseille, nous ferions un grand coup, mais il est tant « énivré de la fureur du chaperon qu'il n'en fera rien ! » Berre resta entre les mains d'un capitaine étranger, et les deux factions continuèrent, en apparence, à marcher de concert, mais au fond elles étaient pleines de soupçons vis-à-vis l'une de l'autre, et elles comprimaient difficilement les ressentiments qui les agitaient.

Pendant que la ville de Berre succombait, La Valette, après avoir de nouveau demandé des secours à Lesdiguières, avait quitté la Tour-d'Aigues et était descendu vers Barbantane pour recevoir les troupes que le maréchal de Montmorency devait lui amener. Lesdiguières entra en Provence par la viguerie de Sisteron avec trois cents chevaux, et ayant rallié quelques troupes d'infanterie provençale qui bloquaient Lurs, il s'empara de cette place, ainsi que de Courbon et de Champtercier. En même temps le duc de Montmorency, suivi du vieux colonel corse Alphonse d'Ornano, passa le Rhône à Tarascon avec un corps de cavalerie languedocienne, et se dirigea sur Barbantane pour faire sa jonction avec La Valette. En quittant Tarascon, il prit le château de Graveson après huit jours de siége. La place se rendit à discrétion. Les Languedociens firent un cruel abus de la victoire : ils rançonnèrent les officiers, envoyèrent les soldats aux galères, et pendirent un prêtre qui avait montré une exaltation imprudente pour la Sainte-Union. Ces événements se passaient en août. Montmorency rejoignit La Valette au moment où celui-ci apprenait par un espion la capitulation de Berre et la marche en avant du duc de Savoie. Charles-Emmanuel, en effet, s'était mis en mouvement pour aller secourir Graveson, mais arrivé à Grans, un rapport erroné lui apprit que le siége de Graveson avait été levé, et que La Valette et Montmorency avaient repassé la Durance. Il s'avança vers Orgon pour occuper cette place, qui gardait un des passages les plus fréquentés de la Durance, et ne connut qu'en arrivant la fausse marche qu'il avait faite, la prise de Graveson et la présence de La Valette et de Montmorency à Barbantane. Il eut un moment la pensée d'aller offrir le combat aux royalistes, mais il en fut détourné par ses conseillers, qui lui démontrèrent la force supérieure des ennemis en cavalerie, et Lesdiguières parcourant, sans trouver de résistance, la Haute-Provence, et frappant toutes les vigueries ligueuses de contributions de guerre. En ce moment, en effet, il reçut les supplications des villes du haut pays, qui imploraient sa protection. Il laissa Besaudun à Orgon pour tenir tête aux ennemis s'ils voulaient s'emparer de cette place, et remonta la Durance pour se rendre à Digne.

Besaudun n'avait avec lui que quatre cent cinquante arquebusiers et des vivres pour huit jours, et il était à quelques lieues seulement de l'armée ennemie. Il n'eut pas de peine à comprendre que le duc de Savoie voulait le perdre ou le déshonorer. Entre un refus honteux et une mort inévitable il n'hésita pas ;

il se fortifia le mieux qu'il lui fut possible sur un coteau et attendit les événements.

La Valette et Montmorency ne firent aucun mouvement vers Besaudun; ils entretenaient depuis quelque temps des intelligences dans Arles, et s'avancèrent avec toutes leurs forces vers cette ville. Ils firent descendre sept canons en bateaux par le Rhône, et, le 10 septembre, arrivèrent devant la place. L'artillerie et les troupes languedociennes se logèrent à Trinquetaille, les Provençaux campèrent à la Crau. On s'explique difficilement l'inaction des royalistes en ce moment; il est possible que leurs adhérents dans la ville aient reculé devant une manifestation en leur faveur. Quoiqu'il en soit ils ne firent aucune tentative d'attaque, et tournèrent, quelques jours après, leurs armes vers le château du Baron et la Camargue, qu'ils ravagèrent. La vue des enseignes ennemies avait fait naître cependant une profonde émotion dans Arles, et les consuls se hâtèrent d'écrire au duc de Savoie pour lui demander sa protection. Celui-ci était dans la Haute-Provence, en marche sur Digne, à la poursuite de Lesdiguières, qui venait de rentrer en Dauphiné pour se porter au secours de Grenoble menacé par huit mille Piémontais (1). Il jeta une garnison dans Digne et revint dans l'ouest de la Provence à marches forcées. A peine arrivé à Salon, il envoya Saint-Romans et Allamanon avec cent maîtres et cent arquebusiers à cheval à Arles. Ce secours redonna du courage aux

---

(1) Le duc de Savoie avait essayé de reporter la guerre sur le territoire de son principal ennemi, et il avait envoyé une armée de huit mille hommes envahir le Dauphiné et attaquer Grenoble. Ses troupes furent vaincues le 18 septembre à Poncharra, dans la vallée de Grésivaudan. Deux mille cinq cents soldats furent tués, les autres furent mis en fuite. Voyez : *Discours de la défaite de l'armée de Savoie faite par le sieur de Lesdiguières en la plaine de Pontcharra*. Dans les *Mémoires de la Ligue*, t. IV, p. 354, 356, 623, 627.

habitants et intimida les royalistes, qui évacuèrent tout à fait le territoire : le duc de Montmorency rentra en Languedoc pour s'opposer aux armes de Joyeuse, et La Valette se dirigea vers les Alpes ; il passa le Rhône à Pont-Saint-Esprit, entra dans le comté de Grignan, se rendit en Dauphiné, et revint par cette province à Sisteron, où il arriva le 19 septembre.

La ville d'Arles était depuis quelque temps remplie de troubles et de révolte. Le lieutenant Pierre Biord s'était emparé du pouvoir et exerçait une effroyable tyrannie. Il avait fait élire consuls trois de ses séides : La Rivière, Bouccicaut et Gérard, un ambitieux, un brouillon, et un factieux. Son principal pourvoyeur de victimes était un homme grossier et haineux, nommé Rasclet. Biord, audacieux, éloquent, doué d'une imagination ardente, avait soulevé et entraîné à sa suite une populace exaltée et fanatique, qu'il avait le talent de passionner et de faire mouvoir au gré de ses désirs. La ville entière tremblait devant ce tyran. Les principaux citoyens d'Arles furent saisis et jetés en prison sous prétexte de complot contre sa vie et de trahison pour livrer la ville au duc de Montmorency. Rasclet et Bouccicaut avaient été les dénonciateurs de ces hommes de bien, Biord en fut le bourreau. Parmi les incarcérés se trouvaient les deux frères Bibion ; il les fit obséder de sollicitations dans leur cachot pour qu'ils révélassent le prétendu complot, leur promettant la vie sauve en récompense de leur déclaration. Ils s'y refusèrent avec indignation. Biord fit mettre alors l'aîné des deux frères à la torture ; il le fit suspendre à une poutre par les bras, une pierre de quatre-vingt-dix livres attachée aux pieds ; il lui fit labourer les cuisses avec un poignard, et ne pouvant obtenir de lui ni une signature, ni un aveu, il l'abandonna mourant dans son cachot pour exercer les mêmes cruautés sur son frère. Celui-ci ne put supporter longtemps ces supplices ; vaincu par la douleur, il avoua et signa tout ce qu'on voulut lui faire avouer et signer. Sur ces déclarations arrachées par les tourments, Biord fit arrêter Vincent Aubert, Quinqueran, Robert de Chiavary, Beaujeu et ses deux fils, de Roquemartine, Aube, Paradis, les frères Meyran, de Cabanis, d'Usane, etc., les fit jeter en prison, et les soumit aux plus indignes traitements, faisant donner la question aux uns, menaçant les autres de la fureur populaire, refusant à plusieurs de l'eau et du pain.

Le duc de Savoie venait d'arriver à Salon, quand Biord, décidé à mettre la ville sous son autorité, assembla un Conseil général et fit nommer une députation, à la tête de laquelle il se plaça, qui vint le supplier d'entrer dans Arles, l'assurant que tous lui obéiraient dès qu'il se présenterait (1).

La comtesse de Sault avait reçu avis de cette députation ; elle craignit que de telles avances faites par une ville aussi importante que celle d'Arles n'entrainassent les autres villes de la province sous la domination du duc. Pour l'empêcher de se rendre à Arles, elle résolut de le forcer à entreprendre immédiatement le siége du Puech, pensant pouvoir mettre à exécution le complot tramé contre lui. L'attaque de cette place avait été déjà décidée en principe, et le duc avait promis de l'effectuer dès son retour de la Haute-Provence. La comtesse s'appuyant sur la situation intolérable que les fréquentes sorties de la garnison du Puech faisaient à la population et au commerce d'Aix, et prétextant que le duc allait conduire à Arles, pour les y laisser, les canons préparés pour le siége du Puech, fit décider par le Parlement qu'une députation serait envoyée auprès du duc afin de lui rappeler sa promesse. La chambre des Comptes,

---

(1) Fabrègues, dans ses *Mémoires*, dit que Biord avait fait précédemment un traité secret avec le duc qui le laissait gouverneur d'Arles. P. 217.

les procureurs du pays, les consuls, se firent représenter dans la députation pour lui donner plus de force et d'autorité, et la comtesse elle-même l'accompagna à Salon. Le duc reçut froidement son alliée, ne lui offrit même pas un logement dans l'hôtel qu'il habitait, et elle fut forcée de descendre chez son fils Créqui qui commandait une compagnie de l'armée.

A Salon comme à Berre un capitaine savoyard avait le gouvernement de la ville. La comtesse eut avec le duc une entrevue où elle s'exhala en récriminations et en plaintes amères ; elle lui dit : « Qu'elle n'ignorait pas combien le duc la tenait en sus-
« picion ; qu'elle avait les oreilles remplies des impostures que
« les siens faisaient résonner de toutes part contre elle et ses
« amis, dans l'intention bien évidente de lui jeter le peuple sur
« les bras ; que son cœur s'attristait de voir tant de braves et
« jeunes capitaines provençaux méprisés, décriés par les offi-
« ciers de Savoie, et éloignés par le duc des commandements
« qu'ils avaient si bien mérités ; qu'elle perdait toute espérance
« de voir les affaires tourner au bien, à cause de l'étrange et
« inespérée conduite du prince, et que pour ce qui la concer-
« nait personnellement, quoi qu'elle ne fut pas provençale, elle
« s'était mariée dans cette province, que ses enfants y étaient
« nés et y avaient tous leurs biens, et que, malgré qu'elle tint
« au pays par les liens du cœur et des intérêts, elle n'avait
« d'autre désir que de se retirer en *France*, auprès de sa
« mère ! » Le duc ayant voulu expliquer ces récriminations par le refus qu'il avait opposé à la demande du gouvernement de Berre pour Besaudun, elle s'irrita très-fort : « J'en aurois beau-
« coup d'occasions, Monsieur, dit-elle, de me plaindre pour
« avoir esté refusée après vous avoir faict tant de services, en la
« première requeste que je vous ai jamais faicte pour un de
« nos plus affectionnés serviteurs, et mon plus grand regret,
« c'est de vous en avoir importuné. — Je le feray, adjousta Son

« Altesse, à mon retour d'Arles (1) ! » Elle répliqua que jamais elle ne lui en parlerait et le pria de lui permettre de se retirer.

La comtesse était décidée à rompre ouvertement, dut-elle se jeter dans les bras de La Valette; le duc, de son côté, ne garda plus de mesure : répondant, le lendemain, à la députation du Parlement, il dit : qu'à son retour d'Espagne il avait trouvé un grand changement dans la province, qu'il avait remarqué que chacun voulait y commander ; que Meyrargues et le chevalier, son frère, *lui avaient joué de mauvais tours ;* que Besaudun lui avait demandé le gouvernement de Berre avec des menaces ; que Fabrègues et quelques autres s'emportaient à toute heure en des discours séditieux, et qu'il était du devoir du Parlement de réprimer ces rebellions ; que la comtesse portait son ambition trop haut ; qu'il était résolu de ne plus souffrir qu'elle se mêlât des affaires de la province ; qu'il ne voulait pas qu'on put dire qu'une femme gouvernât pendant qu'il était là, qu'il voulait bien lui accorder des faveurs, mais que le moment était arrivé de mettre un frein à son ambition ; que pour lui, il avait à répondre de la province au roi que les États éliraient, et qu'il était obligé de prendre garde qu'il ne s'y passât rien qui put le faire blâmer (2). Il finit en déclarant qu'il s'était engagé à aller à Arles et qu'il ne pouvait commencer le siége du Puech que cette affaire terminée.

Le 19 septembre Charles-Emmanuel partit en effet pour Arles, avec quatre cents cavaliers et dix-huit cents hommes de pied. Le consul La Rivière vint à sa rencontre et le pria de ne pas entrer dans la ville avec une troupe si nombreuse. Le duc, qui ne négligeait rien pour s'attirer la confiance des popu-

---

(1) *Mémoires de* Besaudun.
(2) Gaufridi, p. 726.

lations, ne prit avec lui que trois cents chevaux et laissa le reste de ses troupes au faubourg de Trinquetaille. Il fut reçu à Arles, le 22, avec un vif enthousiasme et aux cris de : *Vive le duc! Vive la messe!* Les habitants espéraient peut-être se débarrasser par le duc de la sanglante tyrannie de Biord et de la populace. Le lendemain, les dames de Fos, de Chiavary, de Beaujeu, etc., se présentèrent devant lui, couvertes de longs voiles de deuil, et se jetèrent à ses pieds en le suppliant de rendre la liberté à leurs époux ou de leur donner les moyens de justifier de leur innocence devant le Parlement. Le duc accueillit ces malheureuses femmes avec bonté et promit de leur donner satisfaction.

Quand le duc de Savoie avait voulu être reçu à Arles, il avait accepté l'influence et la popularité démagogique de Biord, mais c'était sur d'autres éléments qu'il comptait asseoir sa puissance et sa domination. La populace n'imposait sa tyrannie que par l'audace de son chef, il résolut de se défaire de Biord, dont l'ambition pouvait présenter des dangers, et d'intimider les factieux en se faisant octroyer la ville par les opprimés délivrés et reconnaissants. Il jeta les yeux pour atteindre ce but sur le consul La Rivière, esprit violent et ambitieux, âme vile et mercenaire. Celui-ci, aux sollicitations de Casaulx, s'était longtemps opposé au dessein de Biord de livrer Arles au duc, dessein qui avait été accompli, du reste, à son insu ; de là, chez lui, un désir personnel de se venger, qui, joint à ses instincts de cupidité, lui fit accepter le marché proposé par le prince : le duc lui promit dix mille écus et le gouvernement de la ville, s'il voulait le délivrer de Biord ; en retour La Rivière frappa le duc de stupeur et d'effroi en lui révélant le complot ourdi par la comtesse, Fabrègues, Casaulx et leurs amis contre sa vie.

Pierre Biord avait été très-irrité de la façon pleine d'aménité et de compassion avec laquelle le duc avait reçu les femmes de ses victimes ; il ne se dissimulait pas tous les dangers qui pouvaient naître pour lui d'une procédure entamée devant le Parlement, et qui aurait mis au jour ses violences et ses abus d'autorité. Le duc devant faire une absence de deux jours pour se rendre à Fourques, que Meyrargues assiégeait, Biord assembla ses amis les plus audacieux, parmi lesquels La Rivière, et leur déclara qu'il ne fallait pas que le duc remît les pieds dans la ville, et qu'on profiterait de son absence pour soulever le peuple contre le *souverain* qui depuis son arrivée n'avait eu des sourires que pour les traîtres. Les heures des discordes civiles sont celles des plus monstrueuses défaillances ! Allamanon, qui avait été admis aux conciliabules les plus secrets de la comtesse, était jaloux de Besaudun, et croyant que s'il restait attaché à son parti il n'y occuperait jamais qu'un rang subalterne, tandis qu'en passant dans celui du duc il pourrait venir immédiatement après Carcès, il s'était livré corps et âme au duc de Savoie. La Rivière, qui avait été chevau-léger dans la compagnie de de Vins, commandée par Allamanon, courut le soir même raconter le complot à son ancien capitaine, qui se hâta d'en instruire le duc. Celui-ci épouvanté de tant d'embûches semées sous ses pas, résolut de se débarrasser de ses ennemis. Le lendemain il envoya chercher Biord, sous prétexte de lui donner ses derniers ordres à exécuter pendant son absence, mais à peine était-il entré dans son cabinet, que des soldats appostés dans une salle voisine se saisirent de lui et le garrottèrent. Biord se voyant trahi, jeta dit-on un tel cri, qu'il fut entendu dans tout le quartier. Personne ne se leva pour venger ce tyran, qui fut dirigé avec quelques-uns de ses complices sur le château de Salon, et plus tard transféré à Aix pour y être jugé par le Parlement.

Le duc de Savoie assembla immédiatement l'archevêque, le clergé, les notables de la ville, et ne manqua pas de faire valoir devant eux cet acte de fermeté comme une preuve de son attachement pour Arles et de son zèle pour le bien public. Voulant conserver une action puissante sur la ville, en paraissant lui laisser cependant toute sa liberté, il nomma gouverneur de la ville le premier consul La Rivière, et lui accorda une garde composée d'une compagnie de chevau-légers, avec cinq compagnies d'infanterie dont il donna le commandement aux amis les plus intimes du consul. Il mit Saint-Romans en garnison dans Fourques, pour soutenir La Rivière, et au besoin le surveiller, ainsi que quelques compagnies dans Trinquetaille, sous prétexte de fortifications à édifier, mais en réalité pour avoir toujours à Arles une force imposante en cas d'événement. Cela fait il reprit la route de Salon, laissant les habitants pénétrés d'admiration pour sa fermeté et de reconnaissance pour sa clémence, emmenant avec lui Beaujeu, Cabanis et plusieurs autres gentilshommes, qui devaient comparaître comme accusateurs de Biord devant la Cour.

Il arrivait à peine à Salon quand il apprit que la comtesse venait de faire élire procureurs du pays, pour l'année 1592, quatre de ses créatures les plus aveuglément dévouées : Meyrargues, Rabasse, Gaspard Honorat et Lieutaud. Le duc sentit vivement le coup qui lui était porté par la comtesse, et encore sous l'impression de la révélation que lui avait faite La Rivière, il se crut perdu s'il ne se débarrassait promptement de son étrange alliée. Dès ce moment sa résolution fut arrêtée. Il dissimula son ressentiment, et comme Meyrargues se trouvait à Salon, il le félicita avec de grandes démonstrations d'amitié, et l'envoya à Aix hâter les préparatifs nécessaires pour le siège du Puech, écrivant aux procureurs du pays qu'il commencerait le siège dès que les vivres seraient préparés. Mais il manda auprès de lui du Laurens et deux autres conseillers, pour jeter les bases d'un complot qui consistait à faire appeler le duc à Aix pendant qu'il serait devant le Puech, en même temps qu'ils fomenteraient une sédition carciste en sa faveur, qui lui permettrait, sous forme de déférence pour l'opinion populaire, de saisir la comtesse de Sault et de la faire jeter en prison. Cela convenu, il fit appeler les amis les plus intimes du comte de Carcès et leur proposa un accommodement ; puis, le même jour, il envoya vers lui, à Avignon, lui promettant, s'il voulait faire alliance, de rétablir son autorité en Provence avec plus de lustre que par le passé, et ne demandant en retour que son amitié. « de laquelle estant asseuré, il désiroit se retirer en son païs, et « le laisser chef de la Ligue à sa place ». Le comte de Carcès était depuis longtemps préparé à accepter cette éventualité ; il écrivit à tous ses amis de prêter l'appui de leur crédit au duc. Charles-Emmanuel trouvait dans son alliance avec Carcès des satisfactions pour ses rancunes et pour son ambition : il ruinait le parti de la comtesse et espérait pouvoir, au moment où l'Espagne montrait tout son mauvais vouloir à le secourir, se faire pardonner par le duc de Mayenne, mari de la belle-mère de Carcès, son intervention en Provence (1), et obtenir quelques secours de ce côté. Son union avec Carcès lui créa, à Aix, un parti sur lequel il s'appuya pour l'exécution de son projet.

Le 5 octobre, il vint mettre le siége devant le Puech, que commandait Saint-Cannat, et conduisit les opérations avec une très-grande nonchalance. Pendant ce temps il faisait couler dans Aix des soldats et y entretenait des affidés qui recrutaient des partisans dans le Parlement et auprès des personnes les plus influentes. Pour mieux tromper la comtesse sur ses véritables intentions, il redoublait auprès d'elle d'amitié et de pro-

(1) « J'ajouterai encores icy que ledict duc de Mayenne n'a jamais désiré
« que Savoie prit pied au pays de Provence, luy ayant dès le commence-
« ment refusé un pouvoir pour y commander, qu'il a longtemps pour-
« suivi et eust volontiers achepté et payé bien chèrement. » *Mémoires de*
Villeroy, p. 238.

messes : « Madame, lui écrivait-il, sy vous voulez donner
« l'oreille à tous mes ennemis, il ne leur manquera point d'in-
« ventions pour m'esloigner de vos bonnes grâces ; mais croyés
« que vous n'avés ni n'aurés jamais un plus fidèle serviteur que
« moy. Les effects vous le feront paroistre. Je n'en céderoi
« point d'affection à Messieurs Fabrègues et de Guiran, et sur
« ceste querelle je me voudrois battre contre tout le monde (1). »
Le 13 octobre, le Parlement décida que le duc serait prié de
se rendre à Aix pour éclairer la Cour sur les affaires d'Arles ;
du Laurens et trois conseillers lui furent envoyés pour lui transmettre ce vœu et l'accompagner. Le 15 il quitta le camp du
Puech avec une escorte de quatre cents arquebusiers à cheval
savoyards, si subitement qu'on n'apprit son arrivée à Aix qu'en
voyant entrer sa maison. Les consuls et les procureurs du pays
n'eurent pas le temps de faire préparer leurs chevaux et vinrent
à pied à sa rencontre. Ils le trouvèrent se disposant à passer la
porte entouré de quelques notables qui, mieux avisés, étaient
venus l'attendre à une certaine distance des remparts. Le premier consul commençait à peine sa harangue, quand Vitelly
sortant de la ville au galop de son cheval, l'interrompit en
disant au duc qu'une sédition s'organisait aux cris de : *Fore
Savoyard !* et qu'il y aurait danger pour lui à aller plus avant.
Ce n'était là qu'un mensonge convenu d'avance. Le duc, sans
s'arrêter davantage, poussa son cheval et entra à Aix, suivi de
ses cavaliers qui, l'arquebuse au poingt criaient: *Tue! Tue!* et
se répandirent dans tous les quartiers semant l'alarme et la
terreur sur leur passage.

Les carcistes, ainsi que les membres du Parlement qui
avaient été vaincus dans la *journée du palais*, accoururent à
sa rencontre en poussant les cris de : *Vive son Altesse ! Dehors*

(1) *Mémoires de* Besaudun.

la comtesse ! En quelques instants Aix se remplit de bruit et de tumulte ; Guiran et Rabasse furent assaillis et poursuivis avec des menaces de mort, un capitaine de quartier nommé par la comtesse, qui cherchait à rallier ses hommes, fut tué. Magnan, Rogiers, de Chasteuil, accompagnés de trois conseillers au Parlement, et conduisant avec eux un attroupement considérable, se dirigèrent vers la demeure de la comtesse de Sault et l'arrêtèrent, ainsi que Guiran qui s'était réfugié auprès d'elle.

Quand Magnan et Chasteuil entrèrent dans l'appartement de la comtesse, cette femme, à laquelle on ne peut refuser un courage et une énergie que beaucoup d'hommes envieraient, s'avança vers eux toute frémissante d'indignation et de colère : « Voilà donc, s'écria-t-elle, le remerciement que me fait le « duc ? Voilà donc la récompense de mes bons offices ? Je « suis assaillie par des gens auxquels j'ai sauvé la vie ! qui « donc l'assure qu'il ne courra pas quelque jour la même « fortune par les mêmes gens qu'il emploie aujourd'hui contre « moi ? » En entendant ces paroles, Magnan dit à ses hommes : « Qu'attendons-nous ! que ne faisons-nous ce qui nous a été « commandé ? — Faites, faites hardiment ce que vous voudrez, « répliqua la comtesse, croyant qu'on voulait l'assassiner, « assurément vous ne me trouverez pas assez lâche que de « vouloir tenir la vie de celui qui vous envoie ! J'ai assez de « parents, assez d'amis pour me promettre que ma mort ne « demeurera pas sans vengeance ! Il tente en vain de m'ébran-« ler, de m'intimider, je résisterai toujours de tout mon pou-« voir aux entreprises qu'il fait pour envahir la province ! et « vous, Messieurs, dit-elle en s'adressant aux conseillers qui « étaient présents, vous qui tenez du roi votre autorité, qui « ne l'avez que pour faire valoir la sienne, approuvez-vous un « procédé si violent ? Appuyez-vous par votre présence les « voies de faits dont vous êtes témoins ? Autorisez-vous l'audace

« d'un étranger qui met la main, ce semble, de votre consen-
« tement, sur le plus beau fleuron de la couronne de France ! »

Les conseillers au Parlement et les officiers du duc furent effrayés de tant de courage uni à tant d'éloquence, ils se retirèrent emmenant Guiran prisonnier; mais Chasteuil ne tarda pas à revenir, suivi de quelques gardes qu'il plaça à la porte des appartements de la comtesse et de son fils Créqui. Quelques instants après Alexandre Vitelly survint, qui dit à la comtesse qu'elle eût à se préparer à sortir de la ville. Elle accueillit cet ordre avec un sourire de résignation, mais quand elle apprit qu'on allait la diriger sur le château de Salon, elle refusa d'obéir disant : qu'il n'y avait dans cette place qu'une garnison d'Espagnols, et qu'avant de se laisser livrer à des étrangers elle se ferait mettre en pièces (1). Elle resta prisonnière sous la garde des soldats du duc. Guiran, Rabasse, Fabrègues furent jetés en prison; en revanche on rendit la liberté à Agar, Joannis, Puget, Désidéri, détenus au château de Méruéil depuis la *journée du Palais*.

Le coup d'état de la Ligue savoyarde était consommé ; sur l'appellation du conseil de ville, le Parlement cassa les consuls récemment élus, et nomma à leur place : Allamanon, Nicolas Audibert, Antoine Daranty et Denys Brueys, tous dévoués au comte de Carcès. Le chevalier de Chasteuil, Magnan, Rogiers, Alphéran, Mimata, furent nommés capitaines de quartier.

Quand le duc eut ainsi pourvu toutes les places de ses créatures, il envoya Riddes, un de ses affidés, à Marseille, porteur de lettres pour Besaudun, Casaulx et les consuls. Sa lettre aux consuls était pleine d'ambiguïté; il leur disait : qu'une émotion soulevée contre la comtesse avait mis sa vie en danger, mais qu'il avait si bien étouffé ce feu, qu'il pouvait assurer que cette

---

(1) *Mémoires de* BESAUDUN.

dame n'avait plus rien à craindre pour sa personne, et que le peuple n'oserait plus s'emporter après ce qu'il avait fait. Celles à Besaudun et à Casaulx étaient plus sèches et plus menaçantes ; elles portaient : que la comtesse avait été dans un grand danger, qu'elle avait couru fortune de la vie, et qu'il avait fallu que le duc lui donnât des gardes pour la mettre en sûreté ; qu'il leur transmettait cet avis afin qu'ils prissent soin qu'il ne se passât rien de tumultueux à Marseille, car si on en venait à ces termes, *il y avait des gens dans Aix qui pourraient bien le payer.*

Besaudun, Casaulx, les consuls, la population marseillaise, en apprenant les événements qui venaient de se passer, firent éclater la plus vive indignation. Besaudun fit prendre les armes à la milice, Casaulx fit sequestrer la galère du duc de Savoie, et fit garder Riddes à vue dans ses appartements, pour l'empêcher de faire des brigues et de rallier son parti. Dans un conseil général assemblé quelques jours après, Besaudun parla avec violence contre le duc ; Casaulx, que son tempérament fougueux poussait toujours aux résolutions extrêmes, représenta le lieutenant Biord et la comtesse comme des victimes du duc, il proposa de s'opposer, les armes à la main, à l'usurpation qu'il méditait, et, à l'unanimité, fit décider : que la ville resterait sous l'obéissance de la couronne de France, qu'elle ne reconnaîtrait jamais l'autorité du duc de Savoie, n'aurait avec lui *aucune conférence ni trafic*, et ne recevrait des ordres que du duc de Mayenne, en attendant la nomination d'un roi catholique.

Le duc était revenu sous les murs du Puech ; quand il connut les résolutions adoptées par les Marseillais, il fit veiller de plus près sur la comtesse, et la menaça même de la faire conduire au château de Nice par Jeannetin Sforza, capitaine de ses gardes, si elle n'écrivait à ses amis de Marseille de rester dans leur devoir de fidélité envers le duc, ce qu'elle fit en effet, pour se réserver l'avenir. La comtesse, qui redoutait surtout d'être retenue prisonnière hors de France, avait conçu, dès le jour de son arrestation, la pensée de s'évader. Le 22 octobre, ayant provoqué chez elle des sueurs abondantes, elle fit appeler un médecin, auquel elle persuada qu'elle avait un besoin extrême de prendre médecine. Le soir, son apothicaire, Berthier, gagné à sa cause, lui apporta son remède et fit éloigner les gardes de son appartement. Quand elle se trouva ainsi débarrassée de ses surveillants, elle fit mettre à sa place, dans son lit, une de ses filles de chambre nommée Herbin; s'étant ensuite revêtue d'un costume d'ouvrier, elle se couvrit le menton d'une fausse barbe, monta, par un escalier dérobé, au plus haut étage de la maison avec son fils déguisé en jardinier, et passa par une lucarne sur les toits d'une maison voisine dont le propriétaire lui était dévoué. Elle avait avec elle Fabrot, son domestique, qui les conduisit jusqu'à la porte Saint-Jean. En passant devant le corps de garde, et la nuit n'étant pas faite encore, le capitaine de service la reconnut et se disposait à appeler à l'aide et à l'arrêter, quand Fabrot, qui vit le mouvement, lui mit dans la main une bourse pleine d'or. Les trois fugitifs s'avancèrent rapidement dans la campagne et trouvèrent, à quelque distance de la ville, d'Oize qui les attendait avec deux chevaux. La comtesse, qui n'était jamais allée qu'en carosse, sauta résolument en selle et partit au galop suivie de son fils, se dirigeant sur Marseille, où ils arrivèrent à minuit.

Pendant ce temps, Allamanon, qui était plus spécialement chargé de veiller sur la comtesse, s'impatientant du silence qui régnait dans l'appartement, entra et trouva la demoiselle Herbin qui, le visage tourné contre la muraille, feignait de dormir; il se retira une première fois, mais étant revenu peu de temps après, il tira brusquement les rideaux et reconnut la supercherie. Tous les gardes entrèrent à l'appel de leur capitaine;

on chercha vainement la comtesse, non-seulement dans sa maison, mais encore dans toute la ville, et principalement dans les couvents, où on supposait qu'elle avait pu trouver un asile. Son maitre d'hôtel, arrêté ainsi que tous ses domestiques, avoua le premier les moyens d'évasion et déclara qu'elle devait être rendue depuis longtemps à Marseille.

Le duc fut au désespoir ; il écrivait à sa femme, parlant de la comtesse de Sault : *donna più arrabiata non vidi giammaï di questa !* Je n'ai jamais connu de femme plus enragée que celle-là. Il fit informer contre la comtesse et la fit décréter de prise de corps ; il appela auprès de lui le comte de Carcès, le nomma son lieutenant général, et lui donna le commandement l'armée, dont il conserva la haute direction, et enfin, persuadé que la comtesse allait lui jeter Marseille sur les bras, il retourna au Puech pour en presser le siège et pouvoir ensuite être plus libre dans ses mouvements.

Forbin Saint-Cannat défendait la place avec un grand courage et une rare intelligence. Le duc augmenta le nombre de ses batteries, et ayant entamé le rempart par un feu longtemps soutenu, il donna deux assauts, qui échouèrent. Dans le premier, il laissa sur la brèche plusieurs capitaines espagnols, parmi lesquels le baron de Montfort, dans le deuxième, qui fut livré avec des régiments provençaux, le seigneur de Rogiers fut tué. Saint-Cannat, qui n'avait avec lui que deux cent cinquante hommes, combattit comme un simple soldat ; armé d'une arquebuse et toujours le premier sur la brèche, il repoussait les assaillants en même temps qu'il dirigeait la défense générale, soutenant par son sang-froid et son intrépidité le courage de sa petite garnison. Le 5 novembre, le duc apprit en même temps que La Valette et Lesdiguières venaient de faire leur jonction à Digne et se préparaient à venir au secours du Puech, pendant que Montmorency entrait en Provence pour ravager le territoire d'Arles. De grandes pluies qui survinrent lui semblèrent un prétexte favorable de se retirer ; s'appuyant, en effet, sur la rigueur de la saison et le mauvais état de ses travaux d'attaque ruinés par des torrents de pluie, il leva le siége le 7 novembre, après avoir tiré deux mille cinq cents coups de canon et livré deux assauts.

Le duc de Savoie en rompant avec la comtesse de Sault n'ignorait pas que celle-ci allait faire un effort suprême pour soulever la province contre son autorité ; mais dans ce moment son crédit paraissait être supérieur au sien. Ce qui lui importait cependant, c'était de garder Marseille dans ses intérêts, et d'attirer sous ses enseignes la fraction de la noblesse hostile à la comtesse. Pour parvenir plus sûrement à ce but, il avait fait une alliance avec le comte de Carcès, qui possédait dans Marseille un parti assez nombreux, et comptait plusieurs gentilshommes influents parmi ses amis. Carcès, auquel toutes les alliances étaient bonnes, n'avait pas hésité, il était arrivé à Aix accompagné de son neveu, le marquis de Trans, de la Molle, de Seillans, d'Aups, de Romoles et de quelques autres seigneurs. Le duc envoya à sa rencontre le marquis d'Este, suivi d'un nombreux cortége. Depuis longtemps on n'avait vu le comte de Carcès à Aix ; il y fut reçu par le Parlement et les consuls avec de grandes démonstrations d'amitié.

La population de Marseille, de son côté, avait accueilli la comtesse de Sault avec enthousiasme. Les élections municipales ayant eu lieu sur ces entrefaites, Charles Casaulx obtint le chaperon consulaire, objet de son ambition, et commença à exercer sur la ville cette autorité dictatoriale qui lui valut le surnom de *tyranneau*. Casaulx était du reste digne de jouer un grand rôle dans ces temps orageux : d'une haute stature, ayant l'éloquence de la place publique, passionné, dévoré d'ambition, d'un courage à toute épreuve, avide de domination, il rêva d'être le chef d'une république marseillaise, et son esprit obscurci par cette idée insensée ne recula pas même devant les moyens les plus violents et les plus condamnables. Le duc de Savoie répondit aux manifestations marseillaises en mettant la comtesse et ses amis les plus dévoués hors la loi : le Parlement qu'on avait vu naguères si rampant devant les volontés de la dame de Sault, la décréta d'ajournement personnel, sous l'accusation d'avoir voulu livrer Aix aux royalistes (1). La Cour rendit un arrêt de prise de corps contre Fabri de Fabrègues, Guiran, Rabasse et le teinturier Perrinet, ainsi que contre les capitaines de quartier de l'année précédente.

Besaudun et Casaulx ne se dissimulèrent pas que le duc allait faire une tentative armée sur Marseille, et prirent leurs précautions en prévision de cette éventualité. Charles-Emmanuel, en effet, sous le prétexte d'exécuter l'arrêt du Parlement contre la comtesse, ordonna au baron de Méolhon, gouverneur du fort de Notre-Dame de la Garde, de s'emparer de l'abbaye de Saint-Victor, pour avoir une position formidable si les Marseillais refusaient de lui livrer son ennemie. Dans la nuit du 16 novembre, les moines de Saint-Victor livrèrent l'abbaye à Méolhon, qui l'occupa militairement avec deux cents cuirasses et quatre cents arquebusiers. Le lendemain, les conseillers de Flottes, de Vento, de Villeneuve et l'avocat général du Laurens, commissaires du Parlement, accompagnés du comte de Carcès, de Trans et de Saint-Románs, entrèrent dans le monastère pour signifier et faire exécuter l'arrêt rendu contre la comtesse. En même temps le duc quittait Aix avec l'armée et se dirigeait vers

---

(1) « .... l'accusant d'avoir voulu mettre la ville d'Aix entre les mains « de M. de La Valette, et que, pour cest effet, le sieur de Montaud luy « estoit venu parler une nuict dans Aix, où il avoit un moyen d'entrer « secrètement. » *Mémoires de* BESAUDUN.

Marseille, où il campa à peu de distance des murailles, commettant tant d'iniques déprédations sur tout le territoire.

La plus grande émotion régnait à Marseille. Des cris d'indignation et de colère s'élevèrent de toute part, et on fit connaître aux délégués du Parlement qu'ils eussent à quitter la place s'ils ne voulaient pas être traités en ennemis. Casaulx sortit de l'Hôtel de ville couvert d'une cuirasse, « la mandille de velours « dessus avecq le chaperon sur la mandille », et l'épée à la main. La population tout entière suivit son premier consul et descendit en armes dans la rue. Casaulx parcourut la ville ; il fit dresser une batterie à la tour Saint-Jean, vis-à-vis l'abbaye, l'arma de canons, et donna l'ordre de confisquer les avirons et les gouvernails des bâtiments et barques qui étaient dans le port, pour empêcher les partisans du duc et du comte de Carcès de traverser l'eau pour aller rejoindre Méolhon. L'enthousiasme le plus grand animait les Marseillais. Une deuxième batterie fut élevée au fond du port. Casaulx fit sommer le baron de Méolhon d'évacuer le monastère ; sur la réponse de celui-ci, qu'il ne l'abandonnerait que lorsque on aurait livré la comtesse au Parlement, il assembla un conseil de ville pour prendre une dernière résolution. Tous les chefs de famille furent convoqués ; jamais assemblée municipale n'avait été plus nombreuse. On décida qu'on refuserait l'obéissance au Parlement, qu'on ne reconnaîtrait d'autre autorité que celle du duc de Mayenne, que Méolhon serait sommé de nouveau d'évacuer l'abbaye, et que sur son refus on ouvrirait le feu. A peine ces résolutions étaient-elles prises, que Besaudun monta au faîte de l'Hôtel de ville et arbora une bannière en soie rouge portant les armes de France. A cette vue le peuple poussa de telles acclamations qu'elles furent entendues de Saint-Victor. Les marchands réunis offrirent spontanément soixante-quinze mille livres pour les frais de la défense, et la comtesse de Sault qui, au milieu de ce tumulte et de cette effervescence se trouvait dans son élément, écrivit au nom des Marseillais, à La Valette et à Montmorency, que la ville se mettait sous leur protection si le duc de Savoie venait en faire le siége.

Le baron de Méolhon ayant de nouveau refusé de se retirer dans le fort de Notre-Dame de la Garde, le feu commença le 19. En même temps que les batteries, servies par les commerçants et les marins, battaient les antiques murailles du monastère, Casaulx faisait fermer les portes de Marseille et confiait la garde des remparts aux habitants des hauts quartiers. Le fort de Notre-Dame essaya de tirer sur la ville, mais n'étant armé qu'avec des pièces de petit calibre, ses boulets n'atteignirent que les maisons les plus rapprochées, et ne firent d'autre mal que de blesser une jeune fille dans la rue. Pendant trois jours que dura le feu, les boutiques restèrent ouvertes et les transactions commerciales ne cessèrent point. Méolhon avait compté sur un mouvement populaire en sa faveur, et tous les rapports qui lui arrivaient constataient l'unanimité qui régnait dans la population : il renvoya les commissaires du Parlement à Notre-Dame de la Garde et entra en négociation par l'intermédiaire du prieur de Saint-Victor. Ce religieux se présenta à l'Hôtel de ville, et il fut convenu que le baron de Méolhon déclarerait s'être emparé du monastère dans l'intérêt du bien public, mais que mieux éclairé sur les véritables sentiments du peuple, il l'évacuerait pour en éviter la ruine ; qu'il le remettrait aux mains du Prieur et des moines, et que la bonne intelligence qui avait toujours régné entre la garnison du fort Notre-Dame et les habitants serait continuée comme par le passé (1). Huit jours après s'être emparé de l'abbaye, le 24 novembre, le baron de Méolhon se retira, et ses troupes furent remplacées par une

(1) *Mémoires de* BAUSSET.

compagnie de cent Marseillais, sous les ordres de Fabio, fils de Casaulx. Le duc de Savoie évacua le territoire, et Marseille célébra par des illuminations splendides et une procession générale, le succès qui avait couronné ses efforts pour maintenir son indépendance.

Pendant que la comtesse de Sault était retenue prisonnière et s'évadait, des évènements de guerre d'une assez haute importance s'accomplissaient dans le haut pays. Lesdiguières descendit du Dauphiné avec un corps de cavalerie, longea la vallée de Barcelonnette et entra en Provence, se dirigeant vers Digne où il fut rejoint par La Valette qui lui amena de l'artillerie et deux mille fantassins pris à Sisteron. Avant d'entreprendre le siège de Digne, les deux chefs royalistes voulurent s'emparer du château de Gaubert, petit village taxé à trois feux et situé à deux lieues seulement de la ville. Les royalistes passèrent la Bléone au dessous de Malijaï et se présentèrent devant la place. Gaubert était commandé par un soldat cruel et grossier connu sous le nom de : *lou sautairé de Barles*, qualification qu'on lui avait donnée à cause du grand nombre de prix qu'il avait remporté dans les fêtes de villages. C'était, comme on disait alors, un excellent *picoreur*, que les malheurs du temps avaient fait capitaine. On l'avait mis à Gaubert afin que de cette position il put couvrir Digne et inquiéter Sisteron. Le *sautairé* n'avait avec lui que vingt-trois hommes ; il soutint d'abord bravement l'attaque et tua plusieurs soldats royalistes ; mais les canons ennemis ayant fait une brèche aux murailles, il demanda bientôt à parlementer. La Valette y consentit à la condition que les hostilités ne seraient pas suspendues et désigna le gentilhomme d'Entraix pour traiter. Pendant les pourparlers, les assiégeants s'apercevant que la brèche était mal gardée, une compagnie pénétra dans le château et s'en empara. Le *sautaire* et ses compagnons, traduits devant le prévôt, furent condamnés à mort et pendus le même jour aux ormeaux de la place du village.

Le lendemain l'armée royale campa devant Digne. Les habitants avaient fait de grands préparatifs de défense : ils avaient réparé et armé un petit fort, sur la montagne de Saint-Vincent, mis garnison dans l'église de Notre-Dame du Bourg, rasé un couvent de Cordeliers et divers édifices placés en dehors de la ville, et complété les fortifications. Le 1ᵉʳ novembre, Lesdiguière et La Valette attaquèrent le fort de la montagne Saint-Vincent, qui se défendit pendant toute la journée ; mais dans la nuit qui suivit, la garnison ayant reconnu l'impossibilité de tenir plus longtemps, l'incendia et se replia sur Digne. L'église de Notre-Dame du Bourg, située dans le faubourg, fit une résistance plus longue. La Valette tenta plusieurs fois de la forcer, mais ne pouvant y parvenir, il se décida à la battre avec le canon. Cinquante-quatre volées suffirent pour déloger ses défenseurs, qui n'abandonnèrent leurs positions que pour s'établir au dessus de la voûte, d'où ils continuèrent à faire sur les royalistes un feu plongeant très-meurtrier. Un étroit passage pouvait seul conduire les assaillants dans les réduits occupés par les ligueurs ; Lesdiguières et La Valette tentèrent vainement de pénétrer jusqu'à eux ; les obstacles entassés dans l'obscur escalier et les coups de feu multipliés qui atteignaient les hommes qui se présentaient les obligèrent de cesser le combat. Ils proposèrent alors aux ligueurs une capitulation honorable en les menaçant d'incendier l'église s'ils ne l'acceptaient. Les ligueurs se rendirent la vie sauve. Ils étaient trente.

Les royalistes maîtres du fort extérieur et des faubourgs entourèrent la ville et commencèrent un feu d'artillerie très-violent. Le gouverneur Saint-Jeannet pourvut avec rapidité et une grande intelligence à tous les moyens de défense. Les habitants et une compagnie d'arquebusiers, sous le commandement de Jéhan Romain, se portèrent avec ardeur au combat; mais les boulets ayant bientôt fait de grands dégats dans la ville et ouvert deux larges brèches aux remparts, l'alarme se répandit parmi les assiégés. L'exemple terrible de Gaubert poursuivait une partie des habitants et leur inspirait une profonde terreur; l'autre partie, qui détestait la Ligue, profita de ce moment de défaillance. Il s'éleva dans la place un murmure général contre Saint-Jeannet, et en face d'un péril imminent, on ne tarda pas à passer à la sédition et aux violences. Saint-Jeannet menacé de voir la population se joindre aux assiégeants contre la garnison, fit aux ennemis des propositions de capitulation, qui furent acceptées le 4 novembre et complétement ratifiées et signées le 9. Aux termes du traité, la ville s'obligeait à payer à Lesdiguières, une somme de trois mille quarante-un écus, cent vingt-huit charges de blé et deux cent cinquante charges d'avoine; à La Valette, sept mille trois cent sept écus, trois cent trente-quatre charges de blé, deux cent quatre-vingt-cinq charges d'avoine, plus les frais de l'artillerie évalués à la somme de trois mille huit cents écus (1). Le gouverneur, après avoir fait proclamer Henri IV, donna le commandement de la ville à Des Crottes, et quittant Lesdiguières, se dirigea vers le Puech qu'assiégeait le duc de Savoie. Lesdiguières exigea des otages pris parmi les fils des premières familles de Digne, comme sûreté de sa créance, et les emmena prisonniers à Puymore, en Dauphiné.

La Valette s'était éloigné précipitamment de Digne sur la nouvelle que Saint-Cannat, assiégé par une armée nombreuse et battu par une artillerie formidable, était sur le point de succomber. En arrivant à Pertuis, il apprit que le siége était levé :

---

(1) *Histoire du département des Basses-Alpes*, par M. l'abbé FÉRAUD, p. 207.

il envoya de Sansous prendre le commandement du Puech, avec deux compagnies de carabins, et rappela Saint-Cannat, qui avait besoin de repos et qu'il désirait, en outre, avoir auprès de lui pendant ses opérations dans la Haute-Provence. Il remonta de nouveau dans la viguerie de Digne et vint mettre le siége devant Beynes. C'était une place située entre l'Asse et le Verdon, au sommet d'une montagne assez élevée, commandant tous les environs, empêchant le passage de l'Asse et coupant la route qui conduisait à Aix. Le château, défendu par sa position naturelle au milieu des rochers et par de très-forts ouvrages, paraissait devoir nécessiter un siége long et difficile ; La Valette se borna à établir une ligne de blocus, et ayant appris que Carcès marchait contre lui, il vint se cantonner dans le village de Mezel.

Le duc de Savoie, en effet, avait donné l'ordre au comte de Carcès d'aller secourir Beynes avec mille fantassins et trois cents chevaux. En arrivant à Valensolle, Carcès apprit le passage, non loin de là, de don César d'Avalos, jeune gentilhomme napolitain qui amenait au duc trois cents hommes à cheval, et le fit prier de se joindre à lui. Don César d'Avalos avait plus de fortune et d'orgueil que de talents militaires ; il vivait au milieu de sa petite troupe comme un prince dans son palais, et avait quitté l'Italie annonçant à tous ses amis qu'il n'allait en Provence que pour s'emparer des *due picorini*, des deux petits garçons, désignant par ces termes de mépris La Valette et Lesdiguières. Les ligueurs arrivèrent à Estoublon, petit village à quelques lieues de Beynes. Carcès divisa son armée en trois corps et s'avança vers la place assiégée, qu'il ravitailla, et dans laquelle il laissa un supplément de garnison. On ignore les motifs qui empêchèrent La Valette d'attaquer des troupes peu nombreuses et fatiguées par plusieurs jours de marches forcées ; ce fut probablement une faute de sa part, qu'il ne tarda pas, du reste, à reconnaître, car il envoya Buoux harceler l'ennemi, qui avait repris la route de Valensolle. Buoux ne put atteindre que quelques traînards, et quand il arriva sous les murs de cette place, Carcès l'avait déjà quittée y laissant des hommes et des vivres, et s'était dirigé sur Aix, où il fut accueilli par le duc de Savoie avec les plus grands éloges.

La Valette était encore à Mezel quand il apprit la mort de Regnaud d'Allen, qui commandait à Pertuis; il le remplaça par le marquis de Forbin-Solliès, et renvoya Valavoire dans son gouvernement de Saint-Maximin. Il dirigea ses troupes vers leurs garnisons et remonta à Manosque, où il s'occupa de réorganiser les cadres de son armée. Il cassa plusieurs de ses capitaines d'infanterie, qui étaient de la plus grande incapacité; il compléta l'armement de sa cavalerie, presque uniquement composée de Provençaux; il forma deux nouveaux régiments d'infanterie, qu'il confia à Mesplez, le défenseur de Berre, et à Ramefort; enfin il fit un règlement qui forçait les villes à nourrir et à payer leur garnison, quand elles n'étaient pas en expédition (1). Le mois de décembre était arrivé, et il était difficile par cette rude saison de mettre en campagne une armée qui n'était que médiocrement pourvue d'objets de campement. En attendant le retour du printemps, il fit occuper et fortifier Vinon par Mesplez.

Cette place était assise sur le Verdon et pouvait lui être plus tard d'une grande nécessité pour traverser la Durance. Vinon lui importait du reste à un point de vue plus immédiat, car il était le lieu de passage obligé pour la traite des blés qui descendaient des montagnes dans la Basse-Provence. Au fond, si le duc de Savoie voulait s'opposer à cette entreprise et se rencontrer avec lui, il n'était pas fâché que l'affaire eût lieu dans les

---

(1) *Mémoires de* DU VIRAILH.

environs de cette ville, située à peu de distance de Riez et de Manosque, deux places fortes qui lui obéissaient et dans lesquelles, en cas d'insuccès, il pouvait se retirer, tandis que le duc ne possédait dans la contrée que Saint-Paul et Rians, villages ouverts et incapables d'abriter pendant vingt-quatre heures une armée en retraite.

Mesplez entra dans Vinon avec vingt-cinq ou trente maîtres et quatre cents arquebusiers. Le duc de Savoie, qui ne voulait pas voir les royalistes s'établir sur ce point, dont il comprenait en ce moment toute l'importance au point de vue stratégique et commercial, partit d'Aix pour aller le déloger, ayant avec lui ses principaux lieutenants, deux mille cinq cents arquebusiers, mille hommes de cavalerie et deux canons. Arrivé à Rians, il passa ses troupes en revue et se rendit le lendemain devant Vinon, dont il commença immédiatement le siége. Mesplez ne se laissa ni surprendre ni intimider par le nombre de ses ennemis; à une sommation de se rendre qui lui fut faite, il répondit par un feu soutenu d'arquebuses, et soutint pendant trois jours les attaques réitérées du duc.

La Valette était en ce moment à Oraison. Dès qu'il connut la marche des ligueurs, il envoya messages sur messages à Lesdiguières et à Gouvernet pour qu'il vinssent l'aider à sauver Vinon et la vaillante troupe de Mesplez; mais les Dauphinois ne paraissant pas, il réunit son armée à Riez et se mit en route (1). Il passa la Durance à la tête de huit cents arquebusiers et de cinq cent cinquante maîtres, et tira droit sur Vinon pour encourager par sa présence la résistance des assiégés.

(1) Lesdiguières, toujours prudent quand il s'agissait de ses intérêts ou de ceux de ses soldats, n'entrait en Provence que lorsque La Valette lui avait fait parvenir les fonds nécessaires à la campagne : « Il falloit que l'ar- « gent fust à Serres pour que Desdiguières prit la route de Provence! » dit un ancien historien. Cette fois La Valette était en retard avec son allié.

Après avoir jugé de l'assiette du camp du prince et de la disposition de son armée, il se retira, repassa la Durance à Corbières, où il logea une partie de sa cavalerie, envoya l'autre partie au village de Sainte-Tulle, et vint camper avec l'infanterie à Rousset. Il attendit pendant quelques jours encore Lesdiguières, et ne recevant aucune réponse à sa demande de secours, il rappela quelques compagnies des garnisons voisines, puis, informé que le duc de Savoie se préparait à venir l'attaquer, il résolut d'aller à sa rencontre. Il fit repasser de nouveau la Durance à sa cavalerie, à Manosque, qui vint le rejoindre à son quartier général de Rousset ; il était en ce moment à la tête de seize cents combattants, par l'adjonction de quelques centaines d'habitants de Sisteron, Forcalquier et Manosque. Les principaux capitaines de sa petite armée étaient : Le marquis d'Oraison, le baron de Vence, Ramefort, Montaud, Forbin-Solliès, Forbin Saint-Cannat, Buoux et le chevalier son frère, Escarravaques, Boyer et Belloc. Il mit ses troupes en ordre de bataille et s'avança jusqu'à la plaine de Vinon, resserrée entre la Durance et le Verdon.

Le duc de Savoie, de son côté, avait passé le Verdon avec toute sa cavalerie et une grande partie de son infanterie, ne laissant devant Vinon que quelques compagnies pour s'opposer à une sortie de Mesplez. Il vint choisir son terrain dans la plaine à l'extrémité de laquelle s'avançait La Valette, et qui lui paraissait très-propre à un combat de cavalerie. Il aperçut les éclaireurs de l'armée royale le 15 décembre, vers onze heures du matin ; jusqu'à deux heures les deux armées évoluèrent en présence l'une de l'autre pour prendre leurs positions. Le duc s'arrêta le premier et se disposa au combat. Il avait donné au comte de Carcès le commandement de l'aile droite, composée de deux cent cinquante cavaliers provençaux ; au comte de Vinceguerre celui de l'aile gauche, avec la cavalerie piémontaise ; lui-même, ayant pour lieutenant don César d'Avalos, avait pris le commandement du corps de bataille, composé de l'infanterie, précédée de la cavalerie espagnole sous les ordres de Salines : il avait autour de lui cent vingt gentilshommes vêtus de casaques de velours de couleurs éclatantes, précédés d'un héraut d'armes portant une enseigne avec ces mots : *Hæc luce viam*.

La Valette avait habilement disposé sa petite troupe par rangs de vingt hommes. Il avait donné à Forbin Saint-Cannat le commandement de l'escadron des enfants perdus, composé de cent cavaliers hardis et déterminés, parmi lesquels se trouvaient quarante cadets de Provence ; il devait se porter partout où besoin serait, harceler l'ennemi et tenter de couper sa ligne de bataille. Buoux, auprès duquel marchait le chevalier, son frère, espèce de géant tout couvert d'acier et montant un cheval fringant, conduisait l'avant-garde composée de deux cent cinquante chevaux. Le gouverneur était à la tête des compagnies de Forbin-Solliès, d'Escarravaques, de Boyer, de Belloc, de Montaud et du marquis d'Oraison, formant un effectif de quatre cents hommes, parmi lesquels cent cinquante maîtres. L'aile gauche était formée par cinq cents arquebusiers sous la conduite de Ramefort, et l'aile droite par trois cents fantassins et cent arquebusiers à cheval sous les ordres de Champoléon et Verdaches. Pour laisser supposer un nombre plus considérable de combattants, il composa sa réserve de tous les valets de l'armée, commandés par quelques vieux sergents, auxquels il confia la garde des bagages. Après avoir pris ces dispositions, le gouverneur monta à cheval, et s'adressant à ses officiers et à ses soldats : « Messieurs, leur dit-il, je ne vous recommande pas
« l'honneur, je sais que nul de vous ne se porte en semblable
« occasion qu'il n'en soit abondamment pourvu ; je vous prie
« seulement de dire deux mots à Dieu et à Notre-Dame de
« Frappe-Fort ! » En ce moment le duc de Savoie engagea l'af-

faire en faisant sonner toutes ses trompettes. Salines, avec ses lanciers espagnols, fit une charge à fond sur l'infanterie des royalistes, qui recula ; le comte de Carcès la prit en flanc avec sa cavalerie provençale, et pénétra si avant qu'il la coupa et la mit en désordre aux cris de : Victoire ! Victoire ! La Valette en voyant ses soldats s'éparpiller autour de lui, tira son épée et ramena les fuyards au combat. Il fit déployer l'aile droite, qui attaqua à son tour Salines et le coupa au quatrième rang de ses soldats. Il y eut un instant de confusion extrême, pendant lequel les deux partis disparurent au milieu de la fumée ; Saint-Cannat en profita pour tourner les ennemis et venir donner sur l'escadron de Carcès avec ses enfants perdus, en même temps que Buoux avec la cavalerie chargeait le duc de Savoie. La mêlée dura un peu moins de deux heures ; l'ombre descendait des hautes montagnes dans la plaine, et la nuit s'avançait amenant avec elle de sombres nuages déchirés à chaque instant par des éclairs. La cavalerie espagnole et piémontaise poursuivie vivement rompit ses rangs et prit la fuite ; elle trouva devant elle le Verdon dans lequel elle se précipita tête baissée. L'infanterie n'ayant pu tenir devant Buoux put gagner le pont jeté sur la rivière, et suivit en désordre le chemin de Saint-Paul. La déroute des ligueurs fut complète ; les routes furent en peu de temps inondées de soldats qui fuyaient à la lueur des éclairs, et que l'orage et les éclats de la foudre contribuaient à frapper d'épouvante. Le duc de Savoie et le comte de Carcès avaient déployé pendant l'action la plus grande valeur ; ils quittèrent le champ de bataille les derniers, au pas de leurs chevaux, le cœur plein de tristesse et l'âme agitée de sinistres pressentiments. Si La Valette avait voulu poursuivre l'ennemi, il l'aurait certainement anéanti, mais il hésita à passer le Verdon et ne sortit pas de la plaine de Vinon, où il passa la nuit au milieu de son armée ivre d'enthousiasme.

Au moment où les ligueurs arrivaient devant Vinon, dans un désordre inséparable d'une défaite, Mesplez fit sonner les cloches de l'église à toute volée et ouvrit le feu du haut des murailles sur les retranchements ennemis. Le duc de Savoie rallia les troupes qu'il avait laissées devant la place, et ne pouvant sauver ses deux canons, les fit charger outre mesure et les fit éclater. Il prit ensuite la route de Saint-Paul, marchant en queue de son armée, tête nue, épuisé de fatigue, succombant sous le poids de sa cuirasse qu'il n'avait pas quittée de la journée. A peine arrivé à Saint-Paul, il s'enquit du comte de Vinceguerre pour lequel il professait une haute estime et qu'il aimait d'une vive et sincère amitié; ce capitaine ne se trouvait pas au camp, et plusieurs soldats assurèrent l'avoir vu, entraîné par un flot de fuyards, se précipiter à cheval et au désespoir dans les eaux profondes et rapides du Verdon. Le duc, suivi de quelques gentilshommes de sa maison, partit à minuit pour aller à sa recherche; on le vit, en proie à la plus profonde douleur, parcourir au milieu des ténèbres la berge du Verdon, criant sans cesse avec des larmes dans les yeux et d'une voix lamentable : « Vinceguerre ! parle, parle, réponds moi ! » Le lendemain des soldats royalistes retirèrent son cadavre de la rivière ; La Valette le fit déposer sur un brancard, et l'envoya à Saint-Paul couvert d'un manteau de guerre, pour que le duc lui fît rendre les derniers honneurs militaires. Les ligueurs avaient perdu cent cinquante hommes et les royalistes dix-huit.

Le marquis d'Oraison, Montaud, Forbin-Solliès, Saint-Cannat, Buoux, Boyer se distinguèrent dans ce combat, qui précipita et acheva la ruine du parti du duc de Savoie en Provence. Ce prince commit dans cette campagne une faute grave : n'étant venu que pour s'emparer de Vinon, il aurait dû éviter le combat et rester dans ses lignes, comme il l'avait fait à Berre ; mais il fut poussé par l'espoir de relever sa faction en lui donnant le prestige de la victoire, qui lui avait toujours manqué. Si, en effet, La Valette avait été vaincu, le parti du roi était abattu pour longtemps, les villes qui étaient encore indécises se déclaraient pour la Ligue, le duc poursuivait et anéantissait La Valette et les Provençaux fidèles à la cause nationale, et se déclarait alors souverain maître du pays.

Le gouverneur fit connaître le succès de Vinon, par une lettre rendue publique, au président du Parlement royaliste. Il écrivit à son fidèle Baratte : « Monsieur de Baratte, je vous prie de « faire tenir en diligence celle que j'écris à M. le président de « Saint-André, et faites rendre grâces à Dieu publiquement de « la journée d'hier, et dites à Mauroy qu'il s'en vienne et tout « mon bagage. » Il envoya le chevalier Buoux porter à Henri IV la nouvelle du succès des armes royalistes, et lui fit remettre le casque du duc de Savoie trouvé sur le champ de bataille : il était d'argent, en forme de tête de lion, et surmonté d'un crucifix entouré de plumes blanches. Le roi fit le plus sympathique accueil au chevalier de Buoux ; Mayenne lui-même, en apprenant la défaite du duc, ne cacha pas son contentement, car il voyait dans la conquête de la Provence par la maison de Savoie un empêchement à ses projets, ayant déjà disposé de cette province dans ses calculs d'ambition (1).

Les blés qui servaient à l'alimentation de la ville de Marseille arrivaient en grande partie d'Arles ; le duc de Savoie espérant la réduire par la famine avait fait défendre par La Rivière toute exportation à cette destination. Casaulx s'était alors adressé au

---

(1) Le duc de Mayenne, comme nous l'avons déjà dit, n'avait jamais vu avec plaisir l'intervention du duc de Savoie. Il craignait que ce prince, une fois solidement établi, ne voulut plus quitter une province qu'il destinait à Philippe II pour l'engager à se désister en sa faveur du trône de France. Voici les instructions qu'il donnait quelque temps après à de Rosne, qui devait aller à Rome : « Créer des difficultés pour toute autre élection que

grand duc de Toscane et à Montmorency, qui en envoyèrent de grandes quantités de Livourne et du Languedoc. Après sa défaite sous les murs de Vinon, il changea de tactique et chercha à se rapprocher de la comtesse de Sault ; il fit partir secrètement pour Marseille un homme dévoué à ses intérêts, qui était chargé de lui remettre une lettre stipulant des conventions de paix et d'alliance : il priait la dame de Sault, Besaudun et Meyrargues de n'ajouter foi aux artifices de ses ennemis, seuls coupables, disait-il, de leur désunion ; il les assurait qu'il ne conservait personnellement aucune rancune contre eux, et les priait de lui être fidèles serviteurs. Il leur promettait d'oublier toutes les querelles passées, et pour arrhes de son amitié, il s'engageait à remettre à la comtesse, à Fabrègues et à Guiran, le remboursement de trente-sept mille écus prêtés au pays ; il proposait à Besaudun le gouvernement de Noves ou de tel autre lieu qu'il voudrait, la continuation de ses charges, plus seize mille écus de gratification ; à Meyrargues, le gouvernement de Salon, la continuation de ses charges et honneurs ; enfin il offrait de faire ouvrir pour Marseille les greniers d'Aix et d'Arles, à la condition que les habitants jureraient de le servir. La comtesse et ses amis devaient, en retour, disposer les esprits pour qu'il fût reçu dans la ville, reconnu comme gouverneur et protecteur de Marseille et de la province, et ramener Casaulx à son parti. Il finissait en demandant à être *le nœud et le centre de l'union qui devait exister entre les gentilshommes qui entouraient la comtesse et ceux qui lui étaient*

« celle du duc de Mayenne. Si cette dernière est accordée, promettre à
« S. M. C. la cession de la Provence et une autre province de France, à sa
« convenance, en laissant pourtant entendre que ce sera la Picardie.
« Céder encore Blavet en Bretagne, de plus les places d'Ardres, Calais et
« Boulogne. » *Papiers de Simancas.* Voir aussi l'*Histoire du règne de Henri IV* par POIRSON. 2ᵉ édition, t. I, p. 364.

restés fidèles (1). Comme garantie, le duc exigeait un traité fait en double expédition, dont l'une serait signée par lui et l'autre par la comtesse de Sault, Besaudun et Meyrargues. Cette tentative de rapprochement ne pouvait aboutir : la comtesse n'avait pas encore eu le temps d'oublier sa prison, Besaudun, son affaire de Berre, Meyrargues, les intrigues du prince pour l'empêcher d'être nommé procureur du pays ! ils firent livrer l'envoyé à Casaulx qui le retint prisonnier.

Ayant échoué du côté de Marseille, le duc se retourna vers les places qui avoisinaient Aix. Il envoya le comte de Carcès s'emparer de la Tour-de-Bouc, qu'il confia à un capitaine lucquois nommé Perrin Candela. Lui-même s'avança vers le Martigues, où il voulait laisser garnison ; mais les habitants ayant fermé leurs portes et pris des dispositions de défense, il se dirigea vers Arles pour reprendre Fourques, dont Montmorency s'était emparé depuis le 1er décembre. La Rivière et la population l'accueillirent avec de grandes démonstrations de joie, et il passa une partie du carnaval dans cette ville, au milieu des fêtes et des plaisirs.

Carcès, revenu à Aix après la prise de la Tour-de-Bouc, tenta une entreprise sur Saint-Maximin. Il partit avec une compagnie de cavalerie et un pétardier fort en renom, qui s'était engagé à faire sauter la porte principale de la ville. Il arriva pendant la nuit et campa dans un ravin sans avoir été aperçu des sentinelles. Le pétardier se mit à l'œuvre, aidé de quelques cavaliers ; il avait déjà placé sa saucisse de poudre et se disposait à y mettre le feu, quand deux femmes arrivées la veille trop tard pour pouvoir entrer dans la place, et qui s'étaient déterminées à passer la nuit dans les fossés, se glissèrent dans l'ombre jus-

---

(1) *Mémoires du procureur* Dize., dans l'*Histoire des troubles de Provence*, t. II, p. 319.

qu'à une poterne voisine, et ayant appelé un soldat de garde lui racontèrent avec effroi les manœuvres dont elles venaient d'être les témoins muets. En un instant l'alarme fut dans la ville, la garnison prit les armes, et Valavoire ayant fait une sortie vers la porte désignée, il força à la retraite les cavaliers ligueurs qui, dans leur précipitation, abandonnèrent leurs artifices et leurs instruments de travail.

Vers la fin du mois de janvier, La Valette organisa son armée pour la campagne prochaine, qu'il voulait ouvrir de bonne heure. Il assembla toutes ses troupes et en forma trois corps : il en donna un à Valavoire, l'autre à Buoux, et se réserva le commandement du troisième. La désignation de deux capitaines provençaux pour une si grande faveur, dans un moment où la qualité de provençal semblait être un titre d'exclusion pour les hauts emplois dans l'armée royale, donne une juste mesure de la valeur militaire de Buoux et de Valavoire, et de l'estime dont ils jouissaient auprès du gouverneur. Ils briguèrent l'un et l'autre le commandement de l'avant-garde comme étant le poste le plus souvent engagé et le plus périlleux ; La Valette pour les satisfaire décida qu'ils l'auraient alternativement.

Carcès repartit en février, laissant le gouvernement de la ville d'Aix entre les mains de de Ligny. Il déplaça le théâtre de la guerre et se dirigea du côté de Draguignan. Il s'empara de Trans et surprit le château d'Ampus, où il fit prisonnière une compagnie de royalistes. La Valette se hâta de descendre dans ces quartiers pour s'opposer à sa marche ; il prit en passant le château de Flassans, qui était habité par la comtesse de Carcès. Il eut pour la femme de son ennemi tous les égards et les respects d'un vainqueur généreux ; il la traita avec les plus grands honneurs, et poussa la délicatesse jusqu'à lui dire, au moment où elle montait en carosse pour retourner à Aix, que la valeur seule de son mari l'avait empêché d'anéantir le duc de Savoie à la journée de Vinon, si bien *qu'au lieu d'avoir l'oiseau, il n'en avait eu que les plumes.* De Flassans, il descendit à Toulon pour visiter les travaux de fortifications qu'il y faisait exécuter. A peine arrivait-il dans cette ville, qu'il apprit que l'infante d'Espagne, femme de Charles-Emmanuel, venait de se rendre à Nice ; il conçut alors le projet audacieux de porter subitement la guerre sur le territoire du duc, et de s'emparer du même coup de Nice, dans laquelle il entretenait des intelligences, et de la duchesse, qui deviendrait entre ses mains un puissant moyen de pression sur le duc de Savoie. Le succès de cette expédition répondait dans son esprit à deux buts, l'un financier, l'autre politique : il lui permettait de remplir les coffres de son armée, d'enrichir ses officiers, et d'échanger la duchesse contre la Provence et le marquisat de Saluces.

Il partit de Toulon avec quatre canons. Carcès qui, de Draguignan, s'était dirigé vers le littoral, informa, le 9 février, le duc de Savoie que le gouverneur venait d'entrer en campagne avec de l'artillerie, et présumant qu'il allait se porter sur le Var, il jeta des garnisons dans toutes les places ligueuses qui étaient sur sa route. La Valette arriva le 10, devant Roquebrune, petit village de dix-huit feux à peu de distance de Fréjus, dans lequel deux cents hommes de l'armée de Carcès venaient d'entrer. Il s'arrêta devant cette place qui paraissait ne devoir présenter que très-peu de résistance, et lui était, du reste, d'une absolue nécessité pour conserver ses relations libres avec Fréjus et Toulon, dont il voulait faire ses bases d'opérations. Il fit élever une batterie, et l'ayant armée avec ses quatre pièces, il ouvrit le jour même le feu, qui ne cessa qu'à la nuit. Le lendemain, 11 février, il recommença de bonne heure à canonner Roquebrune. Vers midi, on vint lui dire qu'un des gabions de la batterie venait d'être renversé ; il se rendit immédiatement sur les lieux pour faire procéder aux réparations, mais au moment où il se baissait pour examiner le pointage d'un canon, il fut frappé à la tête d'une balle, qui le renversa mortellement blessé et sans connaissance. Ses officiers accourus auprès de lui le relevèrent et le firent transporter à Fréjus, où il expira le même jours à neuf heures du soir, à l'âge de trente-cinq ans.

Considéré comme général d'armée, le duc de La Valette, quoique ne manquant pas d'une certaine habileté, ne posséda jamais ce coup d'œil, cette initiative, et aussi, quelquefois, cette audace qui constituent le véritable homme de guerre. Il y avait en lui une appréhension des affaires décisives qui lui fit souvent commettre des fautes graves, et qui puisait sa source dans la crainte exagérée de ruiner le parti du roi en Provence, dans une défaite. « Il alloit en guerre avec trop de crainte de perdre » a dit Saint-Marc ; mais il rachetait ce défaut de décision militaire par de grandes qualités naturelles : « Le seigneur de La
« Valette, ajoute A. de Puget Saint-Marc (1) estoit un homme
« craignant Dieu, brave de sa personne, bon serviteur du roy
« et bon catholique, point voluptueux, ni sujet au jeu ni à la
« chasse, toujours plongé aux affaires, soupçonneux, toutefois
« libéral : grand politique, grand justicier ; il estoit pauvre, je
« puis le dire, car je l'ay vu pluzieurs fois ayant disné ne sçavoir
« de coy souper. » A une époque féconde en défaillances, il se montra très-dévoué au roi, qu'il servit toujours loyalement ; Papon dit qu'il avait un seul défaut, qui lui aliéna les cœurs : c'était de paraître trop fin et d'inspirer la défiance ; c'est une erreur! Ce que l'historien de Provence a pris pour de la finesse n'était chez lui qu'une défiance extrême des hommes, ayant appris à ses dépens ce qu'ils valent dans les guerres civiles :
« Parce qu'il avoit esté fort trompé, dit Saint-Marc, qui le connais-
« sait bien l'ayant vu à l'œuvre, il s'estoit rendu fort méfiant! »

---

(1) *Mémoires* d'A. DE PUGET SAINT-MARC, p. 742.

Bien qu'il se fut souvent servi des secours des huguenots du Dauphiné et eût ouvert les rangs de son armée à ceux de Provence, il ne laissait pas que de pratiquer rigoureusement ses devoirs de catholique. Gaufridi dit qu'il n'entreprit jamais rien d'important avant de s'être confessé, et qu'il ne passa jamais un jour sans assister à la messe, à l'exception du jour de sa mort. Saint-Cannat rapporte en ses *Mémoires*, que le 11 février il avait fait demander le matin un prêtre pour dire la messe, et que n'en ayant point trouvé, il dit en souriant tristement : il m'arrivera malheur, depuis longtemps je n'ai fait pareille faute de ne pas ouïr la sainte messe ! Bouche assure avoir eu entre ses mains une lettre de son aumônier, qui déclarait l'avoir confessé souvent en rase campagne et au pied d'un arbre. Mais ce qu'on peut dire à l'éternel honneur de La Valette, c'est qu'avec une poignée de soldats, sans autre secours d'argent que celui qu'il pouvait tirer du pays, déjà ruiné par cinquante ans de guerres et de désastres, il sut résister aux efforts du duc de Savoie et de la Ligue, et conserver au roi une province ardemment convoitée par de puissantes ambitions.

Il y a des rapprochements au moins curieux à faire dans les circonstances qui accompagnèrent et suivirent la mort de La Valette et celle de de Vins. Le gouverneur et le général de la Ligue provençale moururent, en effet, à la tête de leur armée, au siège d'une place, dans le même quartier de la province, en visitant une batterie, frappés d'une balle à la tête, et sans avoir eu le temps de se confesser ; ils avaient l'un et l'autre perdu leur femme depuis peu de temps ; les villes qu'ils assiégeaient se rendirent avant d'avoir appris leur mort, et les vainqueurs, de part et d'autre, observèrent mal la capitulation ; la perte de ces deux capitaines remplit leur parti de désolation et le parti ennemi d'espérance ; à la mort de de Vins, les ligueurs appelèrent le duc de Savoie, qu'ils se hâtèrent d'abandonner quand ils virent qu'il traitait la Provence en maître et non en protecteur ; après la mort de La Valette, les royalistes appelèrent son frère, le duc d'Épernon, contre lequel tous se levèrent en ennemis, quand ils s'aperçurent qu'il voulait se créer dans le pays la position d'un maître absolu et en dehors de l'autorité du roi.

Le lendemain de la mort de La Valette, Roquebrune demanda à capituler, et se rendit au marquis d'Oraison qui, voulant laisser ignorer aux assiégés la mort du gouverneur, signa la capitulation de son nom. Elle portait que la garnison et les habitants auraient la vie sauve et pourraient se retirer en lieu sûr avec armes et bagages ; mais les royalistes étant entrés dans la place pour en prendre possession, violèrent ouvertement le traité, la mirent à sac et commirent d'affreux excès sur les vaincus, qui se réfugièrent sanglants et meurtris au Muy.

Le duc de Savoie était à Arles quand la nouvelle de la mort de La Valette lui parvint. Au lieu de profiter du trouble et de la confusion qui régnaient dans le parti du roi et d'entrer immédiatement en campagne, il commit la faute de rester à Arles, ne pensant qu'à se fortifier dans cette ville, dans l'espérance de s'y créer un lieu de retraite en cas de besoin. Toutes les places qui tenaient pour la Ligue firent éclater de grandes démonstrations de joie ; à Marseille, la comtesse fut obligée de prendre une part publique aux réjouissances, quoique au fond du cœur elle ressentît profondément cette perte ; mais rendue au silence de son hôtel, elle fit appeler Besaudun et Casaulx, « et là ils se « lamentèrent tous trois d'avoir perdu le seul appui à l'aide « duquel ils pouvoient pousser le duc et le chasser enfin de la « province ».

Le duc, dans les premier jours du mois de mars, retourna à Aix, où le Parlement lui porta ses plus vives félicitations à l'occasion de la mort du gouverneur et de la reprise de Roquebrune, de Lorgues et de Figanières, que venait d'effectuer le comte de Carcès. Mais le dévouement à la faction savoyarde était un fait qui allait tous les jours s'isolant davantage, et Charles-Emmanuel put apprendre presque en même temps, par la sédition qui éclata à Arles, que le pouvoir ne se fonde pas sur la ruse et la violence, et que son intervention en Provence touchait à sa fin.

En s'éloignant d'Arles, et dans le but de s'assurer complétement de la ville, il avait laissé l'ordre à La Rivière de livrer les portes aux troupes savoyardes et espagnoles, qui jusqu'à ce moment avaient été cantonnées hors les murs. Le 12 mars, le consul défendit aux capitaines de quartier de faire leur tour de garde, et fit prévenir les capitaines de deux compagnies espagnoles qui occupaient dans un faubourg le bâtiment dit de la *commanderie*, de se préparer pour venir, dans la soirée, prendre le service des portes de la Cavalerie et de Marcavau. Dès que ces ordres furent connus, les Arlésiens prirent l'alarme et se réunirent tumultueusement sur les places publiques, accusant leur premier consul de livrer la ville au duc de Savoie, et de vouloir recommencer, sous d'autres enseignes, le règne tyrannique de Biord. La Rivière était à l'Hôtel de ville, où il conférait avec Riddes, commandant des troupes espagnoles, quand on vint lui annoncer que les habitants entraient en rebellion. Il mit une cuirasse, s'arma d'une épée, et sortit, accompagné de Riddes et de huit mousquetaires, pour dissiper les rassemblements. En arrivant devant l'église Saint-Julien, il aperçut un tailleur nommé Moïse qui, son arquebuse sur l'épaule, discourait avec animation dans un groupe. En proie à une surexcitation extrême et poussé par Riddes qui lui disait : « *Monsieur le consul, vous ne dissiperez point ceste chaleur populaire si vous ne tuez de vostre main demy douzaine de séditieux!* » il s'approcha de Moïse, et l'interpellant avec colère : *Coquin !* lui dit-il, *où vas-tu avec cette arme ?* et en même temps il le frappa d'un coup d'épée sur la tête et le tua. La foule poussa un cri d'effroi et se dispersa dans toutes les directions, répandant partout le bruit que le premier consul, suivi d'une troupe de Savoyards, massacrait la population. La Rivière courut à la porte de la Cavalerie. Il la trouva déjà occupée par Buffin, capitaine de quartier, qui venait de s'y établir et la faisait barricader par ses hommes. Le consul vint à lui et lui saisissant le bras avec violence : *Qui donc vous a commandé de prendre les armes ?* lui dit-il ; Gaspard André, dit *tête de mort*, soldat de la compagnie de Buffin, lui répondit : *Monsieur, c'est la crainte d'être gardé par les Espagnols ; on dit que vous voulez les mettre aux portes !* — *Qui a dit cela ?* ajouta le consul. — *Tout le monde !* répliqua Buffin. A ces mots La Rivière tira son épée et se précipita sur ces deux citoyens. En ce moment arrivait un autre capitaine de quartier suivi de quelques hommes armés, qui voyant le consul frapper des coups redoublés de son épée, se retourna vers ses soldats en criant : *Tirez ! Tirez !* La Rivière tomba la cuisse fracassée par une balle ; il essaya de se relever, mais ne pouvant se tenir debout, il mit un genou en terre, et il se défendait avec fureur, quand un coup de mousquet qu'il reçut dans la poitrine l'étendit mort sur la place. Riddes ne l'avait pas quitté et avait joué de l'épée ainsi que ses huit gardes ; voyant le cadavre du consul rouler dans le ruisseau, il s'écria : *Canailles ! vous avez tué votre consul, dans peu d'heures vous serez tous pendus !* Au moment où il disait ces mots, il tomba frappé d'une balle. Le cornette Piquet, le maréchal des logis Louis de Monde, et une douzaine de partisans de La Rivière, se présentèrent sur ces entrefaites à la porte de la Cavalerie pour la reprendre ; mais ils furent accueillis à coups de mousquets et se retirèrent en désordre. De Monde en battant en retraite fut atteint d'un coup de feu au front dont il mourut deux jours après. En quelques heures la ville fut entièrement entre les mains des habitants, qui chassèrent les troupes du duc, fermèrent les portes et parcoururent les rues en criant dans l'ivresse de leur victoire : *Liberté ! Liberté ! Vive les fleurs de lys !*

La révolte d'Arles avait été l'œuvre de la bourgeoisie ; quand le calme se fut rétabli, ceux qui n'avaient pas quitté leurs demeures, la noblesse, qui avait laissé égorger le premier consul, chasser la garnison piémontaise et insulter le duc, se réunirent à l'Hôtel de ville et députèrent deux gentilshommes vers Charles-Emmanuel, pour lui exprimer leurs regrets touchant la fin tragique de La Rivière et de Riddes, et lui donner en même temps des témoignages de dévouement et de respect. Le lieutenant Biord avait comparu, le 11 décembre de l'année précédente par devant le Parlement ; il avait plaidé lui-même sa cause avec tant de force et d'éloquence, que les magistrats, quoique prévenus contre lui, avaient nommé une commission pour aller instruire l'affaire sur les lieux. En attendant le résultat de cette enquête, le duc de Savoie jeta les yeux sur lui comme sur un instrument précieux qui pouvait lui servir en cette conjoncture, et il lui promit la liberté et des faveurs nombreuses s'il voulait se charger de ramener Arles à sa complète obéissance. Biord ravi d'avoir une si belle occasion d'humilier ses ennemis et de paraître en maître dans une ville de laquelle il avait été chassé comme un tyran, prisonnier et chargé d'outrages, vanta son crédit, exagéra le nombre de ses amis et donna au duc les plus entières espérances. Charles-Emmanuel le fit partir pour Arles accompagné d'Allamanon. Biord arriva le 16 mars à la Crau, où il possédait une propriété, et voulut s'y arrêter jusqu'à ce que Allamanon eût annoncé son arrivée à ses amis et sondé l'esprit public. Dès qu'on connut dans la ville la présence de Biord sur le territoire, il s'éleva du sein de la population une

clameur vengeresse, un immense cri de réprobation et de haine.
Le consul Duport, créature de La Rivière, et qui avait présidé
aux solennelles funérailles que le conseil communal avait fait au
magistrat qui avait vendu Arles, ne voulut pas consentir à recevoir celui qu'il considérait comme son ennemi personnel, et ses
compatriotes comme un tyran et un bourreau. Il monta à
cheval avec une vingtaine de gentilshommes, et vint au devant
de lui assez loin dans la campagne pour lui intimer l'ordre de
rebrousser chemin. Il rencontra Allamanon à la tour du pont
de la Crau, chevauchant seul avec quelques arquebusiers qui
lui servaient d'escorte. Tandis qu'il parlementait avec lui, quelques-uns de ceux qui l'accompagnaient interrogeaient les soldats, et s'étant enquis du lieu où Biord s'était arrêté, ils abandonnèrent le consul et partirent au galop de leurs chevaux dans
la direction de la Crau. Couques, Méjanes, Mandrin et Roquemartine arrivèrent les premiers en vue de la maison de campagne de Biord. Celui-ci entendant venir des cavaliers, sauta sur
son cheval en disant à son valet : voici mes amis qui viennent
me chercher ! et il se dirigea vers eux ; mais à peine eut-il
reconnu ses ennemis, qu'il tourna bride et s'enfuit ventre à
terre. Les trois gentilshommes le poursuivirent l'épée à la
main. Il y eut, pendant une demi-heure, une chasse furieuse à
l'homme, et peut-être Biord serait-il parvenu à s'échapper,
quand tout à coup son cheval s'abattit et le jeta sanglant et
presque évanoui dans un fossé. Il fut en un instant criblé de
coups d'épée, et comme si sa mort n'avait pas suffi à ses ennemis, ils y ajoutèrent l'ignominie : pour montrer qu'il méritait
une mort infamante, ils lui passèrent la bride de son cheval
autour du cou et étranglèrent son cadavre ! « Ainsi mourut, dit
« Gaufridi, le lundi 16 de mars, ce boute-feu qui foula brutalement sous ses pieds : peuple, noblesse, patrie, qui pour
« dominer dans la ville n'épargna ni meurtre, ni sédition, qui

« se fit même de la religion un prétexte pour assouvir sa
« rage. »

L'esprit de révolte d'Arles avait gagné la ville d'Aix, une sourde fermentation régnait dans le peuple et tout annonçait un orage prochain. Charles-Emmanuel tenta encore de s'emparer du Martigues, sous le prétexte de faire traverser la ville à ses troupes, qu'il voulait envoyer d'Istre à Marignane ; mais les consuls firent barricader les rues et déclarèrent qu'ils ne donneraient passage qu'à des soldats sans armes. Le duc était trop habile pour ne pas s'apercevoir de la désaffection générale, il comprit que le moment était venu de dire adieu à toutes ses espérances et d'abandonner ses illusions ; il ne possédait plus, à proprement dire, qu'une place forte en Provence : Berre. La révolte de Marseille le privait de la seule ville qui eût pu assurer sa conquête, soit par les communications qu'elle lui aurait données avec ses alliées, soit par la résistance qu'elle aurait faite en cas d'attaque ; Toulon, fortifié par La Valette, tenait le parti du roi, et il aurait fallu une nombreuse armée et une flotte pour s'en emparer ; la défection d'Arles avait ouvert la Provence du côté du Rhône aux invasions des armes royalistes ; la Haute-Provence appartenait et obéissait librement à Lesdiguières, et lui, n'avait ni place de guerre ni armée ! il sentait, du reste, que si l'attachement du peuple à la religion ou l'ambition immense de quelques seigneurs avait pu un moment altérer le patriotisme des Provençaux, ils allaient se ranger sous la bannière du roi dès qu'il abjurerait le protestantisme. Il se décida à reprendre la route de l'Italie et à rentrer dans ses États.

Le 30 mars il partit d'Aix, après avoir écrit la lettre suivante à toutes les communautés qui lui étaient restées fidèles :

« Messieurs les Consuls,

« Estant très-nécessère de pourvoyr aux afféres de mes
« Estats, qui à rayson de mon long voïage dans ceste province

« en ont grandement besoing, et mesme qu'a ceste occasion
« l'infante, ma femme, s'est approchée jusques à Nisse pour en
« pouvoir conférer avec moy et y prendre une bonne résolu-
« tion ; vray estant asteure (à cette heure?) qu'en ce païs n'y
« a rien qui me semble pressé, je me suis résolu d'aller faire
« une course jusqu'au dict Nisse, pour donner l'ordre requis
« en mes Estats, dont j'espère, Dieu aydant, pouvoir revenir
« dans la fin d'avril au plus tard, avec forces et moyens suffi-
« sants pour establir en ce païs un asseuré repos, au conten-
« tement des bons catholiques. Cependant, attendant mon
« retour, (voulant?) remettre et laisser es mains de messieurs
« de la Cour du Parlement, le gouvernement et conduite des
« afféres comme ils avoient auparavant, je vous ai voulu faire
« entendre par la présente, et vous prier, que comme vous
« vous êtes toujours montrés zélateurs de ceste cause de la
« saincte Union et du bien de la patrie, vous persévériez à
« ce devoir soubs l'aucthorité de ladicte Cour, en bonne intelli-
« gence avec les aultres seigneurs et communautés de ce party,
« pour vous conserver ensemblement et pouvoir faire une
« bonne opposition, si l'occasion se présente que durant mon
« dict voïage les ennemys entreprissent quelque effort ; à quoy
« je ne fauldray de mon costé à me rendre prest à vostre
« adsistance et protection, toutes aultres affaires postposées
« en sûreté, et que vous n'espargnerez chose qui soit en vostre
« pouvoir.

« Ne vous la ferai plus longue, Messieurs les Consuls, priant
« Dieu.... etc. (1).

Le duc ne laissait en Provence que quelques troupes sous le
commandement de Martinengue. Sur sa route il s'empara du
château de Moans, qui fut défendu pendant trois jours avec

(1) *Archives communales* de la Ciotat.

beaucoup du courage par la dame du lieu, Suzanne de Villeneuve, de la famille de Trans, veuve du seigneur de Bormes, assassiné quelques années auparavant par ses vassaux. Cet exploit de la part d'un prince qui sortait d'une province avec l'intention de n'y plus rentrer, était un exploit de larron de grand chemin, car il ne pouvait avoir pour but que de livrer au pillage de sa petite armée une riche demeure. Suzanne se rendit à la condition que son château serait respecté, mais la convention fut ouvertement violée et la place saccagée. Le duc promit à la dame de Moans quatre mille écus d'indemnité, bien décidé à ne pas les donner. Il décampa, en effet, sans payer; mais Suzanne, qui était une femme d'un grand courage, se mit à sa poursuite et le rejoignit au moment où il allait atteindre Antibes. Elle traversa les rangs de son armée, suivie d'un seul valet, et dès qu'elle l'aperçut, elle mit pied à terre et saisissant les rênes du cheval du duc, elle lui dit d'une voix sévère : « Écoutez moi, s'il vous plaît, Monsieur ! Dieu qui
« est plus grand que vous nous écoute quand nous le prions, il
« exauce nos prières quand elles sont justes, or vous connaissez
« la justice de la mienne ; faites-y attention, je vous prie, et
« considérez combien il importe à un grand prince d'être
« inviolable dans sa foi ! » Le duc étonné et confus lui fit compter la somme promise.

Il avait espéré surprendre le fort d'Antibes, mais le seigneur du Bar, qui en était gouverneur, ayant fait prisonnier, la veille, don César d'Avalos qui commandait l'avant-garde, déclara au duc qu'il le ferait mettre à mort s'il tentait la moindre entreprise sur la place. Le duc passa outre. Arrivé sur les bords du Var, il s'empara du château de Gourdon, tenu par de Canaux, frère de du Bar, et l'emmena prisonnier à Nice.

Le duc de Savoie entré en Provence le 14 septembre 1590, en repartit le 30 mars 1592 ; il avait dans ce court espace de temps perdu cinq mille hommes et un million d'écus, car la Provence a toujours été fatale à ceux qui ont tenté de l'envahir ! En arrivant à Nice il trouva sa femme qui l'attendait : « Ma « mie, lui dit-il, en l'embrassant, je viens de l'école, vous « connaîtrez à l'avenir que je n'ai pas mal employé mon « temps. »

CHAPITRE X

LE GOUVERNEMENT DU DUC D'ÉPERNON
1592-1593

Les Gascons demandent le duc d'Epernon pour gouverneur. — Mission de Mesplez auprès du roi. — Hésitations de Henri IV. — La guerre continue en Provence. — Combat de Carnoules. — Lesdiguières entre en Provence. — Les ligueurs tentent inutilement d'obtenir une trêve. — Lesdiguières soumet toute la basse Provence. — Opérations de guerre des ligueurs. — La journée des brûlés. — Le duc de Savoie passe le Var et s'empare d'Antibes. — Arrivée du duc d'Epernon en Provence. — Prise de Montauroux. — La comtesse de Sault chassée de Marseille entre dans le parti du roi. — Le duc d'Epernon reprend Antibes. — Tentatives de paix entre les partis. — Conférences de Saint-Maximin. — Le duc d'Epernon fortifie les places et fait élever des citadelles. — Premiers symptômes de révolte contre lui. — Reprise des hostilités. — Les partis courent aux armes. — Les royalistes prennent Loriol. — Leur entreprise malheureuse contre Marseille. — Prise de Roquevaire. — Les Marseillais demandent des secours au roi d'Espagne et au pape. — Les ligueurs s'adressent au duc de Savoie. — Siège d'Aix. — Abjuration du roi. — Publication d'une trêve de trois mois. — Entrevue de Carcès et du duc d'Epernon. — L'archevêque Génebrard. — Manifeste de Besaudun. — Révolte des Provençaux contre d'Epernon. — Assemblée des gentilshommes à Manosque. — Leurs résolutions. — Carcès entre dans la conjuration. — Les garnisons épernoniennes sont chassées de Pertuis, Manosque, Digne et Saint-Maximin. — Siège et prise de la citadelle de Toulon. — Insurrection victorieuse dans toutes les villes épernoniennes. — Réunion du grand parti provençal.

1592   Le lendemain de la mort du duc de La Valette, les Gascons s'étaient assemblés et avaient député Mesplez auprès du roi, pour lui faire connaitre leur ardent désir de voir le gouvernement de la province revenir aux mains du duc d'Epernon. Leurs propos n'étaient rien moins que rassurants pour les Provençaux : ils disaient hautement qu'ils n'avaient jamais obéi qu'au duc de La Valette, et que si on ne leur donnait pas son frère pour les commander, « ils prendroient tel parti que le « droit des armes et la fortune de la guerre leur feroient « trouver bon ». Les gentilshommes provençaux conservaient un pénible souvenir du passage du duc d'Epernon aux affaires; néanmoins, les relations secrètes que beaucoup d'officiers gascons avaient eues récemment avec Carcès, des paroles imprudentes échappées à quelques-uns, et la connaissance parfaite de l'esprit des soldats, pour lesquels le meilleur parti politique était celui qui offrait le plus de chances de pillage, firent craindre à un certain nombre d'entre eux que l'armée gasconne ne se jetât dans le parti de la Ligue ou du duc de Savoie. Pour ne pas compromettre les armes du roi par des divisions intestines, ils consentirent à signer la requête au roi. Mais, le 17 février, le marquis de Solliès les réunit au village de Cuers, près Toulon, et leur ayant reproché amèrement la faiblesse qu'ils venaient de montrer, il fit désigner le baron de Tourvès pour aller représenter au roi que Mesplez était envoyé par les Gascons seuls, et que la noblesse de Provence, loin de demander le duc d'Epernon, s'en remettait entièrement à sa sagesse du soin de leur choisir un gouverneur. Pour des motifs qu'on ignore, de Tourvès ne partit pas (1); mais le roi fut instruit de la résolution prise dans cette assemblée et en garda une vive reconnaissance aux seigneurs provençaux de son parti.

(1) Fabrègues, dans ses *Mémoires*, dit cependant qu'il se rendit auprès de Henri IV, mais qu'il n'arriva qu'après le départ du duc d'Epernon pour la Provence; les autres écrivains contemporains assurent qu'il ne quitta pas la Provence.

La mort du gouverneur, qui, en d'autres temps, aurait été une bonne fortune inespérée pour le parti ligueur, ne le rendit pas plus fort. La désunion régnait dans ses rangs. Le comte de Carcès était discuté et combattu par une puissante faction, et la comtesse ne vint point à lui; celle-ci, d'un autre côté, voyait son prestige s'évanouir et son crédit s'égrener tous les jours dans des intrigues stériles. Marseille tenait toujours à la Ligue mais peu à Carcès, et cette grande ville semblait sous la domination exclusive de Casaulx et de Louis d'Aix. Le parti royal n'était pas mieux organisé, et la mort de La Valette, en le laissant sans chef, le livrait à toutes les ambitions et à toutes les revendications.

L'armée regagna ses garnisons. Le Parlement royaliste, sous la présidence d'Artus de Prunier, sieur de Saint-André, prit de sages déterminations; il donna au marquis d'Oraison le gouvernement du pays situé au-delà de la Durance, et au baron de Montaud celui qui s'étend de la Durance à la mer; il déféra le commandement général des troupes à Lesdiguières, et lui envoya de Cormis pour le prier de venir en Provence; enfin il convoqua les États à Sisteron, pour pourvoir à la solde et à l'entretien des gens de guerre jusqu'à l'arrivée d'un gouverneur. Les Gascons, qui agissaient partout en maîtres et voulaient que rien ne se fît sans eux, s'agitèrent pour avoir le droit d'entrer aux États, ce qu'ils n'avaient jamais osé demander sous La Valette, et ce qui était une violation scandaleuse des lois de la province. Leur but était moins de se faire accorder un privilège pour l'avenir, que de parer aux éventualités du présent, et ils ne poursuivaient cette admission que pour forcer les États à agréer et soutenir auprès du roi la députation qu'ils envoyaient à la Cour pour demander le duc d'Epernon comme gouverneur. Montaud arriva à Sisteron avec quarante capitaines qui, tous, se disaient gentilshommes. Le Parlement gouvernait en apparence, mais en réalité il était à la merci de l'armée ; après bien des débats on adopta un terme moyen : il fut convenu que les gentilshommes gascons assisteraient aux Etats avec voix consultatives. Ils n'en demandaient pas davantage, et la députation de Mesplez fut non-seulement agréée, mais encore défrayée par la province. Les Etats votèrent, en outre, le maintien des choses sur le pied où elles étaient du vivant de La Valette, *statu quo* fort onéreux, à en juger par la nécessité où on se trouva de surcharger le pays d'un impôt de 17 écus par feu chaque mois (1).

Pendant ce temps Mesplez était parti, et avant de se rendre auprès du roi, il s'était dirigé sur Angoulême pour s'entendre avec le duc d'Epernon. Il n'eut pas de peine à le convaincre. Depuis qu'il avait appris la mort de son frère, le duc avait longuement calculé les avantages qu'il y avait pour lui à ajouter à ses deux gouvernements de Saintonge et d'Angoumois, le gouvernement d'une province frontière, que cinquante ans de guerres religieuses et civiles avaient profondément troublée et divisée. Néanmoins il résolut d'attendre la décision du roi, bien décidé cependant si elle tardait trop « à entrer en Provence « comme serviteur ou comme ennemi » ; et pour exercer une pression sur l'esprit du souverain, il écrivit à ses amis et répandit partout le bruit qu'il était appelé en Provence par le vœu unanime de l'armée et de la population, et que le roi l'avait pourvu du gouvernement de cette province.

Mesplez en quittant le duc d'Epernon s'était dirigé vers Darnetal, près de Rouen, où se trouvait Henri IV, et lui avait remis la requête des officiers de son armée de Provence. Le chevalier de Buous, envoyé l'année précédente pour rendre compte du succès de la journée de Vinon, et l'avocat Boniface Pellicot étaient encore à la Cour. Ce dernier raconta plus tard

(1) *Mémoires* de Du Virailn.

à du Virailh que le roi éprouva, en lisant la lettre, un vif sentiment d'étonnement mêlé à une certaine irritation, qu'il fit plusieurs fois le tour de la salle dans un état d'agitation manifeste, disant à diverses reprises et comme se parlant à lui-même : « Eh quoi ! d'Epernon en Provence ! d'Epernon après « La Valette ! pense-t-on rendre les gouvernements héréditai-« res ! » mais que s'étant calmé peu à peu, il s'était approché de Mesplez et l'avait congédié en lui promettant de transmettre la demande à son conseil, qui aviserait.

Le retard qu'avait mis Mesplez à accomplir sa mission, en perdant un temps précieux à Angoulême, avait permis au roi de recevoir de de Trignan, gouverneur de Sisteron, de Saint-André, son serviteur fidèle, et de plusieurs gentilshommes provençaux, des lettres par lesquelles on le mettait en garde contre les dangers que la nomination du duc d'Epernon faisait courir au parti et même à la province. Du reste, Henri IV éprouvait une grande répugnance à confier le gouvernement d'une province frontière à un homme puissant, ambitieux, habile dans l'art de la guerre, et d'une fidélité très-douteuse; il ne pouvait oublier que la conduite du duc à son égard avait toujours été celle d'un ennemi; qu'à la mort de Henri III, il l'avait abandonné pour se retirer dans son gouvernement; qu'après les journées d'Arques, il l'avait désigné sous le nom de *général de bandits*; et que plusieurs fois il s'était laissé aller à dire qu'il espérait qu'il en arriverait du royaume ce qui était arrivé sous Charles-le-Simple, où il y avait autant de rois que de provinces ! Il temporisa et envoya un de ses secrétaires, du nom de Vicoze (1), auprès du maréchal d'Ornano, gouver-

(1) Les historiens provençaux l'appellent tous Bissouse ; nous lui avons conservé le nom sous lequel il est désigné dans la correspondance de Henri IV.

neur du Dauphiné, pour lui remettre l'ordre d'entrer en Provence avec des forces et de prendre le commandement général de l'armée; il écrivait en même temps à M. de Trignan, à la date du 19 mars : « Suivant l'advis que vous me donnés du besoin
« qu'il y a d'envoyer promptement quelqu'un par delà, pré-
« voyant que celuy que j'y eusse pu despêcher d'icy ne fust
« point arrivé à temps, je mande au seigneur Alfonce de s'y
« acheminer en diligence et mener le plus de forces qu'il
« pourra. Je lui envoie expressément le secrétaire Vicoze pour
« le presser de partir, et vous prie, y estant, de l'aller trouver
« et de l'adsister de tout ce que vous pourrés. J'ai donné charge
« au dit Vicoze de pousser jusqu'en Provence pour vous voir
« tous de ma part, et vous entre les autres. Vous le croirés de
« ce qu'il vous dira de ma part, et luy pourrés aussy fier seure-
« ment ce que vous aurés à me faire entendre de la lettre (1). »

Cette lettre, adressée confidentiellement au gouverneur de Sisteron pour être communiquée à quelques-uns des plus dévoués partisans du roi, avait trait à la nomination du marquis d'Oraison au gouvernement de Provence, et à des renseignements précis que Vicoze devait prendre sur certains grands personnages et l'opinion publique des communautés les plus importantes. Vicoze arriva en Provence et vit de Trignan ainsi que les principaux gentilshommes; il les trouva affectionnés au roi, bien armés et décidés à se lever contre d'Epernon si le roi l'ordonnait; mais ils manquaient de chef, étaient jaloux les uns des autres, et le secrétaire n'eut pas de peine à comprendre que la nomination du marquis d'Oraison, au lieu d'être un ralliement serait une division de plus à ajouter à celles qui existaient déjà. Le roi, dans une lettre qu'il écrivait peu de temps après au duc de

(1) Documents inédits relatifs à l'histoire de France. *Lettres missives* de HENRI IV, t. III, p. 581.

Montmorency, lui parlait de cet avortement de ses projets avec une certaine amertume : « J'eusse esté bien ayse d'y employer « (en Provence) le marquis d'Oraison, disait-il, mais j'ay esté « adverty que les autres ne luy eussent pas volontiers obey ; « c'est pourquoi je suis contraint, en cela comme en beaucoup « d'autres choses, d'accomoder ma volonté à la condition du « temps et de ceux auxquels on a affaire. Je vous prie de luy « escrire que pour cela il ne perde point espérance de ne pouvoir « parvenir avec le temps à ce qu'il peut désirer pour ce regard (1). »

Le roi ayant donné l'ordre au maréchal d'Ornano de se rendre en Provence, croyait pouvoir différer la nomination d'un gouverneur ; mais le duc d'Epernon, que ces retards irritaient, réclama ce gouvernement avec instance. Dans une lettre qu'il écrivait au roi, il lui disait : « Que le gouvernement de Provence « ne pouvoit être considéré comme vacant, puisqu'il ne l'avoit « remis entre les mains de son frère que pour lui donner moyen « de conserver la province dans son service, tandis que lui, avec « ses amis, exposoit ailleurs sa personne et son bien pour les « mêmes intérêts ; qu'il en étoit le premier et le vrai titulaire ; « que puisqu'il étoit assez malheureux pour survivre à M. de « La Valette, il espéroit de la justice de Sa Majesté qu'elle « n'augmenteroit pas la douleur de sa perte en le privant d'une « charge qu'il n'avoit transférée à autrui que pour avoir la li- « berté de la mieux servir (2). » Le roi hésitait et attendait des nouvelles du maréchal d'Ornano ; il écrivait le 7 mai au duc de Montmorency : « Mon cousin le duc d'Espernon m'a escrit par « l'un des siens ; il ne s'offre pas seulement, mais me supplie

---

(1) *Lettres missives de* Henri IV, t. III, p. 591.
(2) *Histoire de la vie du duc d'Espernon*, par Girard. Paris 1673, t. I, p. 322.

« de l'envoyer en Provence pour y commander l'armée, pour
« laquelle il propose de mener de bonnes troupes. Je n'ay point
« encore, sur ce, pris de résolution, mais avant que vostre se-
« crétaire parte elle se fera et vous en aurez par lui toutes cer-
« taines nouvelles (1). » Mais bientôt le roi allait être obligé de
subir les exigences du duc, car le maréchal d'Ornano après s'ê-
tre avancé jusqu'à Tarascon, venait de rentrer précipitamment
à Grenoble. D'Epernon informé de l'arrivée prochaine du maréchal en Provence, et soupçonnant qu'il avait reçu des instructions pour lui créer des embarras, en même temps qu'il serait
un danger pour ses Gascons, avait envoyé un de ses gentilshommes nommé Peyrolles courir après lui. Peyrolles avait
rejoint le maréchal à Tarascon ; il sut si bien le convaincre qu'il
était victime d'une machination ourdie à la Cour, qu'on ne l'envoyait en Provence que pour l'y laisser et avoir ainsi la possibilité de nommer Lesdiguières gouverneur du Dauphiné, que
d'Ornano, qui n'aimait pas Lesdiguières, ne fut pas plus loin et
revint sur ses pas.

Pendant que ces événements s'accomplissaient, la Provence
restait en proie à l'anarchie et à la guerre civile. Vers le milieu
du mois d'avril, mille ligueurs environ (2), sous les ordres de
Chateauneuf et du chevalier d'Aiglun, prirent deux canons à
Forcalqueiret et vinrent forcer un ancien couvent de Pignans
que les royalistes avaient fortifié et armé. De Castillon, qui commandait à Brignoles, se hâta d'informer les garnisons voisines
de cette agression, et demanda des renforts pour arrêter les en-

(1) *Lettres missives de* HENRI IV, t. III, p. 630.
(2) Louvet dit que les ligueurs avaient 500 hommes. Fabrègues 1,200
fantassins et 100 chevaux. Nostradamus 1,000 arquebusiers et 40 maîtres.
Bouche 1,000 arquebusiers. Une relation du temps, que je citerai tout
à l'heure, leur donne « mil à doze cents arquebuziers et cent cinquante
« maistres ».

nemis à leur retour. Du Virailh envoya quelques soldats de Saint-Maximin, Montaud fit partir cinquante cavaliers de Fréjus, et de Tourvès arriva avec un pareil nombre d'arquebusiers à cheval. Les troupes royales se réunirent à Carnoules, village situé à peu de distance de Pignans, au nombre de trois cents hommes dont cent cinquante cavaliers. Les ligueurs, après avoir forcé et pillé le couvent, évacuèrent Pignans le 26 avril et s'engagèrent dans la plaine qui sépare ce bourg de Carnoules. Castillon, quoique les ennemis fussent bien supérieurs en nombre, sortit du village et vint à leur rencontre. Le chevalier d'Aiglun, confiant dans le nombre de ses troupes, accepta le combat. La plaine étant coupée de nombreux fossés qui servaient de limites aux propriétés, il fut obligé, pour ne pas abandonner ses deux canons, de s'éloigner de son avant-garde déjà engagée avec l'ennemi, et de suivre la lisière d'un champ, pour venir retrouver un chemin étroit qui longeait une muraille derrière laquelle s'était embusqué le capitaine Lachapelle avec une compagnie. Celui-ci l'accueillit par un feu d'arquebuses qui mit en peu de temps le désordre dans ses rangs. En ce moment, Tourvès, qui avait vu le corps de d'Aiglun et de Chateauneuf s'éloigner de l'avant-garde, prit le galop et tomba sur ses derrières, pendant que Castillon l'enveloppait avec ses hommes déployés en tirailleurs. Les ligueurs ne résistèrent pas longtemps; l'épouvante gagna les soldats, qui lâchèrent pied en abandonnant leurs canons, et laissèrent plus de trois cents morts sur le terrain, parmi lesquels le chevalier d'Aiglun et Chateauneuf, qui avaient combattu vaillamment. Tourvès poursuivit les fuyards, mais ils se dispersèrent et parvinrent facilement à se cacher dans les forêts de châtaigniers. Castillon rentra quelques jours après à Brignoles ramenant les deux canons pris sur l'ennemi (1).

(1) « ...... Et sur le lieu fut tué environ cinq cens homes des dictes

Cependant le Parlement avait convoqué le 15 avril une assemblée générale des communautés de son parti à Aix, à l'effet de pourvoir aux affaires de la province : « Nous vous prions, disaient les procureurs du pays, députer aucuns d'entre vous pour y venir adcister, afin que tous ensemblement puissions trouver quelque bon remède pour délivrer ceste pauvre province de tant de misères et de calamités qui l'affligent. » Les Etats se réunirent le 1er mai. L'assemblée fut peu nombreuse ; la noblesse surtout fit défaut. De tristes appréhensions dominaient les députés. Le comte de Carcès visita Fabrègues et lui demanda des conseils. Celui-ci proposa la paix. Carcès objecta que ce serait trahir son parti, et qu'il ne pouvait faire la paix sans consulter le duc de Mayenne. Fabrègues proposa alors une trève. Carcès, qui voyait dans une trève un moyen de gagner du temps et d'attendre sans danger que les royalistes divisés entre plusieurs chefs séparassent leurs intérêts, accepta cette idée avec empressement. Fabrègues et lui la firent adopter par les Etats. L'évêque de Sisteron, le vicaire de l'évêque de Marseille, Oize, de Croze, La Fare, Sainte-Croix, Duperrier, Allamanon, Cucuron, l'assesseur Audibert, avec les consuls de

---

« compaignies et grand nombre de blessés, et le reste mis en fuite et en
» désordre ; tellement que ledict sieur Castilhon gaigna sur les ennemis
» neuf enseignes, trèze taborins de guerre, et un grand nombre d'ardes,
« bagaiges et butin, et ce qu'est fort remarquable leur osta deux pièces
« d'artilherie que lesdicts ennemis avoient prises à Forcalqueiret, et
» ycelles a mené et conduit en la présente ville, en laquelle sont et seront
» en perpétuelle mémoire ; en quoy pouvons cognoistre le tout avoir esté
« fait par la volonté divine ; et laquelle défaicte et victoire a esté faicte
» entre Pignans et Carnoles, près l'Observance, sans que des gens dudict
» Castilhon en morut aulcun, et des chefs des dictes compaignies en
» moururent monsieur d'Aiglun et noble Balthazard de Chasteauneuf, et le
« capitaine Pierre Belletra et Anthoine Martin, de Signes. »
(Extrait du *Liber mortuorum* de Brignoles, avril 1592, tenu par BIGNON, sacristain. — *Manuscrit du greffe du tribunal de Brignoles*).

Draguignan, d'Apt, de Barjols et d'Aups, furent nommés pour arrêter avec le Parlement royaliste les bases d'une suspension d'armes. De tous ces députés, Allamanon, premier consul d'Aix, était le seul désirant sincèrement la paix. Il était fatigué et voulait du repos. Au fond il était humilié d'avoir moins d'influence sous Carcès que sous la comtesse, et il avoua à Fabrègues que quoiqu'il eût tout à gagner à faire la guerre, il en souhaitait la fin, qu'il n'était plus ni ducal ni carciste, mais bon Provençal, et dans le cœur partisan de la comtesse, de Meyrargues et de Besaudun. Fabrègues, après quelques reproches sur ses palinodies politiques, le félicita vivement, disant que la paix serait plus facile à obtenir de Lesdiguières que du duc d'Epernon, « et que « si la noblesse s'unissoit avant son arrivée, avec l'appui de « Lesdiguières on se déferoit facilement des Gascons, qui se- « roient foibles contre les trois armées réunies, et que si le roy « de Navarre se convertissoit, il ne falloit pas douter de le re- « connoitre et d'estre des premiers (1) ».

Sur ces entrefaites Lesdiguières était arrivé à Sisteron, le 2 mai, avec cinq cents maîtres, cinq cents arquebusiers à cheval et quinze cents hommes de pied. Il vint au Brusquet, du bailliage de Digne, prit le château de Beynes, où fut tué Poligny, gentilhomme dauphinois, emporta Bauduen et descendit jusqu'à Valensolle, à la rencontre des députés ligueurs que les Etats envoyaient à Sisteron pour traiter d'une trêve. Mais le Parlement royaliste ne voulait pas accéder à une trêve, et il avait chargé Lesdiguières de déclarer aux députés des Etats qu'il ne pouvait y avoir d'accommodements qu'après que les ligueurs de Provence auraient abandonné toute union avec les ligueurs de Paris et reconnu Henri IV. Lesdiguières trouva, en effet, à Valensolle, Allamanon, frère du premier consul, et Cucuron,

(1) *Mémoires de* FABRÈGUES.

qui lui furent présentés par le marquis d'Oraison et Saint-Cannat. Les députés avaient mission de ne traiter qu'avec le Parlement royaliste. Lesdiguières les dissuada de continuer leur route, les assurant « qu'il avoit l'ordre de ne déposer les armes que si la
« Ligue vouloit la paix; qu'il ne pouvoit être question d'une trève,
« mais bien d'une paix entière; que la première condition étoit la
« reconnaissance de l'autorité royale, et que le jour où le pays se
« soumettroit au roy, il se rendroit avec le marquis d'Oraison et
« le président de Saint-André dans un lieu neutre pour traiter, et
« qu'alors il n'y auroit pas trève mais paix ». Lesdiguières ne traduisait que les ordres qui lui avaient été transmis par le Parlement royaliste. Henri IV fut vivement touché de cette marque d'attachement et de fidélité de ses magistrats provençaux, et dans une lettre qu'il écrivait le 22 juin à Artus de Prunier, il lui disait : « Je trouve que vous avez eu grande raison de vous opposer
« à la trève qu'on vouloit faire, dont je vous sçois bon gré. »

Les ligueurs jurèrent de ne jamais reconnaître un roi hérétique; ils défendirent sous peine de mort de faire aucune proposition de paix avec le roi de Navarre, et firent dresser des potences sur les principales places d'Aix, comme un sinistre avertissement à ceux qui montreraient de l'hésitation à continuer la guerre. Le 25 mai le Parlement envoya une députation à Nice, auprès du duc de Savoie. Les députés, au nom de la religion en péril, au nom du pays menacé des plus grands dangers, implorèrent de nouveau l'assistance du duc; Charles-Emmanuel resta sourd à leurs prières et se contenta de leur promettre quelques subsides. Déçus de leurs espérances de ce côté, en proie à des agitations fiévreuses qu'exaltaient leur faiblesse et leurs divisions, les ligueurs s'adressèrent alors au roi d'Espagne, au pape et au duc de Mayenne, cherchant partout des protecteurs et des vengeurs! mais ils ne purent obtenir que des conseils et de vagues promesses de secours.

Les royalistes s'étaient mis en campagne. Fayence se rendit à Montaud; le marquis d'Oraison emporta Saint-Paul-la-Durance, que commandait Castellane Albiosc, et occupa Barjols, qui fut rendu sans combat par le capitaine Signoret. Villeneuve-Vaucluse abandonna Draguignan et Bargemon; plusieurs autres places, parmi lesquelles Ryans, Jouques, Grambois se rendirent sans résistance et reconnurent l'autorité du roi. Lesdiguières, de son côté, balaya toute la basse Provence depuis le Var jusqu'à Toulon. Il prit Vence, Grasse, le Muy, dont la garnison sortit avec les honneurs de la guerre après avoir soutenu un siége de huit jours; il s'empara d'Aups, de Ginasservis, de Cotignac, et redescendant vers la mer, il vint attaquer, le 3 juillet, la Cadière, village situé à quelques lieues de Toulon. La place se rendit après avoir essuyé 250 coups de canon; les habitants se rachetèrent du pillage en payant la somme de 15000 écus, plus 3000 écus pour l'artillerie, qui se payait toujours à part (1). Le Castellet, bourg situé non loin de là, fut emporté d'assaut et frappé de 3000 écus de contribution de guerre. Les Marseillais donnèrent 20000 écus d'or pour que Signes, la Ciotat, Ceyreste et Roquefort ne fussent pas assiégés et pillés (2). Le château d'Evenos, qui domine les abruptes et pittoresques gorges d'Ollioules,

(1) Le sieur de Cujes se porta caution pour cette rançon exorbitante. Dans les premières années du XVIIe siècle, M. de Cujes exerçait encore des poursuites contre la communauté pour obtenir le solde de sa caution. Le cinquième des fruits furent saisis pendant plusieurs années, et les frais, ainsi que les intérêts, portèrent la somme au double. Pour acquitter cette dette, la Cadière vendit ses bois, ses platrières et ses terres gastes. *(Manuscrit appartenant à M. le chanoine Magloire Giraud, curé de Saint-Cyr.)*

(2) Lesdiguières écrivait aux consuls de la Ciotat : « Je vous assure « que je prendroi telle escorte de guides que je m'y rendroi. Sy je n'ai « de vos nouvelles argentines demain ou à l'austre au plus tard, j'iroi « quenouille en main pour estre payé... » *(Manuscrit de M. le chanoine Magloire Giraud.)*

sut conserver seul, dans ses quartiers, le drapeau de la Ligue. Il était défendu par un capitaine nommé Isnard, natif d'Ollioules ; ce vaillant soldat, qui cachait dans un corps presque difforme, car il était petit, osseux, boiteux, avec des poils roux et hérissés qui lui couvraient le visage, une âme haute et fière, résista pendant quatre jours à deux cents coups de canon, se défendant avec la plus grande bravoure unie à la plus grande intelligence. Lesdiguières désespérant de réduire la place leva le siége et remonta vers Ryans.

Il arrivait à peine dans ce bourg, quand il apprit, non sans un profond étonnement, que le duc d'Epernon était en route pour venir prendre le gouvernement de la province. Il fit appeler auprès de lui Vicoze, qui n'avait pas encore quitté le pays, lequel ne put lui dire autre chose : « Sinon que les décisions de la « cour estoient sujettes à revirement ; mais qu'à son despart le « roy estoit bien décidé à ne pas donner au duc ses provisions « de gouverneur. » Lesdiguières ne tarda pas à s'apercevoir, du reste, que de nouveaux et graves événements se préparaient : les Gascons, qui depuis deux mois cherchaient à se faire oublier par un silence prudent et une grande modération dans leur conduite, reprirent des allures hautaines et recommencèrent à parler en maîtres, tandis que les Provençaux qui l'entouraient, devinrent tout-à-coup à son égard d'une réserve qui touchait à la froideur. Il résolut de rentrer en Dauphiné, que Nemours venait d'envahir après avoir pris Vienne ; il se dirigea par Riez et les Mées vers Sisteron, et passa, vers le 15 juillet, la frontière avec ses troupes.

A peine Lesdiguières était-il parti que les ligueurs, à leur tour, prirent l'offensive. Le comte de Carcès, ayant sous ses ordres de Suze, Saint-Romans, de Croze, Villeneuve-Trans, reprit en quelques jours Peynier, Pourrières et Fuveau ; Allamanon rencontra et battit la garnison du Puech ; Gasqui, gouverneur du château de Brégançon, s'empara sur rade des îles d'Hyères de la galère de Toulon montée par les prisonniers d'Esparron et les mit en liberté.

Carcès résolut de tenter un coup de main sur Marseille où il avait de nombreuses intelligences. Il partit de Gardanne le 4 août, vers minuit, avec quinze cents arquebusiers et quatre cents cavaliers, précédé de Saint-Romans qui, avec deux cent cinquante soldats, avait l'ordre de prendre position dans un ravin connu sous le nom de clos Cépède, situé à une portée d'arquebuse de la porte d'Aix. Arrivé à son poste sans avoir été aperçu, et en attendant le signal que les carcistes marseillais devaient faire à 9 heures du matin, « à laquelle heure chascun quittoit le corps de garde pour aller disner, » Saint-Romans fit procéder à la distribution de la poudre. Les sergents défoncèrent les barils de poudre apportés à dos de mulet, et, à la lueur des lanternes, car le jour n'était pas fait encore, ils commencèrent la distribution aux soldats rangés en cercle autour d'eux. Au XVI⁰ siècle l'usage des cartouches était inconnu ; chaque soldat était pourvu d'une bandoulière, bande en peau de buffle qu'on portait en écharpe de gauche à droite, et à laquelle pendait le fourniment, c'est-à-dire un certain nombre de petits étuis en cuir bouilli contenant chacun une charge de poudre. Une distribution de poudre nécessitait en réalité une manipulation toujours longue et souvent dangereuse, d'abord pour la ration à donner à chaque homme, et ensuite pour le remplissage du fourniment. L'opération commençait à peine, quand tout-à-coup par une imprudence d'un soldat qui tenait la lanterne, une explosion terrible eut lieu, qui se répéta autant de fois qu'il y avait de barils ouverts. Cinquante soldats environ furent tués, presque tous les autres, plus ou moins grièvement blessés, brûlés, frappés de cécité, prirent la fuite en poussant de lamentables cris de douleur et fuyant éperdus dans toutes les directions.

Les détonations avaient jeté l'alarme dans le poste de la porte d'Aix. En quelques instants la population des quartiers voisins fut en armes. Casaulx monta à cheval et accourut. Il fit sortir de nombreuses compagnies pour battre la campagne; l'une d'elles, qui avait poussé une reconnaissance assez loin, aperçut les troupes de Carcès qui se retiraient précipitamment sur Gardanne par le chemin du Garbier; une autre, qui s'était dirigée vers le lieu de l'accident, ramena quarante mutilés, que Casaulx fit enfermer dans la tour de Saint-Jean, où ils moururent presque tous des suites de leurs affreuses blessures.

Les Marseillais donnèrent à cette tentative malheureuse des ligueurs le nom de *Journée des brûlés*.

Le duc de Savoie, quoiqu'il eût refusé de venir au secours des ligueurs, n'avait cependant pas renoncé à ses projets de conquête de la Provence; seulement il se réservait d'agir à sa convenance, à son heure, et dans son propre et unique intérêt. Il ôta le commandement des troupes qu'il avait encore dans le pays à Martinengue, qui avait toujours été battu, et le donna à Don Sanchez de Salines. Dans les premiers jours de juillet, il passa le Var sur un pont de bateaux avec trois mille hommes, pour s'emparer de quelques places voisines et se ménager ainsi une entrée toujours libre dans la province. Il prit le château de Cagnes, s'empara de Cannes et fit investir Grasse; il se rabattit alors sur Antibes, faisant : *il guasto à la campagna, tagliando non pur le biade presso que maduro, ma gli arbori ancore et le vigne !* (1) La garnison d'Antibes se composait de cinq cents soldats sous les ordres de du Bar et de La Canaux son frère. Le duc fit venir de Nice douze canons, qui furent débarqués le 27 juillet, et battit la porte Saint-Sébastien. Le

---

(1) Saccageant la campagne, coupant non seulement le blé qui était presque mûr, mais encore les arbres et les vignes.

31 juillet il emporta la ville neuve, et cinq jours après reçut à composition la garnison, qui s'était repliée dans la tour carrée, forteresse qui dominait la ville vieille et le port.

Charles-Emmanuel trouva dans la place deux gros canons de bronze, seize de fer, un fauconneau, et s'empara de deux galères. La ville vieille fut livrée au pillage; au dire de Papon, le butin que firent les troupes du duc pouvait être estimé à deux cent mille écus; Palma Cayet le porte à plus de trois cent mille, outre trente mille que les habitants furent obligés de payer pour racheter leurs maisons (1).

Charles-Emmanuel ayant quitté Antibes s'avança par Châteauneuf, entra à Grasse, qui lui ouvrit ses portes, et il était en route pour Castellanne, quand il apprit que Lesdiguières, qui venait de pénétrer dans les montagnes du Pragelas, s'était emparé de Pignerol, de Briqueras et de toutes les places de cette contrée, soulevant sur son passage ces populations vaudoises toujours frémissantes sous le joug des ducs de Savoie. Du fond des vallées aux sommets des régions des neiges éternelles, s'élevait en ce moment une immense prière adressée à la France, qui, malgré ses déchirements, apparaissait aux yeux des malheureux Vaudois comme un foyer prochain de liberté! Lesdiguières s'était chargé de faire parvenir à Henri IV leurs vœux ardents, exprimés dans une supplique qu'on ne peut lire encore aujourd'hui sans être ému jusque dans les profondeurs de son âme :

---

(1) Les historiens ne sont pas d'accord sur la défense du château d'Antibes : Papon et les chroniqueurs italiens louent l'intrépidité de la garnison; Gaufridi parle à peine de ce siége, et dit : « que la prise d'Antibes « coûta au duc moins de poudre que d'écus. » Bouche dit que du Bar se rendit moyennant neuf mille écus, et Louvet « que le fort se rendit après « la ville sans se faire tirer un coup de canon, » ce qui est une erreur manifeste. Un historien de la ville de Nice, Louis Duranti, dit que du Bar se rendit malgré les instances de son frère, M. de Canaux.

« Sire, écrivaient-ils, ce grand Dieu qui fait les roys a mis dans
« vos mains le plus beau sceptre du monde ! qui l'eût espéré
« naguères eût paru faire un vain songe; mais Dieu fait tout ce
« qu'il veult. Il vous a donné la Gaule ; la Gaule transalpine,
« s'il le veult, vous appartient. Saluces va vous revenir, et nos
« vallées, Sire, sont vostres déjà et servent à vostre Dauphiné
« de murs et de bastions! murailles murées jusqu'au ciel. Est-
« ce tout? non! Avec elles vous avez des murailles vives : nos
« cœurs, nos corps, nos vies. Nous nous vouons à vous, Sire, à
« jamais, pour vivre et mourir, nous et nos enfants ! » et ces
martyrs continuaient en suppliant le roi de les admettre dans la
grande famille française. Charles-Emmanuel se hâta de revenir
sur ses pas ; il laissa à Antibes une forte garnison sous les ordres du comte de Piosasque, donna au seigneur de Gaud le
gouvernement de Grasse, et rentra dans ses Etats.

Cependant le duc d'Epernon, que le roi berçait toujours de
l'espérance du gouvernement, s'était décidé à se rendre en Provence sans ordre. Avant de quitter Angoulême, il avait envoyé
à la Cour un de ses gentilshommes pour annoncer au roi son
départ précipité, prétextant les vives instances des royalistes
provençaux menacés d'être anéantis par les forces réunies des
ligueurs et du duc de Savoie. Henri ressentit vivement la violence qui lui était faite, mais sachant la précarité de sa position,
il ne voulut pas entrer en lutte ouverte avec un homme altier
et puissant. Il sut dissimuler ses ressentiments : Lesdiguières
guerroyait au Piémont, Ornano n'avait pas voulu franchir les
frontières de la Provence, lui-même était entouré d'ennemis
domestiques, et son pouvoir, sans cesse battu en brèche par la
Ligue, était encore chancelant ! Au milieu de ces difficultés, il
crut sagement devoir sacrifier son amour-propre. Néanmoins,
voulant se réserver l'avenir, il envoya au duc les pouvoirs *de
général de l'armée du roi en Provence* « sans révoquer le

« titre de gouverneur qu'il avait eu de Henri III et sans le con-
« firmer aussi (1) », ce qui, en lui donnant plus de latitude
pour l'éloigner quand le moment serait opportun, laissait une
plus grande autorité au Parlement royaliste, qu'il savait lui
être tout dévoué et dans lequel il avait une confiance entière.

Le duc d'Epernon mesura immédiatement le danger que
cachait sa commission, mais il comptait sur sa fortune et espérait si bien établir ses affaires, que le roi serait forcé, avant
peu de temps, de lui donner le gouvernement réel de la province. Il partit d'Angoulême le 5 juin, à la tête de six mille
hommes de troupes. La cavalerie était sous les ordres du baron
d'Ars et des sieurs de Chalais, d'Ambleville, de Touverac, de
Massez, de Miran, etc.; l'infanterie était commandée par le
baron de Mata, Bonnouvrier, Pernes, La Roderie et quelques
autres. En ajoutant à cette armée les compagnies qui étaient en
Provence : celles du duc de La Valette et du baron de Montaud,
chacune de deux cents maîtres; celle du marquis d'Oraison, de
cent ; les compagnies de chevau-légers de Belloc, de Ramefort,
de Saint-Andiol, celle de Buous et le régiment d'infanterie
commandé par le chevalier de Buous, son frère, avec les régiments de Meyrargues, de Valavoire et de Mesplez, le duc
d'Epernon devait être en Provence à la tête de plus de dix mille
hommes parfaitement organisés et armés. D'Epernon prit par le
Périgord et le Quercy; il secourut, en passant, Villemur, assiégé
par les ligueurs, fit lever le blocus de Montauban, et força plusieurs places à abandonner le parti du duc de Mayenne. Il
arriva à Mondragon le 30 août. Son premier soin fut d'envoyer
un de ses lieutenants auprès du Parlement royal, qui s'était de
nouveau transporté de Sisteron à Manosque, pour faire entéri-
ner ses pouvoirs, *s'excusant de n'y venir lui-même, occupé*

---

(1) *Histoire de la vie du duc d'Epernon*, par GIRARD, p. 323.

qu'il étoit pour les affaires du Roy. Il passa la Durance à Pertuis et se dirigea sur Riez, qu'il quitta le lendemain à minuit, suivi de trois cents maîtres et de trois cents carabins, pour se rendre à Fayence, pendant que le reste de ses troupes prenaient à Riez un repos rendu nécessaire par les fatigues de la longue route qu'elles venaient de faire. Fayence était dans ce moment assiégée et serrée de près par un parti de ligueurs sous les ordres du marquis de Trans; d'Epernon fit lever le siége aux ligueurs, et ayant demandé deux canons à Montaud, qui les lui envoya de Fréjus, il rappela ses troupes de Riez et vint mettre le siége devant Montauroux.

Carcès avait mis dans Montauroux, village de cinq feux, situé à égale distance à peu près de Draguignan, de Fréjus et de Grasse, et dont il voulait faire sa base d'opérations dans ces quartiers, seize compagnies de gens de pied sous les ordres de Paul de Thésan Vénasque. Le duc d'Epernon battit la place pendant deux jours, sans qu'il paraisse que les assiégés aient fait une résistance bien entendue. Le 15 septembre, deux compagnies de carabins étant parvenues à se loger dans quelques maisons qui dominaient les travaux de défense, les ligueurs capitulèrent et posèrent si mal leurs conditions, que le duc d'Epernon, dit Louvet, sans les enfreindre en aucune façon, fit pendre ceux qu'il voulut et renvoya les autres avec un bâton blanc.

Il est souvent bien difficile de savoir la vérité sur certains faits de cette malheureuse époque. Les rigueurs dont usa le duc envers la garnison de Montauroux sont de ce nombre. Le chiffre des hommes exécutés après la prise varie chez tous les historiens, depuis Louvet qui se contente de dire que le duc fit pendre tous ceux qu'il voulut, ce qui est très-vague, jusqu'à ceux qui ont avancé qu'il les fit pendre tous. C'est là une erreur, au moins pour ce qui regarde le chef de la garnison, Paul de

Thésan Vénasque, car, d'après la généalogie des Thésan, ce gentilhomme ne mourut qu'en 1611 et testa le 21 juin de cette année.

Ce qui paraît certain cependant, c'est que la répression fut terrible. Girard, secrétaire et historiographe du duc d'Epernon, et qui, par conséquent, ne peut être suspecté, avoue quatorze capitaines pendus. Il revient souvent, dans le cours de sa biographie de d'Epernon, sur les conséquences de ce siége, pour faire ressortir la sévérité que fut forcé de déployer le duc dans sa première opération de guerre, pour imprimer une terreur salutaire, ce qui peut nous faire supposer qu'un certain nombre d'habitants et de soldats durent être aussi passés par les armes.

D'Epernon descendit vers Aups, dont les habitants, à l'instigation de leur curé, avaient refusé de lui ouvrir leurs portes, quelques jours auparavant, pendant sa marche sur Montauroux, et avaient chassé leur consul trop dévoué au roi. Il arrivait en vue du bourg, quand les notables du lieu vinrent à sa rencontre pour implorer miséricorde. Il pardonna, contre son habitude, et se contenta de condamner les habitants à faire les frais de l'habillement d'un de ses régiments. Il se rendit ensuite à Brignoles, où il établit son quartier général. Plusieurs gentilshommes provençaux vinrent le visiter, et parmi eux Villeneuve-Vaucluse, le baron de Trets, le chevalier de Castellane-Albiose, et enfin la comtesse de Sault suivie de Besaudun. Le rôle que cette femme a joué dans les événements qui agitaient la Provence est si considérable, qu'il nous faut raconter par quelle suite d'intrigues et de vicissitudes elle en était arrivée à venir se jeter dans les bras du duc d'Epernon.

La comtesse, renfermée dans une ville ligueuse alors qu'elle venait de rompre violemment avec les principaux chefs de la Ligue, et vivant au milieu d'une population qui voulait disposer de ses affaires à son gré, ne supportait qu'avec impatience l'effacement de la vie publique que les événements lui imposaient. En proie à de sourdes colères, humiliée dans son orgueil, impuissante à comprimer son activité dévorante, et s'abusant peut-être sur le crédit dont elle croyait jouir encore en Provence, elle résolut de courir une nouvelle fortune, qui, par ces temps troublés, pouvait lui redonner son ancienne puissance et ouvrir un vaste horizon à son ambition.

L'état d'hostilité dans lequel Marseille se trouvait avec la province entière, avait interrompu presque complètement ses relations commerciales, et amené une disette de blé qui préoccupait vivement les consuls. La comtesse fit répandre le bruit par ses amis et ses agents, qu'il était de toute nécessité de se faire ouvrir les greniers du Languedoc, et qu'elle seule pouvait obtenir cette grâce du connétable de Montmorency. Les Marseillais accueillirent cette proposition avec la plus grande faveur, et le conseil de ville, sous la présidence de Casaulx, la pria instamment d'interposer ses bons offices pour obtenir du connétable la traite du blé et la liberté du commerce entre Marseille et le Languedoc. La comtesse partit sur une galère et se rendit, en juin, à Aigues-Mortes, où elle vit le duc de Montmorency, qui la reçut avec distinction et lui accorda tout ce qu'elle demandait, espérant ramener par son influence la ville de Marseille au parti du roi et priver ainsi l'Union de ce puissant boulevard.

On ignore quelles furent les conventions échangées entre elle et le connétable. Le roi écrivait à ce dernier, le 19 juin, du camp de Gisors : « Je suis bien ayse de la conférence que vous « avez eue avec madame la comtesse de Sault, que je vois que « vous avez à demy convertie à s'employer pour le bien de nos- « tre affaire. Si elle y apporte aussy bonne volonté qu'elle en a « de moyen, il ne peut qu'il n'en réussisse quelque chose de

« bon (1). » Sur ces entrefaites le duc d'Epernon étant entré en Languedoc pour se rendre en Provence, le connétable la pressa vivement d'aller à sa rencontre, et ils vinrent l'attendre à Montpellier. La comtesse eut avec lui, vers la fin du mois d'août, une entrevue dans laquelle elle dut promettre bien des choses que le cours des événements devait l'empêcher d'accomplir.

Pendant l'absence de la comtesse, Louis d'Aix, lieutenant du viguier, qui avait moins que Casaulx à se garder du reproche d'ingratitude, et qui aspirait à hériter du bâton de viguier que tenait Besaudun, sema par ses paroles et ses intrigues la défiance sur le but du voyage de la dame de Sault. Il fut aidé dans son œuvre par quelques amis imprudents de celle-ci, qui vantèrent publiquement les mérites du connétable et du duc d'Epernon. Le peuple, travaillé par les émissaires de Louis d'Aix, s'irrita profondément et se disposa à faire un mauvais parti à la comtesse quand elle retournerait. L'exaspération contre elle fut à son comble, lorsqu'on la vit revenir sur la propre galère du connétable, ayant avec elle comme garde d'honneur soixante mousquetaires languedociens. Casaulx devait sa position politique à l'influence de la comtesse de Sault, et il lui répugnait encore de se montrer ouvertement ingrat; son âme était en proie à ces irrésolutions qui, chez les ambitieux, aboutissent fatalement à des compromis de conscience honteux, quand Louis d'Aix vint mettre fin à ce combat intérieur en lui disant que le moment était arrivé pour lui d'accomplir ses hautes destinées, qu'il fallait sacrifier la comtesse et se rendre maître absolu de la ville. La voix implacable de l'ambition étouffa le faible murmure de reconnaissance qui s'élevait encore dans ce cœur passionné, et Casaulx donna toute latitude à Louis d'Aix pour faire chasser sa bienfaitrice de Marseille.

(1) *Lettres missives* de HENRI IV, t. III, p. 641.

Louis d'Aix souleva le peuple, et en peu de jours chacun se prit à dire que la comtesse avait traité avec le connétable pour lui remettre Marseille, qu'elle n'avait accompli son voyage que dans ce dessein, que si on n'y prenait garde elle allait introduire les huguenots dans la ville, et que c'en était fait de la religion et de la liberté. Des bandes d'hommes armés parcoururent les rues, des rassemblements tumultueux se formèrent sur les places publiques, et de toutes les poitrines de cette population ameutée sortirent les cris de : *Fore madame ! Fore monsieur ! huguenotz et bigarras et qui a parlé dé Pernon !* Casaulx pressa vivement la comtesse de partir en lui représentant que sa présence à Marseille allait être le motif d'un conflit sanglant. La comtesse n'était pas femme à se tromper sur le but que poursuivait Casaulx, et il dut y avoir entre ces deux natures ardentes un orage terrible ! Besaudun, que son dévouement à la dame de Sault rendait aveugle, l'engagea à fuir et s'offrit pour l'accompagner. Le 26 août, à 8 heures du soir, ils montèrent, suivi de quelques amis, sur une barque, et sortirent du port ne sachant de quel côté ils dirigeraient leur fortune. Le ciel était étincelant d'étoiles et la nuit sereine descendait sur la mer calme et transparente. Au milieu des avis divers qui se croisaient, les uns opinant pour se rendre en Languedoc, les autres pour s'enfermer dans le château d'If, la comtesse ordonna de ramer vers Toulon. Elle espérait qu'en se présentant en fugitive et en royaliste dans cette ville dont le dévouement au roi était bien connu, elle serait accueillie avec empressement ; mais les habitants, ignorant ses récentes menées avec le parti royaliste, ne virent en elle que la femme que son ardeur pour la Ligue avait poussée fatalement à appeler en Provence le duc de Savoie, et refusèrent de la recevoir : « Ils la traitèrent, dit Gaufridi, avec « mépris et se moquèrent d'elle, ce qui l'obligea de se tirer de « là et d'aller chercher une autre retraite. » Elle sortit le lendemain de Toulon et se rendit à Sault. Les nouvelles qu'elle reçut de ses amis achevèrent de la convaincre qu'elle n'avait plus de rôle à jouer que dans le parti royaliste, et elle se rendit à Brignoles auprès du duc d'Epernon, qui la reçut avec courtoisie, « ce qui ne l'empêcha pas, dit un vieux historien, de lui faire « essuyer bien des mortifications ».

D'Epernon assembla le 25 septembre les Etats généraux du parti royaliste à Brignoles. Ces Etats votèrent des subsides pour l'armement et l'entretien de huit mille hommes d'infanterie, de douze cents chevaux et de huit canons ; ils supplièrent le roi d'envoyer au duc ses *provisions* de gouverneur de la province, et de transférer à Brignoles le Parlement et la Chambre des Comptes. Pendant ce temps, la comtesse de Sault déployait une grande activité pour constituer un parti royaliste à Aix. Les historiens semblent d'accord pour penser qu'elle n'agissait qu'à l'instigation du duc; mais c'est là une erreur. Au dire de Fabrègues, bien placé pour connaitre exactement tous les fils qui faisaient mouvoir les personnages de son époque, le duc d'Epernon n'avait aucune confiance dans l'influence de la comtesse et de Besaudun, et loin de les pousser à se mettre en avant, il aurait désiré qu'ils restassent dans l'ombre. Si la comtesse se compromit de nouveau et compromit ses amis, ce fut bien plutôt à l'instigation de Lesdiguières et de Saint-André, qui ne cessaient de répéter : *que le bien du roy passoit avant tout, et qu'ils estoient prêts à l'accepter de toutes mains!* Quoiqu'il en soit, l'agent déclaré de la comtesse à Aix, fut un religieux augustin, très-remuant, très-répandu, et d'une moralité plus que douteuse ; mais il ne tarda pas à être découvert, et le Parlement l'ayant fait arrêter, instruisit son affaire et le condamna au gibet. Les ligueurs d'Aix, effrayés des dangers plus imaginaires que réels qu'ils avaient couru, sentirent se réveiller en eux toutes les passions de la guerre civile, à ce point qu'un gentilhomme de Lambesc, nommé de Taillades, ayant déploré dans un lieu public les infortunes du peuple et fait entendre des paroles de paix, fut insulté et massacré dans la rue.

Le duc d'Epernon, dès la levée des Etats de Brignoles, entra de nouveau en campagne. Il organisa à Riez six mille hommes, et avec huit canons et quatre couleuvrines il vint visiter le Parlement de Manosque, passa ensuite la Durance à Sisteron, et descendit vers Antibes. Le 6 décembre le comte de Piosasque, gouverneur de la ville, se rendit et se retira à Nice. La citadelle, commandée par le colonel Aimo de Scalengi, refusa de capituler. Le duc d'Epernon en commença le siége. Aux avantages d'un armement très-complet et d'une forte assiette, le château d'Antibes joignait celui de communiquer librement par mer avec Nice, qui lui fournissait toutes les nuits, par le moyen d'une galère, des munitions, des vivres frais et des soldats pour remplacer les malades ou les blessés. Le siège durait depuis quinze jours, quand un canon mal pointé fit une brèche dans une partie de l'enceinte qui n'avait pas encore été battue et qui paraissait mal gardée. Soit que les assiégés ne se fussent pas aperçus de cette brèche, soit qu'ils n'en tinssent aucun compte à cause de son peu d'importance, ils négligèrent de la réparer. Le duc, qui était doué d'un coup d'œil militaire réel, la fit visiter la nuit par un sergent, qui lui rapporta qu'elle pouvait donner passage à un homme. Sa résolution fut prise immédiatement. Le lendemain, 23 décembre, il déplaça ses batteries, fit une fausse attaque sur un point diamétralement opposé, et pendant que les ennemis portaient tous leurs efforts de ce côté, deux compagnies, fortes de deux cent cinquante hommes, pénétraient dans la place et s'en emparaient.

Au dire de Girard, le colonel de Scalengi fut fait prisonnier en pantoufles et en robe de chambre. Le duc trouva trente canons dans la tour carrée. Au mépris des lois de l'humanité et de l'honneur militaire, il fit pendre vingt-trois officiers ou soldats qui n'avaient pas voulu rendre leurs armes et avaient opposé jusqu'au dernier moment une résistance héroïque, et envoya les autres ramer sur les galères. Girard assure que la galère qui toutes les nuits venait ravitailler la citadelle, se présenta la nuit qui suivit la prise, mais que les vainqueurs n'ayant pas su répondre aux signaux qu'elle faisait avant d'entrer dans le port, le capitaine vira de bord et revint à Nice. C'est là une erreur de l'historiographe du duc. La galère mouilla sous la citadelle et fut capturée. D'Epernon s'adjugea le navire et l'envoya à Toulon, où il fut séquestré l'année suivante par les Toulonnais, quand ils se mirent en révolte ouverte contre le duc. Lorsque D'Epernon quitta la Provence, il réclama cette galère comme étant sa propriété, mais les consuls de Toulon refusèrent de la rendre, et c'est à propos de ce conflit que le roi écrivait aux consuls le 4 juin 1597 : « Que la ville doit restituer au duc d'Espernon, indépendamment de sa galère, les munitions dont elle « estoit chargée, ceste galère, ainsy que les munitions, ayant « esté gagniées par le duc sur le duc de Savoye lors de la prise « d'Antibes (1). »

1593   En France, après tant d'années de guerres religieuses et de guerres civiles, la lassitude était générale, et la grande majorité de la population aspirait à la paix. Une assemblée de la bourgeoisie, secrètement réunie chez l'abbé de Sainte-Geneviève, avait décidé de « travailler à la pacification de l'Estat et à la « reconnoissance du roy, sans attendre qu'il fust catholique, vu « qu'il estoit prince plein de clémence, et qu'il ne troubleroit en « rien l'exercice de la religion catholique ». Dans une assemblée des quartiers provoquée par les hommes influents du

---

(1) *Lettre du roy Henry IV aux consuls de Toulon. (Archives communales de Toulon.)*

parti des politiques, on avait été d'avis « qu'on pressàt le roy de
« Navarre de se faire catholique, et que provisoirement on
« traitât avec luy pour la liberté du commerce ».

Les États généraux du royaume étaient convoqués à Paris
pour le 13 janvier 1593. Le prince de Parme, qui avait déclaré
qu'il passerait pour la troisième fois la frontière pour s'opposer
à leur réunion, était mort le 2 décembre précédent. A mesure
que les députés se rendaient à cette convocation « on ne voyoit
« nuit et jour dans les rues de Paris, dit Lestoile, que des agents
« des prétendants à la couronne, qui alloient les visiter et briguer
« leurs suffrages ». Ces prétendants étaient nombreux. Parmi
eux étaient le roi d'Espagne et sa fille, et le duc de Savoie. Ce
dernier, si on en juge par la correspondance d'Ibarra, ambassadeur de Philippe II, conservée aux archives de Simancas, ne
craignait pas d'exploiter un prétendu désintéressement personnel de son beau-père, pour se créer un plus grand nombre de
voix. Ibarra écrivait, en effet, à son souverain : « M. de Rosne
« m'a dict que le duc de Mayenne luy avoit faict part des intri-
« gues et des projets de l'archevesque de Lyon. Ce ne seroit
« rien moins que de placer la couronne sur la teste du duc de
« Savoye, par la rayson que c'est de tous les princes estrangers
« le seul qui convienne, *et pour ce qu'il seroit indifférent à*
« *Vostre Majesté que ce fust l'infante dona Catarina ou l'in-*
« *fante dona Isabel qui devint reyne; que c'estoit d'ailleurs*
« *ce que pourroit certifier le duc de Savoye lui mesme* (1);
« que cela seroit fort advantageux pour le duc de Mayenne,
« qui marieroit son fils aisné avec la fille du duc de Savoye et sa
« fille aisnée avec le fils aisné du mesme prince. J'ai respondu

---

(1) Ces lignes sont soulignées dans la dépêche espagnole par Philippe II,
qui a écrit en marge : *Que signifie cela? il faut se hâter de les détrom-
per, car ceci est entièrement contraire à la vérité.*

« à de Rosne qu'il falloit croire que si pareille chose estoit,
« Vostre Majesté en auroit informé le duc de Savoye. » Mais
le Parlement, par un arrêt en date du 22 décembre 1592, avait
sagement éliminé les prétendants étrangers, en décidant que
« les Etats généraux étaient convoqués uniquement pour pro-
« céder à la déclaration et établissement d'un prince catholique
« français, selon les lois du royaume ».

Les Etats généraux annoncés pour le 13 janvier ne s'ouvrirent
que le 26. Ils se prolongèrent pendant cinq mois au milieu des
menées et des intrigues du duc de Mayenne, des autres princes,
du légat et de l'ambassadeur d'Espagne. Néanmoins l'esprit de
la bourgeoisie et de la partie modérée du clergé, se prononçait
tous les jours contre la domination étrangère. Après plusieurs
mois de discussions et de débats stériles, qui n'avaient pour
objet que l'élection directe ou détournée de l'infante d'Espagne,
et que le sentiment national fit rejeter, les Etats généraux, débordés par l'opinion publique, ajournèrent toute décision « jus-
« qu'à ce qu'ils vissent une armée prête à appuyer leur résolu-
« tion ». C'est que, dans l'intervalle, les catholiques du parti
de Henri IV ayant obtenu une conférence avec des délégués
des Etats, avaient frayé les voies à une transaction qui devait,
en amenant le roi à abjurer, déterminer une pacification générale.

En Provence, la Ligue s'était usée par sa violence même et
aussi par ses longues souffrances. Tous les esprits étaient fatigués et aspiraient au repos et à la paix. La réunion des Etats
généraux à Paris facilita les transactions pour arriver à un apaisement général. D'Aubrès, vice-légat d'Avignon, s'offrit pour
amener une réconciliation entre les deux partis. Il s'adressa d'a-
bord au duc d'Epernon, et ayant trouvé en lui des dispositions
favorables, il envoya à Aix, Blovac, gentilhomme de Carpentras,
pour en instruire le Parlement et le comte de Carcès. On con-

vint d'ouvrir des négociations, et on nomma de part et d'autre des députés. Le Parlement royaliste désigna Pompée Peyrille, évêque d'Apt; les conseillers de Suffren et d'Arcussia; Trichaud, seigneur de Saint-Martin, procureur général au Parlement; Garron, conseiller à la cour des Comptes; le chevalier Buous; Castillon, gentilhomme gascon; Eimini, prieur de Manosque et Ermenjaud, seigneur de Barras. Le Parlement d'Aix nomma : l'évêque de Sisteron; le docteur de Vervins; les conseillers Arnaud et Thoron; de Gallice, conseiller à la cour des Comptes; Mistral, seigneur de Croze; Glandevès-Gréoulx; Saint-Romans; Allamanon; Barthélemy Sainte-Croix; le consul Duperrier et l'assesseur Gibert. D'Aubrès, Vénasque et Blovac furent désignés comme arbitres par les deux partis dans les différends qui pourraient s'élever pendant les conférences.

Il avait été convenu, d'après la proposition du vice-légat, que les conférences auraient lieu à Cavaillon. Dans les derniers jours de décembre, Blovac fit connaître au Parlement que le duc d'Epernon désirait qu'elles se tinssent à Saint-Maximin ; mais il annonçait en même temps que le duc donnerait en ôtage, pendant tout le temps que dureraient les pourparlers, le baron de Ramefort et les capitaines Charpes et Francisque Marie, desquels le comte de Carcès répondrait.

Le 22 janvier, les députés des deux partis s'assemblèrent à Saint-Maximin. Dès la première séance l'on vit combien il serait difficile de rapprocher les esprits divisés sur tant de questions irritantes. Les députés de la Ligue auraient voulu concilier les intérêts de la province avec les leurs propres, et désiraient, avant tout, ne pas se départir de l'alliance des ducs de Mayenne et de Savoie : ils opinaient pour qu'on s'en tînt à une trêve, en attendant que la Sainte-Union eût proclamé un roi de France. Les députés du duc d'Epernon étaient plus radicaux dans leurs demandes : ils repoussaient toute trêve et voulaient une paix complète ou la guerre. La condition qu'ils mettaient à la paix était que leurs adversaires reconnussent Henri IV pour légitime successeur de Henri III. Le conseiller de Suffren n'eut pas de peine à prouver qu'on ne devait s'attendre à voir finir les malheurs qui affligeaient la province, que lorsque chacun se rallierait sous l'autorité d'un unique souverain; mais quel serait ce souverain? Ce fut la question que traita le conseiller ligueur Arnaud, qui repoussa naturellement Henri IV. On abandonna cette thèse. Les ligueurs proposèrent alors de faire reconnaître par le Parlement le duc d'Epernon comme gouverneur, non en vertu des pouvoirs qui lui avaient été octroyés par un roi qu'ils ne voulaient pas reconnaître, mais en vertu des lettres patentes qui lui avaient été données en 1587 par Henri III, et qui avaient été vérifiées et enregistrées au Parlement. Si d'Epernon acceptait cette condition, les ligueurs exigeaient, en outre, qu'il s'engageât à proscrire du pays toute autre religion que la religion catholique, et à n'entrer dans la ville d'Aix, ni dans aucune autre place de l'Union, *jusqu'à ce que Dieu ait donné au royaume un roy catholique*. En attendant cet avènement, le comte de Carcès devait garder le gouvernement des places ligueuses et le commandement des troupes.

Le duc d'Epernon, qui était à Tourves, arriva à Saint-Maximin le 29 janvier. Il convoqua les députés pour le jour même dans la grande église. Le conseiller Arnaud, l'orateur du parti de la Ligue, exprima au duc l'extrême regret que causait à la Cour d'Aix, au comte de Carcès et au pays tout entier, l'excès de misère de la Provence, et l'ardent désir que tous avaient de voir la fin de tant de calamités; il lui remontra que s'il s'était présenté à Aix comme lieutenant d'un roi catholique, il aurait été reçu avec le respect et les honneurs qui lui étaient dus, mais que venant au nom d'un roi hérétique, on ne pouvait lui donner ces marques de déférence et de soumission. Le duc répondit qu'il croyait aux bonnes intentions des bourgeois d'Aix pour la conservation de la foi catholique, mais qu'il lui était impossible de croire que les meneurs de la Ligue ne fussent dirigés que par cette pensée, chose, du reste, qu'il pouvait assurer, les ayant vu de près! qu'il n'avait jamais voulu se jeter dans ce parti, par conviction, et aussi par respect pour la mémoire de son frère, mort au service d'un prince dont il s'honorait d'être lui-même un bon et fidèle serviteur. Il se vanta d'être un ferme catholique, trésor, dit-il, qu'il voulait transmettre intact à ses enfants, et que c'était pour faire triompher cette religion catholique qu'il avait quitté sa famille et était venu en Provence, même malgré la volonté du roi, dès qu'il avait appris que les huguenots du Dauphiné voulaient s'emparer de la province et y établir comme commandant un vicomte de Turenne (1) ; qu'au fond, du reste, il y avait communauté d'idées entre lui, le Parlement et le peuple d'Aix, mais qu'avant tout il voulait être obéi, qu'il ne voulait ni trêve ni paix, mais bien une réconciliation sincère et générale ; que si les ligueurs la refusaient, il serait obligé, bien malgré lui, d'avoir recours à de pénibles extrémités, et qu'ils eussent, avant d'en venir à une nouvelle prise d'armes, à bien réfléchir.

En réalité, d'Epernon tenait peu à ce que Henri IV fût reconnu, mais il voulait avant tout être obéi comme chef général, et empêcher toute ligue avec le duc de Savoie ou de Mayenne. Il prit les députés ligueurs les uns après les autres, les entretint à part, en se promenant avec eux dans les nefs latérales de l'église, et chercha à les gagner à ses idées : il s'engagea à ne pas

---

(1) D'Epernon appelait ainsi Lesdiguières, dans le but de le rendre odieux au peuple en le comparant à l'homme qui, au XIVe siècle, avait couvert la Provence de ruines et de sang, et dont le souvenir légendaire remplissait encore le pays d'épouvante.

entrer dans la ville d'Aix pendant un espace de temps que le Parlement fixerait lui-même, mais il insista pour la rupture immédiate de toute alliance. Les ligueurs offrirent de renoncer à tout secours venant du duc de Savoie, mais ils ne voulurent pas se départir de leur union avec le duc de Mayenne.

La journée du lendemain se passa en pourparlers stériles; on convint le soir que les trois arbitres donneraient un protocole qui serait soumis à l'acceptation du duc d'Epernon et du Parlement d'Aix. Ceux-ci rédigèrent dans la nuit les conditions de paix suivantes : Le duc serait reconnu comme gouverneur; il n'entrerait dans les villes de l'Union qu'à la proclamation d'un roi catholique; il s'opposerait par les armes à toute atteinte portée à la religion catholique; le parti ligueur abandonnerait toutes ses alliances; Carcès conserverait son commandement; enfin la justice demeurerait en l'état où elle était. Ces résolutions ne satisfirent personne. On se sépara, les députés ligueurs ayant demandé huit jours pour délibérer et répondre sur l'abandon de leurs ligues.

Le 3 février, le Parlement d'Aix discuta ces différents articles et adopta les résolutions suivantes : 1º la religion catholique sera seule pratiquée dans la province; le duc jurera de s'opposer par la force des armes à l'exercice et à la pratique de toute autre; 2º le duc d'Epernon sera reconnu comme gouverneur en vertu des lettres patentes de Henri III, déjà vérifiées et enregistrées, à la condition que ni lui, ni ses troupes n'entreront dans les villes qui reconnaissent l'autorité du comte de Carcès, lequel conservera toute l'étendue de son commandement; 3º le Sénat et le peuple d'Aix se départiront de toute ligue étrangère, mais conserveront celles de Mayenne et de la Sainte-Union, qui ne sont étrangères; 4º la justice, en attendant la proclamation d'un roi catholique, sera rendue par les deux partis dans les ressorts des villes qui leur appartiennent.

Blovac fut chargé de porter les résolutions du Parlement à l'acceptation du duc d'Epernon; il revint cinq jours après avec la réponse du duc : le duc se livrait entièrement pour ce qui concernait la religion; il voulait être reconnu comme gouverneur, non d'après les lettres patentes de Henri III, mais d'après les lettres de commandement de Henri IV; il exigeait l'abandon immédiat de toute ligue, sans réserve aucune; il demandait la promesse de lui prêter aide et secours contre ceux qui voudraient entrer dans la province pour continuer les troubles; il exigeait enfin la remise entre ses mains, comme garantie, de Salon, Martigues et Noves, qu'il donnerait à trois capitaines de son parti. A ces conditions il s'engageait à n'entrer dans aucune ville ou forteresse au pouvoir de Carcès, avant six mois, mais ce terme expiré il devrait être reçu partout et obéi comme gouverneur.

Le Parlement refusa d'accepter ces conditions. Carcès qui voyait le danger que courait son parti, voulut recourir aux armes et demanda des secours au duc de Mayenne et à Philippe II. Il chargea M. de Vervins, inquisiteur de la sainte foi en toute la légation d'Avignon, de se rendre à Madrid pour plaider sa cause auprès du roi d'Espagne. Arrivé à l'Escurial, celui-ci adressa un long mémoire à Sa Majesté Catholique, dans lequel il demandait quatre mille arquebusiers et mille chevaux pour empêcher la religion catholique de périr en Provence. En même temps le duc de Ferria, ambassadeur du roi d'Espagne auprès du duc de Mayenne, écrivait à son souverain le 14 février : « Sire, le comte
« de Carcès, qui est placé en qualité de gouverneur du parti
« catholique en Provence, a fait représenter au duc de Mayenne
« la nécessité où il se trouve de recevoir des secours pécuniai-
« res qui le mettent à même de maintenir Marseille et les lieux
« environnants dans le parti de la Ligue. Le duc de Mayenne
« m'a fait part de cette demande en me priant de la soumettre
« à Votre Majesté. Je pense qu'avec 20,000 écus on pourrait

« réparer le mal et éviter que ces pays ne prêtassent l'oreille
« aux propositions des ennemis. Ce résultat m'a paru d'une
« telle importance que j'ai cru pouvoir en entretenir Votre
« Majesté (1). » Mayenne, comme on le voit, s'était contenté
d'appuyer platoniquement la demande de Carcès au roi d'Espagne. Celui-ci fit la sourde oreille et Carcès dut ne compter que
sur les forces seules de son parti en Provence.

Après les conférences de Saint-Maximin, le duc d'Epernon
avait visité les quartiers maritimes. Il vint à Saint-Tropez, y fit
réparer et armer la citadelle, qu'il confia à de Noillan, et nomma
Mesplez gouverneur de la ville. De Saint-Tropez il se rendit au
château de Brégançon et y laissa le capitaine La Roderie avec
deux compagnies; il arriva ensuite à Toulon, où il ordonna la
construction d'une citadelle dont il donna le commandement au
capitaine gascon Signac. Ces armements multipliés répandirent
l'alarme dans le pays. Le 5 mars, Carcès convoqua, dans le réfectoire du couvent des Augustins, une assemblée de tous les
chefs de famille d'Aix, et après avoir donné lecture des pouvoirs
de gouverneur de Provence et d'amiral des mers du Levant, que
le duc de Mayenne lui avait expédiés en juillet 1592 et que le
Parlement venait de vérifier et d'enregistrer le 5 janvier, il fit
un sombre tableau de l'état actuel de la province. Il raconta les
efforts que le Parlement, les procureurs et lui avaient faits pour
obtenir la paix, efforts qui étaient venus échouer contre les injustes exigences de d'Epernon; il montra la conduite du gouverneur d'un roi hérétique à Toulon, à Saint-Tropez, à Hyères, à
Brignoles; ces citadelles élevées partout et partout menaçant le
peuple; cette tyrannie d'un étranger à la Provence s'appesantissant sur la Provence; cette soif de vengeance toujours satisfaite et jamais assouvie; et comme on supposait qu'il tournerait

---

(1) *Archives de Simancas*, cot. B. 75.

toutes ses forces contre la ville d'Aix, il proposa de la mettre en état de défense. L'assemblée vota une augmentation de garnison de deux cents hommes de cavalerie et de treize cents hommes d'infanterie ; elle mit un impôt général pour les frais de la guerre, et pria la ville de Marseille de lui prêter trente mille écus, pour la créance desquels elle donna toutes garanties.

Mais les armements du gouverneur n'effrayaient pas seulement les ligueurs ; les royalistes eux-mêmes en conçurent une vive crainte. Ils ne pouvaient comprendre, en effet, pourquoi le duc mettait sous la bouche de ses canons des populations qui avaient toujours tenu fidèlement le parti du roi ? Les manières hautaines du duc, l'orgueil excessif des officiers gascons, la dureté et les exactions des gouverneurs des places, l'éloignement systématique de tout Provençal pour le commandement des villes comme des corps de troupes, démontrèrent aux moins clairvoyants que les projets de d'Epernon étaient de soumettre entièrement le pays à son autorité, pour y dominer en dehors de l'autorité du roi lui-même. De là naquit d'abord cette défiance inquiète qui, passant bientôt du soupçon dans le domaine de la réalité, amena le réveil d'un patriotisme trop longtemps obscurci par des rivalités et des ambitions aveugles, et aboutit à une révolte ouverte contre un gouverneur qui trompait son souverain et trahissait sa patrie.

Vers la fin de l'année précédente, Lesdiguières avait fait demander au duc quelques secours en hommes pour envahir les vallées du Piémont, ainsi que le paiement de la solde de ses troupes pendant leur dernière expédition en Provence. Les États de Brignoles, s'appuyant sur les sommes exorbitantes que Lesdiguières avait perçues pendant sa campagne dans la basse Provence, refusèrent de faire droit à cette réclamation ; mais d'Epernon, plus dissimulé et plus habile, dans une lettre qu'il écrivit à Lesdiguières, prétexta les grandes affaires que le pays avait sur les bras et demanda un délai, s'engageant à donner satisfaction à sa demande dans un temps prochain. En même temps il mit à la disposition du général dauphinois Buous avec douze cents hommes de pied et trois cents maîtres. Lesdiguières, la campagne terminée, envoya le sieur de Chateauvieux vers le duc d'Epernon, pour le remercier du secours qu'il lui avait fourni et régler avec lui la question d'argent pendante depuis l'année précédente. Pour des motifs qu'on ignore, soit que le duc eût des raisons personnelles pour rompre avec Lesdiguières, soit qu'il pensât, comme l'ont dit quelques historiens, que celui-ci eût pu choisir un messager de meilleure maison (1), il l'accueillit très-froidement et le froissa même plusieurs fois par ses airs hautains et ses paroles dures. En ce moment, le duc était plus irrité que jamais contre les Provençaux, dont les plaintes contre la tyrannie et les exactions des capitaines gascons arrivaient tous les jours à ses oreilles. Forbin-Janson, un des gentilshommes les plus influents de Provence, se rendit sur ces entrefaites à Brignoles, où se trouvait d'Epernon, pour lui présenter une réclamation, et eut l'occasion, pendant son séjour, de rencontrer Chateauvieux, avec lequel il entra en relations de courtoisie.

Janson avait toujours tenu d'Epernon en juste méfiance, et une scène violente qu'il avait eue avec lui l'année précédente, à son entrée en Provence, avait fait naître dans son cœur une haine qu'il cherchait vainement depuis un an à assouvir. Pendant que le duc assiégeait Montauroux, le marquis de Trans, dont Janson avait épousé la mère, était venu se loger à quelques lieues de la place avec trois cents chevau-légers et arquebu-

(1) Chateauvieux était un simple commis du bureau de l'impôt, à Serres, en Dauphiné, que son intelligence et la faveur de Lesdiguières venaient de porter aux plus hauts emplois politiques dans sa province.

siers à cheval, pour inquiéter l'armée royaliste et donner courage aux assiégés. Janson, qui servait dans l'armée du duc, ayant appris le 15 septembre que les assiégés demandaient à capituler, se hâta d'en instruire secrètement Trans, qui se retira immédiatement. D'Epernon avait connu ou peut-être seulement soupçonné le message ; il entra dans une vive colère contre Janson et l'accusa publiquement de trahison. Janson paya d'audace, il nia le fait jusqu'à dire « qu'il étrangleroit de ses mains « quiconque oseroit soutenir cela devant luy. » D'Epernon feignit de le croire et lui fit même des excuses, mais Janson ne lui pardonna pas de l'avoir deviné et dévoilé.

Janson avait déjà vu Chateauvieux plusieurs fois, et il est permis de penser que ces deux hommes s'étaient communiqués leurs griefs contre le duc, quand ils se rencontrèrent un jour dans son antichambre, où ils attendirent pendant plusieurs heures qu'il voulût bien les recevoir. Pendant qu'ils se morfondaient à la porte du gouverneur, de nombreux gentilshommes gascons se présentèrent, qui furent immédiatement introduits, et parmi eux les capitaines de Lyons et de Ramefort, qui, en passant, saluèrent Janson en souriant et d'un air moqueur. Celui-ci, suffoqué de colère, s'avança vers Chateauvieux, et lui prenant les mains il lui dit : « Que si Lesdiguières vouloit « appuyer les Provençaux de son crédit auprès du roi, le peu- « ple se lèveroit pour renvoyer les Gascons en Gascogne. » Chateauvieux lui demanda s'il trouverait bon qu'il fît quelques ouvertures à ce sujet à Lesdiguières, et Janson y ayant consenti avec empressement, ils convinrent que Tourvès serait chargé de lui faire connaître la réponse du chef des huguenots dauphinois (1).

(1) De Tourvès, gouverneur de Brignoles « bon homme de guerre, dit « un ancien historien, mais sournois et vindicatif, » avait été révoqué à

Brignoles retentissait du bruit des fêtes du carnaval; la comtesse de Sault et la marquise d'Oraison présidaient à ces divertissements, qui semblaient une insulte à la misère publique. Tourvès vint trouver quelque temps après Janson à la tour de Ferrier, près Ceyreste, où il lui avait donné rendez-vous. Il avait pris une costume de métayer pour ne pas être reconnu, et porta à Janson les meilleures assurances de Lesdiguières pour une intervention armée, mais à la condition que Carcès entrerait dans le mouvement et reconnaîtrait le roi. Janson n'était pas un homme à s'arrêter devant une impossibilité, dût-il perdre l'honneur ou la vie : il s'engagea à arracher Carcès à la Ligue et à le ramener au roi, et Tourvès, supposant qu'il pouvait y avoir déjà des engagements pris, lui avoua alors que Lesdiguières avait informé Henri IV des dispositions de la noblesse, et que celui-ci avait promis, le moment venu, de faire entrer Alphonse d'Ornano en Provence avec des troupes. Tel fut le point de départ de la conjuration des gentilshommes provençaux contre le duc d'Epernon, conjuration qu'on pourrait appeler une ligue du bien public, à laquelle ne tardèrent pas à adhérer la bourgeoisie et le peuple, et qui, en isolant le gouverneur, mit un terme à la guerre civile, et hâta le retour de la Provence à l'autorité de Henri IV.

Après la rupture des conférences de Saint-Maximin, les deux

---

cause de la dureté qu'il montrait envers ses administrés. Ne pouvant tolérer sa disgrâce et l'âme pleine de ressentiments, il avait résolu de se venger sur son successeur. Il fit, une nuit, jeter une saucisse de poudre, par un de ses domestiques, Maure d'origine, dans la cave de la maison qu'il habitait : « Lou 14 jun 1592, à dés hores de nuech, la maysoun de
« Honorat Rogiés li an més uno saoucisso pléno dé podre et an tout bru-
« lat hormis la mounté quéro moussu dé Castilhoun et lou dict Rogiés; et
« dégun a près mal, sinoun un chin. » (*Registre des actes mortuaires de Brignoles, 1592.*) Condamné par contumace à perdre la tête, Tourvès s'était réfugié en Dauphiné.

partis avaient couru aux armes. Le duc vint à Sisteron et fit de magnifiques funérailles à son frère. Presque toutes les communautés royalistes se firent représenter à cette cérémonie. Le 8 mars il redescendit à Brignoles, où il tint les Etats de son parti: l'évêque d'Apt, le prieur de Manosque, le marquis d'Oraison et de nombreux représentants de la noblesse et des communautés y assistèrent. L'assemblée vota une levée de huit cents chevaux et de quinze cents hommes d'infanterie.

Dès les premiers jours d'avril, d'Epernon entra en campagne. Le 3, il prit Gardanne sans coup férir. Le 4, il rencontra dans les environs de Roquefavour une compagnie sous les ordres du capitaine Rastin, qui se rendait à Velaux, et l'écrasa. Le 5, il arriva devant Auriol dont il commença immédiatement le siège. La place était défendue par quatre compagnies de ligueurs commandées par les capitaines Blanc, Lamothe, Audibert et Boulaigues. Blanc était un habile et vaillant homme de guerre, auquel on avait décerné d'une voix unanime le commandement en chef. Dès que le duc eut paru devant le village, la garnison l'évacua et se retira dans le château, qui couronnait d'un côté des rochers taillés à pic, et était pourvu sur sa face occidentale d'une plate-forme bien gardée par de récents travaux de défense. D'Epernon se logea dans le village et fit élever deux batteries dont l'une battait la plate-forme et l'autre le mur d'enceinte assis sur la crête des rochers. Le 6 avril il ouvrit le feu contre les deux faces de la place. Les assiégés, que la terreur dominait déjà, à l'exception de quelques officiers, répondirent mollement du haut de la plate-forme, et négligèrent complètement l'attaque qui leur venait de l'autre côté, pensant qu'il n'y avait là pour eux aucun danger, à cause des difficultés naturelles que rencontrerait un assaut. Le duc, voulant utiliser cette négligence, donna l'ordre d'assaillir la place par cette partie à l'entrée de la nuit. Six capitaines se chargèrent de faire une tentative pleine de dangers, et, en s'aidant de quelques échelles qu'ils retenaient aux aspérités des rochers, ils parvinrent à franchir la muraille sans rencontrer un soldat. Une fois rendus dans la place, ils mirent l'épée à la main et vinrent se loger dans une tour carrée, que les assiégés avaient abandonnée pour la défense de la plate-forme. En voyant les six capitaines réussir dans leur entreprise, les royalistes les suivirent, et plusieurs d'entre eux atteignaient déjà le parapet, quand les ligueurs avertis de cette invasion arrivèrent pour les repousser ; ils les précipitèrent en bas des rochers, renversèrent les échelles, et ayant mis une forte garde dans ce lieu, vinrent attaquer les six capitaines isolés dans la tour, dont la présence venait de leur être dévoilée. Ceux-ci se défendirent vigoureusement, mais finirent par succomber. L'un d'eux fut tué et les cinq autres faits prisonniers.

Cette affaire aurait dû exciter l'ardeur des assiégés ; elle ne servit au contraire qu'à leur montrer sous un jour plus terrible les représailles du duc, quand ils seraient forcés de se rendre. Le lendemain, en effet, le duc d'Epernon ayant envoyé vers eux le gentilhomme de Pernes pour leur proposer une capitulation, ils consentirent, malgré les énergiques protestations du capitaine Blanc, une capitulation honorable que de Pernes porta au duc pour la faire ratifier. Celui-ci répondit qu'il *ne savoit pas écrire*, et qu'il exigeait que la capitulation lui fut remise par deux chefs ennemis. De Pernes revenu dans la place en ressortit quelques heures après avec Lamothe et Audibert. Ils trouvèrent d'Epernon qui venait de prendre son repas et se chauffait à un grand feu de cheminée ; il ne daigna pas les regarder, fit à peine un mouvement de tête pour répondre à leurs salutations, et les interpellant d'une voix irritée : *Que voulez-vous ?* leur dit-il. Les deux officiers ligueurs répondirent que, sur la proposition qui leur en avait été faite, ils venaient pour traiter d'une capitulation, et qu'ils demandaient pour la garnison la sortie de la place avec armes et bagages, mèche allumée, enseignes déployées, et le droit de se retirer en lieu sûr, et pour les habitants du bourg la vie sauve et la possession de leurs meubles et provisions. A ces mots, le gouverneur se retournant vers eux et les regardant avec autant de colère que de mépris : *Que demanderiez-vous donc ?* leur dit-il, *si vous occupiez le château de Milan ? du reste qui vous a fait venir ici ?* Les deux capitaines se méprenant sur sa question répondirent qu'ils étaient venus à Auriol par les ordres du comte de Carcès; mais le marquis d'Oraison, qui était présent à cette entrevue, leur ayant expliqué que le duc voulait savoir qui les avait amenés en sa présence, ils dirent que c'était de Pernes. *Pernes !* s'écria d'Epernon, *Pernes ! quel pouvoir a donc Pernes de conduire ici mes ennemis ? est-il lieutenant du roi en ce pays ? Du reste, soyez les bienvenus, messieurs,* ajouta-t-il, *vous allez être pendus.*

Pendant que cette scène cruelle se passait dans le camp des royalistes, de Pernes revenu auprès des assiégeants faisait tous ses efforts pour engager le capitaine Blanc et Boulaigues, de Trets, à venir eux-mêmes débattre les termes de la capitulation. Blanc, qui redoutait un piége, fut inébranlable dans son refus, mais son compagnon s'étant laissé entraîner, il arriva au logis de d'Epernon au moment où celui-ci en sortait. En entendant prononcer son nom, le gouverneur s'avança vers lui et lui demanda s'il était le capitaine Boulaigues qui, fait prisonnier il y avait quelques mois, avait été relâché à la condition qu'il ne prendrait plus les armes contre le roi. Boulaigues s'excusa, disant que c'était son père et non lui qui avait fait cette promesse. *Ici,* dit d'Epernon, *le fils répond pour le père !* et, passant outre, il ajouta : *Qu'on le pende avec ses deux collègues.*

Les assiégés attendaient avec anxiété le résultat de la conférence, quand du haut de leurs murailles ils virent avec effroi le supplice infligé à leurs chefs. Blanc, qu'une sombre résolution semblait animer, réunit ses soldats et les harangua ; un instant il parut leur avoir communiqué sa farouche intrépidité. Le feu contre la place ayant recommencé, on le vit parcourir les remparts l'épée à la main, organiser la défense, repousser les assaillants, réveiller l'enthousiasme de ses compagnons, et exciter, dit Louvet, l'admiration des officiers de l'armée royale. Mais ses soldats étaient frappés au cœur par une lâche terreur ; pendant la nuit d'Epernon put leur faire connaître qu'ils auraient la vie sauve s'ils se rendaient à discrétion. Au lever du soleil, Blanc se trouva seul sur la brèche ; tout ce qu'il y avait de défenseurs avait passé à l'ennemi. Le 7 avril, l'armée royale entra dans la place. D'Epernon, qui ne pardonnait jamais au courage déployé pour le combattre, fit pendre l'intrépide capitaine, après lui avoir permis de se confesser, et, infidèle à ses engagements, il envoya les soldats sur les galères de Toulon, après les avoir fait assister au pillage du bourg par son armée.

D'Auriol, le gouverneur se porta sur Roquevaire, qui se rendit sans combattre. Il laissa dans le village un régiment commandé par de Pernes, pour tenir le pays dans la soumission, et arriva le soir même à Aubagne, qui tenait le parti du roi. Il passa ses troupes en revue, et ayant réuni ses principaux capitaines, il leur annonça qu'il avait le dessein de marcher sur Marseille, de pétarder une porte et de s'emparer de la ville par un coup de main hardi. Il ne lui fut pas difficile d'obtenir une entière adhésion à son projet ; la prise de Marseille, outre qu'elle flattait l'amour-propre de ses officiers, leur ouvrait de vastes horizons de pillage, et présentait de quoi satisfaire l'ambition des plus audacieux. Le 12 avril, veille du dimanche des Rameaux, il entra sur le territoire de Marseille avec quatre mille arquebusiers et mille chevaux. Il campa vers minuit dans un ravin, à peu de distance de la porte d'Aix, qui n'était gardée que par vingt-cinq miliciens, tous gens de métiers et assez mal armés. Il s'approcha de la porte du ravelin et fit appliquer un pétard, qui fit voler en éclats une partie du bois, mais la porte de la ville, contre laquelle on avait mis un deuxième artifice, ne s'abattit pas. Déjà le poste prenait les armes, et on entendait les cris des sentinelles donnant l'éveil de proche en proche sur les remparts. D'Epernon voulut faire apporter de nouveaux engins, mais le mulet qui les portait, effrayé par la détonation, s'était échappé et fuyait à travers champs. L'entreprise était manquée ; des feux s'allumaient dans la ville qui se remplissait de rumeurs confuses, les cloches des églises appelaient les habitants à la défense de leurs foyers, en quelques instants une foule armée fut réunie à la porte d'Aix, et comme le jour commençait à se faire, elle salua la retraite du duc en ouvrant un feu d'arquebuses sur les traînards (1).

Les habitants de Roquevaire ne s'étaient soumis à d'Epernon qu'à la sollicitation de leur seigneur ; en apprenant l'échec des troupes royales sous les murs de Marseille, ils se mutinèrent, et ayant mis à leur tête un des leurs, connu sous le nom de capitaine Bourdon, ils chassèrent de Pernes et sa compagnie et les poursuivirent assez loin dans la campagne. D'Epernon, que son insuccès poussait davantage encore aux idées de répression violente et de vengeance, accourut à Roquevaire, l'investit, la canonna et entra dans la place par la brèche, le 20 avril, malgré la courageuse défense des habitants et des paysans des environs, qui avaient déserté leurs maisons des champs. Là, comme partout, il se montra inexorable ; il fit pendre le capitaine Bourdon, le consul et trente-cinq notables ; il envoya aux galé-

---

(1) « Ledit seigneur d'Espernon en s'esloignant de Marseille cuida
« morir de desplaisir. Je le vis. » *Mémoires* d'A. DE PUGET SAINT-
MARC.

res tous ceux qui avaient pris les armes, et livra la ville au pillage et à la brutalité de ses soldats.

Le duc, qui avait désigné plusieurs fois Lesdiguières sous le nom de vicomte de Turenne, semblait vouloir renouveler les terribles exécutions de ce noble bandit, et on l'accusait à raison d'avoir dit en entrant en Provence : qu'il venait achever son œuvre ! Les galères se remplissaient, en effet, de soldats coupables d'avoir combattu un ennemi armé, et il ne laissait derrière lui, comme souvenir de son passage, que la mort et des ruines fumantes. Les ligueurs eurent un moment de terreur profonde et muette, mais l'excès des exactions du gouverneur réveilla leur énergie. A Marseille comme à Aix on prit des résolutions. Les Marseillais tinrent une assemblée à laquelle assistèrent Génebrard, archevêque d'Aix, le comte de Suze, Saint-Romans, les consuls d'Arles, de Salon et de Berre, qui tous s'engagèrent par serment à ne point abandonner l'union catholique. Charles Casaulx, qui venait d'être nommé consul pour la deuxième fois, fit souscrire par ses deux collègues à la municipalité, une supplique au roi d'Espagne et au Pape, dans laquelle, sous prétexte de demander du blé, ils faisaient un appel direct à l'intervention armée des deux souverains : « Sire, disaient-ils à
« Philippe II, depuis que Dieu le créateur a voulu visiter ce
« royaume de France, et par conséquent ce païs de Provence,
« par le fléau des guerres intestines occasionnées par l'hérésie,
« ceste ville de Marseille en ses despartements et actions, a
« estée tellement zélée à se conserver sous la saincte foy catho-
« lique, apostolique et romaine, Estat royal et couronne de
« France, que les ennemis conjurés d'icelle, nonobstant tous
« leurs artifices et entreprises, n'ont tant soit pû brescher sa
« foy, religion et fidélité unanimement jurée en la saincte cause.
« Ceste sienne constance et fermeté luy a préparé tant d'embus-
« ches et alarmes par les ennemis de Dieu, que sans son ayde

« et adsistance estoit impossible de y pouvoir parer. Et entr'aus-
« tres, lundy dernier, douziesme de ce moys, estant venu le
« duc d'Espernon avec toutes ses forces à l'entour de nos mu-
« railles, sur la pointe du jour, et attaqué une porte avec un
« pétard, aurait icelle forcée; mais voulant continuer son dam-
« nable dessein, à la seconde porte qui fait entrée et issue de
« la ville, Dieu s'y seroit opposé ayant esvaporé le second
« pétard, en sorte que n'ayant rien advancé et ayant esté vive-
« ment repoussé, se seroit retiré avec grande honte et confu-
« sion; et tout ainsy que nostre soin et pensement ne gist que
« de nous conserver bons catholiques et Français, attendant du
« ciel la création d'un roy très-chrestien, tout de mesme que à
« l'opposite nostre ennemy ne tasche jour et nuict et ne s'éstudie
« que à nostre totale ruyne et perdition, pressupposant moyen-
« nant quelques forces que il a jetées dans nostre terroir, nous
« priver de tous moyens pour à ceste prochaine récolte pouvoir
« recueillir nos fruits et nos grains. » Les consuls continuaient,
demandant au roi l'autorisation de venir s'approvisionner de
blé dans son royaume de Sicile, *ensemble l'adsistance de deux
galères pour pouvoir résister par mer et par terre aux
ennemis :* « Nous supplions d'abondant vostre Majesté aultant
« qu'il nous est possible, ne trouver estrange si avec telle har-
« diesse et asseurance nous nous adressons à icelle, sachant
« que pour la conservation de ceste ville tant catholique et
« fidèle à son prince et roy très-chrestien qu'il plaira à Dieu
« nous donner, elle nous prestera sa main favorable, ainsy qu'il
« luy a plû faire par cy devant, avec très-grande affection et
« amitié, dont nous en demeurerons à jamais obligés et redeva-
« bles (1). »

Au pape, les trois consuls: Charles Casaulx, François Gas

---

(1) *Archives de Simancas*, cote B. 75.

et Gaspard Séguin, disaient : « Très Saint-Père, encore que
« l'injure du temps et pernicieuse saison qui fait présen-
« tement agiter l'universel de la France d'une cruelle et
« intestine guerre, ait produit une infinité de malheurs et
« de calamités ès villes et cités importantes du royaume,
« cependant la ville de Marseille guidée de l'esprit de Dieu,
« n'a jamais changé, ny tant soy peu esté attirée hors
« de son ancienne foy et religion chrestienne. En attendant
« qu'il plaise au souverain roy des roys nous establir de
« sa providence un roy très chrestien de nom et de faict,
« il est requis, très Saint Père, de rechercher tous moyens
« de secours humains propres à nostre ayde, à l'encontre
« des incursions que les ennemis de ceste ville et de tous
« les bons catholiques taschent d'exercer journellement; ce
« qui est faict par mandement du sieur d'Espernon, qui se
« disant commandant de la part des hérétiques en Provence,
« pour le roy de Navarre, leur chef, a mis sus une sienne
« galère à Tholon, et encore une autre qu'il a obtenue du
« sieur de Montmorency, tenant mesme parti hérétique; si
« bien qu'il semble de tout impossible nous pouvoir préserver
« des futurs dommages et accidents que l'on prévoit. Nous n'a-
« vons trouvé rien de mieux et expédient que de recourir au
« très saint souverain pontife, chef de l'Eglise de Dieu et père
« de nostre salut, suppliant Vostre Saincteté envoyer en deça
« à nostre secours deux de ses galères accommodées et équi-
« pées, que nous entretiendrons ici à nos dépens pour quelques
« mois de ce prochain esté, et les envoyer s'il lui plaist au plus
« tôst, comme nous lui en faisons très humble et instante prière.
« Ce nous sera propice remède et vray moyen pour repousser
« les ennemis de Dieu et de son Esglise, et pour recouvrer par
« mer provisions de blés et grains nécessaires à ceste ville. Ce
« sera un office faict en si opportune saison que nous en aurons

« à tout jamais mesmorable et estroite obligation (1). » Ces lettres restèrent sans résultat, le pape promit tout et n'envoya rien; le roi d'Espagne se contenta de donner l'ordre à Doria de diriger un chargement de blé sur Marseille.

Les ligueurs d'Aix, de leur côté, envoyèrent des députés au duc de Savoie pour lui demander des hommes et de l'argent. Le duc d'Epernon n'en devint que plus ardent à poursuivre sa conquête. Il méditait depuis longtemps de frapper un coup décisif en s'emparant de la ville d'Aix, mais avant de commencer ses opérations, il voulut aller conférer avec le connétable de Montmorency. Il partit de Roquevaire, le 2 mai, et passa à peu de distance de la ville, se dirigeant vers le pont jeté sur la rivière de l'Arc, au-dessous du château de Fenouillères, qui appartenait à l'avocat Fabrègues. Le pont était gardé par cinquante ligueurs retranchés dans un moulin, sous les ordres du capitaine Cornille. Le duc s'empara du poste et fit pendre huit soldats aux fenêtres de Fenouillères, après avoir écrit à Fabrègues que sa propriété, qu'il venait de visiter, portait des fruits superbes! Telle était la démence des partis à cette époque, que les royalistes semblaient tuer par maxime d'Etat et les ligueurs par maxime de religion. Carcès usant de représailles fit pendre seize prisonniers épernoniens, huit aux fourches patibulaires et huit à la tour des Anèdes, et fit dire à d'Epernon que les fourches et la tour portaient le double des fruits de Fenouillères, et que bientôt Dieu lui rendrait le centuple de ses bonnes œuvres, lui faisant déjà mettre triomphe sur triomphe, et celui du moulin de l'Arc sur celui de Marseille!

Le duc s'éloigna d'Aix en jurant de se venger bientôt. Avant de se rendre à Beaucaire, où il devait rencontrer le connétable, il passa par Arles et s'arrêta à Trinquetaille. Les Arlésiens étaient

---

(1) *Manuscrits* DUPUY, vol. CLV.

depuis le commencement de l'année en butte aux déprédations de Montmorency, qui avait fait ravager la Camargue par Péraud, gouverneur de Beaucaire, et occupait les châteaux de Fourques et de Trinquetaille. Menacés par les troupes languedociennes, exposés aux exigences armées de d'Epernon, obligés de ménager les chefs de la Ligue, devant d'ailleurs quelque reconnaissance à Mayenne qui, par lettres patentes du 22 décembre 1592, avait établi à Arles un hôtel des monnaies, les habitants conclurent, le 1er juin, avec le duc d'Epernon, un traité par lequel : « Le seigneur duc conserveroit à la ville la paix et
« la liberté avec ses franchises, priviléges et conventions ; que
« moyennant ce, les consuls et habitants le reconnaîtroient pour
« gouverneur et lieutenant-général en Provence ; qu'ils se désis-
« teroient de toute ligue ou association étrangère, déclarant n'en
« avoir aucune et promettant de s'opposer avec lui à tous ceux
« qui voudroient troubler la tranquillité de la ville, et qu'on lui
« remettroit les châteaux du baron avec six ôtages. » Le duc, en échange, s'était engagé à garantir le territoire des courses des Languedociens.

D'Epernon ayant conféré avec Montmorency, qui lui fournit des munitions et quelques renforts de troupes, reprit la route d'Aix ; il s'empara de Lambesc, où les consuls de Pelissane, de Mallemort et d'Allen vinrent faire leurs soumissions. Le 17 juin il arriva devant Aix avec sept mille arquebusiers et dix-huit cents chevaux. Le même jour il se saisit du plateau d'Entremont, lieu mémorable qui, selon la tradition, d'accord avec la science, avait contenu un bourg ligurien avant l'invasion romaine, et servi de refuge à la population dans les grands dangers où il fallait quitter la plaine.

C'était le jour de la Fête-Dieu. Le peuple en habits de fêtes était dans les rues, assistant avec sa passion traditionnelle aux processions toujours si solennellement célébrées à Aix. Si le gouverneur eût donné à l'improviste contre la ville, il pouvait y pénétrer et s'en emparer peut-être, car ni les périls de la guerre, ni l'entrée dans leurs murs de l'ennemi, n'auraient pu tirer les habitants des réjouissances de la place publique.

Ce même jour et les trois suivants, d'Epernon répara la vieille tour d'Entremont, pour y loger quelques hommes et y serrer les grains. Le 22 juin il voulut se rapprocher de la ville ; il ordonna à Mesplez d'aller occuper, avec une colonne d'infanterie, le couvent des Capucins et l'hôpital Saint-Jacques, situés hors les murs, et d'où il était facile d'incommoder les assiégés. Mesplez se mit en marche à huit heures du matin, croyant qu'il n'avait qu'à faire une démonstration pour prendre possession des lieux ; mais il fut vigoureusement reçu par le seigneur de Luynes et le capitaine Volonne, d'Apt, qui le forcèrent à se mettre en bataille. Le feu était engagé de part et d'autre, quand La Salle et Allamanon sortirent de la ville avec leurs deux compagnies. Le combat dura longtemps (1). Vers le soir, à cinq heures, Mesplez lâcha pied et battit en retraite. Ainsi que cela arrivait souvent dans ces sortes d'engagements, il y eut un petit nombre de morts et de blessés de part et d'autre ; les deux partis ne se mesuraient pas en ligne, ils combattaient en tirailleurs, par groupes, souvent isolément, les officiers contre les officiers, les soldats contre les soldats, façon de combattre qui accusait un courage personnel très-réel, mais qui éternisait les affaires et n'amenait pas de solution. Dans la rencontre du 22, Allamanon et La Salle furent blessés, les ligueurs perdirent, en outre, le baron de la Roche, deux officiers et seize soldats ; du côté des

---

(1) « Il y eut des prestres, des advocats et des femmes en armes, « faisant comme un gros de réserve pour soutenir Allamanon, lequel fut « bien secondé par les capitaines Ulmo, de Cormis et Reynier. » — *Mémoires de* FABRÈGUES.

royalistes, Nesplez fut blessé deux fois, cinq officiers et trente-trois soldats furent tués.

Le 25, d'Epernon fit descendre ses troupes dans les vallons qui courent de l'est à l'ouest, et se dirigea vers le plateau de Saint-Eutrope. Carcès avait eu le tort de ne pas faire occuper cette position très-forte d'assiette et qui domine la ville ; il comprit trop tard tout l'avantage qu'elle allait donner aux ennemis et sortit pour s'en emparer: après un engagement qui dura plusieurs heures et « dans lequel, dit Gaufridi, il s'y perdit de fort « braves gens des deux côtés » le duc resta maître du terrain ; il éleva, le soir même, une batterie de sept canons, et ouvrit le lendemain le feu contre la ville.

Les habitants, sous le commandement général de Carcès, se défendirent avec vigueur, car l'énergie populaire et le patriotisme municipal ne manquaient point dans ces temps. Une commission de salut public veillait au maintien de l'ordre et dirigeait les affaires d'administration et de police; elle était composée de deux ecclésiastiques, de quatre magistrats, dont deux pris dans le Parlement et deux à la cour des Comptes, des cinq capitaines de quartier, de trois gentilhommes et de plusieurs consulaires (1). Pendant toute la durée du siége, les tribunaux rendirent la justice comme si la rue n'avait pas été en armes et l'ennemi aux portes de la ville : « Le matin, au palais, « on entendait les causes, et l'audience levée, tous les hommes « de robe couraient à la défense des murailles (2). »

D'Epernon fit tracer sur le plateau de Saint-Eutrope un fort dont les lignes d'enceinte comprenaient les vallons sur le derrière et les coteaux à droite et à gauche de la chapelle, l'en-

---

(1) On donnait le nom de *consulaires* à ceux qui avaient rempli les fonctions de consul.

(2) Pitton, *Histoire de la ville d'Aix*, liv. IV.

toura de sept bastions en tenailles et l'arma de douze canons; il lui donna le nom de *Cité Valette*, en mémoire de son frère, et y plaça le siége de deux consuls-procureurs de son parti, auxquels il donna le chaperon de velours violet, pareil à celui que portaient les consuls d'Aix. Le duc n'ayant pas une armée assez nombreuse pour bloquer la ville ou s'en emparer de vive force, avait voulu se créer une place fortifiée, dans laquelle il pût attendre sans crainte l'effet de quelque trahison domestique ou de quelque révolution nationale qui lui livrât la capitale et le pays.

Le 27, les ligueurs firent une sortie pour ruiner les travaux du fort. Les capitaines de Cormis et Ulmo menaient les enfants perdus; Allamanon occupait la droite et le comte de Carcès la gauche du terrain d'attaque; le comte de Suze conduisait une nombreuse réserve. L'action s'engagea d'une façon très-vive. Le jeune de Vins montra une rare intrépidité et tua de sa main un gendarme; La Salle, Reynier et Rambert, qui commandaient des compagnies du corps d'Allamanon, se portèrent au combat avec beaucoup d'ardeur et mirent en désordre la compagnie d'Escarravaques. Du coté des royalistes, Montaud mena rudement une charge de cavalerie contre Carcès, blessa de sa main le capitaine La Planche, et fendit d'un coup d'épée la tête à Lacombe; mais son cheval s'étant abattu, frappé d'une balle au poitrail, le sergent Larivière profita d'un moment où il cherchait à se dégager pour lui décharger son pistolet en pleine poitrine. Les Gascons, privés de leur chef, renoncèrent à l'offensive et se retirèrent, non sans désordre, sous les murailles du fort. Les ligueurs n'osèrent pas les attaquer, et, quoique restés maîtres du champ de bataille, ils ne tentèrent rien sur les travaux ennemis. L'action n'avait duré que deux heures, mais elle avait été sanglante; l'armée de Carcès avait perdu soixante hommes et d'Epernon cent vingt, parmi lesquels le baron de Montaud, cavalier d'une rare intrépidité, et que le parti tout entier pleura amèrement.

Pendant les huit jours qui suivirent il n'y eut aucun engagement ; les royalistes en profitèrent pour travailler aux fortifications de la Cité Valette. Les assiégés, de leur coté, augmentaient leurs moyens de défense ; ils avaient placé sur l'archevêché et sur la terrasse de l'église de Saint-Sauveur quelques canons qui battaient la colline de Saint-Eutrope. Le duc d'Epernon fit prévenir Carcès que si on ne cessait le feu de Saint-Sauveur, il ferait tirer sur l'église et la ruinerait. On ne tint aucun compte de cette menace. Par le fait, l'artillerie royaliste était mal servie et les canons d'un trop petit calibre ; les boulets dépassaient à peine les remparts, et les ravages se bornaient en général à quelques toitures défoncées.

Dans les premiers jours de juillet on essaya de reprendre les négociations sur la paix. On croit que d'Epernon, dans le but de gagner du temps pour achever l'armement de sa Cité Valette, avait fait les premières ouvertures. Un prêtre de Carpentras, qui revenait de Rome, entra dans la ville et fit connaître aux consuls et à Carcès qu'il avait l'ordre du Pape d'interposer ses bons offices pour amener la paix ; il déclara qu'il avait carte blanche de la part du duc d'Epernon. La ville d'Aix demanda qu'avant d'entamer les préliminaires, et comme première condition, le duc d'Epernon discontinuât ses travaux et fît retirer son armée du territoire d'Aix ; le duc, au contraire, exigeait, comme base des négociations, que les habitants s'engageassent à le recevoir dans leur ville, au bout de trois mois, comme gouverneur, et en attendant, que le parti lui cédât pour la sûreté des engagements la Tour-de-Bouc, le château de Noves et les villes de Salon et de Saint-Remy.

Après quelques pourparlers qui n'aboutirent pas, les hostilités recommencèrent. Saint-Romans arriva de Salon avec cent moutons et deux compagnies de piétons. Les assiégés montrèrent plus d'exaltation et de confiance que jamais ; ils firent de nombreuses sorties, harcelèrent d'Epernon et le forcèrent à défendre ses travaux. Le 6 juillet, le comte de Carcès et Allamanon sortirent avec un petit nombre de soldats et firent donner une vingtaine d'arquebusiers sur la garde avancée du fort, qui les repoussa vigoureusement, leur tua six hommes et les poursuivit jusqu'à une centaine de pas de l'hôpital. Carcès vint les soutenir avec une compagnie, mais il fut enveloppé par deux escadrons et aurait infailliblement été pris, si de Chasteuil, Aiguisier et de Cormis n'étaient arrivés avec deux cents arquebusiers qui arrêtèrent et firent tourner bride à la cavalerie. Dans cet engagement, les ligueurs perdirent le capitaine Saint-Martin et trente soldats ; les royalistes laissèrent vingt cavaliers sur le terrain.

Les habitants, plus que les soldats encore, semblaient respirer la fureur et couver la vengeance ; la vue lamentable de leurs terres ravagées, de leurs maisons de campagne incendiées, les jetait dans une exaspération extrême. Les femmes suivaient les troupes dans leurs sorties et se mêlaient aux défenseurs de la ville pour les encourager et leur porter des rafraîchissements. Ainsi que cela arrive toujours dans les guerres religieuses ou civiles, les deux partis semblaient avoir oublié les notions du juste et de l'injuste ; tout semblait bon et permis pourvu que la mort de l'ennemi s'ensuivit. Un tambour royaliste étant venu jusque sous les remparts, sous prétexte de porter un pli du duc d'Epernon au comte de Carcès, les miliciens de service à la porte sortirent pour le recevoir, quand tout à coup une volée de coups de canon, partie de la colline Saint-Eutrope, tua un bourgeois et emporta une jambe à un autre (1). D'un autre coté, une femme

---

(1) GAUFRIDI, p. 763.

d'Aix ayant donné à boire, par mégarde, pendant un engagement, à un soldat royaliste blessé, s'aperçut de sa méprise et lui fendit la tête avec le broc qu'elle lui avait tendu pour le désaltérer (1).

Le duc d'Epernon avait l'habitude après son repas de midi, et pendant la grande chaleur du jour, de venir se délasser au jeu, sous une tente, en compagnie de ses principaux officiers. Un prisonnier ligueur qui avait été relâché moyennant une forte rançon, indiqua au consul Duperrier cette tente, dont le sommet paraissait au-dessus d'un épaulement du fort Saint-Eutrope et qu'on découvrait presque entièrement de la plate-forme de Villeneuve. Le 9 juillet, vers deux heures de l'après-midi, comme le gouverneur jouait à primé avec Valavoire, Saint-Vincens, de Montpezat, de Poët, de Torretes, de la Bory et de Charpeil, deux pièces de canon furent pointées de la plate-forme de Villeneuve, avec une telle précision qu'un boulet pénétra sous la tente, brisa les chaises et la table, tua Saint-Vincens, de Poët et de Torretes, et renversa le duc grièvement blessé. Des valets se précipitèrent sur d'Epernon et l'emportèrent évanoui, la figure couverte de débris humains et des fragmens de bois profondément implantés dans la cuisse; un éclat l'avait atteint au cou et l'aurait infailliblement tué si le collet de buffle qu'il portait ne l'avait garanti. En un instant le plus grand désordre régna dans le camp; de tous les gentilshommes de l'armée, Valavoire fut le seul qui conserva tout son sang-froid; il sortit de la tente, fit sonner à cheval, et après s'être assuré qu'il n'y avait aucun danger d'attaque, s'étant avisé qu'il avait laissé son enjeu sur la table, il rentra pour le ramasser dans la poussière. Pendant quelques heures on crut que c'en était fait du duc, mais il reprit peu à peu ses sens, et le même soir on le dirigea sur une maison de

(1) PITTON, p. 358.

campagne, loin des dangers d'une attaque et des bruits du camp.

La nouvelle de la mort du gouverneur s'était rapidement répandue dans la ville et y avait excité la joie la plus vive. Le soir quelqu'un ayant annoncé qu'il n'était que blessé, le peuple se souleva et fut sur le point de massacrer ce porteur de mauvaises nouvelles. Carcès voulut profiter de l'émotion et du désarroi qui devaient régner dans le camp des royalistes pour faire une attaque générale sur la cité Valette. Le lendemain au point du jour, pour tromper et occuper les ennemis, il fit sortir une grande quantité de miliciens armés de faux, qui vinrent fourrager sous l'escorte de quatre cents arquebusiers commandés par La Salle, Reillanettes, Magnan et La Planche, soutenus par cent maîtres sous les ordres de Saint-Romans. En même temps, deux compagnies de cavalerie conduites par Montmeyan, et deux cents arquebusiers sous le commandement du capitaine Ulmo, gagnèrent un coteau du côté opposé aux fourrageurs. A huit heures, Carcès vint prendre position pour attaquer le fort du côté des Capucins; de Crozes ayant fait un détour se porta au-dessus du pont de Béraud avec deux cents arquebusiers, tandis que Rastin, Rivoire et Montfort prenaient par un autre côté connu sous le nom de clos de Rémuzat. L'attaque devait se faire simultanément et au moment où le clocher de Saint-Sauveur sonnerait midi. Castillon et du Passage avaient remplacé le duc d'Épernon dans le commandement de l'armée royale; en présence de ce mouvement inusité de troupes, ils prirent position sur les penchants de la colline et attendirent prudemment que les ligueurs prissent l'offensive. A midi, le comte de Carcès attaqua avec ardeur Castillon, qui fut culbuté et repoussé jusque derrière les murailles du fort; les ligueurs franchirent les premiers retranchements et descendirent dans le fossé; mais au moment où ils se disposaient à planter les échelles, ils furent assaillis par une grêle de balles et se retirèrent en désordre. Carcès rallia ses hommes et vint rejoindre Montmeyan, qui était vivement attaqué par Mesplez. Son arrivée changea la face du combat. Mesplez culbuté à son tour se réfugia dans le fort en même temps que du Passage, qu'on emportait sur un brancard, blessé d'un coup de feu.

Le succès des ligueurs était incontestable; les royalistes n'avaient tenu nulle part et étaient venus chercher un abri derrière les murailles de la cité Valette. Carcès ne sut pas pousser sa victoire jusqu'au bout. Soit que l'absence de canons l'empêchât de continuer ses opérations, soit que le feu de l'ennemi, à couvert derrière de bons retranchements, lui occasionnât de trop grandes pertes, il fit sonner la retraite après avoir détruit quelques travaux extérieurs et de peu d'importance. Le mois de juillet s'écoula en attaques et en défenses faites à l'avantage tantôt de l'un et tantôt de l'autre parti (1).

(1) Foulque Sobolis, procureur au siége d'Aix, et témoin oculaire de ces événements, a laissé un journal du siége écrit jour par jour. L'original du manuscrit existe, croyons-nous, à Carpentras, mais on en possède une copie à la bibliothèque Méjanes d'Aix.

Il y a au musée de la ville d'Aix, un tableau représentant le siége de la ville, par un peintre contemporain et dont le nom est inconnu Ce tableau, de 1^m 70^c de largeur sur 1^m 35^c de hauteur, représente la ville et ses alentours à vol d'oiseau. Tous les édifices y sont fidèlement représentés, et il n'est pas une rue, une route ou un chemin qui ne s'y trouve. Les travaux de défense sont indiqués avec le plus grand soin, et on y voit que les assiégés n'avaient que huit canons, ce qui est conforme à ce que disent les historiens. Les redoutes, les batteries, les divers campements des assiégeants sont mis à leurs places réelles. Dans ce tableau, on n'aperçoit personne dans les rues, comme si l'artiste avait voulu montrer que tous les habitants étaient au combat; mais la campagne est couverte de milliers de personnages qui se battent, courent, vont et viennent de tout côté. Les troupes de la ville, comme celles du duc, sont toutes vêtues de hauts-de-chausses et de pourpoints de diverses couleurs; elles ont sur la tête un casque ou un béret. Les fantassins sont armés de piques ou de

Au commencement du mois d'août, les esprits s'ouvrirent de nouveau aux négociations. La ville d'Aix commençait à manquer de vivres, et les troupes, très-irrégulièrement et très-incomplètement payées, se prirent à murmurer. On recevait souvent des nouvelles de Paris au sujet de l'élection d'un nouveau roi; Carcès n'ignorait pas les intrigues qui s'agitaient autour de Henri IV pour le forcer à se convertir au catholicisme, et cette éventualité apportait peu à peu des modifications dans ses idées politiques, toujours d'accord avec son ambition. Les malheurs inséparables d'un long siége, l'incertitude de l'avenir, l'espérance que le roi allait abjurer, poussèrent aussi une partie des habitants à demander de nouvelles conférences. Des députés furent nommés de part et d'autre: pour la ville d'Aix ce furent, le chanoine Cadenet; Arnaud et Thoron, conseillers au Parlement; Galice, conseiller à la cour des Comptes; du Perrier, consul; Forbin la Fare; Allamanon; Chateauredon et Fabrègues. Ceux du duc furent: du Passage, Péraud, Forbin Saint-Cannat, Monroy et Tabaret. Le lieu des conférences fut fixé à Eguilles. La commission de salut public d'Aix qui avait désigné les députés, leur donna pleins pouvoirs pour traiter de la paix, à la condition cependant de ne rien conclure avant d'avoir communiqué les conditions à tous les chefs de famille assemblés en conseil général.

Plusieurs conférences eurent lieu. Carcès avait commandé la ville avec honneur pendant le siége, et voulant, néanmoins, se ménager l'avenir, il avait depuis quelque temps traité secrètement avec le duc d'Épernon, quand un élément nouveau vint lui ouvrir d'autres horizons! Forbin-Janson avait silencieusement continué sa croisade contre le duc, et avait rallié à sa

fusils, les cavaliers de sabres ou d'arquebuses. Les soldats épernoniens ont des drapeaux verts avec la croix blanche.

cause une partie de la noblesse provençale et la totalité de la bourgeoisie, qui, plus encore que la noblesse et le peuple, ressentait l'humiliation de la province, détestait les Gascons et aspirait à se délivrer de leur tyrannie. Il était allié avec Carcès par son mariage avec sa sœur, veuve du marquis de Trans, et il ne doutait pas que le nom de son beau-frère et le crédit dont il jouissait ne fussent un appoint considérable dans l'entreprise qu'il tentait. Il profita des conférences et envoya sa femme à Aix pour le sonder, et lui faire connaître secrètement que Lesdiguières avait informé le roi de la conjuration ; que le roi consentait tacitement et approuvait tout, ne désirant rien tant que de voir la population se soulever contre un gouverneur qui s'était imposé et était une gêne et un danger pour lui. Carcès, comme tous les hommes vulgaires et égoïstes, flottait irrésolu entre ces deux trahisons à son parti. Une circonstance fortuite amena une solution à ses perplexités. Saint-Cannat et Tabaret étaient seuls au courant des menées qui existaient entre Carcès et le duc d'Épernon. Dans une conférence entre les députés des deux partis, à laquelle assistaient Carcès et les consuls, Tabaret, qui remplissait les fonctions de secrétaire, devait soumettre au conseil les pièces de la convention de paix, pour discuter quelques articles ; au lieu de déposer sur le tapis les papiers relatifs aux conférences, il déposa le projet de traité secret entre Carcès et d'Épernon. Saint-Cannat qui s'en aperçut le retira vivement disant : « Que Tabaret faisoit erreur et que ce papier ne conte« noit que des affaires particulières de la maison de M. d'Esper« non, qu'il avoit oublié de remettre à l'argentier (1). » Carcès ne s'y trompa pas ; Tabaret le prit à part et tâcha d'excuser sa méprise, mais Carcès ne douta pas que ce ne fût un piège de d'Épernon pour hâter sa décision, ou peut-être même pour le

---

(1) *Mémoires de* FABRÈGUES.

perdre. Saint-Cannat conçut à partir de ce moment un profond ressentiment contre d'Épernon, qui l'avait compromis aux yeux de Carcès en lui laissant soupçonner qu'il avait trempé dans cette trahison, « s'il n'avoit pas eu toutefois le désir de le livrer en « proie aux soldats de la garde de l'hospital et au peuple (1) ». Tabaret, en effet, n'était pas un homme capable de commettre une pareille erreur ; il agissait toujours avec tant de lenteur et de calme, il était si posé et si réfléchi, qu'on disait de lui : *que si on voulait boire frais on n'avait qu'à pendre une bouteille à la ceinture de Tabaret !* A partir de ce jour Carcès n'hésita plus ; il fit remettre à Janson une lettre dans laquelle il s'engageait à ramener au roi tout ceux qui lui obéissaient. Janson fit passer à Lesdiguières l'engagement du comte, et ce fut alors seulement que Henri IV envoya au connétable les lettres de créance qui décidèrent le mouvement.

Cependant les conférences continuaient. On convint d'une suspension d'armes durant laquelle ligueurs et royalistes resteraient maîtres des places qu'ils possédaient ; d'Épernon devait être reconnu comme gouverneur et entrer dans la ville d'Aix trois mois après la signature de la trêve ; à cette époque il s'engageait à faire démolir la forteresse de Saint-Eutrope ; il promettait en outre de ne faire aucun changement dans la religion ni dans l'ordre civil et judiciaire. Le duc avait approuvé ces différents articles, et par ordre du Parlement le conseil général des chefs de famille fut convoqué pour le 16 août.

Carcès, engagé envers Janson, ne pouvait, sous peine de se déshonorer, accepter cette trêve qu'il avait tant contribué cependant à amener. Il eut recours à une sédition populaire, espérant intimider l'assemblée souveraine des chefs de famille et lui faire rejeter les propositions arrêtées dans les conférences. « Plu-

---

(1) *Mémoires* de FABRÈGUES.

« sieurs serviteurs du comte, dit Nostradamus, qui le jour pré-
« cédent ne croient que le repos, s'en alloient dans les rues et
« places, disant qu'on ne devoit avoir aucune fiance au duc
« d'Espernon, et que ses demandes estoient fières, injustes et
« tyranniques (1). » Le lendemain, 15 août, la population se
réveilla en plein tumulte. Le consul du Perrier courut chez le
comte de Carcès et trouva ses appartements envahis par une
foule armée sous les ordres des capitaines de quartier Guiran
et Ange Escoffier. Tous ces hommes, qui étaient venus s'inspirer des idées du chef, criaient qu'il fallait tuer les épernonistes
et les huguenots. Le consul, étonné et en même temps effrayé
de l'audace de pareils cris dans la demeure du promoteur des
conférences, demanda à Carcès ce qu'il y avait à faire? Le comte
lui répondit froidement une banalité, et congédia ses hommes
en leur disant *qu'il falloit enfin se débarrasser de ceux qui
ne parloient jamais que de paix et de trève!* Du Perrier comprit alors la signification qu'allait avoir le mouvement et se retira
en disant à Carcès : que si la paix lui était désagréable à lui et
au président du Chaine, il aurait dû le dire et non fomenter une
émeute! La sédition était maîtresse de la ville, le peuple, qui
naguère demandait avec instance la cessation des hostilités, menaçait aujourd'hui, sans savoir quels honteux ressorts le faisaient ainsi mouvoir et changer, ceux qui s'étaient employés à
le satisfaire! Le 16 août, la réunion des chefs de famille eut
lieu dans le réfectoire du couvent des Augustins ; la confusion
y fut si grande et l'anarchie poussée si loin, que l'on ne put rien
conclure ; des hommes armés de bâtons et d'épées pénétrèrent
dans la salle et la firent évacuer au milieu des scènes de violence les plus inouïes.

La ville d'Aix qui avait besoin de l'union de tous ses habitants

---

(1) NOSTRADAMUS, p. 948.

pour résister aux armes de d'Épernon, se divisa en deux factions, et on était sur le point de voir éclater les plus déplorables conflits, quand, le 23 août, Bonnet, secrétaire du comte de Carcès, apporta la nouvelle que le roi Henri IV avait abjuré publiquement l'hérésie dans la chapelle de Saint-Denis, entre les mains de l'archevêque de Bourges, et que Mayenne avait signé une trêve de trois mois. La ville se remplit de joie. Le Parlement fit publier solennellement la conversion du roi et la trêve ; le peuple salua dans cet événement immense l'aurore d'un avenir de paix, et se précipita à Saint-Sauveur pour assister à un *Te Deum* qui fut chanté au bruit des cloches, des fanfares et des détonations de l'artillerie.

Le même jour, le comte de Carcès fit demander au duc d'Épernon s'il n'était pas dans l'intention de faire observer la trêve en arrêtant tout acte d'hostilité ; le duc répondit : « Qu'il n'a« voit point ouï parler de ceste trêve, et que luy et les siens « n'avoient jamais accoustumé d'obeir qu'a leurs vrais et natu« rels princes, et que lorsque son roy, que Dieu par une grace « particulière avoit remis dans le sein de l'Esglise catholique, le « lui commanderoit, il se montreroit aussi prompt et disposé de « lui obeyr que gentilhomme de son royaume. » Carcès lui envoya le lendemain le capitaine Eiguizier, de Marseille, pour lui donner connaissance d'une lettre signée par Henri IV et le duc de Mayenne, que Bonnet lui avait apportée ; mais d'Épernon, qui n'ignorait rien, le reçut durement et le renvoya sans vouloir l'entendre. Cinq jours après, le 29 août, de Pulvinel arriva de Saint-Denis avec l'ordre du roi à d'Épernon de suspendre la guerre. Le duc fit vérifier et enregistrer l'ordre au Parlement royal de Manosque et fit publier la trêve dans son camp. Les habitants d'Aix et les Provençaux de l'armée royale, par un mouvement d'enthousiasme fraternel, et malgré la défense expresse des commandants, se réunirent et s'embrassèrent en versant des larmes ; ils se réjouirent de la fin d'une lutte dans laquelle ils ne rencontraient jamais au bout de leur épée que des compatriotes, des amis et souvent des parents, et accueillirent avec bonheur les espérances de l'avenir.

Le duc d'Épernon désira avoir une conférence avec le comte de Carcès ; elle eut lieu le 6 septembre dans une maison de campagne. Le duc s'y rendit accompagné de Pulvinel et de quelques-uns de ses gentilshommes ; le comte y arriva suivi du président du Chaine, de l'évêque de Sisteron, des procureurs du pays et des notables de la ville. Après s'être entretenus pendant quelque temps en particulier, sans qu'on ait su jamais de quoi (1), ils admirent à leur entrevue les personnes qui les avaient accompagnés. Le duc voulait continuer les fortifications de son camp, Carcès en demanda au contraire la démolition immédiate : ils ne purent s'accorder sur ce point important. Ils convinrent que chaque parti enverrait un député vers son chef, savoir : le duc d'Épernon au roi et Carcès au duc de Mayenne, afin qu'on réglât à Paris la conduite que les deux commandants devaient tenir en Provence. En attendant, Forbin Saint-Cannat fut chargé de veiller à l'observation de la trêve et de juger, comme arbitre, des différends qui pourraient s'élever.

La société française avait été soumise à des orages trop grands pour que le calme pût succéder immédiatement à de si longues agitations. L'abjuration du roi était un pas immense vers la paix, mais en réalité il n'y avait qu'une suspension d'armes entre Henri IV et la Ligue. Les passions grondaient encore au fond de beaucoup de cœurs, et on avait vu à Paris le légat du pape Clément VIII, défendre, au nom de la religion, d'assister à l'abjuration du roi, et le pape lui-même rester inflexible. En Provence, où la fatigue était immense, la paix qui tendait à

---

(1) PAPON, t. IV, p. 340.

s'établir fut un instant troublée par Gilbert Génebrard, qui avait été nommé à l'archevêché d'Aix et venait à peine de prendre possession de son siége. Né vers 1537, Génebrard s'était acquis une grande notoriété par son éloquence et son érudition; une injustice l'avait jeté dans la Ligue (1), à laquelle il apporta toute son intelligence avec toutes ses passions fougueuses. Étant simple moine bénédictin à Riom, il avait publié un livre où il déclarait excommuniés tous ceux qui avaient communiqué avec Henri III après la mort du duc de Guise. Plus tard il s'était trouvé mêlé à toutes les intrigues de la Ligue; il avait signé la requête des *Seize*; il avait prêché, le 21 janvier 1593, à Notre-Dame, le sermon du *Béarnais*, qui n'était qu'un long tissu d'injures; il avait, le jour de la Pentecôte, dans la même église, déclamé contre la paix, « vomissant, dit Lestoile, autant d'injures contre le Roy qu'une harengère en colère ». Le duc de Mayenne lui avait fait obtenir l'archevêché d'Aix à la mort du cardinal Canégiani, et le pape l'avait préconisé dans un consistoire tenu le 10 mai 1591. Génebrard était arrivé à Aix le 9 septembre; ce même jour il monta en chaire, revêtu de ses habits pontificaux, et donna lecture d'une lettre du duc de Mayenne, par laquelle il ordonnait la publication pure et simple du concile de Trente, qu'on n'avait jusqu'à ce moment accepté que sous certaines conditions. Le lendemain, il parut de nouveau en chaire et eut la hardiesse de déclamer contre le roi, excitant le clergé, la noblesse et le peuple à lui refuser l'obéissance.

Malgré la trêve et l'immense besoin d'apaisement qui se fai-

---

(1) Le célèbre Pierre Danés s'était démis en sa faveur de l'évêché de Lavaur et présenta aux États de Blois une requête pour le faire agréer à Henri III; le clergé et la noblesse approuvèrent ce choix, mais le président de Pibrac, qui avait une grande influence sur le Tiers politique, et désirait cet évêché pour son frère Claude de Pibrac, fit si bien qu'il l'emporta.

sait sentir partout, le duc d'Epernon continua à montrer dans son gouvernement la même hauteur et la même dureté qui l'avaient rendu odieux à toute la population; ses troupes ravageaient la campagne d'Aix, et les gouverneurs gascons qu'il avait mis dans ses villes, prévoyant la fin prochaine de leurs rapines, foulaient la population et commettaient les plus effroyables exactions.

Forbin Janson, cependant, avait continué ses patriotiques intrigues, et la comtesse de Sault, qui était sortie mécontente des fêtes de Brignoles, mit au service de cette croisade les derniers éclairs de sa popularité et de son activité. Besaudun, qui avait toujours suivi avec un aveugle et servile dévouement la fortune de la comtesse, publia contre le duc d'Epernon un manifeste d'une violence extrême (1). « Quels thrésors et ruisseaux de
« richesses, écrivait-il, auroit-il fallu pour désaltérer ceste inex-
« tinguible soif, que les moyens, la substance et le sang du
« peuple, tant de fois succé par ceste sangsue, n'ont jamais peu
« estancher? Si nos prédécesseurs avoient escrit ce que nous
« avons veu, par les effects de ses desbordemens et despenses
« inestimables, nous en réputerions le discours fabuleux ; et ce
« que nous en laissons à la postérité ne sera peut-estre pas receu
« pour véritable ! car d'affirmer qu'un pays si stérile et si petit
« que la Provence, après le ravage d'une guerre de cinq ans, la
« plus cruelle et la plus desbordée qui se vit oncques, ait sur
« ses derniers abois, peu payer en un an trois ou quatre millions
« d'escus en subsides et impositions au sieur d'Espernon, et que
« outre cela les soldats ayent vescu à discrétion et pillé indiffé-
« remment amis et ennemis avec toute sorte de licence, et que

(1) *Manifeste et déclaration de la noblesse de Provence contenant les causes qui l'ont meue de prendre les armes contre le sieur d'Espernon*, rédigé par Castellane de Besaudun.

« les ravages ayent presque esgalé les deniers, si l'on n'avoit en
« main de quoy le monstrer, il vaudroit mieux s'en taire que
« d'avancer une chose si excessive et si incroyable. »

Il n'y avait malheureusement rien d'exagéré dans ces paroles ardentes, et les malheurs des guerres civiles avaient jeté la Provence dans un état de misère épouvantable. Nulle province dans le royaume n'avait souffert autant que la nôtre, et le nombre des factions qui la déchiraient s'était élevé jusqu'à six dans ces dernières années. La Ligue s'était scindée en quatre partis armés : celui de la comtesse de Sault, de Carcès et des princes étrangers, qui se divisait lui-même en deux factions, celle qui soutenait l'intervention du duc de Savoie et celle qui voulait se jeter dans les bras de Philippe II. Les royalistes s'étaient partagés aussi ; les uns combattaient avec Lesdiguières et le Parlement du roi, les autres avec d'Épernon. Ces diverses factions, du reste, n'avaient rien de stable, et on les voyait tour à tour se confondre et se séparer : la comtesse de Sault après avoir appelé le duc de Savoie, l'avait abandonné pour embrasser le parti marseillais, qui représentait la Ligue française, et avait fini par offrir ses services au duc d'Épernon ; Carcès, par ses déplorables tergiversations politiques, avait entraîné et compromis son parti sous tous les drapeaux. Au milieu de ce chaos, chaque faction avait ses soldats, ses créatures, ses villes, et exerçait ses ravages et ses proscriptions sur les localités ennemies. L'altération des monnaies fut une conséquence fatale de l'état permanent de guerre, qui avait amené l'abandon de l'industrie, la cessation de tout commerce et la stérilité de la terre. La Valette avait le premier altéré les monnaies à Sisteron, en ordonnant d'affaiblir au profit du fisc les doubles sols parisis, vulgairement appelés en Provence *pinatelles* (1). Plus tard, il établit un atelier à Tou-

---

(1) Papon dit à tort que les *pinatelles* ne furent frappées en Provence

lon, et peu à peu, au dire de du Virailh, « de simples gen-
« tilshommes s'émancipèrent jusques à faire *battre l'escu* publi-
« quement ». L'altération fut poussée si loin, que la valeur de
l'argent diminua des trois quarts, c'est-à-dire qu'il fallut quatre
fois plus de numéraire qu'auparavant pour avoir la même
somme (1). Cette dépréciation amena la plus grande pertubation
dans les fortunes, les denrées alimentaires acquirent une valeur
jusque là inconnue, la paie du soldat ne suffisant plus pour le
nourrir, il se fit larron, et pendant plusieurs années les procès
pour dettes remplirent les tribunaux.

Mais le moment du retour à la paix et à la liberté n'était pas

qu'à l'arrivée du duc de Savoie. Il est fait mention de cette monnaie à Sisteron en 1572.

(1) Nous trouvons dans la *Chorographie* de Bouche, p. 782, un tableau indiquant mois par mois et année par année la dépréciation des monnaies. L'écu d'or, qui depuis 1572, par édit de Charles IX, était évalué 60 sols, se maintint à ce taux jusqu'en 1590, c'est-à-dire tant que les guerres religieuses ou civiles eurent lieu entre les seuls partis provençaux ; mais de 1590 à 1593, quand le pays subit la domination du duc de Savoie et des Gascons, des ducs de La Valette et d'Épernon, il se manifesta un augment effroyable. De janvier à décembre 1590 l'écu d'or augmenta d'une moyenne d'un sol par mois : il était en décembre, à 72. En mai 1591, il était à 74, et en décembre il atteignait 82. En 1592 l'augmentation était plus rapide encore : en janvier, l'écu d'or valait 88 sols ; en avril, 92 ; en mai, 96 ; en juin, 98 ; en juillet, 100 ; en novembre, 108 ; en décembre, 120, le double du point de départ. En 1593, la dépréciation atteignit son maximum ; en janvier l'écu d'or monta de 120 à 144 sols ; en février à 170 ; dans les premiers jours de mars, un écu en valait trois, c'est-à-dire 180 sols ; le 15 il en valait 200, le 26 il valait 4 écus, c'est-à-dire 240 sols ! A partir de ce moment il resta quelque temps stationnaire ou ne subit que de légères oscillations, et finit par décroître de valeur. Ce retour fut dû au duc d'Épernon qui, n'ayant plus d'argent pour ses troupes, ordonna de frapper de nouvelles pièces, au titre fixé par Henri III, défendant en même temps, d'après l'avis des États assemblés à Brignoles, en mars 1593, le cours des *pinatelles* qui ne sortaient pas des fabriques de Toulon ou de Sisteron.

loin. Depuis plusieurs mois déjà les plaintes de la Provence entière, résumées dans le manifeste de Besaudun, étaient parvenues au roi. Henri IV détestait d'Épernon et désirait ardemment le faire sortir d'une province où il était dangereux à plus d'un titre. Cependant comme le duc jouissait d'un immense crédit, il crut devoir mettre une grande dissimulation dans ses relations avec lui, espérant tout des événements qui allaient se passer en Provence. Lesdiguières avait été l'intermédiaire entre le roi et Janson. Le 9 août, Henri IV fit écrire au marquis d'Oraison, à Forbin Saint-Cannat, à Buous, à Valavoire et à des Crottes, des lettres, datées de Saint-Germain, dans lesquelles il leur disait de se conformer en tout aux ordres qu'ils recevraient de Lesdiguières pour le bien de son service, et sur lesquelles il avait écrit de sa main : « Faites ce que M. de Lesdiguières vous dira
« ou vous envoiera dire, et croyez que je ne perdroy point le
« souvenir de ce service, mais vous le reconnoitray. » Il transmit ces lettres à Lesdiguières, avec ordre de les faire tenir aux destinataires dès qu'il le jugerait opportun.

Sur ces entrefaites, et après la publication de la trêve, les habitants d'Aix et d'Épernon avaient porté leurs différends devant le roi, qui avait désigné le connétable de Montmorency pour juger en dernier ressort de leurs contestations. Dans les premiers jours de septembre, le gouverneur ayant mis en bon état de défense son camp de Saint-Eutrope, passa en Languedoc pour conférer avec Montmorency, qui lui avait donné rendez-vous à Pézenas. Lesdiguières profita de l'absence momentanée du duc d'Épernon pour donner la dernière impulsion à l'insurrection. Il remit à Janson les cinq lettres du roi, plus une de lui adressée d'une façon collective aux cinq seigneurs provençaux, dans laquelle il leur disait : « Je vous envoy la let-
« tre que Sa Majesté vous escrit par le sieur de Janson auquel
« j'ai commis la créance. Croyez par luy l'intention de Sa Ma-

« jesté, et employez-moi qui seray tout appareillé quand le be-
« soin m'y appellera. A Piémore, ce 12 octobre 1593. »

Janson avait déjà complètement attiré à son parti le marquis d'Oraison ; par ses conseils il donna rendez-vous à Manosque, pour une communication importante du roi, au marquis de Solliès, à Forbin Saint-Cannat, à Valavoire, à des Crottes, à Buous, à de Grambois et à Escarravaques. Ce dernier, qui était gouverneur de Toulon, ne put se rendre au lieu désigné et fut représenté à l'assemblée par son beau-père, le marquis de Solliès, et son beau-frère Saint-Cannat. Buous ne répondit pas à l'invitation qui lui fut faite et s'abstint de se présenter à Manosque ; quelques historiens disent même qu'il refusa d'ouvrir la lettre de Janson.

Au jour désigné les six gentilshommes se trouvèrent au rendez-vous et se réunirent dans le château de Manosque. Janson prit la parole. Il fit un tableau animé de l'abaissement dans lequel était tenue la nation provençale, par l'insupportable oppression du duc d'Épernon et de ses Gascons ; il dit tout ce qu'il y aurait d'honneur pour la noblesse du pays à se lever la première et à montrer au peuple le chemin de la liberté, et termina en déclarant que le roi, ainsi qu'il allait le faire connaître par une lettre de lui, ne voulait plus tolérer un ennemi avéré dans le gouvernement d'une province frontière, et que c'était là un exemple et un encouragement, qui, venant de si haut, devait faire taire toutes les hésitations et mettre les armes à la main à tous les enfants de la Provence fidèles serviteurs du trône. Il lut alors une lettre du roi à Lesdiguières, dans laquelle il lui disait : « Qu'attendu que le comte de
« Carcès lui avoit promis de se remettre et ramener ses partisans
« à son service, il ne pouvoit plus être question d'entretenir une
« armée en Provence ; que, en conséquence, le pouvoir donné au
« duc d'Espernon étoit expiré ; que s'il vouloit demeurer dans
« le pays et contraindre les Provençaux à lui obeir, ils devoient

« s'y opposer par les armes et traiter comme ennemis du roy
« ceux qui l'assisteroient, car il ne vouloit pas que le duc restât
« en pays de frontière, ayant trop de preuves de sa mauvaise
« intention. » Cette lecture achevée et au milieu de l'impression profonde qu'elle produisit, il donna communication d'une lettre de Lesdiguières, par laquelle il assurait qu'il avait reçu l'ordre du roi d'entrer avec toutes ses forces en Provence, pour forcer le duc à s'éloigner s'il résistait, et remit ensuite aux gentilshommes présents les lettres particulières que le roi leur avait écrites le 9 août.

L'assemblée était émue, néanmoins l'irrésolution agitait tous les esprits. Chacun désirait ardemment délivrer le peuple de la tyrannie du duc et des Gascons, les sentiments de la population n'étaient pas douteux, et on pouvait compter sur sa coopération dans l'œuvre d'affranchissement ; mais elle était tenue partout sous la bouche des canons ou maintenue par des garnisons, et on craignait qu'elle fût écrasée au premier symptôme de révolte ; du reste, le roi n'avait pas écrit à toute la noblesse provençale, et on ignorait si on aurait le concours de tous les gentilshommes ! Combien d'entre eux, au moment décisif, ne seraient-ils pas arrêtés, comme Buous, par le souvenir d'un intérêt personnel satisfait ; enfin la honte dont ils se couvriraient, si, après avoir tenté l'entreprise, ils n'obtenaient pas un succès complet, achevait de les jeter dans de vives perplexités. Mais cet état ne fut pas de longue durée : la crainte de paraître lâches, le désir de remettre le peuple en liberté l'emporta, et on résolut de brusquer le dénouement.

Il fut décidé que Janson se rendrait auprès de Lesdiguières pour lui demander les troupes promises et qu'il les amènerait à Manosque. Une fois rendues là, d'Oraison devait en prendre une partie, chasser la garnison de la ville et s'emparer de ses armes pour les confier aux habitants ; l'autre partie, descendant à Saint-Maximin, devait être conduite par le marquis de

Solliès à Toulon, où, d'accord avec son gendre Escarravaques, il devait mettre dehors les Gascons qui occupaient la citadelle. Saint-Cannat était celui qui mettait le plus d'ardeur au service du mouvement insurrectionnel ; il s'engagea à délivrer Pertuis, en même temps que de Crottes en ferait autant à Digne et Valavoire à Saint-Maximin. Si on réussissait à chasser les Gascons de ces places, on devait courir au secours de celles qui se révolteraient, et cela fait se joindre à Carcès, qui ferait crier : *Vive le roi* à Aix. Les villes fortifiées ainsi délivrées, on devait se concentrer à Pertuis et se porter sur le Rhône pour s'opposer à la rentrée en Provence de d'Épernon.

Pendant que Janson se rendait en Dauphiné auprès de Lesdiguières, Saint-Cannat vint à Aix pour décider Carcès à prendre les armes. Sous le prétexte de se plaindre de quelques infractions faites à la trêve, qu'il avait mission de faire observer, il vit le comte et lui confia le secret de l'entreprise ; il lui dit :
« Qu'avant que de rien exécuter, on lui avoit voulu donner
« connaissance de toutes choses et lui offrir de prendre sa part ;
« qu'on estoit assuré que l'amour de la gloire, qui lui estoit si
« naturel, lui feroit embrasser l'occasion d'une si belle entre-
« prise ; que s'il vouloit donner sa parole d'estre de la partie,
« ses compagnons lui avoient donné charge de l'assurer qu'ils
« le reconnoistroient pour leur chef, et qu'ils feroient instance
« pour lui obtenir la lieutenance de la province. Il lui remontra
« que s'il ne prenoit parti contre le duc lors de la déclaration
« de la noblesse, il resteroit seul et se verroit abandonné du
« Parlement et de la noblesse, qu'il perdroit les advantages
« d'une réduction volontaire, et non-seulement l'espérance de la
« lieutenance du roy, mais encore la possession de la charge
« de grand sénéchal et de son crédit (1). »

(1) *Mémoires de* FABRÈGUES.

Le comte de Carcès, d'une nature essentiellement indécise, entrevoyait la possibilité d'une réussite complète de l'œuvre à laquelle on le conviait de prendre sa part, mais il était fortement circonvenu par la comtesse, femme d'une grande ambition, et qui ne voyait d'avenir que dans le duc de Mayenne, son beau-père. Fabrègues, qui avait reçu les confidences de Saint-Cannat, se chargea d'attirer Carcès à son parti, et commença par gagner tout son entourage, espérant le faire décider par une pression générale. Sur ces entrefaites, Bonnet, secrétaire de Carcès, revint de Paris portant de mauvaises nouvelles pour la Ligue et pour Carcès : il annonça une prolongation de la trêve et l'assurance que Carcès n'aurait pas le gouvernement de la Provence, qui était destiné au duc de Guise. Fabrègues se servit utilement de l'état de colère dans lequel ces nouvelles avaient jeté le comte et la comtesse; il leur démontra que « Mayenne avoit besoin de
« tant de gens et avoit si peu de moyens de les récompenser,
« qu'il n'en falloit rien attendre ; que d'ailleurs son parti décli-
« noit ; qu'ils alloient se trouver sans crédit, emplois, charges
« et pouvoirs ; qu'il ne falloit pas perdre de temps, traiter pour
« s'assurer le gouvernement de la province, et que ce seroit un
« grand advantage de se voir à la teste de toute la noblesse réu-
« nie contre la maison de Lorraine ; que du reste il falloit se
« hâter de prendre une décision, car ils alloient avoir contre eux
« la noblesse, le Parlement, les procureurs, etc. ». La comtesse fut la première convaincue par ces raisons pressantes; ce qu'elle craignait avant tout, c'était de voir l'autorité échapper des mains de son mari ! Celui-ci, entraîné par sa femme, se tourna vers Fabrègues et lui dit : *Que faut-il faire, M. de Fabrègues? — Je lui répondis qu'il falloit traister avec Saint-Cannat, que je le verrois le lendemain dans une nouvelle conférence!* (1)

(1) *Mémoires de* FABRÈGUES.

Le 18 novembre, Saint-Cannat eut une entrevue secrète avec le comte et fit avec lui un traité par lequel le comte reconnaissait le roi et s'unissait à Lesdiguières et à la noblesse de son parti contre d'Épernon ; Saint-Cannat, de son côté, promettait au nom de la noblesse provençale, de lui obéir comme au chef général, et de demander pour lui au roi la lieutenance générale avec les mêmes pouvoirs que son père avait exercés.

Cependant Janson avait quitté Manosque et s'était rendu à Serres, en Dauphiné, où Lesdiguières lui avait donné rendez-vous ; il accompagna jusqu'à Lurs Valavoire qui allait à la rencontre de son neveu du Virailh, en convalescence à Sisteron. Du Virailh connaissait déjà les résolutions prises à Manosque, et quand son oncle lui montra les lettres du roi et de Lesdiguières, du Virailh n'en fut nullement surpris. Janson, de son côté, avait rencontré Lesdiguières à Serres, qui donna l'ordre à Tourvès d'entrer en Provence avec deux cents chevaux pour être rendu à Manosque le 20, jour où devait éclater le mouvement. Tourvès tomba malade et ne put partir ; le détachement, mal commandé, fut détourné de sa destination par Saint-Vincens, qui tenait garnison à Seyne et craignait une sédition des habitants ; il le retint quinze jours à Seyne, pendant lesquels la Provence se mit en liberté sans la participation des Dauphinois.

Les six gentilshommes conjurés s'étaient rendus dans leur résidence respective. Le 19 novembre Saint-Cannat pensant que Tourvès devait être arrivé à Manosque, souleva Pertuis, et mit la compagnie de gendarmes de d'Épernon hors de la ville aux cris de: *Vive le Roi! Vive la Liberté!* en même temps il écrivit à tous ses amis et confidents qu'il avait commencé le mouvement. Il exigea qu'il ne fut exercé aucune violence sur la garnison épernonienne, craignant, disait-il, qu'on ne lui reprochât d'avoir pris les gens en traître; mais au fond, et sans mettre en doute ce sentiment honorable, il est permis de penser qu'il redoutait des représailles sur sa mère qui habitait Solliès, et ses enfants qui étaient à Toulon, « car, dit du Virailh, il n'avoit « pas bonne opinion de ce que son père vouloit entreprendre « sur ladite ville et citadelle de Tholon ».

Les troupes du Dauphiné n'ayant pas paru à Manosque le 20, le marquis d'Oraison n'hésita pas à donner le signal de l'insurrection, et, aidé d'une grande partie des habitants, il chassa de la ville la garnison gasconne, après lui avoir enlevé ses armes et ses chevaux. Le 21, de Crottes en fit autant à Digne et Valavoire à Saint-Maximin. L'insurrection de Toulon paraissait plus difficile à mener à bonne fin, car la garnison gasconne occupait de nombreux postes fortifiés et une citadelle qu'on ne pouvait réduire qu'avec le canon.

Le marquis de Solliès était encore à Saint-Maximin, attendant avec impatience les cavaliers dauphinois promis, quand le 22, Lamothe, capitaine gascon de la garnison de Brignoles, qui se trouvait à Saint-Maximin, voyant les habitants courir aux armes et poursuivre les soldats gascons, vint trouver, tout effaré, du Virailh dans l'église, où il était avec le marquis de Solliès et Valavoire, pour lui demander s'il avait la nouvelle que la trêve fut rompue. Du Virailh chercha à le tromper en lui assurant qu'il n'avait rien à craindre, et que ce ne pouvait être qu'une sédition sans importance : *que dites vous là?* interrompit brusquement le marquis de Solliès, auquel l'âge n'avait rien fait perdre de la fougue de la jeunesse, *pourquoi voulez-vous faire un chat d'un chien? nous aurons demain les couteaux à la main et vous déguisez la vérité* (1). Le même jour il se décida à partir pour Toulon avec six cents hommes, dont quarante cavaliers de la compagnie de Valavoire (2), et arriva le lende-

---

(1) *Mémoires de* DU VIRAILH.
(2) Du Virailh, dans ses *Mémoires*, dit que Solliès n'avait avec lui que

main, à l'aube, au village de la Valette, distant d'une demie lieue de la ville, où il laissa sa petite troupe. Il entra presque seul dans Toulon, annonçant à son gendre Escarravaques qu'avant la nuit il recevrait des renforts, et répandant partout le bruit que Lesdiguières et le comte de Carcès avaient réuni leurs forces et s'étaient dirigés sur Tarascon pour offrir le combat à d'Epernon. En quelques heures la ville se remplit de sourdes rumeurs et d'agitation. Signac, gentilhomme gascon, qui commandait la garnison et occupait les remparts et la citadelle, était profondément détesté des habitants pour sa dureté, son orgueil et ses exactions. Escarravaques, gouverneur de la ville, le jalousait et le méprisait ; celui-ci paraissait exciter l'émotion publique par sa présence au milieu des groupes tumultueux qui s'étaient formés sur toutes les places publiques, et l'enthousiasme fut à son comble quand le sergent-major de la garnison s'étant plaint au gouverneur des factions que soulevait le marquis de Solliès depuis son arrivée, on entendit Escarravaques lui répondre sévèrement « que c'estoit chose grave que de s'attaquer à un « homme de la qualité du seigneur marquis, sans savoir au « vray s'il estoit l'autheur des bruits qui couroient par la ville ».

Signac alarmé de l'attitude hostile de la population prit des mesures de défense ; il donna l'ordre de faire traîner deux pièces de canon à la citadelle. Le peuple, rendu audacieux par les surexcitations de la journée, s'y opposa. Sur ces entrefaites, Solliès fit venir de la Valette quarante cavaliers, qui se présentèrent à

---

quarante chevaux ; mais dans un procès fait quelques années après à la communauté de Toulon par plusieurs habitants, en demande d'indemnité pour les dégâts commis par les soldats amenés par Solliès dans les maisons particulières, on trouve ce nombre porté à près de six cents hommes : « Dict que pour exécuter ladite entreprise, ledit sieur de Solliès manda « quérir plusieurs compagnies, d'environ le nombre de six cents hommes. » *(Archives communales de Toulon).*

la porte Saint-Lazare, où l'enseigne de garde, sur l'ordre d'Escarravaques les laissa entrer. La présence de ces soldats fut le signal de l'insurrection. Les Toulonnais attaquèrent quelques postes, en chassèrent les soldats épernoniens, et après les avoir poursuivis dans les rues les forcèrent à se réfugier partie à l'évêché, partie dans la citadelle. En ce moment arriva un cavalier portant une lettre de Forbin Saint-Cannat, fils du marquis de Solliès, dans laquelle il annonçait à son père et à son beau-frère, *qu'il avoit mis les Gascons hors de Pertuis et de prendre garde à leurs testes !* Escarravaques n'hésita plus, il se mit à la tête d'un groupe nombreux d'habitants armés, chargea l'enseigne de garde au bastion Saint-Vincent et le força à se replier sur la grande citadelle, où Signac s'était déjà retiré et avait fait tirer le canon d'alarme.

La nuit était noire et toute chargée d'orages. Le marquis de Solliès sortit à minuit sur la place de la Cathédrale, où s'était rassemblée toute la population active, suivi des trois consuls Jacques Valserre, Pierre Garjan et Jean Ricard ; il tira son épée et s'écria : *Vive le Roi ! Vive la Liberté !* Les Toulonnais l'accueillirent avec enthousiasme par les cris de : *Vive le Roi ! Fore les Gascons !* et on marcha vers la citadelle. Le lendemain 25 novembre, les troupes campées à la Valette entrèrent dans la ville, sous le commandement d'un officier du nom de Capris. Le capitaine Hubac, « ingénieur, homme de grand esprit, » avait fait traîner quatre canons devant la citadelle, mais, au dire d'un historien de l'époque, ils ne pouvaient guère entamer que les défenses extérieures et une portion du parapet, les bastions proprement dit n'étant formés que de fascines et de gabions. Les Gascons, attaqués avec ardeur se défendirent vaillamment ; ils avaient quatre canons et deux couleuvrines. A la première volée un des canons sauta hors de son affût, qu'il brisa, et s'enfonça profondément dans la terre détrempée par de récentes pluies.

Dans le courant de la journée on tenta un assaut, qui fut repoussé « car les assaillis avoient trop d'avantaiges sur ce menu « peuple qu'il falloit qu'il montât sur les bastions avec des « eschelles ». Dans cette action, Escarravaques, qui se portait en avant avec une téméraire intrépidité, reçut une arquebusade à la cuisse dont il mourut le 13 décembre, ayant eu la consolation d'apprendre avant d'expirer que la citadelle était prise, les Gascons chassés, et que la Provence victorieuse saluait de ses cris de : *Vive le Roi !* la défaite et la chute du duc d'Epernon.

Le 26, le siége continua. Les Toulonnais s'étaient retranchés dans les abris les plus voisins et faisaient un feu meurtrier sur les Gascons. Ils parvinrent à placer un canon sur la terrasse d'une maison, et au troisième coup, ils furent assez heureux pour démonter une pièce aux ennemis. La journée se passa en attaques souvent réitérées et toujours repoussées. Le soir, vers neuf heures, le marquis de Solliès reçut l'avis qu'un secours considérable, sous les ordres du capitaine Boyer, le fils de l'ancien capitaine Razat, le seul officier provençal qui, avec le seigneur de Buous, eût suivi la fortune du duc d'Epernon, était en marche sur Toulon et ne tarderait pas à arriver ; il résolut de brusquer le dénouement, et pour mieux en assurer le succès, il se transporta le lendemain 27, avant le jour, sur une galère mouillée dans le port, où se trouvaient enchaînés et soumis aux cruelles rigueurs de la chiourme, les soldats faits récemment prisonniers par le duc d'Epernon à la prise d'Auriol et de Roquevaire. Il les réunit sur le pont, et sur sa foi de gentilhomme il leur promit la liberté « s'ils fesoient devoir de gens de « bien en telle occasion où il alloit du service du Roy et de la « conservation de la ville ». Le même jour, vers huit heures, un assaut général fut donné, et après quatre-vingt-quinze coups de canon la citadelle fut emportée.

Jean Bonnegrace, qui avait été consul quelques années auparavant, entra un des premiers dans la place, une épée à la main. Il reconnut Signac, et, courant à lui : *Ah ! poltron*, lui dit-il, *tu es donc là ? — Eh bien ! compagnon*, répondit Signac, *est-ce que dix mille écus ne sauveront pas la vie d'un gentilhomme ? — De l'or*, reprit Bonnegrace, *j'en ai plus que toi !* et, disant cela, il lui déchargea un coup de son épée sur la tête. En ce moment arriva un maître maçon, nommé Ollivier Gras, qui avait une injure personnelle à venger, ayant été outrageusement frappé par Signac d'un bâton, un jour où il travaillait à la construction de la citadelle, et qui, oubliant toute pitié devant son ennemi tombé sur ses genoux et perdant tout son sang, l'acheva d'un coup de levier de fer (1).

Les Gascons étaient morts ou prisonniers, quelques-uns se sauvèrent à la nage, la citadelle étant au bord de la mer, sur l'emplacement occupé aujourd'hui par les bureaux de l'intendance sanitaire et les bureaux des armements de la marine. Les habitants, qui avaient eu dix tués et vingt blessés, ivres de leur succès, démolirent la citadelle avec une telle ardeur que quelques jours après il n'en restait pas un vestige. Les six cents hommes amenés par Solliès paraissent s'être occupés pendant le siège, bien plus de piller la ville que de prêter main forte à la population. Les nombreux procès que les propriétaires saccagés par eux firent à la communauté en sont une preuve. La ville se hâta de se débarrasser de ces étranges auxiliaires en donnant dix écus à chaque soldat et une somme plus importante au capitaine de Capris qui les commandait.

Au premier bruit de la révolte de Toulon, Boyer était parti du camp de Saint-Eutrope. Il passa par Brignoles, où il prit quelques compagnies de d'Ambleville, qui, prévenu par Lamothe, l'avait maintenue sous l'autorité du gouverneur, et arriva le

---

(1) NOSTRADAMUS, p. 958.

26 à Cuers. Il allait, le lendemain, se diriger sur Toulon, quand il apprit le sac de la citadelle et la mort de Signac.

L'insurrection provençale s'était propagée avec rapidité. Presque toutes les villes qui obéissaient au duc imitèrent l'exemple de Pertuis et de Toulon et chassèrent les garnisons gasconnes. Le 1er décembre, la ville et le château de Tarascon se déclarèrent contre le gouverneur ; le 2, Tretz, Gardanne, Eguilles, Marignane et Cabrières se mirent en révolte victorieuse ; le 13, Saint-Romans, qui commandait à Salon, surprit Pelissanne pendant la nuit et massacra le poste épernonnien qui l'occupait ; Vitrolles et Ventabren firent leur mouvement le 15 aux cris de : *Vive le roi ! Mort à d'Épernon !* Le 17, le capitaine Saint-Maurice, qui tenait garnison au Martigues, se saisit de Jonquières et écrivit au duc qu'il gardait la place pour son maître Carcès ; de là il se rendit au château de Bouc, le força aux cris de : *Vive Provence !* et fit pendre les soldats gascons.

Au milieu des succès de cette prise d'armes, la ville d'Aix semblait garder une neutralité absolue, se contentant d'observer la trêve avec le camp de Saint-Eutrope. Le vieux marquis de Solliès partit de Toulon et se rendit auprès de Carcès. Il le trouva en proie à ses irrésolutions ordinaires. Les raisons ne lui manquèrent pas pour expliquer son inaction : les troupes promises par Lesdiguières, disait-il, n'étaient pas encore entrées en Provence, tandis que celles du duc d'Épernon campaient toujours sous les murs de la ville ; s'il provoquait un soulèvement, il pouvait faire naître un désordre populaire, à la faveur duquel les épernonniens s'empareraient d'Aix sous prétexte de rétablir la paix ; enfin il n'y avait pas jusqu'au mouvement si profondément national en lui-même qu'il ne suspectât, disant qu'il ne fallait pas avoir grande confiance dans le peuple de Provence, naturellement insoumis et porté à toutes les révoltes ! Au fond il était tiraillé par le clergé qui, à l'instigation de Génebrard, l'avait circonvenu en lui persuadant que la conversion du roi était illusoire, qu'il lui fallait l'absolution du pape pour être reçu dans l'Église, et qu'il n'y avait rien de changé dans l'état des partis. Solliès combattit vivement les tergiversations du duc ; sa famille était si compromise dans la révolte qu'il lui fallait briser tous les obstacles pour réussir. Carcès, vaincu par les faits qui s'accumulaient autour de lui, se déclara ouvertement pour Henri IV et fut suivi par toute la population d'Aix, qui salua de ses acclamations la noblesse si longtemps divisée et qui, à la voix de la patrie, se réunissait dans une idée commune de liberté.

Mais les Provençaux avaient commis une grande faute ; emportés par leur effervescence naturelle, paralysés par les déplorables défaillances de Carcès, s'agitant, du reste, isolément, sans unité dans leur mouvement, ils n'avaient rien fait pour empêcher d'Épernon de repasser le Rhône et de venir par sa présence relever le courage abattu de son armée. Les Gascons, chassés de partout, demandèrent à grands cris le retour du duc, qui revint, en effet, en toute hâte, avec quatre cents cavaliers, et arriva le 15 décembre à Saint-Eutrope. Le 27, au moment où on apprenait tous les jours une insurrection nouvelle, les habitants d'Aix firent une sortie, sous les ordres de Carcès, de Crozes, de Solliès, de Janson, d'Allamanon et de Meyrargues, pour attaquer un fort récemment élevé près du pont de Béraud. Stanzan sortit du camp de Saint-Eutrope avec vingt-cinq chevau-légers pour reconnaître l'ennemi. Il fit une charge contre l'avant-garde, et comme il battait en retraite avec ses hommes après avoir fait le coup de pistolet, il fut atteint d'une arquebusade dans les reins qui le renversa de son cheval. Un soldat s'avança pour l'achever. Stanzan se soulevant avec peine lui offrit dix mille écus s'il voulait lui laisser la vie ; mais par un acte de lâche cruauté, ce misérable lui déchargea son mousquet dans la tête, et ayant pris le cadavre sur son épaule, il le porta jusqu'à Aix, « où il fut veu, dit Nostradamus, avec compassion et desplai- « sir, autant regretté des gentilshommes pour sa valeur et « grande douceur, que des dames pour sa beauté ». L'affaire du du pont de Béraud fut glorieuse pour les nouveaux soldats du roi, qui dispersèrent la garnison épernonnienne du fort et ruinèrent les travaux. Le 29, le comte de Carcès, le marquis de Villeneuve, Solliès et douze autres seigneurs se rendirent à Pertuis, où ils trouvèrent le marquis d'Oraison, la comtesse de Sault et quelques autres personnes distinguées de leur parti, avec lesquelles ils concertèrent les moyens de chasser définitivement le duc de la province.

CHAPITRE XI

RETOUR DE LA PROVENCE A L'OBÉISSANCE DU ROI.
1594-1595

La noblesse et la ville d'Aix se déclarent pour le roi. — Protestation de l'archevêque Génebrard. — Arrêt du Parlement ordonnant de rendre la justice au nom de Henri IV. — Le duc d'Épernon continue les hostilités. — Lettres du Parlement et du duc au roi. — Convocation des États de l'union royaliste à Aix. — Le duc convoque les États épernonniens à Riez. — Mission de Lafin en Provence. — Lesdiguières entre en Provence. — Sa correspondance avec d'Épernon. — Opérations de guerre. — Mort de Besaudun. — Le Parlement de Manosque revient à Aix. — Mission de de Belloy en Provence. — Surprise et démolition du fort Saint-Eutrope. — Conférences de Beaucaire. — D'Épernon traite avec le duc de Mayenne. — Réunion des États ligueurs à Marseille. — Le duc d'Épernon fait ravager les environs de Toulon. — Carcès surprend Salon. — Carcès et le duc d'Épernon dans Salon. — Lesdiguières accourt au secours de Carcès. — Le duc évacue Salon. — Arrivée de Dufresne en Provence. — Arrivée du roi à Lyon. — Entrevue des députés du duc avec lui. — Révocation des pouvoirs du duc d'Épernon et nomination du duc de Guise au gouvernement de Provence. — Henri IV est absous par le pape. — Plusieurs villes ligueuses quittent le parti du duc. — Boyer et Buous se rallient à l'union royaliste. — Premières relations de Casaulx avec le roi d'Espagne.

1594 La Provence avait fait une plus douloureuse expérience des guerres civiles que toute autre province; elle se déclara une des premières du royaume pour Henri IV, cherchant la fin de ses maux sous son autorité et sa protection. Le 3 janvier 1593, les gentilshommes présents à Aix se réunirent au couvent des Augustins, sous la présidence de Carcès, et délibérèrent à l'unanimité de reconnaître Henri IV comme roi légitime, de demander à ce prince l'oubli du passé, la confirmation des privilèges, coutumes et libertés de la province, l'exercice exclusif du culte catholique, « et d'aultant qu'ils avoient recognu que le duc « d'Espernon ne tendoit ses lacs que contre ceste province qu'il « vouloit entièrement engloutir et réduire sous sa tyrannique « domination, Sa Majesté seroit sur ce point singulièrement sollicitée de vouloir pourvoyr tel prince ou seigneur relevé que « bon luy semblera du gouvernement, autorisant et approuvant « tout ce qui s'estoit fait et passé contre le duc ». Deux jours après, veille de la fête des Rois, le conseil général des chefs de famille adopta par acclamations les résolutions de la noblesse.

Le lendemain, l'archevêque Génebrard profitant de la solennité de la fête des Rois, qui avait attiré un grand concours de fidèles à Saint-Sauveur, monta en chaire et invoqua les Écritures-Saintes pour prouver qu'en matière d'État aucune assemblée ne pouvait être faite sans que le chef de l'Église y fût appelé. Il prit texte de cette proposition pour attaquer les résolutions prises, prouva qu'on ne pouvait les exécuter sans l'assentiment du pape, et par ses déclamations factieuses chercha à faire naître une sédition. Mais le 7 janvier, les procureurs du pays ayant demandé au Parlement l'homologation des arrêtés pris par la noblesse et l'assemblée des chefs de famille, la Cour rendit un arrêt par lequel elle ordonnait à tous les habitants de la province d'obéir au roi, sous peine d'être punis comme perturbateurs du repos public, décidait que la justice serait rendue au nom de Henri IV, roi de France et de Navarre, faisait injonction à tous ceux qui tenaient le parti du duc d'Épernon de regagner leurs foyers avant huit jours, et frappait de la peine de bannissement l'archevêque Génebrard. Génebrard n'attendit pas qu'on sévît contre lui ; il s'enfuit d'Aix en compagnie de Pierre de Masparaulte, maître des requêtes, que le duc de Mayenne envoyait à Marseille pour y établir une chambre souveraine, et qui, arrêté et jeté en prison, venait d'être relâché depuis quelques jours.

L'arrêt rendu par le Parlement fut publié avec solennité. Les consuls, en chaperon et à cheval, suivis de l'assemblée des chefs de famille, parcoururent les rues au milieu d'une foule immense qui remplissait la ville de ses cris de joie. Chacun faisait l'éloge du roi ; on vantait sa valeur, sa clémence, son oubli des choses passées ; on disait que les villes soumises étaient les villes les plus heureuses, que la religion catholique y était maintenue et protégée, les prêtres honorés, que les garnisons en étaient éloignées et que l'abondance y régnait. La conversion du roi avait fait des prosélytes, et les grandes familles, si longtemps divisées par les croyances religieuses se rapprochaient et s'unissaient entre elles par les liens du mariage : le baron Scipion de Villeneuve se convertit à la foi catholique et épousa la fille du marquis de Trans, qui avait été un ardent ligueur ; le farouche huguenot de Mirebel se maria avec la fille de son ennemi, le seigneur de la Berlière ; les Tourretes, calvinistes convertis, s'unirent aux Villeneuve-Torenc, zélés catholiques de Saint-Paul. Dans toutes les classes de la société provençale des faits pareils se produisirent ; les haines s'effaçaient, et le peuple, dans son enthousiasme, saluait de ses vœux et de ses acclamations l'aurore d'un grand règne, qui apportait à une province si longtemps et si profondément troublée l'apaisement des passions et le retour à une paix sincère.

Le Parlement, qui avait à se faire pardonner, la noblesse, qui voulait déposer aux pieds du trône l'expression de son dévouement nouveau mais convaincu, le Tiers, qui continuait ses traditions de fidélité au roi, députèrent, le 2 mars, le consul Duperrier, le conseiller Joannis de Chateauvieux, le marquis de

Forbin-Janson et l'avocat de Fabrègues, pour prêter serment d'obéissance au roi et lui remettre les très-humbles doléances de la province. Le clergé se refusa à désigner un de ses membres pour faire partie de la députation, « prétendant témoigner
« par là, dit Fabrègues, qu'il ne vouloit se séparer qu'à l'extré-
« mité de la Ligue ».

« Sire, disaient les Provençaux, vos très-humbles et très-
« obéissants serviteurs protestent et déclarent qu'ils vous recon-
« noissent pour leur naturel roy et souverain seigneur, et vous
« supplient en toute humilité d'avoir pour agréable leur obeis-
« sance et fidélité. Ils désirent vous la continuer et employer
« pour vostre service jusqu'à la dernière goutte de leur sang !
« Si durant ces troubles et remuements, ils ne vous ont pas rendu
« l'obeyssance due à Vostre Majesté, ils la supplient bien humble-
« ment de croire qu'ils n'y ont esté poussés par aucun esprit de
« rebellion, mais pour le seul zèle de la vraie religion, ayant tou-
« jours esté leur intention de vous rendre les devoirs d'obeissance
« aussitost qu'ils ont vu Vostre Majesté remise au giron de
« l'Esglise. Que si pour raison des actions et desportements pas-
« sés, Vostre Majesté s'en estime offensée, il sera son bon plai-
« sir d'en esteindre et abolir la mémoire, même pour raison de
« l'union et adhérence avec les princes et les villes de la Ligue,
« pour la levée et la conduite des gens de guerre, pour imposi-
« tion des deniers, fabrication de monnoies..., etc., et générale-
« lement de tout ce qui a esté fait, géré, négocié durant les
« troubles et à l'occasion d'iceux depuis le jour des barricades
« de Paris, sans permettre que par vos officiers ni autres en
« soient faites aucunes poursuites ni recherches, civilement ni
« criminellement, en façon que ce soit ; d'ordonner à ceux qui
« ont quitté la capitale de venir reprendre leurs séances à Aix ;
« de révoquer les lettres patentes par lesquelles le duc de
« Mayenne establissoit dans la ville de Marseille une cour sou-

« veraine, et de faire cesser les ravages et les désordres de la
« province, qui sont tels et si estranges, que si Vostre Majesté
« n'y pourvoit promptement, on ne peut attendre qu'une pro-
« chaine ruyne et totale désolation de la province, à laquelle il
« ne reste plus que la voix cassée et débile pour vous en faire
« ses doléances. Et d'autant que ces désordres viennent en par-
« tie de ce que le duc d'Espernon est gouverneur contre le gré
« de la noblesse et de toute la province, plaise à Vostre Majesté
« de pourvoir au dit gouvernement, tel autre que elle avisera,
« qui soit catholique et qui ait l'autorité de conserver le pays en
« vostre obeissance, et y restablir le repos tant désiré de tous
« les gens de bien ; de faire destruire les forts et citadelles bas-
« tis par les sieurs de la Valette et d'Espernon, et spécialement
« ceux bastis devant la ville d'Aix, attendu qu'ils altèrent la
« fidélité du peuple par la méfiance qu'ils inspirent (1)...... »

Le voyage des députés dura quatre mois. Le roi les accueillit avec distinction ; il les encouragea à résister au duc d'Épernon, et leur annonça qu'il avait donné l'ordre à Lesdiguières d'entrer en Provence avec des troupes pour contraindre le duc à sortir du pays. Il les pressa vivement de mettre tout en œuvre pour obtenir la réduction d'Arles et délivrer Marseille de la domination de Casaulx, et s'entretint plusieurs fois avec eux du mariage projeté du fils de la comtesse de Sault avec la fille de Lesdiguières.

La Ligue était expirante. Génebrard et Masparaulte essayèrent de la relever; mais ils ne parvinrent qu'à lui imprimer d'impuissantes convulsions. En quittant la ville d'Aix, ils s'étaient rendus à Berre et avaient gagné Marseille sur une galère. Casaulx et Louis d'Aix les reçurent avec les plus grands honneurs et firent tirer le canon en signe de réjouissance. Le lendemain, Masparaulte se rendit à un conseil de ville, où il déclara que le

---

(1) PAPON, t. IV, p. 346.

duc de Mayenne voulait qu'on continuât à obéir à Casaulx et qu'on persévérât dans l'Union. Il assura que sous peu de jours on aurait de bonnes nouvelles, et fit décider la convocation à Salon des États généraux des villes qui tenaient encore pour la Ligue. Cette assemblée eut lieu quelque temps après. Berre, Arles, Salon, Marseille, avec quelques autres communes de peu d'importance, envoyèrent seules des représentants. Ces étranges États généraux, qui n'étaient en réalité qu'une réunion sans mandat régulier et sans pouvoir, d'hommes appartenant aux trois ordres, décréta une levée de soldats et posa les bases d'une ligue offensive et défensive contre tous ceux qui voudraient reconnaître le roi de Navarre. Les députés d'Arles se retirèrent avant la clôture des séances, disant qu'ils n'avaient pas reçu la mission de signer de pareils engagements. Les autres députés suppléèrent à leur isolement par une grande activité ; néanmoins ils ne trouvèrent de crédit qu'auprès des capitaines qui tenaient quelques localités provençales pour le duc de Savoie ou le duc de Mayenne, parmi lesquels Saint-Maurice, Saint-Romans et Vitelly, qui occupaient Pellissane, Salon et Berre. Le comte de Suze fut le seul homme de guerre de Provence qui déploya une véritable ardeur pour la confédération ; il mit tout en œuvre pour détacher Carcès de ses nouveaux alliés, et lui fit remettre secrètement une lettre du duc de Mayenne « qui con- « tenoit plusieurs spécieuses persuasions de ne chanceler sy « facilement, ni sy promptement changer d'assiette et d'advis ». Carcès ne se laissa pas ébranler. Du reste on apprenait tous les jours la défection d'une grande ville ligueuse : Lyon, Orléans, Bourges, Meaux se déclaraient pour le roi ; l'entrée de Henri IV à Paris, en même temps que le légat du pape et l'ambassadeur d'Espagne en sortaient, porta un coup terrible à la Ligue et étouffa dans son germe le mouvement provincial parti de Salon.

Cependant le duc d'Épernon se voyant menacé d'un orage qui

allait l'emporter, résolut d'employer la ruse en même temps que la force et l'intimidation pour se maintenir. Le 1er février il écrivit au Parlement, au comte de Carcès et aux procureurs du pays, pour leur témoigner sa satisfaction de leurs dernières résolutions ; il leur disait que n'ayant formé une armée que pour mettre la province sous l'autorité du roi, il les priait de lui envoyer des députés avec lesquels il put s'entendre pour jeter les fondements de la paix et de la prospérité publiques. Mais pendant qu'il faisait ces démarches hypocrites, il s'emparait par le canon de plusieurs places voisines : le 2 février Eguilles se rendit après trois coups de canon, et sa garnison fut passée au fil de l'épée ; le 4 février Saint-Cannat capitula ; Lambesc, Marignane, Tretz, Saint-Maximin, Rians, furent emportés ou ouvrirent leurs portes.

Le Parlement, justement indigné de la conduite du duc, lui écrivit : « Il ne faut plus, monsieur, que vous ni aucun aultre
« doubtiez du zèle et de l'affection que nous avons au service du
« roy et au repos de ceste province, en ayant fait d'assez bon-
« nes et fortes preuves. Nous désirerions que tous ceulx qui se
« disent tels rendissent leurs tesmoignages conformes à leurs
« paroles et escrits, car nous verrions par ce moyen ceste ville
« d'Aix, et aultres du pays, délivrées des oppressions qu'elles
« reçoivent par le moyen des troupes que vous entretenez inuti-
« lement pour la ruyne de ceste province. Vous ne pouvez vous
« excuser sur la volonté du roy, estant très-assuré que Sa Ma-
« jesté ne désire rien tant que la liberté et le soulagement de
« ses sujets, à quoi vos actions et desportements semblent tota-
« lement contraires, car au lieu de réserver les munitions de
« guerre et les canonnades que vous faites tirer contre ceste
« ville, pour les employer contre les villes et lieux ennemis de
« Sa Majesté, vous attaquez celles qui sont à son service et
« obeyssance, et massacrez ses fidèles sujets, comme a esté fait,

« depuis deux jours, au village d'Aiguilles, où vous n'avez pas
« espargné la vie des habitants, ni, à ce qu'on dit, l'honneur
« des femmes. Ce n'est pas le moyen de convier les aultres vil-
« les à se remettre sous l'obeyssance de Sa Majesté. Nous avons
« députe vers elle, et nous espérons que nos justes regrets,
« plaintes et remonstrances seront reçus, et que nos actions lui
« seront si agréables qu'elle approuvera la continuation de nos-
« tre zèle. Puisque vous refusez tous les expédients propres et
« nécessaires au service de Sa Majesté, il n'y a plus entre nous
« aulcun sujet de conférences, et en attendant la volonté du
« roy, tous actes d'hostilité doivent cesser. C'est donc à nous de
« protester, comme nous faisons, contre vous, du retardement
« du service du roy, de l'oppression de ses sujets, et des désor-
« dres qui en sont arrivés et qui pourroient en suivre. »

Le duc, mécontent de cette réponse, résolut de se remettre en campagne, mais avant de partir il écrivit au roi une lettre pleine de violence contre ses ennemis : il représentait la population provençale comme toujours prête à se soulever contre les gouverneurs; il racontait ses longues guerres civiles, et la montrait appelant le duc de Savoie pour combattre La Valette, après s'être soulevée déjà contre le grand Prieur, tombé assassiné par une main provençale; il rappelait que M. de Suze avait été chassé de son gouvernement par le comte de Carcès et de Vins, et, remontant plus haut, il citait le duc de Retz forcé de fuir secrètement pour échapper à la haine et aux fureurs des partis ; d'où il concluait que la résistance qu'il éprouvait venait moins de sa conduite que du génie inquiet, remuant et rebelle des Provençaux. Le roi, qui ne voulait rien compromettre, lui répondit : « De ne pas molester Carcès, récemment remis à son
« service, ni les autres ; qu'il envoyoit Lafin en Provence pour
« apaiser tous les remuements, et qu'il lui porteroit contente-
« ment pour ses lettres de créance, lesquelles il avoit dû déjà

« lui envoyer par Lesdiguières, quand on lui avoit appris qu'il
« avoit été mis à trépas d'un coup de canon sous les murs
« d'Aix (1). » En même temps qu'il écrivait cette lettre au duc,
Henri IV écrivait au marquis d'Oraison : « J'eusse bien désiré
« que les choses fussent allées d'autre façon, mais puisque cela
« devoit advenir, j'aime mieux qu'il en soit arrivé par vostre
« moyen que par tout autre. Je vous manderoi Lafin, que vous
« connoissez, qui vous dira plus amplement ma volonté. N'al-
« térez rien et tenez les affaires dans l'estat où elles sont. »

De part et d'autre, en Provence, on n'agissait que pour écraser son adversaire. Le royalisme s'était déplacé, il se trouvait en ce moment dans le camp des seigneurs ligués contre d'Épernon, et avait pour adversaire le gouverneur, que le roi n'avait pas encore osé révoquer de ses fonctions. Le marquis d'Oraison, Solliès, d'Oize, de Crozes, Meyrargues, employaient tout leur crédit à faire subsister les troupes; la comtesse de Sault, qui était rentrée à Aix, avait mis pour cela toutes ses pierreries en gage. On convoqua les États pour chercher les moyens d'affermir les choses. Ils se réunirent à Aix le 8 mars, sous la présidence du conseiller de Rascas. Le duc tenant les routes qui aboutissaient à Aix, l'assemblée ne fut pas nombreuse. Le marquis d'Oraison fit valoir avec beaucoup de force la justice du parti provençal et les avantages qu'on allait retirer de la concorde qui commençait à régner entre les habitants. Les États votèrent une levée de douze cents chevaux, de cent arquebusiers à cheval et de huit mille hommes d'infanterie, dont trois mille destinés à faire campagne et cinq mille à tenir la garde des places. Il fut décidé en même temps qu'on solliciterait Lesdiguières d'entrer en Provence avec le secours qu'il avait promis, et on envoya vers lui pour cela le seigneur du Revest et un des procureurs du pays;

---

(1) LOUVET, t. II, p. 496.

qu'on élèverait deux fortifications sur les bords de la Durance, pour avoir toujours un passage libre; qu'on rappellerait les députés envoyés précédemment auprès des ducs de Savoie et de Mayenne, et qu'on mettrait un impôt en argent et en denrées pour subvenir à l'entretien des troupes, « et après traiter du rembourse-
« ment des blés, avoines et poudre que la dame de Sault, les
« sieurs de Solliès, d'Oize, de Crozes, de Janson, de Meyrargues
« avaient prêtés au pays, et pourvoyr aussi au paiement de qua-
« tre mille escus que la comtesse avoit empruntés en engageant
« ses joyaux, sous la responsabilité de Solliès et du marquis
« d'Oraison ».

Le duc d'Épernon, de son côté, réunit, le 23 mars, les États des villes qui lui obéissaient, à Riez, en vertu des lettres patentes du roi en date du 26 décembre 1593. Il écrivit en même temps au Parlement, à Carcès, aux consuls et procureurs d'Aix, d'avoir à s'y trouver sous peine de désobéissance au roi; mais on lui répondit que, commettant tous les jours des actes d'hostilité, non-seulement contre la ville d'Aix, mais aussi contre un grand nombre de places soumises à l'autorité du roi, on le tenait pour ennemi de Sa Majesté et on refusait de se rendre aux États convoqués illégalement par lui, qu'on considérait comme nuls et non avenus. D'Épernon ne se laissa pas arrêter par cette protestation. Presque toutes les communautés qui suivaient encore son parti envoyèrent leurs députés à Riez. Celles qui se firent représenter furent : Forcalquier, Sisteron, Hyères, Draguignan, Moustiers, Castellanne, Saint-Maximin, Brignoles, Barjols, Anot, Fréjus, Riez, Lorgues, Aups, Reillanne, Les Mées et Colmars (1). D'Épernon ouvrit la séance par un discours dans lequel il rendit compte de sa conduite passée, disant qu'il n'avait jamais poursuivi d'autre but que la pacification de la

---

(1) H. Bouche, p. 791.

province, qu'il avait plusieurs fois proposé inutilement la paix, et que ceux qui l'avaient refusée avaient bien montré qu'ils étaient autant ses ennemis particuliers que les ennemis du repos public; mais qu'il avait confiance dans la justice de sa cause et dans la pureté de ses intentions, et qu'il s'en remettait à Dieu pour la faire triompher. Ces paroles passionnées, ces déclamations vagues n'avaient pour but que de représenter l'union des gentilshommes provençaux comme l'œuvre des ennemis du roi et de la patrie, comme une ligue anti-nationale, plus coupable encore que celle qui, au nom de la religion, avait couvert la France de ruines.

Cette ligue religieuse qui avait si profondément ému les cœurs et soulevé à son origine tant de nobles passions, s'était noyée dans les flots de sang de la guerre civile. Elle n'existait plus en Provence sinon dans les faits au moins dans les idées, malgré les efforts désespérés de quelques hommes que l'orgueil ou la cupidité rendaient aveugles sur les véritables intérêts de la patrie. Charles Casaulx et Louis d'Aix à Marseille, Latouche et Couque à Arles, étaient la plus haute expression de ces deux éléments de résistance au mouvement qui entraînait la Provence vers l'apaisement. Casaulx était un esprit élevé mais que l'ambition et l'égoïsme dévoraient : il rêvait de constituer à Marseille une république démagogique dont il aurait été le chef suprême et qu'il aurait gouvernée à son gré. Doué d'une grande ténacité et d'une audace peu commune, indifférent sur les moyens, il marchait à la dictature en brisant impitoyablement tous les obstacles sur son passage. La religion, dont il se servait comme d'un puissant levier pour remuer le peuple, n'était pour lui qu'un ressort nécessaire dans sa politique violente et personnelle. Dès que le pape, dont il avait toujours invoqué l'autorité pour appuyer son usurpation et mendié les secours pour maintenir sa puissance, fidèle aux traditions du Saint-Siége et aux intérêts de la France, eut

admis Henri IV dans le giron de l'Eglise, il n'hésita pas à se retourner contre lui, et il osa l'appeler *le plus grand hérétique de la chrétienté!* « Après son retour (du pape), écrivait le car-
« dinal d'Ossat à M. de Villeroy, le 28 février 1596, nous fû-
« mes à l'audience pour lui baiser les piés, et le faire toujours
« souvenir de Marseille. A quoi il nous fit la même réponse
« qu'auparavant, et nous dit qu'il avoit reçû avis qu'un certain
« personnage (le cardinal de Joyeuse) avoit parlé à Casaux, lui
« remontrant qu'il n'y avoit plus prétexte de désobéir au roy
« après l'absolution donnée par le pape, et qu'il feroit bien de
« s'en remettre à Sa Sainteté, et que Casaux avoit répondu que
« le pape étoit plus grand hérétique que celui qui avoit été ab-
« sous par lui (1). » Comme tous les ambitieux qui échouent après avoir invoqué toutes les passions populaires, en butte aux colères de la noblesse, de la bourgeoisie et de la partie saine et intelligente du peuple, qu'il avait frappées, bannies et spoliées en déchaînant sur elles les fureurs d'une populace avide ou fanatisée, il se jeta dans les bras de Philippe II, qui l'aurait absorbé et supprimé dès qu'il l'aurait jugé convenable, si un odieux guet-à-pens dont il fut la victime n'avait mis fin à ses coupables projets en même temps qu'à son existence aventureuse et tourmentée.

A Arles, Latouche et Couque, tyrans de bas étage, n'étaient que les agents de Vitelly et n'agissaient que dans les intérêts du duc de Savoie. Avant que les malheurs du temps les eussent portés au pouvoir, ils avaient vécu péniblement, l'un de son métier de chapelier, et Couque du produit de sa pêche dans le Rhône. Ces humbles conditions ne suffisant bientôt plus à leur soif de jouissances, ils se firent chefs de faction, et comme ils étaient doués l'un et l'autre d'une grande énergie pour le mal, ils s'imposèrent facilement à cette minorité turbulente et mau-

(1) *Lettres du cardinal d'Ossat*, t. II, p. 52.

raise qui, aux heures troubles, surgit du fond des populations et opprime les honnêtes gens. Latouche et Couque, suivis de tout ce que la ville comptait d'hommes de rapines et de violences, s'opposèrent à l'exécution de l'arrêt du Parlement concernant la reconnaissance de Henri IV, et le conseil de ville délibérant sous la pression de l'émeute, fut forcé d'envoyer des députés à Marseille pour faire entrer Arles dans la ligue de Casaulx et de Génebrard. Mais bientôt cette obéissance des consuls ne leur suffit plus, et comme ils tenaient deux châteaux forts d'Arles, ils soulevèrent les soldats contre eux en les accusant de malverser des deniers publics. Dans une violente sédition, ils forcèrent les portes de l'hôtel de ville et s'emparèrent de Vincent Aubert et de Marc Gallon, consuls en exercice, qu'ils retinrent prisonniers. La terreur régnait dans la ville. De nombreuses bandes armées parcouraient les rues et « crioient hautement et en hom-
« mes insensez qu'ils ne vouloient pour leur premier consul que
« le capitaine Latouche, grondans et menaçans de mort tous
« ceulx qui ne le voudroient faire ». Les deux autres consuls, Piquet et Quiqueran, traqués partout, finirent cependant par organiser la résistance en mettant dans leur intérêt un bourgeois du nom de Nicolas Jean, qui jouissait d'un grand crédit auprès d'une certaine partie de la population, pour ses idées bien connues sur les franchises municipales et le zèle qu'il avait toujours montré pour la magistrature consulaire.

Latouche et Couque comprirent qu'ils allaient avoir à lutter les armes à la main. A la suite d'un sermon, où un moine les avait courageusement dénoncés comme rebelles et factieux, une émeute éclata contre eux. Le 24 février ils firent prendre les armes à leur faction, et s'étant retranchés dans le quartier de l'Hôtel de ville, dont ils avaient barricadé toutes les avenues, ils décrétèrent d'arrestation ou de mort tout ce que la ville contenait d'hommes les plus honorables et les plus estimés. Nicolas

Jean et Vincent Aubert, qui étaient parvenus à s'échapper, se mirent à la tête de tous les bons citoyens et s'avancèrent sur l'hôtel de ville. En même temps une troupe de partisans de Latouche et de Couque sortant du quartier de la Roquette vint attaquer le parti des consuls. Le combat fut sanglant, et cinquante-deux habitants furent tués, parmi lesquels le fils de Vincent Aubert. Latouche et Couque menacés d'être forcés dans l'hôtel de ville s'enfuirent avec leurs amis; mais poursuivis de rues en rues, ils vinrent s'enfermer dans une maison où ils se défendirent avec l'énergie du désespoir. Il fallut employer le canon pour réduire cette citadelle improvisée. La plupart des prisonniers furent passés au fil de l'épée. Latouche reçut un coup d'arquebuse qui lui brisa une cuisse. Il fut pris et exécuté le 8 mars sur la place de la Cour, par le bourreau de Beaucaire. Couque parvint à s'échapper et se sauva à Berre, sous la protection de Vitelly.

La paix de la place publique régnait à Arles, mais le royalisme n'avait rien gagné à cette révolution locale, car les vainqueurs et les vaincus appartenaient à la Ligue. Le 25 mars, jour des élections consulaires, on nomma premier consul Nicolas Jean, qui venait de jouer un rôle considérable dans la répression des émeutes. Nicolas Jean appartenait à ce parti politique qui est de toutes les époques et qui semble n'avoir pour mission que de fomenter les révolutions et pour but que de les réprimer. Partisan d'une liberté sans limite, il favorisait la démagogie, prêt à la frapper quand elle se retournait contre lui, et toujours porté à lui pardonner pour se concilier de nouveau ses faveurs. Son administration comme consul se réduisit, du reste, à flatter le peuple en donnant une libre carrière à ses passions les plus grossières, jusqu'au jour où, sur le point de déposer son chaperon consulaire pour rentrer dans son obscurité, il se vendit à Henri IV pour 15,000 écus. A peine entré en fonctions, Nicolas

Jean continua l'œuvre de Latouche ; il écarta de tous les emplois et de toutes les positions les nobles et les bourgeois, rendit la liberté aux prisonniers qu'il avait contribué à faire, et, sous prétexte de libertés municipales, s'érigea en souverain d'Arles, autorisant et protégeant les plus odieuses licences et défendant sous peine de châtiment de prononcer le nom du roi.

Le 22 mars un immense événement était venu changer l'état politique de la France. La ville de Paris avait ouvert ses portes à Henri IV, qui avait été reçu au milieu des plus vives acclamations. Le Parlement d'Aix se hâta de signaler son zèle : il enjoignit, le 28 du même mois, à tous les prélats et ecclésiastiques, de faire mention du roi dans les prières publiques, sous peine d'une amende et de saisie du temporel. La ville célébra ce grand fait par de nombreuses réjouissances. Le même jour Forcalquier, Lurs et Mirebel revinrent au parti du roi, le baron de Tretz et Albiosc firent prendre la même résolution à Tretz et à Saint-Paul-la-Durance.

Au sortir d'une si longue succession de guerres religieuses et civiles, il était impossible que l'apaisement se fît tout à coup et complètement. Après les grandes tempêtes qui remuent ses eaux jusqu'au fond des abimes, l'Océan, alors que les vents se taisent et que le calme est revenu, conserve encore pendant longtemps une grande agitation, qui se manifeste par des lames redoutables qui viennent se briser avec fracas sur le rivage. Il en est ainsi des sociétés tourmentées et profondément ébranlées. Quand les causes des divisions ont cessé et que les hommes se sont accordés sur les principes généraux, il reste à compter encore avec les positions surprises, les tempéraments développés dans un milieu troublé et l'exagération des appétits. Le pilote qui navigue à travers les dernières vagues du typhon qui fuit à l'horizon, comme l'homme d'État qui dirige les destinées du peuple au lendemain d'une tempête sociale ou religieuse, a de graves et nombreux dangers à prévoir avant d'arriver dans les eaux tranquilles du port. En Provence, Carcès n'avait pas assez de crédit pour qu'on le crût capable de mener à bien les affaires du roi, et on ne pouvait oublier que chassé par une femme, il n'avait été rappelé que par un étranger. D'ailleurs il ne pouvait rien sur Marseille, où il avait eu jadis une grande influence, aujourd'hui perdue sans retour, ni sur Arles ; Saint-Romans était indépendant dans Salon, et le duc de Savoie occupait Berre. Les royalistes étaient divisés, les uns s'étant ralliés à l'Union d'Aix, les autres étant restés dans le parti épernonnien. L'appel que le Parlement avait fait à Lesdiguières pour le faire marcher contre d'Épernon n'était pas sans danger ; au moment, en effet, où les ligueurs revenaient au roi, il y avait une certaine témérité à livrer le pays à une armée entièrement composée de huguenots ; c'était bien assez pour Henri IV de ceux qui étaient avec d'Épernon et dont la présence avait été tant reprochée aux bigarrats. Il y avait scission dans le clergé ; les évêques, en grande majorité, étaient pour le roi, mais les prêtres réguliers appartenaient presque tous à la Ligue, et il était de l'intérêt du roi de ménager les hauts dignitaires de l'église de Provence, qui prenaient une part très-active aux affaires. En somme, il ne fallait pas que les Provençaux, en voyant reparaître une armée de huguenots, pussent penser et dire que l'abjuration du roi n'était qu'une déception et un leurre. Tel était en réalité l'état de la Provence, et les difficultés qu'il comportait n'échappaient pas à Henri IV. Il voulut gagner du temps, étudier le pays, se rendre un compte exact de l'opinion publique et des forces respectives des partis, et n'agir qu'en connaissance de cause et au mieux de ses intérêts. Il envoya Lafin en Provence.

Lafin arriva à Avignon vers les premiers jours de mars. Sans s'arrêter à Aix, il remonta la Durance et se rendit à Ribiers, pour y voir Lesdiguières qui se disposait à descendre en Pro-

vence avec des troupes. Lafin, de la maison de Beauvais la Nocle, était originaire de la Bourgogne. C'était un homme habile, mais sans moralité de caractère, toujours prêt à mettre son intelligence au service des missions les plus véreuses, plein de fourberie sous un aspect de franchise et de feinte bonhomie, et sachant toujours se tirer d'une position difficile par une fertilité d'imagination que ne tempérait aucun scrupule de conscience ; un diplomate dans la plus mauvaise acception du mot. Le voyage de Lafin avait trois buts : l'un apparent et officiel, l'autre à demi secret et qui devait se laisser deviner facilement, le troisième tout à fait secret. Le premier consistait à rechercher un moyen de conciliation entre d'Épernon et les Provençaux, chose que le roi savait impossible et qu'il ne désirait pas ; le second était de sonder le marquis d'Oraison, Saint-Cannat et les principaux gentilshommes, et de les encourager dans leur résistance à d'Épernon ; enfin le troisième, le but réel, véritable, de la mission de Lafin, était l'étude attentive des forces des deux partis en présence, et l'ordre royal, si le parti provençal était le plus faible, de le désavouer et de le poursuivre même, comme rebelle et factieux. Par un hasard qui semble souvent dans les choses de la terre un effet providentiel, Lafin était à peine depuis vingt jours en Provence que, par suite, peut-être, d'un abus de confiance, Saint-Cannat put lire les instructions secrètes du roi à son envoyé. Lafin étant à Toulon, où il était venu visiter Saint-Cannat, qui l'avait reçu dans son hôtel, ne renferma pas si bien ses instructions que le jeune gentilhomme « plus fin
« que Lafin, dit Nostradamus, eut moyen d'attraper et voir les
« mémoires qu'il avoit, signés de la main du roy et d'un secré-
« taire d'Estat, lesquels portoient que là où il trouveroit ceulx
« qui s'estoient élevés contre le duc estre foibles et réduits à
« mauvais party, il les désavouât bien et beau et fist faire leur
« procez ; au contraire s'ils estoient forts et fièrement estançon-

« nés, il priât le duc de se retirer librement, pour ne désespérer
« une province de frontière si voisine de l'Espagne (1) ».

Quelque étonnante que puisse nous paraître une telle duplicité politique chez Henri IV, encore faut-il pour la juger avec impartialité se reporter à la position si délicate et si embarrassée que l'état des esprits créait au roi. Son abjuration n'avait pas suffi pour faire tomber les armes des mains de tous ses ennemis, et sa puissance ne se consolida réellement que le jour où le pape l'admit solennellement dans le giron de l'Église. Jusqu'à ce moment il fut obligé de ménager tous les partis, de compter avec toutes les influences et d'accepter souvent du plus fort ce qu'il refusait au plus dévoué. Pour ce qui regarde sa politique en Provence, il est certain que, malgré ses intérêts et ses entraînements, il ne pouvait frapper ouvertement le duc d'Épernon qui, par sa famille ou ses alliances, touchait aux plus grands personnages de la monarchie, sans que ceux-ci, presque tous gouverneurs des provinces, villes ou places fortes du royaume, ne se considérassent comme atteints et outragés (2). Aussi, pendant qu'il poussait par tous les moyens cachés les gentilshommes du pays à se lever contre le duc, il lui faisait publiquement les plus formelles promesses : « Pour ce qui touche le gouver-
« nement de Provence, lui écrivait-il le 8 décembre 1593, dé-
« sirant vous autoriser de tout ce qui y peut servir, outre le

---

(1) Forbin Saint-Cannat, dans ses *Mémoires*, affirme, en effet, que les instructions portaient que dans le cas où le comte de Carcès et les autres gentilshommes de son parti auraient paru trop faibles pour résister aux armes du duc, Lafin *avoit ordre de les désabrouer et de leur fère leur procez.*

(2) Le duc d'Épernon avait épousé Marie de Foix de Candale, fille de Marie de Montmorency, sœur du connétable et héritière de la plus illustre famille de Guyenne. Par ce mariage le duc se trouvait allié et parent très-proche non-seulement du connétable, mais encore du duc de Bouillon et des familles de la Trémouille et de Ventadour.

« pouvoir que vous avés eu de moi pour y commander, je vous
« en ai encore fait expédier la provision en titre, puisque vous
« avés jugé que cela vous y feroit d'aultant mieux recognoistre
« et obeir pour mon service. Je vous envoye aussy la commis-
« sion que vous avés désirée au nom du sieur du Passage pour
« commander audict païs en vostre absence, m'assurant que si
« le cas y échet il s'en saura bien et dignement acquitter. Je
« vous envoye aussi une commission en blanc pour la garde et
« cappitainerie de la tour du port de Thoulon, me reposant sur
« vostre prudence de faire bonne élection. » Et le 22 du même
mois il écrivait au marquis de Pisani, ambassadeur à Venise,
une dépêche chiffrée dans laquelle il lui disait : « Je ne doubte
« que vous n'ayes eu aussitost que moy la nouvelle de quelque
« révolte advenue en Provence contre le duc d'Espernon pen-
« dant qu'il estoit en Languedoc avec mon cousin le duc de
« Montmorency. Ceux qui en sont les auteurs se couvrent de
« mon service, auquel ils disent que ceux de la Ligue dudict
« païs se veulent résoudre sous la charge de tout autre que
« dudict duc d'Espernon. Je ne sais pas bien encore le fond et
« envoye sur le lieu pour voir que c'est, mandant à mon dict
« cousin le duc de Montmorency, auquel j'envoye le pouvoir de
« connestable de France, qu'il sy interpose pour empescher que
« cela ne tourne au désadvantage de mes affaires (1). »

Le vieux Nostradamus, contemporain de ces événements, et fort au courant de ce qui se passait, jugeant la politique de Henri IV dans les affaires de Provence, s'écrie naïvement : « Ce « sont là tours qui n'appartiennent qu'à Roys, combien que « c'estoit un trait de maistre, regardant comme Janus l'advenir « et le passé. »

Lafin, en arrivant à Ribiers, trouva Lesdiguières à la tête de

---

(1) *Lettres missives*, t. IV, p. 64 et 72.

six cents chevaux et de quinze cents arquebusiers. Il le supplia de ne pas entrer en campagne avant qu'il eût vu le duc d'Épernon, mais Lesdiguières qui, au dire de du Virailh, « ne « veut faire manger son païs aux troupes qu'il a levées », sous prétexte qu'il avait des ordres écrits du roi pour intervenir et qu'il était appelé par le Parlement, ne voulut consentir à aucun délai, et commença son mouvement, envoyant Lafin en avant chargé d'une lettre qu'il écrivait au gouverneur. « Monsieur le
« duc, écrivait-il, estant fidelle et affectionné serviteur du Roy,
« comme il est, et résolu d'obéir à ses commandemens, ainsy
« que Monsieur de Lafin l'a déclaré à Monsieur de Lesdi-
« guières, ne peut justement entrer en ombrage de l'entrée du
« sieur de Lesdiguières en Provence avec les armes de Sa
« Majesté, ny moins craindre d'en recevoir aucun dommage ;
« au contraire, il peut faire estat certain qu'en tout ce qui
« regarde le service de Sa Majesté, il sera prêt à luy rendre le
« sien, comme aussy de sa part la noblesse et la Cour du Par-
« lement. Et pour faire paroistre qu'ils ne sont poussés d'au-
« cune passion particulière, l'on est prêt, ensuite des volontés
« du Roy, d'entendre à la suspension d'armes pour le temps
« qui sera convenu : Monsieur le duc d'Espernon faisant tout
« aussitost remettre ès mains des gentilshommes, les maysons
« et places qu'il a fait saisir despuis que la ville d'Aix s'est
« remise en l'obeyssance du Roy, si mieux n'aime les faire
« raser ; estant chose plus que raisonnable, puisque les uns et
« les autres ne visent qu'au service de Sa Majesté ; et d'autant
« que le fort n'a esté construit que pour réduire les habi-
« tants en leur devoir, et que maintenant ce sujet cesse, pour
« leur oster toute sorte d'ombrage il sera tout aussitost ladicte
« suspension accordée démoly et rasé. Le tout attendant les
« ordres de Monseigneur le Connestable, auquel le sieur de
« Lesdiguières rendra l'obeyssance qu'il est obligé. Fait à

« Ribiers le huictième jour de mars, mil cinq cens nonante
« quatre (1). »

Le duc d'Épernon, en recevant cette lettre des mains de Lafin, fut pris d'une violente colère ; il ne voulait ni démolir le fort, ni faire la paix avant d'être reconnu comme gouverneur de la Provence, et voyant en Lesdiguières le plus grand obstacle à ses projets, il lui écrivit cette lettre pleine d'irritation et de haine :
« Monsieur, je vous ay discouru fort au long par mes précé-
« dentes le peu d'occasion et de sujet que les nouveaux révoltez
« de Provence ont eu de s'oposer au commandement qu'il a plû
« à nos Roys me donner sur eux, pour faire malheureusement
« renaître la guerre, la nourrir et la perpétuer en leur propre
« patrie, préférant leur ambition particulière à l'honneur de
« Dieu, service du Roy et repos du peuple, que je leur avois
« assuré par la perte de mon sang et plus singuliers amis.
« Estimant estre de mon devoir éclaircir tout le monde de mon
« droit et justice, et principalement vous, Monsieur, à qui les
« susdits ont taché en toute façon rendre leur cause sainte et
« juste, je ne pensois point que leur persuasion eut tant de
« pouvoir que de vous ployer à une requeste si injuste, me
« représentant plusieurs choses là dessus. Enfin j'ay recognu
« que ce n'est point le service du Roy qui vous a porté dans
« mon gouvernement avec une armée, comme si c'estoit un
« païs de conqueste plein de Sarrasins. Nous sommes tous
« François, serviteurs du Roy, et avons très tous cet honneur
« d'estre ses sujets ; ne devriez-vous pas apréhender l'inno-
« cence de ce pauvre peuple, qui est tant désolé par la conti-
« nuation de ces malheureuses guerres civiles ? Que si c'est à
« moy à qui vous en voulez, c'est à vous à qui j'en veux ! mais
« je ne voudrois pas que l'innocent y souffrit, ains que ce fut

---

(1) VIDEL, *Vie du Connestable de Lesdiguières*, p. 289.

« de vous à de moy avec une espée, à pied ou à cheval. Si vous
« continuez en ceste volonté, que les effets m'assurent très-
« mauvaise en mon endroit, je vous prie vous représenter là
« dessus la désolation qui sera en ceste pauvre province, s'il
« faut que deux armées y règnent, ou, au contraire, le grand
« bien, si ce feu qui commence à s'allumer s'esteint par la
« preuve de nos personnes, que je vous offre et vous prie y
« entendre sans subterfuge. Ce sera de vous et de moy, ou
« bien deux à deux, vingt à vingt, cent à cent, comme vous
« voudrez, en lieu qui ne sera suspect ny à l'un ny à l'autre, et
« nous purgerons toutes nos passions, et verrons à qui le droit
« et la valeur prolongera la vie (1). » Quand Lesdiguières reçut
cet étrange cartel, il avait déjà franchi la frontière de la Provence, il s'arrêta à Pertuis, où il était arrivé le 2 avril. Il répondit au duc d'Épernon une lettre très-courte et très-digne, dans laquelle il déclarait que si le gouverneur était, comme il le disait, fidèle serviteur du roi, il n'avait rien à redouter de son entrée en Provence, et qu'il devait, au contraire, en attendre toute sorte de services ; qu'en preuve de bonne et franche amitié, il lui offrait la paix au lieu d'un duel, à la condition cependant qu'il rendrait les places qu'il avait prises et démolirait le fort Saint-Eutrope, qui était une menace permanente pour une population fidèle.

D'Épernon avait quitté Riez. Il passa par Saint-Martin, Ryans, Jouques et vint à Peyrolles en suivant la rivière. Lesdiguières retenu à Pertuis par la fièvre, ne sortit de cette ville que vers la fin du mois d'avril et descendit la rive droite de la Durance. Le 26, dès le point du jour, il monta à cheval avec cinq de ses capitaines, et, ainsi qu'il s'en était toujours fait un devoir, il sonda lui-même le gué pour préparer le passage de

---

(1) GAUFRIDI, p. 787.

sa troupe sur la rive gauche. Vers midi le dernier soldat sortait de la rivière. Lesdiguières campa dans une prairie, appuyé d'un côté sur Senas, gardé de l'autre par une ligne de rochers, et ayant derrière lui Orgon. Le 27, il fut rejoint par Carcès, qui lui amena trois cents cavaliers et cinq cents fantassins qu'il avait pris en route dans les places qu'il avait traversées. D'Épernon, de son côté, dès qu'il avait été instruit du mouvement de Lesdiguières, avait quitté Peyrolles; il vint à Saint-Eutrope, qu'il confia à Belloc, et prenant par Lambesc, Allein, Mallemort et Senas, il campa le 26 avril, avec neuf cents maîtres, trois cents arquebusiers et environ mille hommes d'infanterie, entre Senas et Eyguières. D'Épernon ayant sous ses ordres une armée bien supérieure en nombre à celle de Lesdiguières, n'osa cependant pas l'attaquer, peut-être, comme l'ont pensé quelques vieux historiens, parce que sa cavalerie, composée en grande partie de huguenots, montrait une évidente hésitation à en venir aux mains avec les huguenots dauphinois, ou bien parce que le duc de Montmorency lui avait conseillé de n'avoir aucune affaire décisive, un succès pouvant lui être aussi funeste qu'une défaite en dénouant violemment une situation qu'il fallait laisser au temps le soin de déterminer. Le gouverneur se contenta de se garder par quelques ouvrages de campagne et se tint en observation.

Le 26 avril, jour où les deux armées avaient pris leur campement en face l'une de l'autre, séparées par l'espace de moins d'une lieue, le parti provençal avait fait une perte cruelle et qui retentit douloureusement dans tout le pays. Dans l'après-midi, pendant que les soldats dressaient leurs tentes, Besaudun, Morges, Grambois, de Crottes et Meyrargues, accompagnés de trente hommes bien montés firent une reconnaissance du côté de Senas. Comme ils chevauchaient dans un chemin étroit et encaissé, ils donnèrent tout à coup sur un poste avancé ennemi

commandé par Boyer, qui ayant fait prendre les armes à ses soldats, les chargea avec impétuosité. Les cavaliers de Besaudun mirent l'épée à la main, et après un engagement très-brillant, forcèrent les épernonniens à battre en retraite. En opérant son mouvement en arrière, Boyer rencontra une compagnie de chevau-légers qui battait la campagne; il reprit alors l'offensive, et fit à son tour plier l'escorte de Besaudun, qui finit par se débander et prendre la fuite. Boyer s'acharna après les gentilshommes; un de ses cavaliers avait reconnu Besaudun et le poursuivit avec ardeur, jusqu'au moment où s'étant rapproché de lui, il lança sur la croupe de son cheval un si furieux coup d'épée, que celui-ci se cabra de douleur et désarçonna son cavalier, qui rendit son épée à Boyer. Boyer n'ignorait pas la haine profonde du duc pour Besaudun, qui avait publié l'année précédente un violent manifeste contre lui, et qu'il accusait, en outre, d'avoir fait massacrer dans une rue d'Aix, en octobre 1589, d'Etampes, son parent. Prévoyant peut-être une détermination fatale de sa part, il se présenta seul sous la tente du duc, et lui demanda la grâce d'un gentilhomme qu'il venait de faire prisonnier dans une rencontre. Le gouverneur accéda à sa demande en manifestant le désir de voir celui qui avait mérité une pareille faveur de la part de son vaillant adversaire. Besaudun fut amené la visière de son casque baissée; mais dès qu'il eut prononcé son nom, le duc fut pris d'une subite fureur : *Ah! traitre*, s'écria-t-il, *je te tiens et tu mourras!* Besaudun demanda la vie : *La vie*, reprit le duc, *rien que ta vie me peut satisfaire!* Et sans vouloir entendre Boyer, il appela ses laquais et le fit tuer sous ses yeux : « Et de faict, dit Puget Saint-Marc,
« il luy fut tiré deux pistolades qui ne le blessèrent comme
« rien. Lors les laquais l'attaquèrent et le laissèrent pour mort;
« il fust porté à Senas et fust demandé permission de le panser,
« mais il mourut dans la nuict, après avoir fait son testament. »

Cette affreuse exécution consterna la noblesse provençale qui servait d'Epernon. Le duc redoutant l'impression qu'elle allait produire dans le pays, écrivit à toutes les communautés pour leur faire connaître que Besaudun était mort dans un combat (1), et voulant se justifier aux yeux des Provençaux qui faisaient partie de son armée, il fit appeler, le lendemain, 27 avril, Antoine de Puget Saint-Marc, qui, par son âge, ses services, la considération dont il jouissait, semblait le chef des Provençaux épernonniens : « L'on m'a dit que vous trouvés la mort de Besaudun
« estrange, me dit le duc d'Espernon, je veux vous rendre
« compte ; il m'a tué le sieur d'Etampes à Aix, qui estoit mon
« parent ; quand il avoit fui le duc de Savoye, je lui avois tout
« pardonné, comme vous savés, et donné descharge, vous le
« savés, et tant s'en fault qu'il m'en ai sceu gré, qu'au contraire !

(1) Il écrivait de Lambesc aux consuls de La Ciotat, le lendemain, 27 avril : « ..... Je vous diray qu'ayant arresté le sieur Lesdignières sur le
« bord de la Durance, il y a tantost un moys, et empesché qu'il n'ait passé
« son armée à Pertuis ny à Sainct-Paul, ainsy qu'il s'estoit proposé,
« m'ayant trouvé de tout résolu à le combattre, enfin il seroit descendu
« jusqu'à Ourgon, où par la faveur du lieu il commença dès hier de faire
« passer sa cavalerie et une bonne partie de son infanterie, dont je fus
« soudain adverty ; et le mesme jour m'estant disposé de les aller voir
« avec une fort petite troupe, la fortune nous fust si favorable, qu'ayant
« rencontré d'environ soixante maistre des plus galants conduits par le
« sieur de Morges, et iceulx affrontés seulement par nos coureurs qui
« pouvoient faire vingt et cinq ou trente maistres, *la mêlée fust si grande*
« *que du premier choc le sieur de Besaudun et le lieutenant dudict*
« *sieur de Morges furent portés par terre et estendus sur place* avec
« plusieurs autres de qualité sans y avoir faict pertes que de quelques
« chevaux. Le lieutenant du sieur de Saint-Vincens et encore d'autres
« nous sont demeurés prisonniers. En somme, comme ce commencement
« leur est une mauvaise augure, nous nous promettons cette grâce du
« ciel que l'issue retournera à leur confusion et honte ; de quoy nous
« avons bien voulu vous donner advis. » *(Archives communales de La Ciotat.)*

« il s'est bandé contre moy, a fait un manifeste et l'a envoïé au
« Roy, et trouvant un des miens ces jours passés à Aix, il luy
« dit : Vostre maistre (cy parloit de moy) dites-luy que j'ai mis
« sa vie par escript, et que je luy dis bien ses vérités, j'ay mes
« papiers dans ma poche ; et à sa mort on les a trouvés en effet.
« Puis il adjousta : Je ne pouvois moins faire que de luy oster
« la vie, et si Meyrargues me tombe sous la main, il en aura
« autant ! (1) »

Besaudun était âgé de trente-cinq ans, étant né à la Verdière le 8 mai 1559 (2). Il tenait aussi bien la plume que l'épée, et il avait fait des poésies, aujourd'hui perdues, qui étaient fort appréciées de ses contemporains. Il a laissé des *mémoires* sur les événements auxquels il prit une part active et passionnée, et son manifeste marque la mémoire du duc d'Epernon d'un fer rouge. Il eut, cependant, le tort très-grave, dans cet écrit vengeur, de remonter dans la race de son ennemi sans épargner l'honneur des femmes. C'était, comme homme politique, un esprit faible et sans principes, malgré sa vive intelligence. Il se laissa séduire et entraîner par la comtesse de Sault, et embrassa le parti du duc de Savoie avec un entraînement que n'excusait pas chez lui, comme chez son frère Ampus, une passion religieuse aveugle peut-être, mais bien certainement profonde et convaincue.

---

(1) *Mémoires* de A. DE PUGET SAINT-MARC.

(2) Liber parvulorum qui baptisati fuerunt in-fontibus baptismalibus presentis ecclesiæ castri de Verderia, etc., de 1520 à 1600, f° 99, anno 1559.

Lou VIII de may, en l'an que dessus es estat batejat Honorat, Loys, fiou de Moussu Philibert de Castellano, seignour de la Verdièro. Lou payrin es estat Moussu Honorat de Castellano, sacrestan de l'église de San Sauvayre d'Aix, et Moussu Loys d'Ancessuno, seignour de Cadérousso. La meyrino es estado Madameysello Jeanno d'Ancessuno, soucrastro de Madameysello de la Verdièro. — *Baptistaire de la paroisse de la Verdière, aux archives de la Cour d'appel d'Aix.*

Pendant que les deux armées évoluaient sur les deux rives de la Durance et prenaient position entre Eyguières, Senas et Orgon, Lafin avait visité les principaux gentilshommes de la province et un grand nombre de communautés. Presque partout il avait trouvé une désaffection très-marquée pour le duc, et il s'était facilement décidé à pousser le parti provençal à la résistance. Comme il était abondamment pourvu de lettres pour toutes les éventualités, il remit aux gentilshommes les plus influents des lettres d'encouragement du roi, en même temps qu'il en faisait parvenir au duc d'Épernon et à Carcès, par lesquelles Henri IV ordonnait une trêve jusqu'à ce qu'il eût pris une décision sur les demandes qui lui avaient été adressées par les États des deux partis, et, en attendant, remettait au connétable de Montmorency le soin de s'interposer entre le duc et les habitants d'Aix pour la question du fort de Saint-Eutrope. Le duc d'Épernon, qui venait d'apprendre coup sur coup la révolte de Fréjus et de plusieurs places des quartiers maritimes, ainsi que de la haute Provence, jugea qu'il lui fallait temporiser et accéda à la trêve, et comme preuve de ses intentions conciliatrices, il fit reculer son armée jusqu'à Lambesc. L'article le plus difficile à régler était celui qui concernait le fort Saint-Eutrope. Carcès ne voulait d'une trêve qu'à la condition que le duc abandonnerait le fort; mais d'Épernon ne voulait évacuer le fort qu'à la condition d'être reconnu comme commandant général pour le roi en Provence, ce que Carcès et Lesdiguières refusaient de faire. On convint de s'en rapporter à l'arbitrage du duc de Montmorency, et d'accepter, en attendant, une trêve d'un mois, qui fut signée le 1er mai. Lafin se rendit en Languedoc, d'où le connétable envoya l'ordre au duc de remettre la garde du fort à Péraud, gouverneur de Beaucaire, assisté d'une compagnie languedocienne. Le duc, contre l'attente générale, obéit. Le 4 mai, Péraud prit possession de la place, que les épernonniens évacuèrent après avoir fait conduire l'artillerie à Rognes. Le 9 mai Lafin arriva à Aix avec six cents soldats du Comtat, porteur de l'arbitrage de Montmorency. Le connétable ordonnait: que le duc d'Épernon remettrait le fort entre les mains de Lafin *comme neutre*, lequel le ferait garder par une garnison de six cents hommes du Comtat; que la trêve serait continuée pendant tout le mois de mai; que les troupes languedociennes et dauphinoises actuellement en Provence rentreraient dans leurs provinces, et que celles de Gascogne et de Provence reprendraient leurs garnisons respectives; que les prisonniers de part et d'autre seraient rendus sans rançon, et que la ville d'Aix aurait à sa charge les frais de la garnison papale du fort. Dès son arrivée, Lafin somma Péraud de lui livrer la place; celui-ci demanda six heures pour faire sortir ses hommes, avec leurs armes et leurs bagages. Le lendemain, 10 mai, Lafin prit possession du fort.

Ainsi se termina, sans effusion de sang et dans l'espace à peine de dix jours, cette question si difficile de l'évacuation du fort, sans qu'il paraisse que d'Épernon ait fait la moindre résistance ou même la plus légère observation sur la décision prise par Montmorency. Quel mobile put le conduire à accepter sans protestation la dépossession d'une place qui tenait le centre politique et administratif de la province sous ses canons? Le caractère et les intérêts bien connus du duc ne peuvent faire admettre qu'il se soumettait par condescendance seule pour l'autorité royale! il est certain qu'il y a là une lacune chez les historiens de l'époque, et nous en sommes réduits à accepter les faits sans pouvoir apprécier les motifs ou les calculs qui les amenèrent.

Cependant, sur quelques soupçons mal fondés que le duc d'Épernon entretenait des intelligences dans Aix, les habitants prièrent Lesdiguières d'y venir. Le 12 mai, le général dauphinois fit son entrée dans cette ville; il y arriva avec sa compagnie d'ordonnance, accompagné de Blaccons, de Morges et de quelques autres gentilshommes. Il y fut reçu au milieu des acclamations universelles, et le premier consul lui offrit les clefs de la cité, comme à un souverain. Quelques jours après arrivèrent le marquis d'Oraison avec sa femme et la comtesse de Sault, qui n'y était plus venue depuis qu'elle s'était enfuie nuitamment, sous un déguisement, pour échapper à la colère du duc de Savoie.

La réconciliation entre les chefs de la Ligue et les chefs du parti royaliste étant complète, l'existence de deux Parlements dans la même province n'avait plus de raison d'être. Le Parlement d'Aix prit la patriotique initiative d'inviter le Parlement de Manosque à se joindre à lui dans l'ancienne capitale du comté de Provence. En même temps qu'il députait La Mole et Duperrier auprès du roi pour obtenir de lui la démolition du fort, il envoya Agar, Suffren et de Bras, le 27 mai, à Manosque, pour prier le Parlement de venir siéger à Aix ; mais la Cour royale s'excusa, disant qu'elle attendait les ordres du roi. L'anxiété était extrême, quand Lafin, qui avait des instructions pour tous les cas et savait s'en servir à propos, arriva à Manosque le 30, et exhiba une lettre du roi qui lui prescrivait d'amener une fusion entre les deux Parlements, et lui ordonnait d'établir le siège unique de la justice et de l'administration à Aix.

Alors Louis d'Antelmy, Antoine Suffren, Boniface Bermond, Guillaume de Cadenet, Jean d'Arcussia, Antoine de Reilhane, Pierre Dedons, François de Foresta, Jean Ollivier, Louis de Laydet, Antoine de Séguiran, Marc-Antoine d'Escallis, Balthasard de Perrier, tous conseillers au Parlement royal de Provence, accompagnés de Raynaud Fabry, sieur de Callas, d'Alby, sieur de Bresq, et de Garnier, sieur de Monfuron, conseillers à la Cour des comptes, se mirent en route pour se rendre à Aix, où ils arrivèrent le 6 juin, veille de Saint-Maximin, patron et premier évêque de la ville. Lesdiguières, Carcès, le marquis d'Oraison, les procureurs du pays, avec les gentilshommes les plus notables de la province, sortirent hors les portes pour aller à leur rencontre; les consuls, le peuple qui voyait dans leur retour un gage de concorde et de tranquillité, les accompagnèrent en poussant des acclamations jusqu'à l'église Saint-Sauveur. Le lendemain, le Parlement d'Aix s'étant assemblé extraordinairement, le président Chaine proposa d'envoyer une délégation au Parlement de Manosque, qui était réuni en séance dans l'hôtel du conseiller d'Antelmy, faisant fonction de président depuis le départ d'Arthur de Prunier pour le Dauphiné, pour le prier de venir prendre place au palais. Lesdiguières, Carcès et les consuls, tous à cheval, se joignirent à la délégation. La foule était immense dans les rues et la joie rayonnait sur tous les visages. Le Parlement de Manosque se mit en route au milieu d'une tempête de cris de : *Vive le roi !* et fut reçu au palais par tous les membres du Parlement d'Aix, debout, graves et émus. Le président Chaine les ayant invités à prendre leurs sièges, dit que la Cour éprouvait une profonde joie de leur retour, et qu'elle espérait que leur réunion ferait désormais régner un même esprit dans la distribution de la justice. Le conseiller d'Antelmy s'étant levé, répondit que depuis le jour heureux où la Cour d'Aix avait reconnu l'autorité du roi, ils avaient été animés du désir de se joindre à elle, mais qu'ils désiraient pour cela un ordre du souverain ; qu'ils avaient député dans ce but, et que le sieur de Lafin, sans attendre la réponse, leur avait fait connaître la volonté expresse de Sa Majesté ; qu'ils avaient alors rendu un arrêt portant réunion immédiate, arrêt qu'ils avaient exécuté avec bonheur, n'ayant rien plus à cœur que de continuer à servir Dieu, la justice et le roi. Après ces quelques mots, les membres du Parlement d'Aix prêtèrent serment de fidélité et d'obéissance à Henri IV, roi de France et de

Navarre; ceux du Parlement royal en furent exemptés, « témoi-
« gnage glorieux, dit un ancien historien, qu'ils avoient toujours
« esté fidèles ».

Quelques jours après revinrent à Aix et prêtèrent serment au roi le président de Coriolis, qui, quoique ayant toujours suivi le parti royal, ne siégeait plus depuis longtemps à Manosque, le conseiller Aymar, son fils Jean Aymar, procureur général, Antoine Ermenjaud, sieur de Barras, qui pendant les derniers troubles s'était retiré à Marseille, et Balthasar de Rabasse, qui s'était retiré à la campagne. La Cour se trouva ainsi composée de quarante-sept membres.

La réunion des deux Parlements irrita le duc d'Épernon. Il fit défendre à tous les habitants des villes qui lui obéissaient d'aller plaider à Aix. Il ressentait surtout une vive colère contre Lafin, et il voulut un instant se débarrasser de lui; mais il n'eut pas le courage de mettre complètement son dessein à exécution. Celui-ci revenant de Toulon à Aix, prit par Aubagne et Roquevaire, où il devait s'arrêter pendant quelques jours (1). Le duc d'Épernon envoya du Passage dans cette commune avec une compagnie de cavalerie et le fit enlever de vive force. Lafin fut conduit à Brignoles et gardé prisonnier par le duc pendant quelques jours, puis relâché. Sur ces entrefaites, le 24 juin, Chateauneuf et Fabrègues, qui avaient été députés vers le roi, revinrent à Aix porteurs de lettres patentes en date du 10 mai,

---

(1) Il semble résulter d'une lettre de l'évêque de Marseille aux consuls de la Ciotat, en date du 23 juin, et conservée aux archives de cette ville, que Lafin devait s'arrêter à Roquevaire pour laisser à Lesdiguières le temps de s'emparer, par surprise ou par force, du fort Saint-Eutrope. Il paraît même que Lafin, qui aurait concerté ce plan d'avance avec Lesdiguières, avait l'intention de se rendre auprès du duc d'Épernon, pour mieux dissimuler sa tacite coopération dans cette entreprise. Pour des motifs qu'on ignore le fort ne fut enlevé que le mois suivant.

en forme d'édit de pacification, par lesquelles Henri IV déclarait qu'après avoir reçu à Saint-Germain-en-Laye l'hommage et le serment de fidélité des gens des États de Provence, il confirmait les franchises du pays et les priviléges de la ville d'Aix, rétablissait toutes les justices dans cette ville, réunissait la procuration du pays au consulat, maintenait les décisions judiciaires, excepté celles que les deux Parlements avaient rendu l'un contre l'autre, ou contre les membres engagés dans le parti opposé, accordait un pardon général pour tous les crimes commis pendant la guerre civile, et ratifiait la nomination de Gaspard de Pontevès, comte de Carcès, dans la charge de grand sénéchal. Dans une lettre adressée au Parlement, il disait : « Nous déclarons estre satisfait de nostre Parlement de Pro« vence, que nous reconnaissons avoir esté le principal instru« ment de la réduction de toutes les villes de nostre royaume en « nostre obeyssance, ayant véritablement témoigné en ceste « rencontre une entière reconnoissance de nostre autorité et « montré une fidélité exemplaire à toute la France. »

Cependant on ne pouvait se flatter de voir le calme se rétablir tant que le duc d'Épernon demeurerait en Provence. De Belloi, gentilhomme picard, maître d'hôtel du roi, vint à Sisteron, où se trouvait en ce moment le duc, pour l'engager, au nom de Henri IV, à se démettre de son commandement, l'assurant qu'à ce prix il obtiendrait de son souverain toutes les satisfactions qu'il désirerait ; mais il ne put vaincre son opiniâtreté. Ce fut de Belloi qui, le premier, apporta en Provence le *Catholicon* ou satire Ménippée, « livre, dit du Virailh, qui deschiffre mer« veilleusement bien tous les artifices de la Ligue et la niaiserie « des peuples qui s'estoient laissés embabouiner, sous prétexte « de zèle pour la religion, par ceulx qui ne visoient qu'à leur « grandeur particulière ». D'Épernon, qui avait repoussé toutes les propositions de de Belloi, reçut avec un extrême plaisir le

Catholicon. Cette âpre et ingénieuse satyre donnait une entière satisfaction à son amour-propre, en lui montrant ses ennemis couverts de ridicule, et on assure que pour ajouter par le ton et le geste à la vérité des portraits, il aimait à en faire la lecture à haute voix, après ses repas, à ses convives et à ceux qui venaient le visiter.

Les procureurs du pays ayant appris que la mission de de Belloi avait échoué, et sachant que Montmorency avait été chargé par le roi de signifier au duc un ordre de rappel et de le remplacer provisoirement par son frère Damville, lui écrivirent :
« La province a esté tellement foulée par les troupes, que les lieux
« et les bourgs sont deshabités, les terres sans culture et les villes
« dans une si grande désolation, que les riches particuliers sont
« réduits à la mendicité. Lorsque la soumission de la ville d'Aix à
« l'obeyssance du roy sembloit debvoir nous fère espérer quelques
« soulagements à nos maux, nous les avons vus s'accroître par les
« incursions que les troupes du duc d'Espernon n'ont cessé de
« fère soubs prétexte d'arrérages de contributions. Sa Majesté
« instruite que ces troubles venoient de ce que le duc d'Esper-
« non s'obstine à vouloir conserver le gouvernement, a trouvé
« bon de le rappeler et de lui donner pour successeur monsieur
« de Damville, vostre frère. Nous vous prions, Monseigneur,
« d'user de toute vostre aucthorité pour fère exécuter les ordres
« du roy sur un point de ceste importance, et d'ordonner aux
« habitants des lieux soumis au duc d'Espernon qu'ils reconnois-
« sent l'aucthorité du Parlement et des autres tribunaux séant à
« Aix. » Cette démarche n'aboutit pas pour le moment. Damville ne se souciait pas de venir en Provence, et le connétable, qui jouait en Languedoc un rôle qui se rapprochait étrangement de celui que jouait d'Épernon, ne voulait rien brusquer et préférait attendre du temps une règle de conduite conforme à ses intérêts.

Le Parlement, qui craignait, non sans raison, des mésintelli-

gences parmi les hommes de guerre de son parti, donna à Carcès le commandement du territoire situé en deçà de la Durance, et au marquis d'Oraison celui du territoire situé au nord de cette rivière. Il retint entre ses mains le commandement général pour tout ce qui regardait les mouvements des troupes, et fit aux procureurs du pays un devoir de ne rien expédier que par ses ordres. D'Épernon, malgré la trêve, commettait des actes d'hostilités, et soit irritation de voir les nombreuses défaillances qui se produisaient autour de lui, soit qu'il regrettât amèrement l'abandon du fort, il semait le trouble et la désolation dans la Provence. Ce malheureux pays voyait revivre les nombreuses factions qui jadis, sous des noms différents, l'avaient foulé sans pitié et sans miséricorde. L'Union royaliste d'Aix était le seul parti qui observât strictement la trêve; mais le duc d'Épernon, qui avait son centre d'action dans la partie orientale de la province, Marseille, qui ne reconnaissait que Casaulx, la Ligue de Mayenne représentée à Salon par Saint-Romans, à Berre par Vitelly, et à Arles par Couques, ou bien n'avaient pas voulu accepter la trêve, ou bien la violaient tous les jours ouvertement. Si à ces nombreux partis on ajoute encore celui des bandits de tous les temps troublés, qui exécutaient sur terre ce que les forbans exécutent sur mer, courant les routes pour *picorer*, tour à tour ligueurs ou royalistes, épernonniens ou parlementaires, selon les besoins de leur existence de rapine et de pillage, on aura un tableau de l'état de déchirement de la Provence, que du Virailh caractérise ainsi : « Chascun faisoit ses
« affaires au détriment du pauvre peuple qui estoit déchiré et
« pillé, les champs estoient en friche, abandonnés, les citadins
« foulés par les garnisons mouroient de faim. Il n'y avoit plus
« ny police ny justice, le droit du plus fin, du plus fort préva-
« loit. Le seul crime réputé digne de griesve punition, c'estoit
« d'estre homme de bien et ami du repos de la patrie. »

Lafin était parti le 1er juillet pour le Languedoc, allant négocier avec le connétable la démolition du fort. Lesdiguières, plus libre dans ses mouvements depuis l'éloignement de l'envoyé du roi, et peut-être d'accord avec lui, résolut de s'en emparer par surprise. Du reste, le moment paraissait favorable, la population était surexcitée par de flagrantes infractions faites à la trêve par d'Épernon qui, il y avait à peine quelques jours, avait fait avancer pendant la nuit un gros de troupes avec des échelles et des pétards jusqu'au bois d'Aillères, à peu de distance du fort, d'où les garnisons voisines l'avaient débusqué. Il demanda au Parlement l'ordre de procéder à ce coup de main, s'engageant à l'accomplir sans effusion de sang. Le Parlement rendit, le 10 juillet, un arrêt secret qui ordonnait la démolition du fort. Le 18 juillet Lesdiguières donna l'ordre à de Crozes, premier consul, de réunir les milices pour une revue à une heure de l'après-midi, et partit le matin pour la chasse, suivi d'une nombreuse escorte. Comme il revenait à midi, par une chaleur accablante, il se présenta à la porte du fort, demandant au capitaine Sablières, qui en avait le commandement, l'autorisation de se reposer. Sablières, que plusieurs historiens représentent comme étant une créature de Lesdiguières, le reçut avec empressement, et lui fit servir, ainsi qu'à ses compagnons, des rafraîchissements, pendant que presque toute la garnison, au dire de Videl, sortait de la place pour assister à des exercices équestres que le page La Fare, très-renommé cavalier, exécutait à peu de distance du fort. Dès qu'ils se virent à peu près seuls, les chasseurs jetèrent leur casaque d'emprunt qui recouvrait leurs habits de soldats, désarmèrent les gardes et se saisirent des portes. Lesdiguières fit faire un signal convenu d'avance à de Crozes, qui sortit de la ville avec toutes les compagnies de quartier en armes. La garnison du fort stupéfaite se laissa aller à la peur, et croyant qu'on voulait la massacrer, se dispersa dans la campagne. Les miliciens entrèrent dans la place sans tirer un coup d'arquebuse. Les habitants suivirent immédiatement avec des pioches, des pelles et des leviers, et au milieu des cris de joie, des éclats de rire et des quolibets à l'adresse du duc d'Épernon, commencèrent la démolition de la cité Valette, qui, pendant de si longs mois, leur avait inspiré tant de crainte. Deux jours après il n'en restait pas pierre sur pierre.

Ainsi tomba, d'une manière ridicule, sans effort, sans attaque comme sans défense, cette fortification que le duc d'Epernon avait fait élever pour réduire et peut-être anéantir Aix. Avec la chute de la cité Valette finit, à proprement dire, le siège d'Aix, qui avait duré treize mois et treize jours. Au fond, la ville avait fini par assiéger le fort bien plus que le fort n'assiégeait la ville, et les habitants n'avaient jamais cessé d'avoir leurs sorties libres. Les écrits du temps s'accordent à dire que la ville ne tira que deux cents coups de canon, tandis que le fort en tira plus de trois mille, et que le duc perdit à ce siège environ deux mille cinq cents hommes, tandis que les Aixois n'eurent à regretter que trois cents morts à peine.

Lafin était encore en Languedoc quand la nouvelle de la prise du fort parvint au connétable de Montmorency. Il entra dans une violente colère, accusant l'envoyé du roi d'avoir favorisé cet acte de rebellion contre ses ordres et de violation des conventions acceptées. Lafin s'étant défendu faiblement, le connétable le fit jeter en prison dans la tour de Pézenas; mais il est permis de penser que la surveillance qu'on exerçait sur lui n'était pas très-rigoureuse, car après deux jours de captivité il s'enfuit par la fenêtre de sa prison au moyen d'une corde, et retourna à Paris.

Le 16 juillet, Janson et Duperrier étaient arrivés de Paris avec l'ordre du roi au connétable de réconcilier les factions et d'amener une solution pacifique aux complications qui dévo-

raient le pays. Celui-ci convoqua le 12 août, à Beaucaire, les plus hautes personnalités des deux partis. Le Parlement députa le président de Coriolis, le conseiller Bermond et l'avocat général de Monnier; l'évêque de Sisteron, Crozes, premier consul d'Aix, et l'avocat Meynier, procureurs du pays, furent chargés de défendre les intérêts généraux de la province. Le comte de Carcès et le marquis d'Oraison y furent aussi appelés, mais d'Oraison, « qui craignoit un affront de d'Espernon » s'arrêta à Cavaillon sous prétexte de maladie, et se fit représenter par de Grambois et Valavoire. Le duc d'Epernon s'y trouva avec les députés des divers ordres : l'évêque de Marseille, le baron des Arcs, Buons, Saint-Martin, de Barras, d'Ollioules, etc. On ne put se mettre d'accord. Le duc ne voulait pas se départir de son commandement, les Provençaux ne voulaient pas le reconnaître et demandaient Damville pour les commander en attendant que le roi eût nommé un gouverneur. Après sept jours de luttes oratoires et de conférences stériles, le connétable reconnaissant l'impossibilité d'une entente, proposa, le 19 août, un compromis établissant : « Que les partis se pourvoyroient devers le Roy pour tout
« le moys de septembre, à Lyon, et que cependant par provision
« il y auroit tresve et cessation d'armes pour trois mois en Pro-
« vence ; que les compagnies de gens de guerre entretenues
« aux dépens du païs tant d'un party que de l'autre seroient
« mises en des garnisons ; que sursis seroit donné tant pour le
« payement des arrérages des contributions que des nouvelles
« contributions à faire, et, en outre, que les lieux, villes et villa-
« ges qui avaient tenu le parti du duc ne seroient obligés de
« recognoistre le Parlement d'Aix pour y aller plaider, ny les
« procureurs du païs en la même ville pour le fait des contribu-
« tions. Mais arrivant nécessité de faire de nouvelles contribu-
« tions et impositions, les consuls d'Aix, procureurs du païs,
« pour les lieux de l'Union d'Aix, seroient tenus de s'assembler

« avec les autres procureurs du païs que le duc avait créés pour
« les places qui suivoient son parti, pour ordonner ensemble-
« ment des contributions qui seroient à faire tant d'une part
« que d'autre. » Le compromis portait encore que les prisonniers faits depuis la trêve seraient relaxés ; que le Parlement ne pourrait connaître des procès ni des particuliers ni des villes qui obéissaient à d'Epernon ; que les places soumises actuellement à un parti ne pourraient quitter ce parti avant la fin de la trêve ; que le duc d'Epernon, le comte de Carcès et le marquis d'Oraison signeraient ce compromis, et que le Parlement rendrait un arrêt pour le faire observer.

Tous les articles de cette convention étaient à l'avantage de d'Epernon ; le duc et les députés qui l'avaient accompagné promirent de les observer. Les députés de l'Union d'Aix refusèrent de les signer, disant avec raison qu'ils mettaient des entraves à la juridiction du Parlement et que c'était diviser les intérêts de la province que de ne pas la soumettre au pouvoir des mêmes magistrats. Du reste, ils protestèrent contre certains considérants de l'ordonnance, dans lesquels ils étaient désignés sous le nom « de parti récemment remis en l'obéissance du roi, » et se plaignirent de ce qu'on les mettait en parallèle avec les députés épernonniens, qui ne pouvaient passer pour des députés légitimes, et de ce qu'on défendait aux villes de changer de parti pendant la trêve. Les conférences furent rompues brusquement, et d'Epernon rentra à Brignoles.

Le 27 août, un trompette du duc d'Epernon vint sommer le Parlement d'exécuter l'ordonnance du connétable jusqu'à ce que le roi en eût décidé autrement. Le Parlement convoqua une assemblée en forme d'Etats pour savoir quelle réponse il fallait faire. Ces Etats s'assemblèrent le 9 septembre. Coriolis fit un tableau lamentable de la situation de la Provence privée du secours de Lesdiguières, qui après la prise du fort était rentré en

Dauphiné, et qui avait à lutter, seule et épuisée, contre trois ennemis : Saint-Romans, en possession de Salon et menaçant Aix; le duc de Savoie, maître de Berre, de Grasse et de Saint-Paul de Vence, et enfin d'Epernon ; et il supplia l'assemblée de faire taire toute passion pour n'écouter que la voix de l'humanité et du vrai patriotisme. L'assemblée émue et entraînée aurait voulu cependant retrancher deux points de l'ordonnance : elle demandait que le pouvoir des procureurs du pays ne se partageât point avec ceux du parti ennemi, et que le Parlement conservât son autorité sans restriction. On écrivit au duc d'Epernon :
« Monsieur, ayant lu l'ordonnance de Monsieur le connestable,
« faicte à l'assemblée de Beaucaire, le 26 du passé, nous avons
« pris la résolution qui nous a paru la plus conforme à l'édict
« du Roy. Nous vous supplions, Monsieur, au nom de Dieu,
« d'avoir compassion de ce peuple désolé et de ne pas nous
« traiter avec plus de rigueur que vous n'avés traité ceux de la
« Ligue et du party de M. de Savoye avec lesquels vous avés
« fait une tresve. Nous désirons, Monsieur, y estre compris et de
« satisfaire à l'ordonnance de Monsieur le connestable, excepté
« sur quelques chefs auxquels nous ne pouvons acquiercer. Si
« vous préfériez la guerre à la paix vous nous forceriez de re-
« courir au Roy et à nos bons amys, et nous avons la juste
« confiance qu'ils ne nous abandonneroient pas. Mais nous
« espérons de vostre zèle pour le service de Sa Majesté, que
« vous nous laisserez en paix jusqu'à ce qu'il luy ai plu décider
« nos différents. En attendant vostre responce, nous prierons le
« Créateur de vous donner en santé, Monsieur, longue et heu-
« reuse vie (1). »

Mais d'Épernon était trop altier pour céder, et il répondit qu'il fallait accepter l'ordonnance entière du connétable ou la rejeter.

(1) PAPON, t. IV, p. 362.

On se résigna, à la condition que Marseille, Berre et Salon seraient comprises dans la trêve, en un mot qu'il y aurait une suspension d'armes générale dans toute la province. Cette décision douloureuse pour le Parlement, et qu'il n'avait prise que dans son ardent désir de la paix, fut une digue impuissante pour arrêter les passions. Les ligueurs, les royalistes, les épernonniens, les Marseillais, gardèrent les armes à la main et se disputèrent le triste et terrible avantage de porter des coups mortels à la patrie. Riquetti-Mirabeau, qui tenait le parti de d'Épernon, prit le château d'Entrevaux; le gouverneur du Puech tendit une embuscade au marquis de Solliès et faillit le faire prisonnier; Vitelly fit des courses jusque sous les murailles d'Aix et ravagea la campagne, pendant que Saint-Romans surprenait un village près des Baux; le chevalier de Venterol sortit de Châteaurenard avec une compagnie, enleva Molegez et fit le seigneur du lieu prisonnier; d'Oraison, Meyrargues et Valavoire, qui allaient rejoindre Lesdiguières pour faire lever le siège de Briqueras, furent poursuivis par Buous sur le territoire dauphinois. Surpris et pourchassés la nuit avec leur escorte, composée de cent cinquante maîtres, ils parvinrent à grand peine, et non sans laisser de nombreux morts sur le terrain, à se réfugier dans Serres. Cette affaire, qui au fond n'avait qu'une médiocre importance, eut un immense retentissement en Provence, car elle ouvrit les yeux de tout le monde sur les intelligences que d'Épernon entretenait avec le duc de Savoie. Un peu plus tard, Sansoux, enseigne du duc, avec cent vingt cavaliers, vint ravager les environs de Pertuis; Saint-Remy, frère de Saint-Cannat, sortit avec la compagnie de son père, le marquis de Solliès, et les atteignit au moment où ils repassaient la Durance. Au premier choc les Gascons furent fort malmenés, mais ayant repris l'offensive, ils chargèrent à leur tour, tuèrent dix Provençaux, et forcèrent Saint-Remy, blessé grièvement, à se réfugier dans Pertuis.

Ce qui avait poussé le Parlement à accepter la trêve, malgré tout ce que les conditions imposées par Montmorency avaient de blessant pour lui, c'était, outre un immense besoin de paix, les déchirements intérieurs qui venaient de se manifester de nouveau parmi les grands personnages qui dirigeaient le gouvernement de la province. La comtesse de Sault avait eu d'abord des relations très-cordiales avec Carcès, mais elles ne tardèrent pas à s'altérer du fait de la comtesse de Carcès, qui était jalouse de son influence et ne pouvait souffrir les hommages qu'elle recevait de la plupart des plus considérés gentilshommes. Une querelle survenue entre Tourvès et Meyrargues brouilla définitivement la dame de Sault avec Carcès. Dans une discussion d'origine futile, le premier appela Meyrargues chevalier de la comtesse, l'autre appela Tourvès baron du comte. De la raillerie ils passèrent bientôt à l'injure, et finirent par mettre l'épée à la main. Meyrargues fut grièvement blessé. Sur ces entrefaites, le comte de Carcès s'étant rendu à Beaucaire, des bruits étranges se répandirent dans Aix : on disait que le comte avait fait un traité secret avec le duc d'Épernon; que Tourvès, son lieutenant et son ami, avait eu une entrevue nocturne avec le duc, pour arrêter les bases de cette trahison du grand sénéchal, et on trouvait dans le choix de l'homme chargé de la négociation, par cela seul qu'il imposait plus de surprise, une raison de plus pour croire à la réalité de nouvelles que chacun donnait comme certaines (1). Ces calomnies avidement accueillies et ardemment propagées par la faction de la comtesse de Sault,

---

(1) Tourvès était, en effet, un ennemi irréconciliable du duc d'Épernon. Celui-ci l'avait accusé d'avoir voulu faire sauter, avec une saucisse de poudre, Castillon, gentilhomme gascon, son successeur au gouvernement de Brignoles. D'Épernon l'avait fait condamner pour ce fait à mort, par contumace, et, dans sa fureur de ne pouvoir se venger sur lui, avait fait passer par les armes deux de ses amis.

avaient été lancées par des émissaires du duc d'Épernon, qui ne pouvait que bénéficier des divisions de ses ennemis. Le duc avait, en effet, profité du séjour de Carcès à Beaucaire pour lui faire des propositions. Pensant pouvoir l'attirer à lui, il lui avait fait dire que Lesdiguières demandait instamment la lieutenance de Provence pour le jeune comte de Sault, que tout le monde savait fiancé à la fille du général dauphinois; mais il n'est rien moins que démontré que Carcès avait accédé à aucune proposition, ni même qu'il ait été en rapport, personnellement ou par un de ses amis, avec le duc.

Quoi qu'il en soit, les bruits de trahison prirent à Aix une telle consistance, qu'en l'absence du président de Coriolis, de Monnier et du premier consul de Crozes, qui étaient encore à Beaucaire, la chambre des vacations fit fermer les portes de la ville, à l'exception de celles de Saint-Jean et des Frères Mineurs. A son retour de Beaucaire, le comte de Carcès fut sur le point de ne pouvoir entrer dans la ville, et, pensant que les bruits de sa réconciliation avec le duc avaient été propagés par la comtesse, qui avait été l'instrument actif de l'affront qui venait de lui être fait, il demanda impérieusement qu'on donnât l'ordre à son ennemie de se rendre dans ses terres. Crozes, quoiqu'il lui fût dévoué, ne voulut pas y consentir; Monnier s'y opposa également. La ville se remplit de rumeurs passionnées; les deux factions étaient sur le point d'en venir aux mains. Le Parlement, voulant mettre un terme à ces tiraillements, députa, le 6 octobre, les présidents de Coriolis et de Piolenc, avec les conseillers Anthelmi et Aymar, pour former, avec les procureurs du pays et les consulaires, un tribunal. Ce tribunal fit comparaître devant lui le comte et la comtesse, et, après les avoir entendus, décida que « pour des considérations très-importantes à l'Estat, le
« comte s'achemineroit à Digne, pour mettre en effect la com-
« mission qu'il avoit du Sénat, afin de conserver la ville au ser-

« vice du roi, et que la comtesse se retireroit, pour quelques
« jours, à l'une de ses maysons, ou bien à tel autre lieu qu'elle
« auroit à gré de choisir ». Mais cet arrêt ne fut pas exécuté.
Les amis des deux factions représentèrent aux consuls le déplorable résultat qu'amènerait nécessairement la décision prise, et les prièrent de s'entremettre *pour laisser les dieux tutélaires dans Aix*. Le Parlement se laissa facilement fléchir et décida, *tacito senatus consulte*, que l'arrêt ne serait pas rendu exécutoire, le comte de Carcès et la dame de Sault ayant protesté n'avoir aucun ressentiment l'un contre l'autre.

Ainsi finit une émotion qui faillit amener des conséquences graves et diviser de nouveau les Provençaux, alors que réunis ils avaient déjà tant de peine à résister à l'ennemi commun. Nous n'aurions pas fait mention de cet épisode indigne des souvenirs de l'histoire, s'il n'avait contribué à démontrer combien était encore précaire l'état d'apaisement du pays.

Le Parlement envoya une députation au roi pour demander le remplacement du gouverneur, Damville ayant refusé de venir en Provence, même à titre provisoire. On choisit pour cela quatre personnes de chaque ordre, qui devaient se rendre à Lyon, où le roi était attendu. Le clergé y fut représenté par l'évêque de Sisteron, l'évêque de Digne, le vicaire de l'archevêque d'Aix et le prévôt de Saint-Sauveur ; la noblesse par le comte de Carcès, le marquis d'Oraison et les seigneurs de Solliès et d'Oize ; le Tiers par de Crozes et Christophe Meynier, avec les consuls de Saint-Remy et de Digne.

Pendant que ces événements se passaient en Provence, le duc de Mayenne, abandonné peu à peu par ses plus accrédités partisans, était presque cerné dans son gouvernement de Bourgogne. La Provence, avec la Bretagne et la Bourgogne, était une des rares provinces où la Ligue possédât encore des villes closes et des armées en campagne. Le duc d'Épernon, dédaignant bientôt tout ménagement comme toutes récriminations, signa un traité d'alliance depuis longtemps préparé avec Mayenne. Ce fut Cornac, abbé de Chateliers, qui le lui porta. Les principaux articles étaient : que le duc d'Épernon quitterait le service du roi et se déclarerait pour la Ligue avant un mois ; qu'il reconnaîtrait le duc de Mayenne en qualité de lieutenant-général du royaume ; qu'il le ferait reconnaître comme tel par les villes et garnisons tenant son parti ; qu'il recevrait de lui les *provisions* de gouverneur de Provence, et les ferait vérifier et enregistrer par un Parlement qu'il créerait à Brignoles, et que le duc de Mayenne s'engagerait à le faire reconnaître comme gouverneur par les villes de Marseille, Arles, Salon, Martigues et autres qui obéissaient à la Ligue.

L'abbé Cornac se chargea d'amener Casaulx à une transaction et se rendit pour cela à Marseille. L'abbé démontra à celui que les historiens appellent le *tyranneau*, toute l'importance du traité que venait de signer d'Épernon pour la Ligue provençale, et l'essor qu'allait lui imprimer un homme d'une si haute notoriété ; il lui dit que s'il croyait avoir besoin de prendre des précautions, il avait qualité pour conclure un traité particulier avec lui ; que le duc d'Épernon se montrerait facile, pourvu qu'on le reconnût comme gouverneur. Casaulx, qui était prêt à tout, à la condition de dominer toujours la situation et de garder la première position à Marseille, réunit ses amis, et ayant pris leur avis, fit, à son tour, un traité, portant que : le duc d'Épernon serait reconnu comme gouverneur de la province ; qu'il aurait, en cette qualité, tout pouvoir à Marseille sur les règlements généraux, mais ne pourrait intervenir dans le gouvernement municipal de la ville ; que les proclamations se feraient au nom du duc de Mayenne, lieutenant-général, et du duc d'Épernon, gouverneur, mais que celui-ci, cependant, ne pourrait entrer à Marseille, et que ses gentilshommes, gens de sa maison ou gens de guerre, y seraient seuls admis, à condition que leur nombre n'excéderait pas trois personnes; enfin que la création d'un Parlement à Brignoles n'entraverait en rien la justice souveraine de Marseille. Le Martigues fit un traité conçu dans le même esprit, seulement le duc se réserva le droit d'entrer dans la ville avec soixante chevaux, et stipula que les habitants se pourvoiraient en dernier ressort par-devant le Parlement de Brignoles. Arles, après de longs débats, entra aussi dans la confédération aux mêmes conditions que Marseille; ce fut Masparaulte qui traita pour le duc, Cornac ayant été subitement rappelé en Bourgogne. Plusieurs gentilshommes, parmi lesquels le comte de Suze, Mazan et son frère Sainte-Jalle, qui entretenaient des compagnies de cavalerie à leurs frais, firent leurs traités particuliers. Saint-Romans s'engagea au nom de Salon, et Vitelly au nom de Berre. Vitelly, qui tenait Berre pour le duc de Savoie, changea d'alliés au gré de ses intérêts; d'ennemi qu'il était du duc d'Épernon il devint son auxiliaire et prit les armes contre Carcès, qui avait été jusqu'alors son appui. Quarante villes, villages ou châteaux reconnurent l'autorité du duc et firent des traités avec lui; c'est ce qui résulte d'une note envoyée à Philippe II en octobre 1594, peut-être par le duc d'Épernon lui-même :

ESTAT des villes de Provence qui recognoissent l'aucthorité du duc d'Espernon.

Du costé de la marine : Antibes et le fort. — Cannes, ville et citadelle. — Fréjus. — Sainct-Tropés, ville et chasteau. — Hyères, ville et chasteau. — La tour de Tholon. — Bandol. — Sanary. — La Ciotat. — Cassis, ville et chasteau. — Marignane, ville et chasteau.

Au cœur de la province : Sisteron, ville et chasteau. — Forcalquier, ville et chasteau. — Ourgon. — Thouard. — Riez, ville et chasteau. — Beynes. — Moustiers, ville et chasteau. — Vinon. — Barjols, ville et chasteau. — Sainct-Maximin. — Jouques. — Peyrolles. — Le Puech. — Chagnes. — Allein. — Mallemort. — Senas. — Sainct-Cannat. — Graveson. — Barbentane, ville et chasteau. — Trinquetailles. — Brignoles, ville et citadelle. — Castellanne, ville et citadelle. — Draguignan, ville et citadelle. — Entrevaux, ville et citadelle. — Colmars. — Auriol. — Roquevaire (1).

Mais il ne suffisait pas d'avoir reconstitué la Ligue, il fallait la rendre effective et l'affirmer par l'action ; Masparaulte, que le duc de Mayenne venait de nommer président de la cour souveraine de Marseille, et Génebrard, convoquèrent les États du parti dans cette ville. Il y eut peu de monde. Génebrard y représentait seul le clergé ; Saint-Romans et Vitelly furent les délégués de la noblesse ; les députés d'Arles, de Salon, de Berre, du Martigues, d'Airargues et de Monpavon ceux du tiers état. Dès sa première réunion, l'assemblée comprit qu'elle allait aboutir à un honteux échec ; néanmoins elle voulut suppléer par une grande ardeur à l'influence qui lui faisait complètement défaut : tous les députés jurèrent de ne point rompre la sainte Union et de se prêter une mutuelle assistance ; ils votèrent une levée de cinq cents chevaux et de quatre mille fantassins pour réduire Aix et Toulon, et nommèrent Génebrard chef de la Ligue. Vaines clameurs ! efforts stériles ! Les temps étaient bien changés. La Ligue avait perdu son crédit, sa puissance et son prestige ; elle s'éteignait et se mourait en Provence entre les mains de mauvais Français et de vulgaires ambitieux. « Là, dit Bausset, « en parlant de l'assemblée de Marseille, furent prinses des « belles délibérations, mais ils se contentèrent d'en parler et « ne firent la guerre qu'aux bouteilles, ayant faict de grands et

(1) *Archives de Simancas.*

« amples festins chez Loys d'Aix et Casaulx, là, où après qu'ils
« avoyent beu dix ou douze coups, ils en beuvoyent encore
« cinq ou six à la sancté de monsieur du Mayne. »

Marseille continuait à être gouvernée despotiquement. Charles Casaulx et Louis d'Aix voyaient grandir tous les jours leur pouvoir. Casaulx, sous le prétexte de se garder contre ses ennemis, ne marchait qu'entouré d'une nombreuse compagnie de mousquetaires armés, espèce de garde prétorienne qui faisait trembler tous les gens de bien. Renouvelant la comédie du comte Boson, et comme s'il cédait malgré lui à l'intérêt public et aux vœux de la cité, il avait déjà accepté trois fois le chaperon consulaire au mépris des traditions et des statuts municipaux. La fête de Saint-Simon étant arrivée, sa faction le nomma consul pour la quatrième fois et confirma Louis d'Aix dans sa charge de viguier. Casaulx inaugura son quatrième consulat en s'emparant par la trahison et l'assassinat du fort de Notre-Dame de la Garde.

Le baron de Méolhon, gouverneur de la place, qui avait joué dans les guerres de la Ligue un rôle actif comme agent du duc de Savoie, s'était adjoint depuis quatre ans environ comme lieutenant, un prêtre nommé Tornatoris, prieur de l'église Saint-Laurent. Tornatoris était un homme violent, vindicatif, qui avait bien plus les instincts et les passions d'un soudard que l'âme et les habitudes d'un ministre de Dieu. Le baron de Méolhon, soit qu'il n'eût plus confiance en lui, soit qu'il voulût être agréable au duc de Savoie, l'avait remplacé en août dans ses fonctions par un capitaine savoyard auquel il avait donné en mariage sa sœur naturelle. En accomplissant ce changement, il avait commis la faute de laisser à Tornatoris une autorité secondaire dans le fort, qu'il avait continué à habiter. Celui-ci dévora l'affront qui lui était fait, mais il jura en son cœur qu'il se vengerait en tuant le capitaine savoyard et en s'emparant pour son propre compte de la place. Il paraît certain, en effet, que Tornatoris n'agissait que pour lui et sans arrière-pensée en faveur de Casaulx. Pour mener son entreprise à bonne fin, il associa à sa fortune deux prêtres nommés Trabuc et Cabot, le premier, homme de sac et de corde, le second, incapable de jouer du couteau, dit Baussel, mais avide d'argent, ami du plaisir, et qui entra dans cette aventure espérant y trouver bénéfices. Trabuc qui avait jugé qu'il était nécessaire de compléter l'association par deux bonnes lames amena à Tornatoris un sicaire de Casaulx nommé du Pin et un soldat de la garnison. Le premier soin de du Pin, dès qu'il fut au courant du complot, fut d'en informer Casaulx, qui le fortifia dans sa résolution et lui dicta l'effroyable drame qui devait couronner ce guet-à-pens.

Au jour convenu Trabuc et Cabot arrivèrent au fort pour célébrer la messe en remplacement de Tornatoris, qui la veille s'était alité, suivis de près par du Pin et le soldat, vêtus en bourgeois, se disant commerçants de Marseille et amis de Tornatoris auquel ils portaient du poisson et du vin muscat. Trabuc monta à l'autel portant une cuirasse sous sa soutane; Cabot servit la messe. La cérémonie religieuse achevée et la garnison sortie dans les cours et sur les glacis, Cabot entra dans la salle des armes, dont il ferma la porte qu'il barricada à l'intérieur, pendant que Tornatoris, Trabuc, du Pin et le soldat attaquaient le capitaine savoyard et quelques-uns de ses gardes accourus à son appel. La lutte n'aurait pas été douteuse si la majeure partie de la garnison complice ou terrifiée ne s'était pas cachée lâchement ou n'avait fui vers la ville. Le commandant du fort se défendit vaillamment. Armé d'une longue épée et assisté de sept soldats seulement n'ayant que des bâtons pour combattre, il résista pendant plus d'une demi-heure et blessa Tornatoris et du Pin; mais atteint d'un coup de lance dans la poitrine, il tomba mort avec trois des siens.

1504 Tornatoris était maître du fort. Épuisé de fatigue et perdant beaucoup de sang par sa blessure, il se mit sous le bras de Trabuc et se dirigea vers une salle basse dans laquelle se trouvait un lit, suivi par du Pin, qui tenait encore son épée à la main. Il venait à peine de s'asseoir sur le bord du lit, quand Trabuc et du Pin, qui agissaient de concert, lui fendirent la tête de plusieurs coups d'épée. Cet abominable meurtre accompli, les deux complices sortirent de la salle. L'un fit hisser un drapeau de convention et l'autre tirer un coup de canon. A ces signaux, attendus avec anxiété à l'Hôtel de ville, Casaulx se rendit au fort avec une compagnie de soldats et en prit possession. Il nomma son fils Fabio commandant de la place. Celui-ci céda de ce fait le commandement de Saint-Victor à un beau-frère de Louis d'Aix, capitaine de la porte Royale, où il fut remplacé par Pierre Libertat, soldat à l'âme vénale et vulgaire, qui vendit son épée pour délivrer par l'assassinat sa ville adoptive de l'inexorable ambition de Casaulx.

1595 Dans les premiers jours de l'année 1595, Lafin et Mauroy, ancien secrétaire du duc de la Valette, arrivèrent de la Cour portant des ordres du roi pour la prolongation de la trêve pendant trois mois. Des députés du Parlement et Mauroy se rendirent à Brignoles pour les notifier au duc; mais celui-ci, devenu plus exigeant en présence des succès de la Ligue à Marseille et à Arles, où le roi était publiquement bafoué et insulté en effigie, refusa de les recevoir. Sur ces entrefaites, on apprit la tentative d'assassinat de Jean Châtel sur Henri IV. L'émotion fut vive et profonde; le Parlement ordonna des prières d'action de grâces et des processions, le peuple traduisit ses sentiments d'amour par des danses et des feux de joie, et la noblesse accourut à Aix pour témoigner de son attachement au souverain. Le Parlement profita de cette circonstance pour réunir en conseil les chefs les plus influents de l'union royaliste. A l'unanimité il fut décidé qu'on ferait une guerre implacable au duc d'Épernon. Le duc brava ces menaces et entra en campagne.

Pendant que le duc d'Épernon se portait sur Gaubert, qu'il enlevait et dont il faisait massacrer la garnison, et qu'il faisait raser le château de la Garde, près Draguignan, pour se venger du seigneur châtelain, coupable d'avoir lancé des épigrammes contre lui, il envoyait Belloc vers Toulon pour la seule satisfaction de sa haine personnelle contre le marquis de Solliès. Belloc s'empara du village de Solliès et fit prisonnières la dame du lieu et ses filles, qu'il fit conduire à Brignoles, exigeant pour leur rançon une galère et quatre canons. De là il descendit à la Valette, dont il se rendit maître, et parut devant Toulon, qui ferma ses portes. Belloc n'avait pas assez de troupes pour faire un siége en règle de la place; il se contenta de dévaster la campagne, « faisans passer par les coignées et les flammes ces « grands et fructueux oliviers de Tholon qui sont de forme « gigantale et vont de pair avec les plus hauts chesnes, mettans « le feu aux bastides, et ce qui sentoit sa fureur plus que « scythique, espouvantant les habitants par mille estranges « cruautés. » Dans la vallée de Dardennes, qui s'ouvre sur Toulon, les épernonniens firent le seigneur du lieu prisonnier, le brutalisèrent, malgré ses soixante-dix ans, et ne consentirent à le rendre à la liberté que lorsque sa famille eut payé dix mille livres. Le marquis de Solliès était à Toulon avec son fils Saint-Cannat. Celui-ci, quoiqu'il n'eût que soixante hommes de garnison, arma les quartiers et fit de fréquentes sorties, souvent heureuses, empêchant Belloc de s'approcher de la ville et protégeant les faubourgs.

Mais d'Épernon n'avait pas envoyé Belloc à Toulon pour s'emparer seulement des femmes, des enfants et des vieillards, pour couper les arbres et brûler les maisons de campagne ; c'était la ville surtout qu'il voulait pour en faire la place d'armes de Marseille, la ville qui, au point de vue stratégique, était une création de son frère, et qui en ce moment était défendue par le marquis de Solliès, un de ses plus grands ennemis. Il se mit en route avec tout ce qu'il avait de troupes disponibles, traînant des canons, et bien décidé à forcer la place, quand il apprit que Carcès venait d'entrer dans Salon, et que Saint-Romans n'avait plus en son pouvoir que la citadelle. Il changea de résolution, rappela Belloc et se dirigea vers Salon.

L'état d'hostilité déclarée de d'Épernon contre le roi, les ruines que, dans ses fureurs, il accumulait sur le sol provençal, l'orgueil et les exactions de ses lieutenants, irritaient les populations et leur mettait les armes à la main. Saint-Romans, parmi les capitaines qui suivaient sa fortune, s'était attiré toutes les colères des habitants de Salon. Son ingratitude envers Carcès, qui l'avait comblé de biens, le montrait aux yeux de tous sous les couleurs les plus noires. C'était, en vérité, un soldat vaillant et un capitaine habile, mais ami du plaisir, aimant les honneurs et recherchant les hommages. Depuis qu'il avait refusé de suivre Carcès sous les drapeaux du roi, il se considérait à Salon comme lieutenant du duc de Mayenne et tranchait du vice-roi : il s'était donné une garde nombreuse de mousquetaires qui le suivait partout, et avait peuplé son hôtel d'huissiers aussi insolents et aussi durs que leur maître aux solliciteurs et aux malheureux. L'Union d'Aix, qui avait à se plaindre de ses courses incessantes, Carcès, qui le détestait depuis sa défection à sa politique, voulurent en finir avec lui, et il fut décidé qu'on s'emparerait de Salon.

Carcès reçut le commandement de cette expédition, dans laquelle la trahison devait jouer un plus grand rôle que la force des armes. Il se mit en marche le 21 février, ayant avec lui la cavalerie du marquis d'Oraison, la compagnie d'arquebusiers à cheval du marquis de Solliès et quatre compagnies d'infanterie.

Il arriva dans la nuit devant la ville, qu'un gentilhomme qui avait à se venger de Saint-Romans avait promis de lui livrer. Le 22 février, vers deux heures du matin, par un ciel sombre et orageux, Carcès s'étant rapproché de la partie du rempart qui lui avait été désignée comme devant être gardée par des soldats affidés, fit planter les échelles, et cent soldats, commandés par le capitaine Dumas, montèrent silencieusement à l'assaut un marteau à la ceinture et l'épée à la main. Les sentinelles de service se joignirent aux assaillants, qui se précipitèrent dans le chemin intérieur de ronde et attaquèrent le poste d'une porte voisine. Les ligueurs surpris dans leur sommeil n'opposèrent qu'une très-faible résistance, et les royalistes après les avoir faits prisonniers brisèrent à coups de marteau la porte et les chaînes du pont-levis, qui s'abattit. La Barben et Jacques de Cordes, qui attendaient au dehors, entrèrent les premiers avec l'infanterie en poussant les cris de : *Vive le roi ! Vive Carcès!* Pendant ce temps la garnison réveillée par les clameurs qui remplissaient la ville, courait aux armes au milieu du désordre inséparable d'une surprise nocturne. Quelques groupes de ligueurs réunis à la hâte ouvrirent le feu; mais étant venus se heurter à Carcès qui venait d'entrer avec la cavalerie, ils battirent bientôt en retraite sur la tour d'Arlatan et la maison de Tripoli, pendant que Saint-Romans, jugeant l'organisation de la défense impossible, s'enfermait dans le château.

Le jour qui se fit sur ces entrefaites éclaira le succès de Carcès. Les habitants complètement rassurés par les promesses du comte, qui s'engagea à protéger les personnes et les propriétés, se joignirent à lui et l'aidèrent de tous leurs moyens. La maison de Tripoli, vaste construction adossée au rempart, et la tour d'Arlatan, vivement assiégées et serrées de près se rendirent à discrétion après une défense honorable, et Carcès put concentrer tous ses efforts sur le château.

Saint-Romans s'était barricadé dans cette forteresse et déployait avec sa petite garnison le plus grand courage pour repousser les assauts de l'ennemi ; mais il ne pouvait se dissimuler que dans un jour prochain, par défaut de vivres ou de munitions, il serait obligé de capituler. Au dire de plusieurs chroniqueurs, quoique Nostradamus, toujours si complet dans ce qui regarde les faits qui intéressent sa chère ville natale, n'en parle pas, Saint-Romans, qui n'avait d'espérance que dans un secours extérieur, faisait lancer dans la campagne au moyen d'une puissante arbalète des lettres à l'adresse du duc d'Épernon, pensant qu'un de ses partisans serait assez heureux pour en trouver une, et assez dévoué pour la porter au duc. Le 27 février, en effet, au moment où le duc d'Épernon sortait de Brignoles pour descendre à Toulon, il apprit les événements de Salon. Il envoya des courriers à Marseille et à Arles pour faire acheminer vers Lambesc des renforts et des canons, et lui-même se dirigea sur ce point avec les troupes qu'il avait sous la main.

D'Épernon méprisait Carcès comme homme politique et comme homme de guerre, et croyait n'avoir qu'à se montrer pour le forcer à se retirer. En écrivant à ses capitaines et à ses alliés pour leur donner rendez-vous devant Salon, il leur disait que c'était pour assister aux funérailles de Carcès. Le duc arriva le 29 à Lambesc, où il fut rejoint par les Marseillais et la garnison de Berre sous les ordres de Vitelly. Il avait avec lui huit canons. Le 6 mars il commença à battre le mur d'enceinte du faubourg. Le 9 il avait pratiqué une brèche de cent vingt pas. Il livra trois assauts en trois jours, qui furent repoussés avec beaucoup de vigueur. Le 13, un secours pénétra dans la place : La Salle, Allamanon, Montmeyan, Claude de Glandevès, de Cujes, amenèrent cinq cents arquebusiers et cent cinquante maîtres. Le duc abandonna alors l'attaque du faubourg, et se rapprochant du château, il choisit son terrain derrière l'église Saint-Laurent, qui était presque adossée au mur d'enceinte, représenté en cet endroit par une masse compacte de rochers. Il fit commencer une tranchée et creuser des cheminements pour arriver au sommet de cet exhaussement naturel du terrain, où il pouvait, à l'abri de l'église, élever une batterie de canons.

Les travaux de tranchée furent pénibles. Du haut du clocher de Saint-Laurent les carcistes dirigeaient un feu plongeant sur les travailleurs, qui eurent beaucoup à souffrir. Les épernonniens ne pouvaient avancer que lentement et en se mettant à couvert derrière des fascines. Le duc, entouré de ses principaux officiers, présidait presque constamment à ces opérations, bravant intrépidement le danger et donnant l'exemple du plus rare sang-froid. Un soir qu'il faisait sa tournée habituelle, accompagné par Vitelly, celui-ci fut frappé d'une balle en pleine poitrine dont il mourut trois jours après. Le coup d'arquebuse avait été tiré par Antoine de Briançon, qui, distinguant au clair de lune deux officiers assis sur un amas de fascines, emprunta l'arme d'un soldat pour lui donner une leçon de tir de nuit. Le lendemain le duc lui-même fut sur le point d'être tué, et il ne dut la vie qu'au dévouement de du Virailh, qui se jeta au devant de lui et reçut dans le bras la balle qui lui était destinée (1).

Ce fut pendant qu'il faisait faire ces travaux d'approche, qu'il écrivait au capitaine Boyer la lettre suivante, par laquelle il lui faisait connaître sa position devant Salon et ses projets sur les places maritimes :

« Du camp devant Salon, ce 19 mars 1595. »

« Monsieur de Bouyer,

« Après avoir respondu à vostre lettre du 14 de ce moys et

---

(1) « Du Virailh couvrant M. d'Espernon receut une arquebusade au
« bras gauche qui le luy brisa. M. d'Espernon le fit panser et l'envoya à
« Lançon à sa mayson, de là à Peyrolles, sur un brancard, et le consola

« despêché l'homme qui l'avoit apportée, j'ai reçu celle du 16
« par laquelle vous m'accusez la réception de l'ordre que je
« vous ai mandé pour vous aller jeter dans Hyères, ayant esté
« bien ayse d'entendre que vous fussiez déja disposé et prêt de
« vous y aller, pour l'assurance que j'ay que vostre présence
« de delà rendra le dessein des ennemys du tout inutile. Mais
« quoiqu'il puisse advenir, il ne faut pas que vous doutiez, s'il
« se présente occasion de jouer du couteau à bon escient, que
« je ne vous veuille auprès de moy. Pour maintenant, vostre
« présence m'est beaucoup plus nécessaire du costé de delà que
« non pas icy. J'escris au capitaine Couzas la lettre cy incluse
« suivant vostre advis, que je vous prie lui faire tenir. Je réponds
« aussy à la lettre des consuls de Six-Fours, leur donnant espé-
« rance de pourvoir à ce dont ils se plaignent sitôst que je serai
« par delà. Afin de ne rien altérer, je vous prie de vostre coté
« d'y apporter tout ce que vous jugerez propre pour les accom-
« moder. Pour les nouvelles, je vous dirai que par le travail
« que nous avons fait depuis cinq ou six jours, nous nous som-
« mes logés à couvert au pied de la muraille des assiégés, en
« espérance de commencer demain la batterie sur leur retran-
« chement, pour prendre, avec l'aide de Dieu, logis dans la
« bourgade. Vous saurés bientost après ce qui en sera réussi.
« J'ai fait une *escharge* (?) à mon cousin de Couzas pour faire
« approcher sa compagnie de chevau-légers et celle du capitaine
« de Rogiers du costé de Brignoles, afin d'estre préts de vous
« adcister si besoin est, qui est tout ce que je vous puis dire
« pour le présent.

« Je suis tout à vous, et espère que nous fesons ici un

« et le visita souvent, prenant soin de sa guérison; c'estoit sa coustume
« d'avoir beaucoup de soin des blessez, mesme des moindres. » (*Mémoi-
« res de* DU VIRAILH).

« bon coup de filet, duquel aurés advis viendra la paix au
« païs (1). »

D'Epernon ne disait pas toute la vérité dans cette lettre en annonçant qu'il se préparait à canonner la ville ; peut-être craignait-il que sa lettre ne tombât entre les mains des ennemis et que son projet ne pût réussir, car ce n'était plus avec le canon qu'il voulait s'ouvrir une entrée dans la ville. Deux jours après, en effet, le 21 mars, vers dix heures du soir et par une nuit sombre, les épernonniens étaient parvenus au sommet du rocher qui formait mur de clôture. Avec une audace qui était dans ses habitudes, le duc fit jeter un pont préparé d'avance, qui établit une communication entre la crête du rocher et la toiture de la chapelle Saint-Laurent. L'ordre fut donné aux troupes de s'avancer sur ce chemin étroit et fragile, au-dessous duquel s'ouvrait un gouffre de plus de vingt mètres de profondeur. Les soldats montrèrent d'abord une grande hésitation, mais un Corse s'étant élancé bravement fut bientôt suivi par tous ses camarades. L'église fut envahie en peu d'instants, et les carcistes embusqués dans le clocher, qui avaient déjà donné l'alarme en ville, massacrés ou faits prisonniers. Le tumulte régnait dans Salon, et nulle part on ne parvint à organiser une résistance sérieuse. La nuit suffit à d'Epernon pour occuper le faubourg, que les troupes de Carcès évacuèrent en se retirant dans la ville, et dans lequel il mit son armée à couvert. Pendant que le duc s'emparait de l'église, Allamanon, qui était sorti vers neuf heures du soir pour surprendre les ennemis dans leur camp, donna sur un corps de troupes et tua cent vingt hommes, parmi lesquels Belloc, gendre du baron de Montaud, qui avait quitté depuis dix jours seulement Toulon pour venir rejoindre le duc. Allamanon aurait pu poursuivre son succès et inquiéter grave-

(1) *Archives municipales de la Ciotat.*

ment les ennemis, mais inquiet lui-même des clameurs qui s'élevaient du fond de la ville et des arquebusades qui éclataient partout, ignorant du reste l'entreprise qu'exécutait en ce moment d'Epernon, il se hâta de rentrer.

En réalité, l'entreprise heureuse du duc d'Epernon eut pour résultat de ne laisser à Carcès que la vieille ville, dominée par le château et l'église Saint-Laurent, et de le mettre ainsi entre ses feux et ceux de Saint-Romans. Carcès déploya dans cette circonstance critique plus de décision qu'il n'en avait montré jusqu'à ce jour, et ayant fait démolir plusieurs maisons qui gênaient sa défense, il fit creuser un fossé, qu'il flanqua d'une muraille ou d'une ligne continue de barricades, qui établissait ainsi une séparation entre le faubourg et la vieille ville.

Cependant, par l'effet inévitable des passions qui dominent souvent les hommes les plus sages au milieu des guerres civiles, le Parlement, qui avait ouvert les hostilités devant Salon, considéra comme un crime que d'Epernon fut accouru au secours de cette ville. Le 4 mars, toutes les chambres assemblées, il rendit un arrêt : « Faisant inhibition et desfense à tous
« sujets du Roy de quelque estat et qualité qu'ils puissent estre,
« d'adsister, secourir, prêter main forte, vivres ou munitions de
« guerre au duc d'Espernon, fauteur et adhérent des ennemis
« de Sa Majesté et de son Estat, enjoignant aux mêmes gen-
« tilshommes, vassaux et sujets, consuls et communautés, de
« tout incontinent et sans délai, quitter le duc et s'assembler
« avec leurs armes et chevaux pour donner ayde et faveur au
« comte de Carcès et aux autres chefs et capitaines du parti
« royal, s'ils ne vouloient estre atteints du crime de leze-majesté
« et encourir les confiscations de corps et de bien dont les félons
« sont chatiés. »

Mais il ne suffisait pas de rendre des arrêts, et d'Epernon n'était pas de nature à se laisser convaincre par des ordonnances ou des menaces ; il fallait à Carcès un secours réel, prompt, et comme la province ne pouvait le fournir, instinctivement toutes les pensées se dirigèrent vers Lesdiguières. Le Parlement députa de Cormis auprès de lui. On savait que Lesdiguières se préparait en ce moment à aller ravitailler Cavours, en Piémont, qui était occupé par une garnison dauphinoise et que le duc de Savoie faisait étroitement bloquer, et comme on craignait qu'il ne voulût pas condescendre immédiatement aux désirs du Parlement, la comtesse de Carcès, en présence des dangers que courait son mari, imposa silence à son orgueil et à ses ressentiments, et envoya son ami Fabrègues auprès de la comtesse de Sault, qui était à Gap pour le mariage de son fils avec la fille de Lesdiguières, pour la prier d'interposer ses bons offices dans cette affaire. Fabrègues « trouva la comtesse disposée à la géné-« rosité ». Heureuse d'humilier sa rivale par son influence et l'éclat des services rendus, elle déploya une grande ardeur pour entraîner son futur beau-frère dans une expédition qu'il avait de graves raisons de récuser. Elle se rendit auprès de lui, et après bien des instances finit par le faire consentir à renvoyer le ravitaillement de Cavours en avril. Lesdiguières partit de Puymore pour descendre en Provence.

Le connétable de Montmorency prévenu par Lesdiguières lui-même de sa prochaine arrivée devant Salon, craignit un échec pour le duc d'Epernon, et voulut lui ménager une retraite honorable. S'autorisant du pouvoir que lui avait donné le roi de pacifier la Provence, il rendit une ordonnance par laquelle le duc d'Epernon devait lever le siége de Salon et le comte de Carcès se retirer en remettant la ville à Saint-Romans, lequel, à son tour, livrerait le château à La Motte-Conin, capitaine languedocien. Le duc d'Epernon comprit la portée de l'intervention du connétable, et se retira le 27 mars, six jours après s'être emparé du faubourg ; mais le Parlement et le comte de

Carcès rendus plus osés depuis qu'ils savaient Lesdiguières en route, refusèrent d'obéir, disant qu'accepter l'ordonnance c'était remettre le tout entre les mains du duc, et que ce n'était là qu'un arrangement de famille entre lui et le connétable. Carcès débarrassé de d'Epernon continua le siége du château.

Sur ces entrefaites, Lesdiguières parti de Puymore le 20 mars était entré en Provence le 25. Il arriva à Manosque le 27, le jour où d'Epernon évacuait Salon, et ayant passé la Durance à Orgon le 4 avril, il campa à la Crau, et dirigea sur Salon un convoi de trois cents mulets chargés de blé et de farine, dont les carcistes avaient un besoin extrême, car la famine se faisait déjà cruellement sentir dans l'armée et chez les habitants. Le convoi de ravitaillement entra dans Salon à la vue du duc d'Epernon campé sur un coteau voisin, ce qui dut être pour son âme altière et son orgueil indomptable une vive et profonde humiliation (1). Le lendemain Lesdiguières quitta la Crau pour remonter en Dauphiné. Le duc s'était retiré pendant la nuit à Senas ; il le suivit de loin dans sa marche, jusqu'aux Mées, où Lesdiguières passa la Durance. En s'éloignant de Salon, celui-ci ne voulant pas se rendre à Aix, pressé qu'il était de secourir Cavours, avait écrit au comte et à la comtesse de Carcès : qu'il était venu pour les servir à la prière de la comtesse de Sault, et qu'il les priait de vivre en bonne amitié avec sa belle-sœur.

Le départ du duc d'Epernon avait redonné du courage aux plus abattus, et l'abondance régnait au camp de l'Union royaliste. Saint-Romans, au contraire, qui avait espéré sa délivrance pendant plus d'un mois, voyait avec désespoir toute chance de salut s'évanouir pour lui. Le lendemain du jour où d'Epernon avait évacué la ville, on trouva sur la terrasse d'une maison

---

(1) Le duc d'Epernon avait perdu au siége de Salon 400 hommes et tiré plus de 900 coups de canon.

rapprochée du château une lettre du duc à Saint-Romans, roulée autour d'une flèche. La lettre portait : « Monsieur de Saint-Romans. Ayant entendu que les huguenots du Dauphiné descendent en faveur de vos ennemis et des miens, j'ay délibéré de leur aller au devant, et pour ce j'ay estimé devoir retirer mon canon en lieu de seureté. Taschez doncques de vous conserver jusques à mon retour, et surtout je vous recommande le service du Roy (1). » Ces derniers mots, fort extraordinaires dans une lettre de d'Epernon, poussèrent Carcès à envoyer Allamanon auprès de Saint-Romans pour avoir avec lui une explication, et savoir si en effet il voulait servir le roi. Saint-Romans reçut l'envoyé avec une certaine fierté, et comme celui-ci lui disait que plusieurs personnes assuraient qu'il était bon serviteur du roi, et qu'il serait bon, dans ce cas, qu'il en fit la déclaration, ce qui mettrait fin au siège, Saint-Romans, faisant allusion à la dernière défection de Carcès, répondit qu'il n'avait jamais changé de parti et qu'il fallait faire cette demande et exiger cette déclaration de ceux qui servaient tour à tour tous les partis. Mais Allamanon lui ayant alors montré la lettre du duc d'Epernon, Saint-Romans devint rêveur et répondit : « Monsieur d'Espernon me cognoist mal. Je suis bien serviteur d'un Roy, mais avecque cela de Monsieur du Mayne et de la Ligue. »

Cependant la garnison du château était réduite à la dernière extrémité, les vivres et les munitions faisaient défaut, et le moment était proche où il faudrait rendre les armes. Des pourparlers avaient été déjà entamés, mais Carcès voulait une reddition sans condition. Saint-Romans résolut de s'enfuir, laissant ses soldats accepter seuls l'humiliation d'une capitulation imposée. Accompagné d'un soldat gascon et d'un paysan qui lui était

(1) *Mémoires de* Nicolas de Bausset.

profondément dévoué, il s'échappa, le 17 avril, vers deux heures du matin, par une tourmente de neige et de vent qui devait retenir les sentinelles dans leurs abris. Au moyen d'une corde, il descendit avec ses deux compagnons à travers le conduit d'un privé jusque sur le chemin de ronde qui séparait le château du mur d'enceinte. Tout était silence et obscurité dans la rue ; il monta sur le rempart et sauta dans le fossé ; mais, dit Nostradamus, « comme il estoit homme un peu pesant et desjà hors « des gaillardises de la plus forte jeunesse, son malheur porta « que n'ayant pas bien mesuré l'assiette et les bornes de son « saut, il se rompit une cuisse et demeura court sur le bord du « fossé, d'où le soldat et le paysan le retirèrent ». La douleur arrachait à Saint-Romans des cris lamentables, ce qui ne l'empêcha pas, aidé par ses deux compagnons, de se traîner assez loin pour se dérober au regard des ennemis. La garnison du château, qui ne se composait plus, du reste, que de soixante hommes capables de porter les armes, se rendit dix jours après, le 27 avril. Elle avait fait une défense remarquable, et le jour où elle mit bas les armes, il ne restait plus dans la place qu'une ration de vivres par hommes, les chevaux étaient morts d'inanition depuis longtemps, et on pansait les blessés avec du lard rance.

En février le Parlement avait envoyé deux de ses membres au duc pour le mettre en demeure d'observer la trêve, mais d'Épernon avait refusé et député Buous et Ollioules au roi pour demander son maintien au gouvernement de la province. Le roi, à son tour, envoya en Provence le secrétaire d'État Dufrène et le comte de Brienne pour l'engager à quitter son commandement et à venir le trouver à Paris. Le duc était en ce moment à Peyrolles; les députés du roi y arrivèrent le 16 avril et ne purent rien obtenir. Dufrène lui représenta en vain avec ses manières douces et insinuantes, les avantages qu'il trouverait à s'en

remettre à la bonté du roi; d'Épernon fut intraitable. Il y avait dans cette nature violente et orgueilleuse trop d'humiliations récemment subies pour qu'elle pût se résoudre à l'obéissance. Dans une entrevue où Dufrène avait été plus pressant encore, le duc, qui sentait gronder en son cœur toutes les colères, se laissa aller à dire : « Qu'il avoit arraché le gouvernement de la
« province au duc de Savoye et à la Ligue, aux despends du sang
« de ses amis, de son frère et du sien propre ; que vouloir lui
« oster une charge acquise par tant d'honorables moyens,
« c'estoit offenser et mordre sa réputation ; qu'il estoit résolu
« avant de la perdre si lachement à jouer à quitte ou double, et
« de se jeter dans les bras du Savoyard, de l'Espagnol et du
« diable même, et quand il n'en pourroit plus de se jeter sur
« son espée. » Dufrène ne se découragea pas; il insista sur l'obéissance qu'il devait au roi, mais ayant ajouté qu'il avait commandement de Sa Majesté de lui dire que s'il ne quittait pas la province le roi viendrait en personne pour le contraindre à en sortir, d'Épernon se leva en proie à une terrible exaspération :
« *Le roy venir en personne!* s'écria-t-il, *qu'il vienne, et je*
« *lui serviroi de fourrier, non pour marquer, mais pour*
« *brusler tous les logis sur son passage!* »

Néanmoins la modération reprit ses droits. On parvint à amener le duc d'Épernon à une transaction. Le duc avait d'abord voulu être reconnu comme commandant général de l'armée, mais le Parlement avait répondu que puisqu'il n'était point question de guerre mais d'une trêve, il ne fallait pas de chef d'armée ; après quelques contestations on finit par conclure une simple trêve jusqu'au 1ᵉʳ juillet, époque à laquelle le roi devant être à Lyon, les deux partis se pourvoiraient devant lui. Dufrène obtint dans une dernière séance que les dames de Solliès, qui étaient encore prisonnières du duc, seraient renvoyées à Toulon.

Ainsi que cela arrivait toujours, cette trêve qui avait été si laborieusement obtenue fut mal observée. Le duc fit ravager le terroir d'Aix et Carcès celui d'Arles.

La trêve expirait le 30 juin. Le roi n'ignorait aucune des intrigues du duc d'Épernon ; il écrivait le 8 juin, de Dijon, au connétable de Montmorency : « ..... Je ne veux vous céler que « le duc d'Espernon a encore envoyé au duc de Mayenne le « capitaine Cadet, pour l'asseurer qu'il se déclarera pour lui à « la fin de ce mois, comme m'a même faict dire ledict duc de « Mayenne (1). » Il envoya de Belloi en Provence pour faire prolonger la trêve. De Belloi arriva vers la fin du mois de juin. Il mit sous les yeux du duc une commission du roi par laquelle il donnait à Lesdiguières le commandement en chef de l'armée de Provence, et ajouta qu'il avait l'ordre de la remettre au général dauphinois si le duc n'acceptait pas une trêve de trois mois et ne s'engageait pas à se rendre à Lyon, en juillet, pour recevoir les commandements de Sa Majesté (2). D'Épernon attendait tous les jours les résultats de la lutte que Henri IV venait d'engager en Bourgogne contre Mayenne et les Espagnols, et il ajourna sa réponse à une semaine. Ce qu'il attendait pour prendre une décision éclata sur sa tête comme la foudre : le 2 juillet il reçut une lettre lui annonçant que le roi avait complètement battu la Ligue à Fontaine-Française, que Mayenne avait été autorisé à se retirer à Châlons jusqu'à ce que les conditions de paix fussent arrêtées, et que le jeune duc de Guise, qui avait fait antérieurement sa soumission, était pourvu du gouvernement de la Provence.

Cette dernière nouvelle fit naître dans la province un enthousiasme universel et glaça d'Épernon d'effroi. Mieux que personne il vit sous quelle habile trame politique il allait succomber,

---

(1) *Lettres missives*, t. IV, p. 368.
(2) *Mémoires* d'A. DE PUGET SAINT-MARC.

et tout ce qu'il y avait de profond et de vrai dans cette détermination, blâmée généralement à la Cour, de donner le gouvernement de Provence à un prince de Guise, opposant ainsi à ses compétitions la double influence de l'autorité royale et de la grande popularité dont la maison de Lorraine jouissait encore dans le pays. La nomination du duc de Guise avait soulevé, en effet, à la Cour une grande opposition, et les conseils venus des hommes les plus autorisés ne manquèrent pas au souverain. On disait qu'il y avait danger à donner un gouvernement aussi considérable à un jeune prince auquel les partis ennemis venaient d'offrir une couronne, et qui trouverait dans ses traditions de famille l'exemple de toutes les ambitions et de toutes les trahisons; que de toutes les provinces, la Provence était la plus agitée par la guerre civile, la plus voisine de l'Italie et de l'Espagne, et, par conséquent, la plus propre à servir les desseins d'un ambitieux; qu'on ne devait pas oublier que la famille du duc avait toujours eu des prétentions à la souveraineté de la Provence; qu'on savait que les princes lorrains, descendants d'Yolande, femme du roi René, avaient toujours revendiqué la Provence comme leur appartenant, et que le chef actuel de la famille, pour ne pas laisser périmer ses droits, prenait le titre de duc de Provence. Le chancelier de Chiverny fut celui qui fit valoir ces raisons avec le plus de force, et demanda au roi une attestation écrite de ses remontrances (1); mais le roi,

---

(1) « D'autant que ceux de la maison de Lorraine prétendoient au comté
« de Provence pour s'en attribuer la qualité, je fus obligé comme chan-
« celier de France de m'opposer à ceste provision dudict gouvernement,
« pour laquelle le duc de Guise m'en voulut un peu de mal. Néanmoins
« je ne laissai pas pour le dû de ma charge d'en faire une remonstrance et
« protestation publique au roy en plein conseil, comme aussy aux cours de
« Parlement de Paris et d'Aix en Provence, à ce que ceste provision et pou-
« voir donnés par Sa Majesté audict duc de Guise ne puet nuire ny préjudi-
« cier aux droits de la couronne. » (*Mémoires de Chiverny.* Fonds Dupuy.)

qui avait donné sa parole au duc de Guise, persista dans sa décision, disant à Chiverny *qu'il se soucioit peu d'envoyer la peste en Provence pourvu qu'il pût la guérir d'une autre peste*, voulant désigner par là le duc d'Épernon (1).

Le duc d'Épernon instruisit Casaulx et Louis d'Aix de la position que les événements récents venaient de lui faire, et leur demanda jusqu'à quel point il pouvait compter sur eux dans le cas où le duc de Mayenne ferait la paix avec le roi. Casaulx voulait bien accepter des alliances, mais à la condition qu'elles fortifieraient son parti sans toucher à sa position personnelle, et il est permis de penser qu'il aimait mieux voir d'Épernon chassé par le roi ou se soumettant à lui, que de le voir se jeter dans Marseille où il aurait voulu agir en maître. Néanmoins, ne voulant pas compromettre l'avenir, tout en gardant la liberté de ses mouvements, il répondit au duc qu'il ne pouvait lui donner aucune explication précise, car la population marseillaise ne mettait pas en doute la fermeté du duc de Mayenne. Cette réponse évasive ne satisfit pas le duc d'Épernon, et à partir de ce moment il paraît n'avoir plus eu avec Casaulx que des rapports assez froids. Quoiqu'il en soit, il fit connaître à de Belloi qu'il se rendrait à Lyon dès que le roi y serait arrivé. Il espérait le faire revenir sur la nomination du duc de Guise, qui n'était pas signée encore, et l'amener à lui conserver son gouvernement.

En attendant le duc espérait si bien établir ses affaires en Provence, que son autorité n'aurait pas à souffrir de son absence. Il voulut, malgré la trêve, faire sentir sa puissance en même temps qu'il réconforterait les places qui lui obéissaient. Il descendit vers Toulon, passa par Solliès et ravagea les terres du seigneur du lieu, suivit le littoral, prit Cannes et les îles de Lérins, remonta vers Callas, mit le bourg à feu et à sang pour

---

(1) J. A. DE THOU, t. XII, p. 302.

le punir de n'avoir pas voulu ouvrir ses portes, et parcourut toute la viguerie de Riez, répandant partout la terreur et marquant son passage par d'iniques exécutions (1). Pendant que cette terrible promenade militaire s'accomplissait, les capitaines commandant les petites garnisons, les gentilshommes qui pouvaient armer quelques cavaliers levés sur leurs terres, se mirent en campagne et battirent les champs. La garnison de Saint-Cannat fit des courses jusque sous les murs d'Aix et enleva le bétail sous prétexte d'arrérages de contributions qui leur étaient dues ; celle de Marignane alla mettre le feu aux aires de Mimet et de Gardanne ; les conseillers Cheylan de Morier et Thoron, qui revenaient de Digne, furent faits prisonniers entre Saint-Paul et Vinon et conduits à Rians ; dans la viguerie de Forcalquier, douze soldats habillés en moissonneurs surprirent Montsallier. D'un autre côté, Solliès ayant rencontré avec sa cavalerie un détachement de Gascons, les fit prisonniers et les mena à Pertuis ; sur sa route les habitants de Jouques et de Peyrolles ayant voulu les délivrer, Solliès les fit charger et en tua plusieurs. Carcès fit une tentative armée sur le Martigues, mais il échoua et fut obligé de rentrer précipitamment à Aix.

(1) Le 1ᵉʳ septembre d'Épernon écrivit au capitaine Lairac de faire pendre le bailli et le premier consul de Cuers, près Toulon, pour se venger de ce que un de ses régiments avait été mal reçu par les habitants à son passage dans cette commune. Je ne citerais pas ce fait, qui était dans les habitudes du duc, si le procès-verbal de l'inhumation de ces deux magistrats ne contenait une expression, écho évident de l'opinion publique qui voulait que mourir de la main d'Épernon ce fut mourir pour sa patrie. « Lou 14 sétembré 1595, o jour de la sancto exaltacion dé la Crous, son « esta pendus moussur lou bayle de Cuers, Anthonin Cathalat et mossur « lou consul Louys Guis, tous dous de Cuers, et furunt pendus entré uno « et dos horos de nuech aus nouguiers de mossur François Cologne. E « sous aven entarra à San-Peyré, très capélans qué érian, parce qué éron « boans catholics. *Per mentenir sa patrio soun mors.* » (*Registre des actes mortuaires de la paroisse de Cuers.*)

Le duc d'Epernon était à Riez quand le roi arriva, le 4 septembre, à Lyon, accompagné de sa Cour, pour traiter avec le duc de Savoie et s'occuper des affaires de la Provence, du Dauphiné et du Languedoc. Les députés chargés de soutenir les intérêts du pays qui furent désignés par l'Union royaliste d'Aix étaient : le président de Coriolis, les conseillers Bermond et Griffon, Monnier et Aymar, avocat et procureur général, Sainte-Croix, premier consul d'Aix, Maynier, assesseur, le comte de Carcès et le marquis d'Oraison. La comtesse de Sault se rendit aussi à Lyon avec la députation (1). Le duc devait être accompagné par l'évêque de Sisteron, le baron des Arcs, le chevalier Buous et Pierre de Trichaud, seigneur de Saint-Martin. Ces députés avaient été nommés par les États de son parti. Il les fit appeler auprès de lui, et comme il voulait ne quitter le pays qu'après le comte de Carcès, et qu'il désirait, du reste, être précédé à la Cour par ses partisans, pour que leurs rapports parussent plus dégagés de toute influence directe de sa part, il les engagea à se mettre en route, les assurant qu'il les suivrait de très-près.

Les députés du duc eurent une peine extrême pour obtenir une audience de Henri IV. Dufrène finit cependant par leur ménager une entrevue chez la duchesse de Beaufort, la

---

(1) La comtesse de Sault ne devait plus revoir la Provence. Elle mourut à Paris le 7 avril 1611, n'ayant jamais pu obtenir aucun crédit à la Cour malgré le mariage de son fils avec la fille de Lesdiguières. Son corps fut rapporté à Sault et inhumé dans l'église. En 1760, des ouvriers qui faisaient des réparations à une chapelle découvrirent le caveau de la famille de Sault. On ouvrit le cercueil de plomb qui renfermait les restes de la comtesse. « Le corps était entier, rapporte un historien du temps, « plein de suc, le visage frais, souple et flexible, moins semblable à un « corps mort qu'à une personne vivante qui repose. » Le corps avait cinq pieds six pouces de longueur, et conservait encore beaucoup d'embonpoint. Il avait été déposé dans le cercueil nu et roulé dans une simple toile.

maîtresse du roi qui l'avait accompagné à Lyon. Ils trouvèrent le roi debout et appuyé contre une fenêtre : *Messieurs, leur dit-il, vous ne me voyez pas ici comme Roy, mais comme un soldat qui vient voir sa maîtresse ; au reste, ne me parlez pas d'affaires, je ne saurois y entendre aujourd'hui, j'attends pour cela mon compère le connestable qui me mettra au courant de toutes les informations.* Saint-Martin montra un certain courage en voulant insister, et comme le mot Provence revenait souvent dans son discours, le roi l'interrompit en lui demandant si la Provence produisait des fruits rares. Saint-Martin décontenancé répondit qu'elle produisait des pommes et des poires exquises. — *Comment va cela ! dit le roi, avec le soleil qui est si chaud, pourquoi le pays ne porte-t-il pas des fruits plus rares ?* — Sire, reprit Saint-Martin qui avait retrouvé toute sa présence d'esprit, *le soleil de Provence n'agit que sur la cervelle des habitants !* — Oui vraiment, riposta Henri IV en riant, *ceci ne m'étonne point ; nous tous, gens du Midi, qui avons le nez pointu, nous avons les cervelles chaudes !* En ce moment on annonça les députés de Normandie et l'entretien fut rompu.

Cependant Saint-Martin déployait la plus grande activité pour faire triompher les intérêts du duc, et peut-être, malgré les démarches de la députation de l'Union royaliste, serait-il parvenu à ébranler le conseil, si Lesdiguières n'avait soutenu la cause provençale de toute son énergie et de tout son crédit. Tout à coup le roi ayant reçu de mauvaises nouvelles de Picardie partit précipitamment le 4 septembre pour Cambrai, avant que d'Epernon ne fût arrivé à Lyon. Deux jours avant, le 22, il avait signé la révocation des pouvoirs du duc d'Epernon (1), la

---

(1) « ... ayant pour plusieurs bonnes raisons et considérations, jugé que
« le bien de nostre service et le repos et tranquillité de nostre païs de

nomination du duc de Guise, celle de Lesdiguières comme lieutenant du gouverneur, avec ordre à Lesdiguières et à Ornano d'assister le duc de Guise de toutes leurs forces « si le duc « d'Espernon s'opiniastroit en Provence ». En même temps il prescrivit au connétable de Montmorency, aux sieurs de Roquelaure et Dufrène, ainsi qu'au marquis de Pisani, d'aller attendre le duc à Valence et de lui intimer l'ordre de sortir de Provence en lui offrant le gouvernement du Poitou.

Pendant que les députés de l'Union royaliste entraient à Aix répandant partout sur leur passage la nouvelle de la nomination du duc de Guise au gouvernement de Provence, le connétable de Montmorency, Roquelaure, Dufrène et Pisani descendaient à Valence avec les députés des États épernonniens. Ils arrivaient à peine depuis deux jours dans cette ville, quand le duc d'Espernon s'y présenta ayant une escorte de plus de trois cents gentilshommes ou capitaines, « ce qui faisoit ressembler sa « marche, dit un ancien historien, bien plus à celle d'un Roy « que d'un sujet quelque grand qu'il fust ». Montmorency lui transmit les ordres de Henri IV, qui provoquèrent chez lui une vive irritation. L'échange du gouvernement de la Provence contre celui du Poitou réveillait à chaque instant ses colères : *voila un bon parallelle*, ne cessait-il de dire, *voila une belle proposition!* En vain le connétable l'engageait-il à se soumettre aux ordres du roi, en vain Saint-Martin, tout en déclarant

« Provence, ne comportent pas de tenir plus longuement nostre cousin le « duc d'Espernon aux charges et commandement dans ladicte province, « au contraire qu'il estoit expédient et nécessaire de l'en retirer.....» Henri IV révoque le duc de sa charge et commandement, sous son autorité, au gouvernement de Provence ; ladite révocation entrainant aussi celle des personnes qui avaient été instituées par le duc au commandement des villes, places et châteaux. (*Archives de la Préfecture de Marseille. Deuxième registre du Roy. Anno.* 1595.)

« qu'il estoit vray que le Poictou n'estoit qu'une poignée de
« mouches en comparaison de la Provence » le poussait-il à
accepter ce gouvernement, d'Épernon fut intraitable. La colère,
la vengeance, trouvaient seules places dans ce cœur altier et ul-
céré. Il reprit le chemin de la Provence bien décidé à combattre le duc de Guise et le roi lui-même s'il se présentait.

Mais tout semblait conspirer contre le duc d'Épernon. En
même temps que le roi en révoquant ses pouvoirs le mettait en
demeure de faire acte de soumission complète ou de rébellion
déclarée, le pape recevait solennellement Henri IV dans le giron
de l'Église, et lui enlevait ainsi tout prétexte d'appel à la foi
pour pallier sa révolte.

Le 17 septembre, le saint père entouré des cardinaux et de
tous les dignitaires de l'Église, s'était assis sur un trône splendide dressé sous le portique de Saint-Pierre de Rome. Les deux
ambassadeurs du roi de France, d'Ossat et Duperron, s'étaient
avancés, et s'étant mis à genoux, l'un d'eux avait lu la confes-
sion que faisait le roi d'avoir suivi l'hérésie de Calvin et sa demande d'absolution. Le procureur du saint office ayant lu à
son tour un décret par lequel le pape l'absolvait, pourvu qu'il
acceptât la pénitence qui lui serait donnée et observât les conditions acceptées, les deux ambassadeurs jurèrent que les conditions seraient observées. Alors eut lieu, selon les traditions et
les textes de l'Église, une cérémonie qui souleva en France,
dans le parti protestant surtout, de vives récriminations, et que
d'Ossat, dans sa correspondance, réduit à sa juste valeur purement symbolique : les chantres entonnèrent le *Miserere*, et à
chaque verset le pape frappa alternativement d'une baguette
Duperron et d'Ossat prosternés à ses pieds; puis le *miserere*
fini, le saint-père s'étant levé, réitéra à haute voix la formule
d'absolution, et déclara qu'il recevait Henri, quatrième de nom,
dans le sein de l'Église catholique, apostolique et romaine, et

le proclamait roi de France et très-chrétien. Les trompettes sonnèrent, les tambours battirent, les canons du château Saint-Ange couvrirent la ville de bruit et de fumée, et le peuple immense qui remplissait la place tout frémissant d'émotions religieuses poussa de longues acclamations, pendant que le pape relevant les ambassadeurs les embrassait et les bénissait.

Le cardinal d'Aquaviva, légat d'Avignon, reçut le premier un courrier lui faisant connaître ce grand événement. La catholique Provence tressaillit jusqu'au fond de ses entrailles en apprenant la réconciliation de son roi avec le chef de l'Église. A dater de ce moment il ne pouvait plus exister de malentendus entre les Provençaux, qui tous allaient s'unir dans un même sentiment de respect et d'amour pour la religion et le souverain.

Arles donna la première le signal de la défection à la faction du duc d'Épernon. Le 13 octobre, jour de procession solennelle, deux généreux citoyens, le seigneur de Beynes et Robert Quiqueran de Beaujeu, se présentèrent à l'église au milieu d'un immense concours de fidèles, portant une écharpe blanche en sautoir et criant : *Liberté ! Liberté ! Vive le roi et les fleurs de lys !* La nouvelle que le pape avait absous Henri IV circulait déjà depuis quelques jours ; de Beynes et de Beaujeu furent accueillis par des acclamations unanimes. Le peuple, fatigué de la tyrannie de la Ligue et ne voyant en d'Épernon qu'un maître impérieux, se répandit dans la ville en poussant des cris de joie. Le consul Nicolas Jean gagné moyennant 16,000 écus au parti du roi, n'attendait que le moment favorable pour se déclarer en sa faveur ; il sortit de l'Hôtel de ville le chaperon sur l'épaule et se mêla à la population. La marche de la procession à travers les rues fut une marche triomphale, et les fidèles comme les spectateurs ne cessèrent jusqu'à sa rentrée et même dans l'église, de faire retentir les airs des cris de : *Vive le roi !* Spectacle consolant, qui montrait la religion ajoutant la majesté de ses cérémonies à l'allégresse patriotique d'une population longtemps divisée. Le lendemain, les consuls réunirent le conseil et envoyèrent quatre députés auprès de Henri IV pour lui prêter serment de fidélité au nom de la ville. Trois jours après les garnisons des forts de Trinquetaille, de la Ponche, de Paques, ainsi que celle qui occupait le monastère de Montmajour arborèrent l'étendard royal.

Le duc d'Épernon était arrivé à Lambesc le jour où s'accomplissait à Arles cette révolution pacifique, de retour de son voyage à Valence. Il garda au fond de son cœur les rancunes que durent faire naître les résolutions des Arlésiens, et leur fit dire qu'ils avaient fait leur devoir en se ralliant au roi. Mais le lendemain il se présenta avec des canons devant Pelissane, qui avait aussi voulu reconnaître Henri IV, et lui imposa silence par la terreur. Il se rendit de là à Rians, à Saint-Maximin et à Brignoles, où il fit une ordonnance pour que tous les villages eussent à porter des vivres dans les villes qui tenaient son parti. En quittant Brignoles il se dirigea vers Sisteron. Partout sur son passage il trouva la désaffection et des hostilités. Étant en route, il rencontra Buous qui regagnait Moustiers, dont il était gouverneur. Depuis qu'il avait fait le voyage de Lyon, Buous avait été gagné au roi, et il n'attendait qu'une occasion pour se déclarer en faveur de l'Union d'Aix. D'Épernon, qui s'était déjà aperçu à Valence de la froideur de son lieutenant pour lui, chercha à le ramener par des promesses, sans pouvoir parvenir à le faire s'expliquer. En le quittant il lui tendit la main et lui dit : *Courage chevalier, au retour nous boirons au grand verre !*
— Monsieur lui répondit Buous froidement, *le verre est cassé !* Ils se quittèrent pour ne plus se revoir. En arrivant à Moustiers Buous souleva la ville aux cris de : *Vive le roi!* et ayant reçu le lendemain, 26 octobre, cent lances et vingt arquebusiers à

cheval qu'il avait demandés à Lesdiguières, il partit avec cette troupe et sa compagnie de cavalerie pour Riez, qui se déclara contre d'Épernon, à l'exception de la citadelle où Peyrolles s'était enfermé avec une partie de la garnison. De là il descendit à Aups et à Castellanne qu'il entraîna facilement dans le parti du roi (1).

Pendant que la partie haute du pays se levait d'un élan unanime et irrésistible à la voix de Buous, un autre gentilhomme provençal attardé dans la faction du duc d'Épernon revenait au parti du roi et soulevait le plat pays et les quartiers maritimes. Dans les dix premiers jours de novembre, Boyer parti de Toulon, qu'il avait voulu comprimer il y avait moins de deux ans, et où il venait d'être reçu avec enthousiasme, fit crier : *Vive le roi!* à Ollioules, à Saint-Nazaire, au Beausset, à Gémenos et dans tous les villages de Draguignan et de Fréjus. Le Parlement, heureux de voir ce vaillant capitaine embrasser les intérêts de l'Union provençale, le nomma commandant militaire de tout le territoire qui forme aujourd'hui à peu près le département du Var.

Sur ces entrefaites, le 16 novembre, arriva à Aix l'archevêque Hurault de Vallegrand, qui avait été nommé depuis quelques mois au siége archiépiscopal de cette ville en remplacement du factieux archevêque Génebrard. Il portait la révocation du duc d'Épernon et la nomination du duc de Guise. Le Parlement enregistra en séance solennelle les lettres de nomination et les fit publier dans la ville avec un appareil imposant : les consuls en chaperon, les conseillers en robes rouges, tous à cheval, précédés des capitaines de quartier et entourés de la milice sous les armes, parcoururent la ville, donnant lecture des lettres

---

(1) A Aups la petite garnison gasconne ayant vivement résisté fut presque entièrement passée au fil de l'épée.

royales au milieu des manifestations de joie de la population. Le lendemain, il rendit un arrêt par lequel le duc d'Épernon et tous les Gascons, « tant de nation que de volonté » étaient tenus d'évacuer les places, villes et châteaux, et de sortir de Provence avant huit jours, à l'expiration desquels la Cour les déclarait atteints de crime de félonie contre Sa Majesté Royale, rebelles et ennemis publics, et ordonnait que leurs biens seraient saisis et confisqués. Le Parlement enjoignait, en outre, à tous les gentilshommes et habitants, même ceux des villes et lieux tenus par le duc, de prêter serment de fidélité au duc de Guise, et à tous les gens de guerre de venir se ranger sous ses ordres à son entrée en Provence pour recevoir ses commandements.

Trois jours après, de Belloi, qui était encore à Aix, porta au duc ses lettres de destitution, ainsi que l'arrêt prononcé par le Parlement contre lui. Il ne voulut obéir à l'ordre ni se soumettre à l'arrêt; il répondit à de Belloi qu'il ne souffrirait jamais qu'on le chassât de la province à coups de bâtons, et qu'on lui arracherait plutôt la vie que de le faire consentir à perdre l'honneur. Peut-être d'Épernon fondait-il en ce moment de grandes espérances sur Marseille, et la voie dans laquelle Casaulx et Louis d'Aix venaient d'entrer, en entamant des relations avec le le roi d'Espagne, ouvrait-elle à son ambition des horizons nouveaux? En septembre, l'archiduc Albert, qui se rendait d'Espagne en Flandres sur une escadre commandée par le prince Doria, s'arrêta à Marseille et visita Charles Casaulx. Il y avait dans cette relâche dans une ville française, en dehors de la route que devait suivre l'archiduc-cardinal, une évidente préméditation politique : « On recogneust, dit Bausset, qu'il avait charge
« du roy d'Espagne de faire ouverture de quelque traité avec
« que ces gens là. » Le prince Doria « luy parla à part, » ajoute Bausset, et lui rappelant un ravitaillement récent du château d'If par les galères du grand-duc de Toscane,

il lui dit que c'était pour lui une honte et un affront, qu'il y allait de son honneur d'en tirer vengeance, et qu'il lui offrait pour cela l'assistance du roi son maître. Cette entrevue coïncidait avec l'arrivée de Henri IV à Lyon et la défaite de la Ligue en Bourgogne ; Casaulx qui n'ignorait pas la position critique du duc de Mayenne traita avec l'archiduc pour l'envoi à Marseille d'une escadre de galères de Gênes, se réservant d'envoyer des députés en Espagne pour traiter directement avec le roi.

Cette espérance d'avoir dans un temps prochain l'appui du roi d'Espagne enfla d'orgueil le premier consul et le viguier : ils complétèrent l'armement de la ville, agrandirent le fort Notre-Dame de la Garde, élevèrent une batterie à l'embouchure du port et frappèrent les habitants d'un impôt supplémentaire de cinq pour cent, faisant jeter en prison les récalcitrants ou ceux qui tardaient trop à s'exécuter. En même temps ils donnaient tous leurs soins à la députation qui allait se rendre en Espagne, et qui, comme celle de 1590, avait indubitablement un but apparent, destiné à tromper le vulgaire, et un but caché, destiné à garantir les deux idoles de la multitude contre les subits revirements de la faveur populaire. La présence seule du frère de Charles Casaulx serait déjà une forte présomption pour des articles secrets à convenir avec Philippe II. Casaulx s'adressa d'abord à Altovitis, assesseur, homme sûr et dévoué à ses intérêts. Altovitis refusa ; peut-être devina-t-il que son honnêteté ne pouvait s'accommoder d'un rôle mal défini et qui ne servait qu'à couvrir des intrigues. Il raconta plus tard à Nostradamus, qu'il se basa dans son refus sur les difficultés du voyage et son peu de valeur personnelle pour mener à bonne fin une pareille mission. Ce fut lui qui proposa le docteur Mongin, auquel on adjoignit Nicolas David et François Casaulx. On n'a pas de documents authentiques sur le but réel de cette ambassade ; ostensiblement elle avait pour mission : de supplier le roi de prêter de l'argent aux consuls — d'obtenir la sortie des blés de Sicile pour l'alimentation de Marseille — de faire un traité de paix entre la ville et l'Espagne, et enfin d'obtenir que tous les Marseillais prisonniers de guerre fussent relâchés. Mais peut-on supposer que là seulement tendait le résultat poursuivi, et la députation n'avait-elle pas autre chose à obtenir ? C'est ce que l'histoire a le droit de rechercher et ce que, à défaut de pièces officielles, les événements nous apprendront. Pour le moment, ce n'est pas trop s'engager que de dire que Casaulx et Louis d'Aix aimaient mieux traiter avec le roi d'Espagne qu'avec Henri IV, qui, s'il leur avait fait, comme il le fit quelques mois après par l'édit de Folembray, des conditions plus sûres et plus honnêtes, ne pouvait leur en présenter de plus avantageuses, du moins en apparence.

CHAPITRE XII

CHARLES CASAULX, PREMIER CONSUL DE MARSEILLE.
1595-1598

Le duc de Guise entre en Provence. — Réduction de Sisteron. — Soumission de plusieurs places. — Le duc d'Épernon traite avec le roi d'Espagne. — Les États refusent de reconnaître Lesdiguières comme lieutenant-général. — Casaulx reçoit des secours d'Espagne. — Édit de Folembray. — Propositions particulières du roi à Casaulx. — Casaulx les repousse. — Henri IV s'adresse au pape pour qu'il négocie la soumission de Casaulx. — Arrivée et réception des députés de Casaulx à la cour d'Espagne. — Traité entre Marseille et Philippe II. — Démagogie à Marseille. — Conjuration de Libertat. — Premières propositions au duc de Guise. — Ses hésitations. — Le complot est résolu. — Stipulations entre le duc de Guise et les conjurés. — Le 17 février 1596. — Mort de Casaulx. — Les troupes du duc de Guise entrent dans Marseille. — Louis d'Aix se réfugie à Saint-Victor et Fabio Casaulx au fort Notre-Dame. — Fuite de Louis d'Aix et de Fabio Casaulx. — Soumission de Marseille. — Dernière expédition de d'Épernon. — Le duc de Guise le bat au combat de l'Argens. — D'Épernon sort de Provence. — Les Toscans s'emparent du château d'If. — Édit de Nantes. — Paix de Vervins. — Pacification complète de la Provence.

1595   Le fils du *Balafré* venait en Provence comme simple gouverneur, lui dont les ancêtres avaient recueilli l'héritage du roi René ; mais en ce moment trop d'années avaient passé sur la maison de Lorraine, et ce choix flattait le pays sans compromettre les droits des Capétiens. Le duc entra en Provence par Mondragon le 21 novembre 1595. Il avait avec lui 5,000 soldats d'infanterie, 900 cavaliers et 600 maîtres. Il était accompagné de nombreux gentilshommes qui composaient sa maison, tous richement vêtus d'étoffes éclatantes et couverts de broderies d'or. La noblesse provençale, pauvre et n'ayant que ses habits de guerre, était venue l'attendre à Mondragon et lui fit une véritable ovation. La province avait mis à la disposition du gouverneur 2,000 fantassins et 300 maîtres pour compléter son armée. Le duc écrivit aux procureurs du pays qu'il avait le dessein de concentrer toutes ses troupes à Orgon, et demanda à ce qu'on pourvût à leur subsistance. Tel était l'épuisement du trésor public, que pour subvenir à cet entretien la ville d'Aix s'obligea à fournir 1,000 charges de blé et 600 charges d'avoine, sous la responsabilité de deux cents notables de la cité.

Pendant que le duc de Guise était en route pour se rendre en Provence, Lesdiguières, lieutenant-général au gouvernement du pays, assemblait quelques troupes en Dauphiné pour réduire Sisteron à l'obéissance du roi. Le baron de Ramefort, gouverneur de la ville, tenait toujours pour d'Épernon, mais sa fidélité était fortement ébranlée par le spectacle des défections qui se produisaient tous les jours. Toutefois, ne voulant pas rompre ouvertement, il avait pris le parti de se retirer en Gascogne, laissant le commandement de la ville à son frère Onufre de Ramefort, déjà pourvu du commandement du château. Onufre de Ramefort, d'un caractère irrésolu et d'opinions politiques toujours conformes à ses intérêts personnels, ne désirait rien tant que de se rallier au maître le plus puissant et le plus généreux, et ses tergiversations, s'il en éprouvait en ce moment, cessèrent sous la facile pression de Mesplez. Le vaillant défenseur de Berre était devenu suspect à d'Épernon, qui l'avait brutalement remplacé dans son gouvernement de Saint-Tropez. Irrité de cette disgrâce, il était venu voir le roi à Lyon, en septembre, qui l'avait autorisé, au dire de Mézerai, à lever des troupes et à traiter avec tous ceux qu'il pourrait ramener au duc de Guise. Mesplez usant de sa commission avait enrôlé un millier d'hommes, qu'on appelait les *bonnets blancs*, à cause de leur coiffure, et qu'il avait logés dans les villages autour de Sisteron. Il entra seul, un jour, dans la ville, et n'eut pas de peine à convaincre Ramefort de faire sa soumission au duc de Guise, mais en le mettant en garde contre Lesdiguières, avec lequel il n'avait pas à traiter, le duc ne désirant pas qu'il eût trop de puissance en Provence. Sur ces entrefaites, Lesdiguières, par un de ces hardis coups de main qui lui étaient familiers, s'empara du faubourg de la Baume et somma Ramefort de se rendre. Celui-ci lui répondit qu'il repousserait la force par la force s'il y était contraint, jusqu'au jour où il pourrait remettre les clefs de la ville au duc de Guise qui allait arriver. Lesdiguières, que cette dernière détermination trouvait peut-être incrédule, n'en tint aucun compte et demanda des canons à Gap. Pendant ce temps, Mesplez entra dans Sisteron avec ses *bonnets blancs*, et redoubla par sa présence le courage de la petite garnison de la place. Le siége allait s'ouvrir, quand une députation de notables qui avait été envoyée à la rencontre du duc de Guise le trouva à Mondragon et lui remit l'acte de soumission de la ville et du gouverneur. Le duc heureux de marquer son entrée en Provence par l'occupation sans effusion de sang d'une place de guerre aussi importante, résolut de monter à Sisteron avant de se rendre à Aix, et ayant pris par Apt et Forcalquier, il y arriva le 26 novembre. Ramefort fut au devant de lui à une lieue de la ville et lui déclara qu'il était bon serviteur du roi et prêt à obéir à tout ce qu'il lui commanderait, « que toutes fois il le supplioit « très humblement de le vouloir maintenir en son gouverne- « ment, puisqu'il n'avoit en rien desservi Sa Majesté ». Le lendemain Lesdiguières entra seul, à cheval, à Sisteron, pour saluer ye gouverneur. Pour se venger de Ramefort, il excita une sédition contre lui parmi les huguenots. Lesdiguières demandait le gouvernement de la place pour son neveu d'Auriac, Ramefort le réclamait comme une récompense de sa soumission. Le duc de Guise ne savait quelle détermination prendre, quand, sur l'avis de son conseil, il trancha le différend en donnant le commandement de la Baume à d'Auriac, celui du château à Ramefort, et en confiant aux consuls le gouvernement de la ville. Lesdiguières comprit qu'il y avait des hostilités contre lui dans l'entourage du prince, et en attendant les enseignements de l'avenir, il exigea de la communauté de Sisteron 20,000 écus pour frais de guerre.

La soumission de Sisteron fut suivie de celles de Montsallier, de Forcalquier, de Ventabren et de Saint-Cannat. Le gouverneur arriva à Aix le 14 décembre. Son entrée fut un triomphe. Quatre jours après il siégea au Parlement. Depuis plus de vingt ans le fauteuil fleurdelisé n'avait été occupé par un gouverneur. Du Laurens, après avoir fait le panégyrique de la maison de Lorraine, toujours aimée et respectée en Provence en mémoire du roi René, peignit avec les couleurs les plus sombres le tableau de tous les « désordres, voleries, meurtres, bruslemens « et violemens » qui accablaient le pays, et après avoir lu un arrêt qui enjoignait aux Gascons et autres qui tenaient le parti du duc d'Épernon de remettre dans l'espace de huit jours aux officiers du roi les places, villes et forteresses qu'ils occupaient, sous peine d'être punis suivant la rigueur des lois, il déclara que la Provence accueillait le duc de Guise comme le restaurateur des libertés publiques (1).

(1) Du Laurens était né à Tarascon le 7 mars 1554. Il fut longtemps procureur général au Parlement de Provence, et mourut le 24 janvier 1612 étant archevêque d'Embrun. Lorsque le roi le nomma à l'archevêché d'Embrun, il lui dit ces paroles pleines de bonté : *Monseigneur, soyez-moi autant ami que vous m'avez été ennemi.* Quand le Parlement s'était

Le lendemain, 19, le duc de Guise accompagné de Lesdiguières, qui était descendu à Aix avec lui, se dirigea vers le Martigues, Marignane et la Tour-de-Bouc qui firent leur soumission aux cris de : *Vive le roi!* La perte de la Tour-de-Bouc, qui tenait le parti de Marseille bien plus que celui de d'Épernon, fut très-sensible à Casaulx. La position de cette place, qui pouvait être ravitaillée par mer, avait une réelle importance : elle pouvait être le point de départ d'une armée qui aurait pris Aix à revers, tandis qu'une autre armée sortie de Marseille l'attaquerait de face. Casaulx comprenait si bien cela que, d'après Nicolas de Bausset, « il avoit donné charge aux députés de Marseille de promet-« tre au roy d'Espagne qu'il la luy remettroit en main comme « pour hostage du secours ». Pendant que le duc soumettait ces places, Lesdiguières attaquait un gros de cavalerie de d'Épernon du côté d'Auriol, tuait vingt-quatre hommes et forçait le reste à se réfugier dans la citadelle. De là il marcha sur Vinon, mais des pluies torrentielles qui duraient depuis un mois avaient rendu les chemins tellement impraticables qu'il fut

---

divisé en Parlement royal et en Parlement ligueur, du Laurens fut le seul membre du parquet qui demeura dans Aix; plus tard il fut l'apologiste le plus fougueux des démarches coupables des ligueurs, et n'hésita pas à se charger des missions les plus compromettantes. Il fut le vrai meneur de la Ligue en Provence, et ne connut jamais d'autre règle que sa dévotion : *Que tout périsse*, disait-il dans un discours, *pourvu que la religion demeure!* Il jugeait la liberté de conscience : *la liberté d'estre méchant.* Malgré sa grande intelligence, il ignora ce que c'était que le patriotisme. Prêt à se séparer de la France, dit un écrivain, il alla sans hésitations, sans remords, chercher un chef au dehors, à Rome, et sentant que la force n'était pas là, à défaut de la royauté de son cœur, il alla à Philippe II, la royauté nécessaire. C'est lui qui a été le vrai chef du Parlement ligueur, et on peut dire qu'il fut factieux, honnête et convaincu, Henri IV disait un jour à Duperrier qui arrivait de Provence : *Que fait le bonhomme du Laurens? Il était grand ligueur et fort contre moi; mais je ne lui en sais pas mauvais gré : il ne le faisoit pas pour les Guise mais pour la religion.*

obligé de revenir sur ses pas. Il vint rejoindre le duc de Guise au Martigues, et avant de rentrer à Aix, ils passèrent par le territoire de Marseille pour reconnaître l'assiette de la ville. S'étant trop approchés de la porte Saint-Jean, ils furent accueillis par une vive canonnade, et eurent, en outre, à essuyer le feu d'une galère espagnole qui était sortie du port pour les forcer à s'éloigner du rivage.

Le duc revint à Aix. Il tint, le 26 décembre, les États généraux de la province, auxquels assistèrent un grand nombre de prélats, de gentilshommes et de députés des communautés. Les États le supplièrent de casser et de congédier beaucoup de garnisons qui obéraient le pays sans lui rendre aucun service, et votèrent l'entretien de 6,000 hommes d'infanterie et de 1,500 chevaux. Le Tiers, comme toujours, fut chargé de pourvoir à la solde, à la nourriture et à l'armement de cette armée, car il n'avait pas les exemptions du clergé et n'était pas tenu, comme la noblesse, de prendre les armes ; néanmoins, il fut délibéré que si le clergé et la noblesse se refusaient, comme cela s'était déjà présenté, à contribuer pour l'artillerie, on en porterait plainte à Sa Majesté, « et que ce pendant on les tireroit en instance pour les y con-
« traindre (1) ».

Pendant que les États se tenaient à Aix, Grasse faisait retour à l'autorité royale. Cette ville était commandée par Esprit Peyremond, de Draguignan, connu sous le nom de capitaine Laplane, qui avait, en 1593, assassiné le gouverneur de Gaud, et que le duc de Savoie avait investi, malgré cette action atroce, des fonctions de sa victime. Laplane était un soudard avide et cruel, qui avec quelques soldats piémontais faisait trembler la population. Six habitants résolurent d'en délivrer leur patrie. Avec ce cynisme que les malheurs du temps expliquent sans le

(1) *Droit public du Comté État de Provence*, F. Bouche, p. 131.

justifier, ils se servirent de leurs relations d'amitié avec Laplane pour accomplir plus sûrement leur dessein. Deux conjurés montèrent dans la soirée du 14 décembre dans son hôtel, le premier sous le prétexte de passer la soirée avec lui, et le second, une heure après, pour demander la punition de quelques soldats qui, disait-il, avaient refusé de lui obéir. Au moment où Laplane se levait pour appeler le chef de poste, l'un d'eux lui sauta à la gorge, le saisit par la barbe et lui donna deux coups de poignard dans le ventre en lui disant : *Compagnon, il faut mourir!* tandis que l'autre le prenant par un pied le jetait sur le parquet où il le clouait d'un coup d'épée qui lui perça la poitrine de part en part. Pendant que cette tragédie se passait, les quatre autres conjurés détournaient l'attention des soldats de service à la porte de la rue, que les cris qui remplissaient la maison étonnaient : *Oyez*, disaient-ils, *comme le gouverneur étrille les soldats qui refusent d'obéir à Granier!* Ces mots avaient suffi pour rassurer les plus crédules, mais quelques-uns étant montés chez Laplane, en redescendirent bientôt poursuivis par les deux meurtriers l'épée à la main, et entraînèrent dans leur fuite le poste entier. En peu de temps, la ville instruite de cet événement se leva avec enthousiasme et se porta vers l'Hôtel de ville, où les consuls venaient de se réunir. Ils sortirent vers minuit, précédés de flambeaux, et parcoururent les rues, pendant que des groupes armés d'habitants chassaient les soldats piémontais de tous leurs postes, en poussant les cris de *Vive le roi!* et annonçant partout que Grasse était délivrée de l'occupation étrangère.

Pendant que le duc de Guise entrait en Provence et que Sisteron faisait sa soumission, le duc d'Épernon consommait sa rébellion et signait avec le roi d'Espagne un traité qui faisait de lui non-seulement un rebelle envers son roi, mais encore un traître envers sa patrie : « On m'écrit, disait le cardinal d'Ossat

« à M. de Villeroi, qu'après la prise de Sisteron le duc d'Es-
« pernon avoit envoyé au roy pour se soumettre, mais on ne
« sait pas qu'en même temps il envoya à Turin, à M. de Savoye,
« et à Milan, au connestable de Castille, duquel il a obtenu
« 60,000 écus, à sçavoir 5,000 au comptant, dont on lui achète
« à Milan des armes et des chevaux, et 5,500 en une lettre de
« change sur Gennes, et dit-on que c'est une avance de deux
« mois d'une pension de 30,000 écus par mois qu'on lui donne;
« et fait dire que l'argent qu'il prend à Milan, c'est argent qu'il
« y avoit en banque. Ceux qu'il a envoyés à Milan et à Turin
« s'appellent de Mons et Caumeny. » Depuis que le roi s'était
converti, Philippe II avait compris qu'il lui fallait changer de
rôle; il ne pouvait plus être question, en effet, de prendre les
armes au nom du catholicisme, car ce n'était plus là qu'un vague souvenir populaire qui ne pouvait plus émouvoir les cons-
ciences et entraîner les cœurs. Le roi, dégageant sa politique de
tous les prétextes, faisait ouvertement la guerre à la France et
employait dans ce but tout ce qui pouvait lui offrir des éléments
de succès, tout ce qui pouvait être pour lui un auxiliaire utile. Le
duc d'Épernon, de son côté, depuis que le duc de Guise, oubliant
toutes ses traditions de famille, s'était rallié au roi et avait accepté
une position de lieutenant dans une province où ses ancêtres
avaient commandé en souverains, croyait n'avoir plus de ménagements à garder. Le 10 novembre il signait à Saint-Maximin
cet acte de serment envers la couronne d'Espagne : « Je sous-
« signé, Jean-Louis de la Valette, duc d'Espernon, pair et colo-
« nel de France, gouverneur, lieutenant général en Provence,
« Saintonge et Angoumois, promets à Sa Majesté Catholique de
« faire guerre au prince de Béarn et aux hérétiques et fauteurs
« d'iceux dans le royaume de France, et de ne traicter ny ré-
« soudre aucun accord ny paix avec eux, sans en avoir la per-
« mission de Sa Majesté Catholique et après luy du prince son

« fils, lesquels me promettront par mesme moyen de me tenir,
« et mes amis, sous leur protection. Et de leur costé, ne con-
« cluront aucune paix avec le prince de Béarn que je n'y sois
« compris pour conservation de moy, de mes amis, de nos
« biens et charges ; enfoy de quoy j'ai dict et signé la présente,
« et cachetée du sceau de mes armes, pour conserver ce que
« dessus aux conditions y posées. A Sainct-Maximin ce dixiesme
« de novembre 1595 (1). »

La soumission du duc envers une souveraineté étrangère avait été précédée d'un traité spécial entre Philippe II et d'Épernon signé, la veille, à Saint-Maximin : « Sa Majesté Catholique fera
« fournir dans Gennes pour le duc d'Espernon, tant poudre que
« balles, pour tirer deux mille coups de canon, et quatre cents
« quintaux de poudre à arquebuses. Tous les mois seront four-
« nis dans la mesme ville de Gennes douze mille escus pour le
« duc d'Espernon, à commencer du mois d'aoust dernier. Sa
« Majesté Catholique promet en outre au duc d'Espernon de le
« protéger luy et ses amis, moyennant secours fournis de toutes
« sortes, chaque fois que le duc l'en suppliera. En cas de quel-
« que accord ou paix avec le prince du Béarn, Sa Majesté pro-
« met en foy et parole de roy, de le comprendre audict traicté
« et tous ceulx qui despendent de luy, de ses amis, ou des char-
« ges qu'ils possèdent maintenant. Donnant Sa Majesté six mille
« arquebusiers dont elle fournira de quoi faire la levée au duc
« d'Espernon, parmi lesquels deux mille français, puis la cava-
« lerie nécessaire, payant le tout durant le siège et donnant
« adsistance de galères en nombre suffisant pour boucher les
« advenues de la mer; promets ledict duc d'Espernon d'assié-
« ger la ville, place et forteresse de Tholon, et il espère s'en
« saisir avec l'aide de Dieu, et après la prise de la bailler à la

(1) *Archives de Simancas. D'après* CAPEFIGUE, *Histoire de la Ligue.*

« disposition de Sa Majesté Catholique pour y mettre tel nom-
« bre de gens de guerre qu'il luy plaira, et promets aussy Sa
« Majesté de nommer un gentilhomme français pour gouverneur
« dudict Tholon, et que nul autre que le duc d'Espernon com-
« mandera l'armée audict siège ; que l'on fournira à Bruxelles
« ou à la plus proche ville de Belgique, et en toute diligence,
« 6,000 escus entre les mains de celuy que ledict duc d'Esper-
« non nommera pour subvenir aux besoins de ceste place.
« 100,000 escus seront en outre déposés en dépost à Gennes
« entre les mains de marchands solvables, jusqu'à l'acquitte-
« ment de toutes les conditions susdictes. A Saint-Maximin ce
« neufviesme de novembre 1595 (1). »

Les événements qui se précipitaient ne devaient pas permettre au duc d'Épernon d'accomplir les clauses de ce traité abominable. Un coup d'épée allait rendre Marseille à la France, et
le duc vaincu dans une rencontre allait abandonner la Provence,
après avoir stipulé en argent comptant les conditions de sa soumission. En attendant, enfermé dans Brignoles et calculant avec
quels moyens terribles il pourrait réduire le pays, il était en
butte à la haine farouche de toutes les classes de la population
provençale. Un paysan osa entreprendre de délivrer le pays de
sa présence en lui ôtant la vie. Cet homme, du nom de Bergue,
natif du village du Val, résolut de faire sauter la maison qu'habitait le duc à Brignoles et de l'ensevelir sous ses ruines (2). Il
vint trouver Saint-Cannat à Toulon et lui demanda la quantité
de poudre nécessaire pour accomplir son projet. Saint-Cannat,
quoique ennemi acharné du duc, déclare dans ses *Mémoires*

---

(1) *Archives de Simancas. Histoire de la Ligue* par CAPEFIGUE.
(2) D'Épernon habitait la maison d'un notable du lieu nommé Rogiés.
Il est remarquable que trois années auparavant, en 1592, une entreprise
semblable avait été effectuée pour faire sauter la même maison, où logeait
alors M. de Castillon, gouverneur de Brignoles.

qu'il repoussa cette demande avec la plus vive indignation, et que Bergue se rendit alors à Aix, où le bruit courut qu'il avait conféré avec Fabrègues et avec Lesdiguières. Du Virailh semble insinuer que Fabrègues lui fit fournir la poudre : « Fabrègues, « dit-il, proposant ce fait à M. Desdiguières, celuy ci luy dit qu'il « n'avoit pas accoustumé de faire la guerre de ceste sorte ; que « quant à ceulx qui devoient pourvoyr au salut de la patrie, « qu'ils advisassent ce qu'ils avoient à faire; lequel respondit « que quant à eux telles choses leur sembloient licites pour la « descharge du païs et pour y mettre la paix. » Quoi qu'il en soit, Bergue sachant que la commune du Val devait deux sacs de blé au sieur Rogiés, propriétaire de la maison qu'habitait le duc, se présenta à la femme de celui-ci, un jour où il le savait absent, suivi d'un *gaigne denier* portant comme lui un sac de blé, et lui annonça qu'il venait acquitter la dette de sa communauté. Avec l'autorisation de la dame Rogiés, il déposa les sacs dans un vestibule, sous la salle dans laquelle le duc dînait en ce moment. Arrivé à cent pas environ de la maison, Bergue dit au valet que par oubli il avait laissé dans un des deux sacs, qu'il lui désigna, deux chemises, et lui ordonna de retourner pour les prendre. Celui-ci après avoir obtenu des soldats de service à la porte l'autorisation de procéder à sa recherche, ouvrit le sac indiqué, et trouvant sous ses doigts un rouleau de linge le tira à lui. En ce moment une terrible explosion se fit entendre et la maison se remplit de débris et de fumée. Au rouleau de toile était attachée une corde qui, en se tendant, avait fait partir deux rouets de pistolets et enflammé la poudre dont les sacs étaient pleins. Le valet ainsi que plusieurs gardes furent tués, le plafond s'entrouvrit et s'effondra; le duc d'Épernon eut sa barbe et ses cheveux brûlés. Girard dit que la table passa presque entièrement à travers la crevasse qui s'était produite au plancher de la salle à manger, et que le duc d'Épernon sentant fuir le sol sous ses pieds, eut assez de présence d'esprit pour se cramponner au manteau de la cheminée, où il resta suspendu jusqu'au moment où on vint à son secours. Du Virailh dit qu'il passa à travers le plancher, tomba dans le vestibule et se releva sans autre mal que quelques contusions ; que dans le premier moment de trouble, croyant à une émeute, il tira son épée et sortit de la maison en criant : *Aux armes !* mais que s'étant assuré qu'il n'en était rien, il rentra bientôt pour faire panser les blessés et enlever les morts.

Bergue en entendant l'effroyable détonation crut avoir réussi, et sortit de la ville pour se rendre à Aix, où il annonça la mort du duc. La population accueillit cette nouvelle avec des transports de joie, mais son illusion fut de courte durée. D'Epernon écrivit à tous ses amis pour les rassurer. Il fut longtemps persuadé que les protestants étaient les auteurs de cet odieux guet-apens, et dans une lettre qu'il écrivait à ce sujet à Casaulx, il lui disait, faisant allusion au nom de saucisse qu'on donnait à la mèche dont on se servait pour mettre le feu aux mines : *Mes ennemis ont voulu me faire manger de la saucisse un samedi, mais je suis trop bon catholique pour avoir voulu en goûter.*

L'année 1596 s'ouvrit par un acte de noire ingratitude de la Provence envers Lesdiguières. Dès les premiers jours de janvier, le général dauphinois s'était mis en marche de nouveau vers Vinon. Il passa par Pertuis, prit une couleuvrine et arriva à Vinon, qui pour éviter un assaut se rendit à composition et paya un écu d'or pour chaque soldat. Après avoir fait une pointe sur Riez, dont le château tenait toujours pour d'Epernon, et avoir fait crier : *Vive le roi !* à Puymoisson, à Norante et à Saint-André, il revint à Aix pour faire vérifier par le Parlement ses lettres patentes de lieutenant général pour le roi en Provence. Le Parlement rendit un arrêt qui ordonnait que les lettres

patentes seraient soumises aux gens des trois États assemblés en ce moment. Les États reconnaissant les grands services rendus par Lesdiguières avaient consenti à les vérifier, quand le comte de Carcès et le marquis d'Oraison, qui convoitaient la charge de lieutenant du roi, intriguèrent pour leur faire changer de résolution. Carcès, de Crozes et Buous, au nom de la noblesse provençale, prirent la parole. Carcès dit : « Que pendant les
« derniers troubles, la noblesse ayant vu des étrangers com-
« mander dans le pays, se croyoit maltraitée ; qu'elle voyoit par
« là que sa fidélité estoit méprisée et son zèle peu considéré ;
« que ce malheur arrivoit pour n'avoir pas fait faire des remon-
« trances au Roy ; qu'elle désiroit réparer ceste faute, et
« qu'elle estoit résolue à représenter à Sa Majesté qu'estant
« dévouée comme elle l'estoit à verser tout son sang pour Elle,
« elle espéroit que Sa Majesté la feroit participer aux grandes
« charges, mais qu'avant de faire des démarches, la noblesse
« avoit voulu en instruire les Estats et leur demander appui et
« protection. »

Les États remercièrent Carcès, mais avant de prendre une détermination ils désirèrent consulter le duc de Guise, auquel on soumit la question. Le duc répondit qu'il avait déjà reçu pareille communication et qu'il trouvait la demande juste. Les États décidèrent qu'une requête en ce sens serait adressée au roi, et qu'en attendant il serait sursis à la vérification et à l'enregistrement des lettres de nomination. Il se produisit une vive émotion à Aix et dans toute la province, et peu s'en fallut que, la passion intervenant, des conflits n'éclatassent dans beaucoup de localités. Les partisans de Lesdiguières faisaient valoir sa fidélité au roi, les services rendus, ses succès sur les ennemis de la Provence, les sacrifices qu'il faisait depuis de si longues années au pays, et reprochaient amèrement aux États l'ingratitude dont ils usaient à son égard. Les partisans du Parlement et des États répondaient que Lesdiguières en sa qualité de huguenot ne pouvait commander à des catholiques ; que, du reste, il n'était jamais descendu en Provence sans stipuler par avance la rétribution pécuniaire de son armée ; ils énuméraient toutes les places qu'il avait frappées de contributions exorbitantes ; ils rappelaient les noms des communes ruinées par les amendes qu'il avait imposées, les 20,000 écus qu'il venait d'exiger de Sisteron, et ils faisaient remarquer que lorsque les troupes provençales étaient entrées en Dauphiné, elles avaient toujours fait la guerre au bénéfice du général dauphinois et aux frais de la Provence. Le duc de Guise paraît avoir favorisé la faction hostile à Lesdiguières ; sa supériorité offusquait son entourage, lui-même ne pouvait oublier qu'il appartenait à une religion que sa famille avait toujours combattue, et il lui était pénible de l'avoir pour compagnon et pour conseil. Lesdiguières, *qui avoit tout son cœur en Dauphiné*, fatigué de ces tiraillements et des hostilités qu'on faisait surgir autour de lui, se détermina à sortir de Provence et remonta à Gap.

La Ligue ne comptait plus en Provence que les villes dans lesquelles d'Épernon tenait des garnisons assez fortes pour maîtriser les populations. Marseille, sous l'autorité inexorable de Casaulx et de Louis d'Aix, incapable de lutter seule, se jeta dans les bras de l'Espagne. La reddition de la Tour-de-Bouc et l'apparition du duc de Guise sous les murs de Marseille, avaient poussé Casaulx aux résolutions fatales. Il n'avait encore reçu aucune nouvelle de sa députation à Madrid, et dans son impatience, il écrivit à Gênes, au prince Doria, pour lui demander des secours. Celui-ci, qui connaissait les intentions de son maître, ou les devançait, se hâta de lui envoyer son fils don Carlos avec quatre galères portant 500 soldats (1). Casaulx,

(1) « Nous eumes ce jour-là (2 janvier), l'après dînée, un autre avis de

comme tous les ambitieux qui prennent les mirages pour des réalités, se crut sauvé en voyant entrer dans le port des galères étrangères portant des soldats étrangers et il mandait à Doria : « Il ne saurait nous arriver, Monseigneur, et à toute la ville, « une plus grande joie et contentement que d'avoir reçu les « secours de quatre galères qu'il a plu à Vostre Grandeur de « nous envoyer avec des hommes, des munitions, de l'argent, « et de nous honorer en même temps de l'adsistance du sei- « gneur Carlo, vostre fils. En quoy nous voyons une marque « sensible de l'amitié qu'il vous plaist de nous porter, d'autant « mieux que c'est un secours donné à nostre extresme besoin « et urgente nécessité, et nous ne saurions trop vous en « remercier. Véritablement ceste opportunité de secours nous a « entièrement réjouis et fortifiés en tant que lesdites galères « serviront merveilleusement pour contenir nos ennemis, espé- « rant qu'avec l'aide de Dieu nous surmonterons les pernicieux « desseins du Vendomois (Henri IV) (1). »

Ce secours, et la promesse d'en obtenir de plus importants, enflèrent d'orgueil le cœur de Casaulx et hâtèrent sa perte. Après le combat de Fontaine-Française et l'absolution donnée au roi par le pape, le duc de Mayenne avait accepté une trêve bientôt suivie d'un traité définitif de réconciliation et de paix, dans lequel le lieutenant-général stipula non-seulement pour

---

« Gennes, portant qu'il y étoit arrivé une tartane envoyée en grande dili-
« gence par Casaux, pour aviser le prince Doria qu'à la Tour-de-Bouc et
« à l'isle de Martigues, on avoit crié : *Vire le Roi!* et que la ville de
« Marseille étoit fort pressée; et pour prier ledit Doria d'envoyer vite-
« ment le secours qui avoit été promis : et que sur cet avis ledit Doria
« avoit fait partir le 26 décembre, au soir, quatre galères qui portoient de
« quatre à cinq cens hommes, et faisoit mettre d'autres galères en ordre,
« pour y porter encore d'autres gens de guerre. » (*Lettre du Cardinal* D'OSSAT, 17 janvier 1596.)

(1) PAPON, t. VI, p. 38.

lui, mais aussi pour les habitants et les gouverneurs des principales villes qui suivaient son parti. Les termes de ces stipulations sont contenus dans l'édit de Folembray, signé en janvier 1596. Marseille y est nominativement désignée (1). Cet édit accordait à Casaulx et à Louis d'Aix un délai de six semaines pour prêter serment de fidélité au roi. Aux avantages considérables qu'il leur accordait par les articles généraux de l'édit de Folembray, le roi leur en fit offrir de plus considérables encore, qui sont ceux désignés dans le texte de l'édit sous le nom d'*articles secrettes* et qui sont contenus dans les instructions suivantes adressées à Etienne Bernard, qui remplissait depuis quelques mois les fonctions de président de la Cour souveraine de Marseille, en remplacement de Pierre de Masparaulte : « Outre ce
« que Sa Majesté a cy devant accordé pour ladite ville et les-
« dicts viguier et Casaulx, elle trouve bon qu'il leur soit promis
« à chacun pour sept ou huit mil livres de rente en bénéfices
« et cent mil escus en argent pour eux deux, à les prendre sur
« les impositions qui se lèvent à présent audit Marseille, qui
« seront continuées jusques à leur entier payement; et encores,
« si besoin est, les assurer de demeurer viguier et consul per-
« pétuels en ladite ville, comme toute autre chose que ledit
« Bernard jugera estre nécessaire pour les retenir au service
« du roy et ladite ville en son obeyssance, dont Sadite Majesté
« promet d'advouer ledit Bernard et d'accomplir tout ce qui

(1) « ARTICLE XXVI. Sur la remonstrance qui nous a esté faicte par
« nostre cousin le duc de Mayenne pour la ville de Marseille et autres de
« nostre pays de Provence qui ont tenu jusques à présent son party, et
« nous obeyront et nous recognoistront avec luy en vertu du présent édict,
« nous avons ordonné et promis qu'ils jouyront du contenu ès articles in-
« sérés aux *articles secrettes* par nous accordées à nostre dict cousin. »
(*Chronologie novenaire* de PALMA CAYET, t. II, p. 89. Voyez aussi : *Recueil des édicts et articles accordez par le roy Henri IV pour la réunion de ses subjects*, 1606.)

« aura par luy esté promis à cet effect au nom de Sadite Majesté, laquelle remet l'entière disposition et conduite de cette affaire audit Bernard, l'ayant retirée de toutes autres mains pour la consigner entre les siennes (1). »

Casaulx et Louis d'Aix furent vivement sollicités par le président Bernard et par plusieurs de leurs amis d'accepter ces propositions; ils les repoussèrent toujours résolûment. Il nous est impossible de partager l'opinion de M. Bory, écrivain savant et ingénieux, qui, dans son étude sur Casaulx dit, à propos des instructions données au président Bernard, « que la question « posée en ces termes n'était susceptible que d'une seule solu« tion, à moins de supposer chez Louis d'Aix et Charles Casaulx « un désintéressement dont peu d'hommes étaient capables à « cette époque, où tous les gouverneurs de villes et de provinces « avaient en quelque sorte mis leur soumission à l'encan (2). » Partant de ce point que les promesses qui leur avaient été faites ne pouvaient qu'avoir été acceptées, l'écrivain que nous venons de citer considère la soumission du premier consul et du viguier comme certaine et devant se réaliser avant l'expiration des six semaines accordées, lorsque le coup d'épée de Libertat intervenant avant le dernier délai, vint forcément rendre nulles les déterminations des duumvirs.

Rien n'indique en réalité que Casaulx et Louis d'Aix eussent jamais voulu reconnaître l'autorité de Henri IV; tout, au contraire, semble confirmer qu'ils avaient la ferme résolution de persister dans leur rébellion. Robert Ruffi, *qui avoit la fleur de lys fort avant dans le cœur*, ayant essayé de les convaincre, Casaulx, qui avait cependant pour lui une vive amitié, car il

---

(1) *Discours véritable de la réduction de Marseille*, in-4°. (D'après Bory : *Les origines de l'imprimerie à Marseille*.)

(2) *Les origines de l'imprimerie à Marseille*, par J.-T. Bory.

l'avait nommé *archivayre à vye*, tira son poignard et le menaça de le lui enfoncer dans la poitrine s'il lui parlait encore de se donner au roi (1). Le président Bernard ne fut pas plus heureux, et si Casaulx ne le menaça pas de mort, son insistance l'avait irrité à ce point, que le 12 février il lui ordonna de sortir de Marseille dans cinq jours au plus tard (2). Cinq jours après le cadavre mutilé de Casaulx était traîné ignominieusement dans les rues, et le président Bernard accompagnait le duc de Guise à la Major au milieu des acclamations populaires. Le premier consul était si peu disposé à se soumettre au roi, que, en même temps qu'il repoussait audacieusement les conditions de l'édit de Folembray et les propositions particulières du président Bernard, il demandait au prince Doria et recevait un nouveau secours de huit galères et de mille soldats, ce qui élevait les forces espagnoles à Marseille, outre les armes et l'argent fournis, à treize galères et à quinze cents soldats environ, sans compter les équipages. De plus, Casaulx demandait encore à la fin janvier, en Espagne, une augmentation de la garnison espagnole, et quelques jours après sa mort, une flotte chargée de troupes se présentait devant Marseille et était forcée de revenir à Barcelonne. Sur quelles preuves sérieuses s'appuient donc les écrivains qui ont dit que le coup d'épée de Libertat empêcha Casaulx de se soumettre? Sur aucune en vérité, et le jugement qu'ils portent sur le premier consul semble bien plus la résultante de l'indignation que fait naître dans toute âme honnête le rôle odieux du meurtrier que l'innocence de la victime! M. Bory

---

(1) « ..... Et m'ayant demandé (le cardinal de Joyeuse) un peu d'ins-
« tructions sur la façon d'accoster ce diable d'homme qui menace de tuer
« ceux qui luy parlent de reconnoitre le roy.... » *(Lettres du cardinal d'Ossat.)*

(2) Voyez tous les historiens de Provence : NOSTRADAMUS, H. BOUCHE, GAUFRIDI, etc.

cite, il est vrai, un passage du livre des *Statuts municipaux et coustumes anciennes de la ville de Marseille*, dans lequel l'auteur, François d'Aix, neveu de Louis d'Aix, dit : « Noble
« Louis d'Aix, gentilhomme généreux et des meilleures et plus
« anciennes familles de la ville, dont le bonheur et la fortune,
« que ses mérites lui promettoient de son prince pour avoir ga-
« ranti sa patrie de tant de funestes entreprises qui la mena-
« çoient de ruine, luy furent ravis le 17 février 1596, sous un
« prétexte faux et calomnieux, *qui prévint sa fidèle résolution*,
« et que la croyance pourtant du vulgaire, sujet à estre mené
« par les oreilles, a seulement authorisé. »

La citation que je viens de reproduire n'a pas l'importance qu'on serait tenté de lui accorder tout d'abord. Il n'y a, en effet, dans ces quelques lignes de François d'Aix, qu'une pure assertion sans preuve, et il ne faut pas oublier que l'auteur ne publia son livre des *Statuts municipaux* qu'en 1656, c'est-à-dire soixante ans après la réduction de Marseille. C'était, en vérité, pour François d'Aix, s'y prendre bien tard pour tenter, même timidement, la réhabilitation de son oncle, et quand on connait les accusations dont la population provençale accablait la mémoire du viguier depuis plus d'un demi-siècle, on ne peut s'empêcher de penser que son neveu lançait cette justification sans espérance de convaincre personne, et seulement comme une protestation banale contre la tradition et l'histoire. Mais il y a plus, et on a le droit de se demander comment François d'Aix, s'il était convaincu des intentions de son oncle, a pu, pendant de longues années, être en relations d'amitié avec le président de la Cour souveraine de Marseille, Guillaume du Vair, qui dans tous ses discours a présenté Libertat comme le libérateur de sa patrie et flétri Casaulx et Louis d'Aix du nom de tyrans. Or, non seulement, François d'Aix n'a jamais protesté contre ces appréciations du grand magistrat, mais il lui a, au contraire, dédié en 1605 le recueil de ses poésies, pour le remercier de l'hospitalité qu'il avait toujours trouvé à la *Floride*, maison de campagne que du Vair possédait aux environs de Marseille, et dans laquelle il se plaisait à recevoir tout ce que la Provence comptait à cette époque de savants, de poètes d'hommes d'esprit et d'érudition (1). Du reste, Louis d'Aix n'avait pas été surpris par un coup d'épée comme Casaulx, il avait lutté pendant plusieurs jours, et si, en effet, il avait eu l'intention de se soumettre, comment n'a-t-il pas su le faire connaître au duc de Guise, et a-t-il préféré emporter dans sa misère et son exil le secret de sa pensée ? Non, il ne manqua pas quelques jours de vie de plus aux duumvirs pour qu'ils revinssent à l'autorité du roi ! Casaulx et Louis d'Aix ne furent pas seulement des rebelles, ils furent des traîtres à leur patrie. La haute intelligence de Casaulx ne le sauva pas du plus grand crime que puisse commettre un citoyen ; il fut frappé par une main vénale il est vrai, mais il fut justement frappé.

L'état d'anarchie dans lequel s'agitait Marseille au pouvoir d'une minorité violente, l'intervention armée de l'Espagne dans la révolte de cette grande ville, préoccupaient vivement Henri IV, qui faisait faire des démarches actives par son ambassadeur pour que le Saint-Père interposât son autorité. Le cardinal d'Ossat mit dans les intérêts de la France les ambassadeurs de Venise et de Toscane, qui furent d'avis de solliciter le pape « d'envoyer un prélat à Marseille avec un bref à la commu- « nauté, pour avertir les habitants comme le roy étoit absous, « et les admonester de ne point faire un schisme avec le

---

(1) *Guillaume du Vair*, étude d'histoire littéraire, avec des documents nouveaux tirés des manuscrits de la Bibliothèque impériale, par E. Cougny, professeur au lycée de Bourges.

« Saint-Siège et de ne se damner point ». D'Ossat tout en approuvant cette démarche aurait voulu que le pape, qui, plus que tout autre, appréciait la nécessité de disputer à Philippe II la possession de Marseille, usât de toute son influence auprès de l'ambassadeur espagnol pour qu'il détournât le roi son maître de ses projets d'usurpation. Clément VIII n'osait prendre un parti. D'une part il redoutait la nature irascible du fils de Charles-Quint, de l'autre il avait encore sur le cœur l'épithète d'hérétique que Casaulx lui avait appliquée, et il se souciait peu d'exposer la dignité pontificale à de nouveaux affronts. Cependant, pressé par le sénateur Morosini, ambassadeur de Venise, il lui déclara le 5 janvier « qu'il ne pouvoit patiemment souffrir
« qu'une place si proche de l'Italie fut envahie, que rien ne le
« touchoit plus que le repos et la liberté commune de l'Italie,
« et qu'il écriroit à la ville de Marseille que le roi étoit absous
« avec toutes les formalités requises, et que ceux qui lui fai-
« soient entendre le contraire la trompoient ». Ces velléités d'intervention disparurent bien vite, et le Saint-Père se borna à prier le cardinal de Joyeuse, qui rentrait en France, de voir Casaulx en passant (1).

Le cardinal de Joyeuse ne toucha pas à Marseille et se contenta d'envoyer à Casaulx un de ses secrétaires, sans qu'on sache quel fut le résultat de leur entrevue. Il est permis de penser que Casaulx, auquel l'absolution du roi importait peu, ne fut que médiocrement touché de l'assurance que le pape lui faisait donner sur la validité de ce grand acte, pas plus, du reste, que de ses désirs de le voir faire la paix avec le roi de

---

(1) Voir pour l'intervention à la cour de Rome des ambassadeurs de France, de Venise et de Toscane, les lettres du cardinal d'Ossat, et notamment la quarante-quatrième, à M. de Villeroy, en date du 17 janvier 1596, t. II de l'édition d'Amsterdam 1708, avec les notes de Amelot de la Houssaye.

France. Il venait de recevoir des nouvelles de ses députés à Madrid, et la façon splendide avec laquelle ils avaient été accueillis, les honneurs exceptionnels dont le sombre Philippe II les avait accablés, ouvraient de nouveaux horizons à ses calculs et à son ambition. Les trois députés de Marseille avaient, à peine arrivés, été reçus par le roi, qui leur avait envoyé les plus somptueux carrosses de la Cour pour les prendre dans leur modeste hôtellerie. Ils avaient été présentés à l'Escurial par le comte de Castel-Rodrigo et Don Juan de Idiaques, que le roi avait désignés pour traiter avec eux. Philippe II avait été pour eux d'une bienveillance et d'une affabilité extrêmes. Après l'audience solennelle, à laquelle la Cour et tous les grands dignitaires du royaume avaient été convoqués, il les avait admis à offrir leurs hommages à l'infant et à l'infante, et dans toutes les cérémonies où ils avaient été conviés, ils avaient toujours pris place parmi les Grands d'Espagne. Quand on sait avec quelle rigueur excessive les lois de l'étiquette étaient appliquées à la Cour de Madrid, et qu'on voit à quel point on les faisait plier pour les envoyés de Marseille, on ne peut se défendre de penser que si le roi accordait de pareils honneurs à un notaire, un docteur, un commerçant, tous petits bourgeois pour lesquels il devait éprouver un grand dédain, c'est qu'il avait un intérêt immédiat à jouer cette comédie, qui devait, en réalité, le blesser profondément dans son orgueil.

Les ambassadeurs marseillais signèrent un traité, dont Gaufridi donne le texte en langue espagnole, par lequel « le but
« principal des parties tendant à la conservation de la sainte foi,
« l'on ne souffriroit dans Marseille et dans son terroir autre
« religion que la Catholique; que cette ville ne reconnaîtroit
« point Henry de Bourbon pour roy, mais bien celui qui seroit
« élu du consentement général de la France; que Marseille
« tiendroit ses portes ouvertes aux armées du roi catholique;

« qu'elle les fermeroit à ses ennemis ; qu'enfin elle ne feroit nul
« accord ni confédération sans le consentement de la dite
« Majesté. Que moyennant cela, le roy prendroit la ville de
« Marseille sous sa protection ; qu'il enverroit ordre au prince
« Doria de lui donner tout secours et assistance ; qu'il fourni-
« roit à cette ville 6,000 écus par mois et 550 quintaux de
« poudre ; qu'il lui permettoit de se pourvoir de blé en Sicile ;
« qu'enfin ceux de Marseille auroient leur commerce libre et
« seroient bien reçus dans les États de Sa Majesté, et qu'ils
« seroient compris dans les traités qu'elle pourroit faire. »

Tels sont les termes généraux du traité officiel conclu par les députés de Casaulx et qui servent à nous indiquer quelle dépendance de l'Espagne le premier consul consentait à accepter, car il ouvrait largement les portes de sa patrie aux armées étrangères. Mais pense-t-on que là dût se borner le résultat du voyage des Marseillais à Madrid? Quel intérêt avait Philippe II à intervenir dans ces affaires, et est-il permis de supposer qu'au moment où la France acclamait Henri IV, il voulait platoniquement, et avec un désintéressement qui n'était ni dans sa politique ni dans son caractère, soutenir seulement un consul révolté contre son roi? Dans l'esprit du fils de Charles-Quint, la révolte de Casaulx se liait à celle du duc d'Epernon, et pendant que Casaulx rêvait la domination de sa personnalité à Marseille transformée en république, et d'Epernon à la succession de la maison de Lorraine dans le comté de Provence, Philippe II découpait sur la carte, pour l'adjoindre à ses États, l'ancien royaume d'Arles, allant des Pyrennées aux Alpes et lui donnant plus de cent lieues de côtes avec les ports d'Arles, de Marseille et de Toulon reliant celui de Barcelonne à celui de Gênes. D'un autre côté, il est difficile de croire que Casaulx, intelligence élevée, pût s'abuser complètement sur le protectorat qu'on lui offrait, et qu'il n'entrevit pas l'abîme près du triomphe,

et il dut, en prévision de toutes éventualités, assurer son avenir. En Italie où on avait tout intérêt à savoir ce qui se passait, à Rome, qui était le centre politique actif de l'Europe, on ne pouvait s'y tromper : « Cette lettre, disait le cardinal d'Ossat à
« M. de Villeroy, sera sur le fait de Marseille, qui est aujour-
« d'hui le plus grand souci que la France et l'Italie ayent. Outre
« donc les bruits qui en avoient couru auparavant, nous eumes
« avis de Gennes le 23 décembre que le prince Doria tenoit
« tous prêts environ cinq cens hommes pour les y envoyer et
« les mettre en un nouveau fort que Casaulx et le Viguier y
« ont fait faire pour maitriser le port. Avec cela se disait d'ail-
« leurs que ledit Casaulx et le Viguier avoient accordé de livrer
« la ville et de reconnoître le roi d'Espagne moyennant pour
« chacun d'eux la somme de 500,000 écus une fois payés et
« 20,000 écus de revenus en fonds de terre au royaume de
« Naples, et pour la commune de ladite ville un million d'or
« une fois payé, et permission d'envoyer tous les ans deux
« navires aux Indes pour y trafiquer à la façon des Espagnols
« naturels. »

Si on rapproche ces offres de celles que Henri IV faisait faire à Casaulx et à Louis d'Aix quelques jours après par le président Bernard, on voit que tandis que le roi leur proposait à chacun 7 à 8,000 livres de rente et 100,000 écus en argent à prendre sur les impositions de Marseille, le roi d'Espagne leur offrait 20,000 écus de rente en bonnes terres au royaume de Naples et 500,000 écus une fois payés. Les offres n'étaient pas égales et le président Bernard devait fatalement échouer.

Casaulx avait sa voie tracée, voie lamentable et que son impérieuse ambition le condamnait à suivre. Les nombreux partis qui s'étaient heurtés pendant la guerre civile lui avaient tous donné des leçons de vengeance, et son âme inflexible n'était pas faite pour les oublier. Comme tous les sectaires, il eut recours pour triompher aux exactions, à la terreur et aux supplices. Pour montrer aux Marseillais sa haine contre Henri IV, il fit brûler son image sur une place publique, et déjà, l'année précédente, il avait fait mettre à mort un malheureux vieillard qui avait fait un feu de joie en apprenant la nouvelle de l'entrée du roi à Paris. Au moindre mot, sur le plus léger soupçon, les plus honorables habitants étaient saisis, incarcérés ou bannis. Les femmes elles-mêmes étaient indignement maltraitées : Marguerite de Glandevès, femme du seigneur de Mirabeau, fut mise en prison, et les propriétés rurales de son mari ravagées et pillées; Dominique d'Andréa, Pierre d'Hostagier et Jeanne de Bouquier subirent le même sort. Il fit assassiner Armand de Quinson, seigneur de la Bastidonne, P. de la Garcinières et tant d'autres ; Aubagne, la Ciotat, Toulon se peuplaient d'une multitude de Marseillais chassés violemment de leur patrie ou fuyant les vengeances du consul. Plus que jamais Casaulx ne se montra dans la ville qu'entouré de nombreux mousquetaires, milice aussi tyrannique qu'elle était odieuse à la partie sage de la population. Les confiscations des biens des royalistes émigrés, morts ou incarcérés, avaient augmenté les ressources de son parti. Il imposa quatre pour cent sur toutes les facultés mobilières et immobilières des habitants, et établit un droit de six pour cent sur toutes les marchandises et denrées, tant à l'entrée qu'à la sortie par mer et par terre. Son pouvoir, il est vrai, ne s'étendait guère au delà des murs de la ville, mais la mer lui appartenait, et ses galères s'emparèrent d'un bâtiment parti de Livourne chargé de meubles et d'argenterie appartenant au cardinal de Gondi, qu'il fit vendre cent quatre-vingt mille livres, somme considérable pour l'époque.

La grande préoccupation du duc de Guise était de ramener Marseille à l'obéissance du roi, mais il ne se dissimulait pas qu'il n'avait pas à compter sur l'initiative des habitants. La terreur était dans la ville, et nul n'aurait pu se lever sans tomber à l'instant frappé par la populace avide et cruelle qui régnait en souveraine. Du reste, il semblait que tous ceux qui portaient un cœur haut et fier étaient morts ou proscrits, et qu'il n'était resté dans la vieille cité phocéenne, avec les voleurs et les bandits, que les timides et les indifférents. De nombreuses propositions avaient été faites au gouverneur par les bannis et les fugitifs, mais qu'il avait toujours dû repousser comme impraticables, car les malheureux sont portés à considérer comme des réalités les illusions de leurs plus chères espérances, lorsqu'il admit un jour en audience particulière un homme de loi, un avocat, du nom de Nicolas Bausset, qui avait, disait-il, à l'entretenir des plus grands et des plus chers intérêts du roi et de la Provence.

Il y avait à Marseille un notaire du nom de Geoffroy Dupré, « homme assez mieux disposé d'esprit que de jambes, dit Nos-« tradamus, l'une desquelles il avoit incommodée par un dé-« faut naturel ». Secrétaire de la commune en 1586, Dupré avait été brutalement révoqué de ses fonctions par Casaulx pour ses opinions franchement royalistes, et il avait depuis ce moment voué une haine vigoureuse au premier consul. Le hasard l'avait mis en relation, dans le courant de l'année 1595, avec le capitaine Pierre Bayons de Libertat, né à Marseille, mais d'origine corse, où son trisaïeul avait mérité ce surnom, devenu patronymique, de Libertat, pour avoir délivré la ville de Calvi, sa patrie, de deux tyrans qui l'opprimaient et voulaient la vendre aux Espagnols. Au dire de Nostradamus, son contemporain, Pierre Libertat « estoit un soldat fort asseuré et résolu, homme « noir et carré, privé de l'œil droit qu'il tenoit presque toujours « fermé, et de courage plus hautain que sa sorte ne portoit, « aspirant à s'agrandir par un ou autre moyen ». Ligueur ardent et d'une exaltation religieuse plus enthousiaste qu'éclairée, il avait attiré l'attention de Casaulx et était bientôt devenu un *de ses plus confidents et affidés.* Casaulx l'avait nommé, en raison de son dévouement à sa politique, capitaine de la porte Royale; cependant il paraît certain que la conversion du roi à la religion catholique, et surtout l'absolution du pape, avaient apporté de profonds changements dans ses idées politiques, et qu'il était devenu plus sympathique, à partir de cette époque, pour la personne et les intérêts de Henri IV. C'était, en réalité, une âme sombre et tourmentée, un esprit ardent, aventureux et avide. Dupré, qui l'avait étudié et sondé avec le plus grand soin, l'avait jugé propre à être l'instrument dont on pouvait se servir pour se débarrasser de Casaulx, si la récompense pouvait monter à la hauteur de son ambition et de sa cupidité. Quand il eut acquis la certitude qu'il était disposé à tout pour avoir des honneurs et de l'argent, il s'examina lui-même et ne se trouvant pas assez fort pour porter seul la responsabilité de la tragédie qu'il avait rêvée, il chercha autour de lui un complice qui pût le soutenir et l'aider.

Dupré parvint à s'aboucher avec un avocat nommé Nicolas Bausset (1), ancien lieutenant du sénéchal à Marseille, qui, à cause de ses opinions royalistes, avait été persécuté par Casaulx et jeté en prison. Bausset n'avait pas moins de ressentiments que Dupré contre le premier consul et accepta avec empressement l'idée de se servir de Libertat pour le faire assassiner. Les deux conjurés paraissent avoir eu plusieurs entrevues, quoique l'un d'eux fût en prison, dans lesquelles ils mûrirent

(1) Nicolas de Bausset a laissé des mémoires sous le titre de : *Mémoires concernant les derniers troubles de la ville de Marseille, depuis l'an 1585 jusqu'en 1596, par* Nicolas de Bausset, *lieutenant principal en la sénéchaussée de la dite ville.* L'auteur y célèbre naturellement le triomphe de la cause royale, mais il a soin de passer sous silence tout ce qui touche à la rémunération des conjurés en beaux écus d'or et en emplois lucratifs.

longuement leur projet. Sur ces entrefaites Bausset parvint à s'évader et à se réfugier à Aubagne, où Dupré put le voir plus souvent. Le 28 octobre, jour de saint Simon, pendant que Casaulx était nommé consul pour la cinquième fois, ils se donnèrent rendez-vous dans une maison de campagne, à peu de distance d'Aubagne, et arrêtèrent définitivement leur plan, en même temps qu'ils posèrent les bases de la rémunération de leur action. Ce serait, en effet, une erreur de croire que l'amour seul de la patrie animait ces deux hommes ; il y avait chez eux, avec un ardent désir de voir triompher l'opinion politique pour laquelle ils avaient souffert, un immense sentiment de haine à satisfaire et une espérance malsaine d'acquérir de l'argent et d'occuper un rang élevé parmi leurs concitoyens. Les temps troublés sont féconds en caractères semblables, et les hommes que l'amour seul de la patrie pousse aux violences, les puritains révolutionnaires ou *les anges de l'assassinat*, ne constituent que de rares exceptions, impuissantes à nous consoler du spectacle des appétits furieux, des effroyables ambitions qui se cachent sous les paroles menteuses des sectaires de tous les partis. Les deux complices se partagèrent les rôles : Dupré se chargea de faire consentir Libertat à délivrer Marseille de Casaulx et de Louis d'Aix, et Bausset s'engagea à amener le duc de Guise à combiner son action avec le projet qui serait définitivement arrêté en commun, et à stipuler le prix à payer à chaque conjuré pour sa participation au complot.

Dupré rentra à Marseille et le soir même vit Libertat. Il lui exposa résolûment ce que *Dieu* et la patrie attendaient de lui. Soit hésitation en face d'un crime qui se doublait de la plus noire ingratitude, soit que les exigences qu'il produisait au point de vue de la rémunération dépassassent tout ce que Dupré pouvait promettre, deux mois s'écoulèrent avant que Libertat eût engagé définitivement sa parole. Enfin le 24 décembre 1595, veille de Noël. Libertat, accompagné de son frère Barthélemy, eut une dernière entrevue avec Dupré et jura de prêter son concours « à l'entreprise glorieuse par elle-même, salutaire à « tous les citoyens, et nécessaire à la nation française pour con-« server l'empire de la Méditerranée (1) ». Il fut convenu que le duc de Guise se présenterait avec son armée sur le territoire de Marseille, pour forcer les habitants de la campagne à rentrer dans la ville, et laisser ainsi toute sûreté à une troupe nombreuse de venir se cacher dans un ravin à proximité de la porte Royale; que l'embuscade ainsi préparée, au moment où Casaulx et Louis d'Aix sortiraient pour observer les mouvements de l'ennemi, Libertat laisserait tomber le trébuchet, et en les mettant ainsi dans l'impossibilité de rentrer dans la ville les livreraient eux et leurs gardes aux troupes royales. Cela fait on devait s'emparer du corps de garde, crier : *Vive la liberté!* et attaquer les Espagnols avec les royalistes marseillais, qui ne manqueraient pas d'accourir en foule. La porte ne devait être ouverte au duc de Guise qu'en cas de besoin urgent. Comme on le voit, et contrairement à ce que l'on croit communément, Libertat ne s'était pas engagé à assassiner le consul et le viguier; dans son esprit il n'était question pour lui que de livrer Casaulx et Louis d'Aix aux troupes royales; mais les événements devaient déjouer ses projets et le forcer d'accepter seul l'épouvantable responsabilité qu'il avait voulu faire partager à l'armée.

Dupré se hâta d'écrire à Bausset tous les détails du guet-apens convenu, en le pressant d'en informer au plus tôt le duc de Guise pour le lui faire accepter. Bausset, esprit moins pratique que Dupré, n'approuva pas le projet sans observations. Il craignait qu'une fois Casaulx et Louis d'Aix mis dans l'impossibilité de rentrer en ville, la garde de la porte ne

(1) J. A. de Thou prête ces paroles à Libertat.

se soulevât et ne les délivrât avant que les troupes embusquées ne les eussent pris ou tués. Il pensait qu'il valait mieux, peut-être, profiter d'une nuit noire et orageuse, livrer la porte au duc de Guise et donner entrée à l'armée. Dupré lui répondit que ce projet avait été discuté, mais que Libertat l'avait repoussé « d'aultant qu'il estimoit y avoir plus de gloire ou le danger « estoit plus grand (1) » ; que Casaulx attaqué, même pendant la nuit et à l'improviste, se défendrait ardemment et au prix d'une grande effusion de sang, « ce que Libertat vouloit esviter « au péril de sa vie ». Il est juste de louer Libertat d'avoir voulu procéder à son exécution en choisissant le seul moyen peut-être d'éviter de mettre les armes à la main à deux factions animées d'une égale fureur l'une contre l'autre. En réalité, le projet proposé par Bausset était excessivement dangereux et presque impraticable. L'entrée des troupes n'aurait pu s'effectuer par la porte Royale. D'après le règlement, Libertat n'en avait la garde que de six heures du matin, où il y arrivait avec ses mortes-payes, jusqu'à six heures du soir, où il était remplacé par le capitaine de quartier de service et les miliciens. Il est vrai qu'il avait pendant la nuit la surveillance de la porte du *plan Forniguier*, mais c'était une porte petite, étroite, et de si minime importance qu'il ne s'y rendait jamais, et que les hommes qui composaient le poste passaient la nuit dans une tour voisine. L'arrivée de Libertat à la porte du *plan Forniguier* aurait éveillé les soupçons, attiré l'attention et, ce qui est encore plus grave, il était dans la nécessité de se rendre maître violemment du poste ou de mettre les gardes dans sa confidence. Bausset se rendit aux raisons de Dupré. Il vint à Aix, où il obtint une audience du duc de Guise. Il le pressa d'accepter l'occasion inespérée qui s'offrait à lui de s'emparer de Marseille sans com-

---

(1) *Mémoires de* Nicolas de Bausset.

bat, et lui démontra que s'il la laissait échapper, il se trouverait dans un temps prochain en face de forces espagnoles considérables, et qu'il ne pourrait s'en rendre maître qu'en en faisant un siége régulier, qui serait toujours long, difficile et sanglant.

Le duc de Guise revenait de Salon, où il avait tenu sur les fonts de baptême un fils du comte de Carcès. Il ne parut pas d'abord accorder une grande confiance à la réussite d'une si grave affaire entreprise et dirigée par des hommes de robe, mais quand Bausset lui eut dépeint Libertat, et peut-être aussi quand il lui eut fait connaître ses conditions, il parut s'y intéresser davantage. Il dut se dire qu'un homme qui poursuivait une si haute position de fortune et d'honneurs devait être prêt pour les plus grands sacrifices ou les plus grands crimes. Bausset paraît avoir fait plusieurs fois le voyage d'Aix ; vers le milieu du mois de janvier, le gouverneur accepta en principe l'intervention des conjurés, mais comme il était en ce moment appelé à Toulon pour une expédition de guerre, il renvoya l'exécution du complot au mois de février, se réservant ainsi le temps de l'étudier avec maturité en s'entourant de tous les conseils qui pouvaient l'éclairer. Bausset s'éleva contre un renvoi à un si long terme, mais le duc de Guise ayant persisté, il finit par se résigner, après avoir obtenu cependant que le capitaine Boyer serait en envoyé avec un régiment de cavalerie pour courir le territoire de Marseille et forcer les paysans à rentrer dans la ville.

Bausset revint à Aubagne où Dupré vint le voir. Il lui raconta son entrevue avec le duc de Guise et ils convinrent que Libertat et ses amis seraient mis au courant de tout ce qui avait été arrêté entre eux. Dupré rentra le soir même à Marseille et fit part à Libertat de l'acceptation de leur projet par le gouverneur. Celui-ci, au comble de la joie, assembla ses amis et leur dévoila alors seulement tous les détails de l'entreprise projetée et la rémunération qui leur était promise. Ils étaient sept : Barthélemy Libertat, frère cadet de Pierre, Ogier de Riqueti, Gaspard Séguin, Désiré Moustiers, Balthasar Arvieu, Honoré de Rains, beau-frère de Dupré, et Jean Viguier. Les conjurés, déjà gagnés à la cause d'une révolte armée contre Casaulx, acceptèrent avec enthousiasme le plan proposé dès qu'ils apprirent qu'une forte somme d'argent et les premières magistratures de la ville leur étaient réservées. Il ne s'agissait encore, il est vrai, pour eux, que de livrer Casaulx et Louis d'Aix à une embuscade de troupes royales.

On attendait l'issue du voyage du duc de Guise à Toulon avec une vive impatience, mais ce voyage ayant été retardé, le désir d'en finir, la crainte d'être découvert, firent naître un moment dans l'esprit des conjurés de sinistres appréhensions. Ils apprirent bientôt cependant que le duc avait quitté Aix, et Bausset vint l'attendre à son passage à Aubagne, où il lui rappela sa promesse de laisser Boyer dans le village de Saint-Julien avec un régiment de chevau-légers. Le duc avait communiqué les propositions qui lui avaient été faites à ses meilleurs conseillers, et était revenu à ses premiers doutes sur la réussite de l'entreprise. Il refusa de laisser Boyer, disant qu'il avait besoin de lui pour faire le siége du château de la Garde, que Boyer serait là dans la contrée où il était né, qu'il connaissait le terrain, « le fort et le faible des hommes et des choses » et qu'il ne pouvait se priver de ses services ; néanmoins, voulant toujours se réserver l'avenir, il promit à Bausset de le détacher sur le territoire de Marseille dès que le siége serait commencé. Bausset plein d'espérance écrivit à ses complices que les troupes royales allaient bientôt paraître et que le brave Boyer serait à leur tête ; mais il ne put dissimuler qu'il fallait attendre le siége du château de la Garde. Ces longueurs dans l'exécution compromettaient les conjurés et les jetaient dans un état d'irritation extrême ; Libertat surtout éprouvait une impatience fébrile qu'il ne pouvait plus contenir; il vint se plaindre à Dupré, qui se rendit à Aubagne pour voir Bausset et lui dire qu'il fallait hâter le moment suprême sous peine de voir Libertat et ses amis les abandonner. Bausset partit désespéré et vint à Toulon, où il arriva le 3 février. Le duc de Guise avait quitté cette ville pour aller mettre le siége devant le château de la Garde, situé à moins d'une lieue de là; il fut le rejoindre et le trouva toujours hésitant et assez mal disposé à accepter immédiatement ses combinaisons. Les prétextes ne lui manquaient pas : la plaine de la Garde était inondée, la place d'une forte assiette, et il paraissait probable que le siége serait long; il était dans la nécessité de distraire des troupes de sa petite armée pour les envoyer à Hyères, à Saint-Tropez et à Draguignan, que le duc d'Epernon agitait; enfin Boyer venait d'être blessé d'une arquebusade à la cuisse et ne pouvait monter à cheval. Bausset fut sur le point de revenir et d'annoncer à ses compagnons qu'il ne fallait plus compter sur le duc; mais il avait une grande ténacité et attendit que la blessure de Boyer, qui d'ailleurs était légère, fut en voie de guérison. Que se passa-t-il du 5 au 10 février, et quelles influences intervinrent auprès du duc de Guise ? C'est ce qu'on ignore; mais le 10 février, le duc rentré pour quelques heures à Toulon signait l'engagement suivant, dont Nicolas de Bausset se garde bien de parler dans ses *Mémoires*, et que nos historiens ont passé sous silence, bien qu'il eût été enregistré à la Cour des Comptes du parlement de Provence le 23 décembre 1596.

***TRAITÉ** secret de la réduction de Marseille entre Charles de Lorraine, duc de Guise, et Libertat, Geoffroy Dupré et N. Bausset* (1).

Monseigneur le duc de Guise et de Chevreuse, prince de

---

(1) *Mémoires pour servir à l'histoire de la Ligue en Provence*, d'après l'acte original qui se trouve à la bibliothèque nationale, *collection des manuscrits Dupuy*, v. 155. p. 21, 22.

Joinville, pair de France, gouverneur et lieutenant-général pour le roy en Provence et admiral des mers du Levant.

I. — Considérant de quelle importance est la ville de Marseille et sa réduction en l'obéissance du roy, veu le péril dont elle est menassée par les ennemis de cest estat, aidez des résolutions de ceux qui y commandent, désirant la remettre en son ancienne liberté et au service de son roy, et soubs le bon plaisir de Sa Majesté a promis, assuré et accordé au cappitaine Pierre de Libertat que, en rendant et remettant ladicte ville en la puissance de Sa Majesté, les choses suivantes luy seront entretenues et inviolablement gardées.

II. — Premièrement que les anciens priviléges, franchises, libertez et chapittres de paix de ladicte ville seront conservez et entretenuz, sans que pour raison des choses passées l'estat de la ville recoyve aucune altération ny changement, et ne pourra estre la communauté chargée d'aucunes nouvelles gabelles, droitz et impotz contrairement à l'ancienne franchise, sinon que ce feust pour acquittement de debtes, observation du présent traicté ou autres occasions redondans à l'évident profflict, utilité et descharge d'icelle ville.

III. — Qu'il n'y aura autre gouverneur particulier en ladicte ville de Marseille, en l'absence du gouverneur de la Province, que les viguier et consulz tant que ledict de Libertat sera en charge, et, après qu'il en sera hors, les consulz seulement.

IV. — Que en ladicte ville sera establie chambre d'une justice souveraine, séparée du parlement de Provence, en laquelle le sieur président Bernard demeurera chef et, pour greffier civil et criminel, M° Geoffroy Dupré, notaire royal, auxquelz seront expédiées toutes provisions nécessaires, sans aucunes finances pour leur regard.

V. — Que tous les habitants de ladicte ville, lesquels cy devant ont suivy le parti de l'Union, autres que Loys d'Aix et

Casaulx, ceux de leurs familles et autres adhérans qui voudront empescher la réduction de ladicte ville en l'obéissance de Sa Majesté, seront exempz, pour choses faictes et advenues durant les troubles et à l'occasion d'iceux, de toutes recherches et poursuyttes, et que tous arretz, informations et procédures qui ont esté et pourroient estre faictes contre eux, seront et demeureront cassées, et que par l'édict qui sera faict par Sadicte Majesté sur la réduction de ladicte ville, les habitans d'icelle, y estant demourés pendant les troubles, seront traitez de mesme que ceux des autres villes, lesquelles se sont remises volontairement en l'obeyssance du roy, avec les articles nécessaires pour assoupir les choses passées et maintenir cy-après en paix lesdicts habitans.

VI. — Qu'il y aura en ladicte ville un grenier à sel érigé pour estre **fourny par les fermiers** des salins de Berre, audict pays de **Provence**, dont ils en seront particulièrement chargez par leurs actes de ferme, et sera pourveu d'officiers à la nomination des viguier et consulz, sans finances.

VII. — Que toute confiscation des biens desdits Loys d'Aix et Charles Casaulx et autres leurs adhérans ja dicts, seront et appartiendront à ladicte ville, sans que icelle soit tenue au payement et acquittement d'aucuns debtes, créés par lesdits Loys d'Aix et Casaulx et leursdicts adhérans.

VIII. — Que le capitaine de Libertat, comme chef de l'entreprinse et en exécutant icelle suivant ses promesses et asseurances données en son nom par ledict Dupré et sieur advocat Bausset, et par luy référées à mondict seigneur, aura pour récompense d'un si grand et signalé service la somme de cent soixante mille escuz, tant pour luy que de ceux desquels il se sera aydé en cest affaire, dont la distribution dépendra de sa volonté (1), laquelle somme luy sera payée sur les plus asseu-

---

(1) Sur les sommes à distribuer et par des accords ultérieurs, 76,000 écus

rées et promptes assignations et deniers clairs qui pourront estre tirez tant des impositions des gabelles et autres droitz que pourront provenir du négoce et trafficq en ladite ville et le long de la coste du pays, tant par mer que par terre, que de tous autres fonds et assignations qui seront recognues utiles par ledict de Libertat pour son payement.

IX. — Aura ledict de Libertat la charge de viguier jusques au moys de mai, que luy sera continuée pour un an après.

X. — Lui est pareillement accordé dès à présent le commandement de la porte Realle et du fort de Notre-Dame de la Garde, avec garnison jusques à cinquante soldats pour chasque part, et cinquante livres par moys d'augmentation aux gaiges pour ledict cappitaine en chascune desdites places outre les gaiges ordinaires, et néanmoing aura le commandement des deux gallères que possèdent maintenant lesdicts Loys d'Aix et Casaulx, qui appartiendront aussi audict de Libertat ; pour lesquelles charges de viguier, porte, forteresse et gallères luy seront aussi expédiées toutes provisions nécessaires, tant pour luy que pour ses lieutenans qui seront par luy nommez, avec fonds de leurs soldes et payement de ladicte garnison, et qu'à cest effect toutes provisions qui pourroient avoir esté obtenues et données à quelques personnes que ce soit, seront dès à présent révoquées.

XI. — Et parce que les deniers destinés pour l'entretenement de la garnison de ladicte porte Realle n'ont esté dès longtemps payez, en sera faict remboursement audict de Libertat, suivant l'estat qui en sera donné et sur bonnes et utiles assignations.

et une pension de 2,000 écus par an furent assignés à Libertat ; 10,000 écus à Bausset ; 9,000 écus à Dupré ; 1,000 écus à Jean Roux, receveur du domaine du roi, et 6,000 écus à Ogier Riqueti, qui se les vit plus tard contester *pour n'avoir prêté ayde ny adsistance à la conspiration.*

XII. — Qu'il sera donné audict de Libertat une place et terre fief noble en Provence du revenu de deux mille escuz par an et, jusques à l'accomplissement de la promesse, il jouira dudict revenu aussi sur bonnes et utiles assignations pour lesdicts deux mille escuz annuellement.

XIII. — Luy sera donné aussi la réserve d'un esvêché ou abbaye en Provence, ou ailleurs, du revenu de mille cinq cens escuz.

XIV. — Davantage aura ledict de Libertat pour sa vie durant, les droitz, fruictz et proffictz de la douane de l'espicerie et droguerie sur l'estranger et du poix et casse, establis en ladicte ville, lesquelz droictz peuvent revenir à mille et cinq cens escuz par an ; et aussi aura les droictz de la table de la mer pour luy et les siens perpétuellement, pour en disposer à sa volonté ; et quant au remboursement du sieur de Retz qui l'a en gage, le roy y pourvoyra.

XV. — Luy sera pareillement donné pour sadicte vie les salins de la Vauduch en ce pays, pour en jouyr et disposer par luy paisiblement et à sa volonté.

XVI. — Que les cappitaines Anthoine et Joseph Emeriz, dicts Cornille frères, et Anthoine Roux, bien qu'ils soient hors la ville, Gilbert Teveneau, Esprit Baron, Jehan Surian, Maurice de Lisle, Guillaume Patenostre, Nicolas Franc et André Mesnard, lesquels convient employer à ladicte réduction, et autres que ledict de Libertat advouera y avoir tenu la main, auront lettres d'abolition et de rémission de toutes choses passées pour quelque cause et occasion que ce soit, avant et durant les présents troubles, lesquelles lettres d'abolition seront et demeureront vérifiées et entérinées sans que les impétrans soient tenus les présenter en personne et qu'il en soit pris autre cognoissance par quelque juge que ce soit, comme dépendant du présent traicté.

Pour lesquels articles mondict seigneur promet, en foi et parolle de prince, faire approuver et ratiffier à Sa Majesté dans ung moys apprès la réduction de ladicte ville, et à cest effect despéchera ung des siens exprez, avec les depputez de ladicte ville.

Espérant que Sadicte Majesté aura tant à gré et contentement le service dudit Pierre de Libertat que rien ne luy sera refusé de ce que dessus, et pour plus grande validité mondict seigneur a signé les présents articles de sa main propre.

Charles de Lorrayne.

Je confirme les présents articles soubs le bon plaisir du roy et prometz les faire effectuer par Sa Majesté.

Faict à Thoulon, le dixiesme jour de fevrier 1596.

Charles de Lorrayne.

Libertat, comme on le voit, vendait à un haut prix sa participation à la délivrance de sa patrie. On est effrayé de tant de cupidité cachée sous le voile trompeur du patriotisme : la charge de viguier à perpétuité avec ses émoluments; les revenus d'un grenier à sel ; cent soixante mille écus mis à sa disposition, sur lesquels il pouvait se faire et se fit en effet la part du lion; le commandement de la porte Royale et du fort de Notre-Dame de la Garde avec garnisons exceptionnelles et hautes payes ; le solde des arrérages de ses charges sous Casaulx; une terre fief noble en Provence ; la réserve d'un évêché; les droits de douane sur les plus riches denrées; la table de la mer; les revenus de salins abondants, telles sont les conditions que Libertat stipulait et qu'il s'empressait de réaliser dans la mesure de ses pouvoirs, trois jours après la réduction de Marseille, en faisant décréter un emprunt forcé de six mille écus sur les habitants les plus aisés, et un impôt de deux pour cent sur l'entrée et la sortie de tout le négoce de mer et de terre.

Mais Libertat n'était pas seul à tendre la main, tous ceux qui de près ou de loin trempaient dans le complot avaient posé leurs conditions, et le même jour, 10 février, le duc de Guise consentait à Toulon le prix de leur participation à l'entreprise en ces termes :

« Nous, Charles de Lorrayne, duc de Guise, pair de
« France, gouverneur et lieutenant-général en Provence, pro-
« mettons en foi et parolle de prince, soubs le bon plaisir du
« roy, au cas que la ville de Marseille soit réduicte en l'obeys-
« sance de Sa Majesté par le moyen du cappitaine Pierre
« de Libertat, qu'il sera viguier de ladicte ville jusques au
« moys de mays 1597 ; le sieur Ogier Riquety, premier con-
« sul ; Gaspard Séguin, second consul ; Désiré Moustiers,
« tiers consul ; M⁰ Nicolas de Bausset, assesseur ; Balthasar
« Arvieu, cappitaine au corps de ville ; Barthélemy de
« Libertat, cappitaine au quartier de Blanquerie ; Honoré de
« Rains, cappitaine au quartier de Cavaillon et au quartier
« de Saint-Jehan ; Jehan Viguier, cappitaine de l'arthillerie.

« Ce qui sera exécuté sitost que Sa Majesté sera recognue
« en ladicte ville de Marseille.

« Faict à Thoulon, ce dixiesme de février 1596.

« Charles de Lorrayne. »

Ce dernier acte était seul destiné à la publicité, en cas de succès ; il fut en effet appliqué le lendemain de l'entrée du duc de Guise à Marseille et ne surprit personne, car déjà à cette époque on savait que ceux qui font les révolutions les font à leur profit exclusif.

Il avait été convenu entre Bausset et le duc de Guise que Boyer partirait le lendemain, dimanche, avec la cavalerie, et qu'il serait rejoint sur le territoire de Marseille par deux compagnies d'arquebusiers du capitaine d'Oria, en ce moment à Allauch. D'autres troupes devaient suivre, et le jour fixé pour l'exécution, le gouverneur devait se trouver lui-même avec cent maîtres sous les murs de la ville, pour attendre les événements. Toutes les troupes envoyées en avant devaient arriver à Aubagne et à Saint-Julien le lundi 12, partir le 13 au soir, faire des courses en vue de Marseille les 14, 15 et 16, et exécuter l'entreprise le samedi 17. Bausset revint à Aubagne et transmit ces décisions à Dupré et à Libertat. Le lundi, il attendait avec la plus vive impatience l'arrivée de Boyer. Il passa tout ce jour en observation, interrogeant l'horizon du côté de Toulon, jusqu'à ce que la nuit vînt envelopper la campagne de ses ombres épaisses, et il rentra à Aubagne en proie à cette fièvre de l'attente qui peuple l'imagination de fantômes. Le mardi, 13, il sortit de nouveau pour gagner une hauteur voisine. Un pâle soleil d'hiver, que couvraient à chaque instant de gros nuages chargés de pluie, éclairait la campagne silencieuse, et après une nouvelle journée d'angoisses il se disposait à rentrer dans son logis, quand vers quatre heures du soir, à travers les arbres dépouillés de feuilles, il aperçut une longue file de cavaliers s'avançant rapidement. Une demi-heure après Allamanon entrait à Aubagne à la tête de onze compagnies de cavalerie. Allamanon, qui avait remplacé Boyer, n'avait pu quitter Toulon que le lundi dans la soirée. Bausset, complètement rassuré, aurait voulu qu'il continuât sa marche sur Marseille, mais hommes et chevaux avaient été surmenés dans la journée et furent obligés de passer la nuit à Aubagne. On avait perdu vingt-quatre heures, vingt-quatre heures d'anxiété terrible pour Libertat et ses complices, qui avaient passé la journée du 13 sur les remparts et au sommet de la colline de Notre-Dame de la Garde, cherchant vainement dans la campagne un mouvement qui pût leur indiquer la présence des troupes.

Les premières troupes envoyées en avant, composées de cent maîtres et de deux cents arquebusiers, sous les ordres du capitaine d'Oria, ne purent partir que le mercredi, 14, vers midi.

Par un fatal contre-temps elles rencontrèrent en route Monseigneur de Vallegrand, archevêque d'Aix, qui se rendait à Cassis, et qui effrayé de quelques petits détachements de soldats isolés qui couraient les champs, les requit de l'escorter jusqu'à Aubagne. D'Oria perdit ainsi une demi-journée et ne parut devant Marseille que le lendemain, 15, vers dix heures. Ce même jour, Libertat, son frère Barthelemy et Dupré, qui avaient éprouvé la veille tous les déchirements du désespoir, se croyant abandonnés par le duc de Guise et peut-être trahis, avaient fait du haut de Notre-Dame de la Garde une première inspection de la campagne qui ne leur avait rien révélé. Après avoir conféré entre eux de la détermination qui leur restait à prendre si Bausset ne leur envoyait aucun message dans la journée, ils se rendirent à l'église des Religieuses de Sion, espérant trouver dans la prière un moyen d'échapper à leurs sinistres pensées et de calmer leur terreur. Il était près de midi et l'office religieux venait de finir, quand de vives clameurs s'élevèrent tout à coup dans la rue, mêlées à des cris de fureur, des imprécations, et au bruit qui accompagne une grande foule courant en désordre. Ils sortirent précipitamment de la chapelle pour s'enquérir des causes de ce tumulte et apprirent avec une joie qu'ils se communiquèrent en silence, qu'un gros de cavalerie ennemie s'était montré à peu de distance de la porte Royale et s'était ensuite retiré en incendiant quelques maisons de campagne. Libertat quitta ses deux compagnons, qui furent prévenir leurs complices, et se dirigea vers la porte Royale. Casaulx y était déjà arrivé et faisait exécuter une sortie par les troupes espagnoles. Deux ou trois mille habitants avaient envahi la porte, et l'émotion fut profonde quand on vit rentrer les Espagnols portant une quinzaine de cadavres, et suivis d'une longue suite de paysans qui fuyaient leurs champs et venaient chercher un asile dans Marseille, traînant sur des chariots leurs femmes, leurs enfants, leurs vieillards, ainsi que leurs meubles les plus précieux et leurs instruments de labour.

Le mercredi, 14, au moment où le capitaine d'Oria sortait d'Aubagne, le marquis d'Oraison et Buous y étaient entrés avec leurs compagnies, ayant laissé 500 carabins à Cassis, avec ordre de les rejoindre le lendemain. D'Oise, Ramefort et Brandonvilliers les suivirent de près avec leurs compagnies, ce qui portait le contingent envoyé de Toulon, outre les troupes d'Allamanon et de d'Oria, à 800 cavaliers et 500 fantassins. Le vendredi, 16, Boyer arriva à son tour avec 100 maîtres, vers dix heures du matin. Il y eut un conseil auquel assistèrent le marquis d'Oraison, de Beaulieu, Boyer, Allamanon et Bausset. On décida qu'on choisirait dix maîtres par compagnie pour faire un total de 150 chevaux, qui resteraient à Aubagne; qu'on donnerait l'ordre, pour tromper les Marseillais, de simuler une retraite sur Toulon avec tout ce qui restait de troupes, en plein jour et d'une façon ostensible, pour que la nouvelle en fût portée rapidement à Casaulx par les espions qu'il devait entretenir à Aubagne; que ces troupes, arrivées en avant de Cassis, se diviseraient en quatre corps qui opéreraient leur retour par Mazaugues, Saint-Julien, Allauch et Saint-Marcel, en convergeant dans la nuit du 16 au 17 sur une hôtellerie à l'enseigne de la *Pomme*, située à peu de distance de Marseille, là où s'élève aujourd'hui le village de ce nom, où on aviserait pour les derniers ordres à exécuter. Boyer, qui malgré la présence du marquis d'Oraison paraît avoir représenté le duc de Guise auprès de Bausset, voulut avoir une entrevue avec Dupré, pour convenir avec lui des détails précis de l'exécution. Bausset écrivit pour cela à Dupré une lettre qui lui parvint vers deux heures, et dans laquelle il lui disait : « Qu'il cognoissoit bien à « la procédure qu'on tenoit dehors qu'il n'estoit pas possible « que l'entreprinse ne se descouvrist, et pour ce, qu'il ne falloit

« plus différer, mais exécuter lendemain, et pour cest effect
« que Dupré se vint rendre à la bastide de Libertat, pour
« marquer le lieu des embuscades et y guider les trouppes, et
« qu'indubitablement on s'y trouveroit (1). »

Ainsi que cela avait été décidé, dans l'après-midi les troupes évacuèrent Aubagne en prenant la route de Toulon. Vers quatre heures, Boyer et Bausset montèrent à cheval, suivis de trente maîtres, et se dirigèrent sur la maison de campagne de Libertat, située près du village de Saint-Jullien, où ils arrivèrent à la nuit close. A dix heures du soir Dupré arriva. Le moment n'était pas aux longues discussions ; Dupré fit connaître le plan de Libertat. Il demandait une embuscade à proximité de la porte Royale et s'engageait à lui livrer le lendemain samedi, 17 février, vers huit heures du matin, Casaulx et Louis d'Aix, qui tous les jours, à cette heure, avaient l'habitude de sortir avec leurs gardes pour examiner les avenues et s'assurer par eux-mêmes qu'aucun danger immédiat ne menaçait la ville. Le moyen à employer pour livrer les duumvirs consistait, comme cela avait été déjà dit, à leur fermer toute retraite en laissant tomber le trébuchet de la porte Royale derrière eux. C'est là la version officielle, mais on peut supposer que Dupré dut laisser entrevoir des complications, et assurer que si elles se présentaient Libertat était résolu à ajouter l'assassinat à la trahison. Depuis quelques jours, en effet, Casaulx et Louis d'Aix ne sortaient plus ensemble dans la campagne pour leur inspection du matin, ils alternaient dans ce devoir de vigilance, et Libertat avait dû prévoir les éventualités que faisait naître pour lui cet abandon d'une habitude sur laquelle il avait basé son projet. En supposant que cela se soit passé ainsi, quoique Bausset se contente de

---

(1) *Mémoires de* NICOLAS DE BAUSSET.

dire que Dupré « asseura que Libertat et ses compagnons
« estoient résolus et bien délibérez de faire leur debvoir, et qu'il
« ne tiendroit qu'à eux qu'on n'achevast ce grand affaire », on
voit que ce ne serait que le 15 ou le 16 février, que Libertat se
serait fermement résolu à se servir de son épée si besoin était.
Quoi qu'il en soit, à onze heures, Boyer, Bausset, Dupré et leurs
trente cavaliers montèrent à cheval pour se rendre à l'hôtellerie
de la *Pomme*. L'obscurité était profonde et des torrents de pluie
transformaient les chemins en torrents ; ils arrivèrent après
minuit, fatigués outre mesure, ruisselants et les chevaux fourbus. Ils ne trouvèrent au rendez-vous que les cinq cents
carabins de Beaulieu, qui étaient venus de Cassis à travers les
collines qui bordent la mer, et les compagnies d'infanterie de
d'Oria. La cavalerie n'avait pas paru encore. Ils attendirent
avec une impatience fébrile pendant une heure, assis devant un
grand feu de cheminée et faisant sécher leurs manteaux. On
n'entendait au dehors que la pluie qui fouettait les fenêtres et
les éclats de la foudre. Boyer et Dupré se décidèrent enfin à
partir, avec trois cents hommes d'infanterie et les trente maîtres qui les avaient accompagnés, laissant Bausset attendre le
marquis d'Oraison, Allamanon, Buous et les autres.

Ils étaient en route depuis une demi-heure à peine quand la
cavalerie arriva, ainsi que divers détachements d'infanterie qui
se présentèrent à de courts intervalles. Bausset les dirigea, sous
le commandement d'Allamanon, sur l'avant-garde, en leur donnant toutes les indications sur le chemin qu'ils avaient à suivre
et en leur recommandant la plus grande circonspection. Allamanon rejoignit Boyer près de la rivière *le Jarret*. Dans la crainte
de donner l'alarme en s'approchant de Marseille, au milieu des
maisons de campagne qui devenaient plus nombreuses et plus
rapprochées les unes des autres, Boyer, par les conseils de Dupré,
divisa sa troupe en deux corps, et donna rendez-vous à Allamanon

à une *bastide* située dans un ravin à peu de distance de la porte Royale. Les deux détachements se remirent en marche. L'orage éclatait avec une nouvelle fureur, les éclairs déchiraient à chaque instant les ténèbres qui enveloppaient la campagne, le tonnerre grondait et remplissait les montagnes de ses roulements terribles, le ciel semblait avoir ouvert toutes ses cataractes : « La pluye, dit Nostradamus, avoit esté tant estrange
« et continue durant toute ceste nuict, les tonnères, les foudres
« et les esclairs si drus, que les flammes tournoyantes qui cre-
« voient l'épaisseur des nuages, avec les estincelles que parmy
« ces sentiers pierreux jettoient les cailloux chocquez des fers
« des chevaux, leur servoient de lumières et de torches pour
« se conduire en des chemins tant aspres et difficiles, les
« hommes et les chevaux estant en eau ou en boue jusques au
« ventre. » Vers quatre heures du matin les troupes arrivèrent en désordre au lieu du rendez-vous, au nombre de 150 maîtres et de 200 arquebusiers seulement; le reste s'était égaré dans l'obscurité ou avait cherché un abri dans les maisons de campagne abandonnées. En entrant dans la *bastide* qui devait servir de centre et de quartier général à l'embuscade, Dupré trouva sous l'auvent de la porte un homme enveloppé d'un grand manteau, ruisselant de pluie et grelottant de froid, qui vint à sa rencontre et se jeta dans ses bras. C'était son beau-frère Honoré de Rains, qui, à minuit, avait traversé le port à la nage, et au péril de sa vie était venu lui annoncer de la part de Libertat « que les tyrans s'estoient allez coucher sans aucun soubçon
« ny ombrage de ceste entreprinse, tellement que toutes choses
« se disposoient à souhait (1) ».

Les dispositions prises furent celles-ci : on divisa les soldats par petites troupes qu'on mit dans les nombreuses maisons de

(1) *Mémoires de* Nicolas de Baussey.

campagne qui environnaient à cette époque *le plan Saint-Michel*, où se trouvait la porte Royale ; de Rains, que l'heure avancée de la matinée comdamnait à ne pouvoir rentrer dans la ville, fut mis en observation derrière un oratoire construit à l'angle d'un chemin qui conduisait à Notre-Dame du Mont, et qui dominant la porte Royale lui permettait de voir la manœuvre du trébuchet ; dès que le trébuchet se serait abattu, de Rains devait faire un signal, et les troupes sortant de leurs embuscades devaient attaquer Casaulx et Louis d'Aix, les tuer ou les faire prisonniers. Les conséquences de la trahison étaient laissées aux éventualités : Libertat et ses complices débarrassés du consul et du viguier devaient s'emparer du poste de la porte et faire crier : *Vive le Roi !* Si la ville suivait ce mouvement, la révolution s'accomplissait sans l'intervention des troupes royales ; s'il y avait résistance et lutte on devait ouvrir la porte aux soldats.

Le retard mis par les royaux à se rendre à l'embuscade, en forçant de Rains à rester avec eux fut sur le point de tout perdre. Il était, en effet, convenu entre lui et Libertat qu'il rentrerait dans la ville avant le jour, pour venir l'informer que tout était préparé et qu'il pouvait fermer la porte derrière Casaulx et Louis d'Aix. Libertat attendit de Rains jusqu'à la pointe du jour, et ne l'ayant pas vu revenir, en proie à une anxiété extrême, il se rendit à la porte Royale avec son frère. A travers la clarté naissante du matin, et malgré la pluie qui continuait à tomber, ils regardèrent attentivement dans la campagne. Tout était tranquille et silencieux, et rien n'annonçait la présence des soldats si impatiemment attendus. Libertat était au désespoir ; il crut à mille rêves de son imagination malade, à un empêchement fortuit, à un abandon du duc de Guise, à une arrestation de de Rains !... Il rentra chez lui la mort dans l'âme, laissant à son frère Barthélemy le soin de se trouver avec ses mortes-payes à l'ouverture de la porte.

Le jour s'était fait déjà et la porte Royale restait close. Les royaux, de leur côté, commençaient à s'impatienter et se départaient peu à peu du silence absolu qu'ils avait gardé jusqu'à ce moment. D'un couvent de Minimes situé à peu de distance des embuscades, on entendit des hennissements de chevaux et on vit quelques soldats maraudant dans les environs. Un Religieux poussé par la curiosité sortit pour s'assurer si quelque danger ne menaçait pas son couvent, et s'étant avancé à l'abri d'une muraille jusqu'au campement de cavalerie, il s'enfuit épouvanté vers la ville pour donner l'alarme. Il frappa au guichet de la porte, et raconta tout ce qu'il avait vu à Barthelemy Libertat. Celui-ci dissimulant ses émotions envoya Pierre Matalian prévenir son frère et ensuite Louis d'Aix et Casaulx. Libertat arriva le premier ; il trouva à la porte un certain nombre de travailleurs des champs qui attendaient l'ouverture du guichet pour se rendre à leur ouvrage, et qui étaient fort alarmés du bruit qui courait qu'une troupe ennemie était cachée derrière les *bastides* voisines. Louis d'Aix se présenta sur ces entrefaites avec une compagnie de mousquetaires, et s'adressant à Libertat il lui dit : *il fault bien que ces embuscades soient fortes d'estre venues en ung si mauvais temps!* et sans attendre sa réponse, se retournant vers un de ses officiers, il lui ordonna d'aller informer Casaulx qu'il était déjà rendu à la porte et qu'il le priait de venir le rejoindre avec les Espagnols « suyvant la « résolution qu'ils avoient prises la veille ». En entendant ces mots Libertat se crut perdu ; il pensa que le complot était découvert et qu'on allait confier la porte aux Espagnols après l'avoir arrêté ou mis à mort. Mais Louis d'Aix n'était pas dans cet ordre d'idées, et ayant commandé à Libertat d'ouvrir la porte, il sortit avec sa garde pour reconnaître les avenues. De Rains les vit le premier et en avertit ses compagnons. Allamanon, en l'absence de Boyer, qui était retourné à l'hôtellerie *de la*

Pomme, donna l'ordre au lieutenant de Boyer de les charger avec quinze hommes. Les Marseillais surpris de cette brusque attaque rebroussèrent chemin et regagnèrent la porte en courant, mais Libertat, dont la résolution était prise, fit signe à son frère d'abattre le trébuchet et leur coupa la retraite.

Il y eut un moment d'anxieuse incertitude bientôt suivi de panique insensée. Louis d'Aix croyant qu'on avait pris l'alarme parce qu'on avait vu ses gens fuir à toutes jambes, interpella Libertat pour lui donner des explications, mais voyant que personne ne répondait, il comprit qu'il était trahi. Il ne perdit pas de temps; laissant là ses gardes, qui n'étaient du reste qu'au nombre de douze, se tirer seuls d'affaire, il courut le long de la courtine en se dirigeant du côté de l'hôtel de Méolhon, où il savait qu'était caserné un poste d'Espagnols. Il arrivait au plan Forniguier, quand il aperçut au haut du rempart un patron pêcheur qui raccommodait ses filets. Louis d'Aix l'appela par son nom et le supplia de l'aider à fuir la mort. Le patron pêcheur lui jeta une corde, et le viguier se l'étant attachée autour de la poitrine, il put se hisser jusque sur la crête du mur et rentrer dans la ville sain et sauf.

Pendant que Louis d'Aix courait cette fortune, les soldats de l'embuscade s'apercevant que le trébuchet s'était abattu se levèrent en criant: *Voila le signal!* Ils se précipitèrent dans la direction de la porte, mais ils furent arrêtés tout à coup par de nombreuses arquebusades parties du bastion où s'étaient réfugiés les mousquetaires du Viguier, et quelques coups de canon tirés du fort Notre-Dame et de la plate-forme. Pendant ce temps Libertat, ses deux frères, Antoine et Barthélemy, Balthasar Arvieux, Pierre Matalian et Jacques Martin se disposaient à aller attaquer le poste de la porte, lorsqu'un soldat accourut vers Libertat en lui disant: *Capitaine, voicy monsieur le consul Casaulx qui vient!* Libertat aperçut, en effet, Casaulx qui, précédé et suivi de sa compagnie de mousquetaires, s'avançait rapidement. Libertat n'hésita pas; il tira son épée et fut à sa rencontre. Devant le consul marchaient six gardes et un sergent. Le sergent voyant venir Libertat l'épée à la main voulut l'arrêter en lui présentant la pointe de sa hallebarde; mais Libertat écartant l'arme d'une main, déchargea de l'autre un coup d'épée sur la tête du sergent qui tomba baigné dans son sang. Casaulx s'était arrêté, ne sachant ce que signifiait ce coup d'épée qui venait d'abattre si audacieusement un de ses hommes. Pendant que Libertat franchissait les quelques pas qui le séparaient de lui, six coups de mousquets furent tirés par les gardes, dont aucun ne l'atteignit. Le premier consul « tout esblouy du bruit et de « la fumée, ne sachant bien discerner ce que c'estoit, mesme « que le ravelin va en biaisant », lui cria en portant la main à son épée, qu'il n'eut le temps que de tirer à demi : *Monsieur de Libertat que faut-il faire? — Monsieur*, répondit Libertat, *il faut crier vive le Roy!* et disant cela il lui passa son épée au travers du corps. Casaulx s'affaisa sur lui-même. Néanmoins il n'était que blessé et il essaya de se relever. Pierre Matalian, qui survint, lui tira un coup d'arquebuse qui rata, pendant que Barthélemy Libertat lui portait un coup de pique dans le cou et l'étendait mort.

Ce drame horrible s'était accompli en quelques minutes et au milieu de l'effroi des mousquetaires du premier consul, qui s'enfuirent ou se laissèrent désarmer par six hommes. Casaulx mort, Matalian déchargea son arquebuse sur le sergent que Libertat avait blessé, et Jacques Martin attaqua seul le corps-degarde. Un soldat qui était de service sur le rempart ayant voulu se mettre en défense, Martin le prit au corps et le jeta de haut en bas dans le fossé. Les soldats du poste paralysés par la peur n'osèrent faire usage de leurs armes. Le capitaine de quartier qui les commandait fut le premier à perdre courage; témoin effaré de ce qui venait de se passer et apercevant Libertat qui se dirigeait vers lui l'épée à la main, il lui cria : *Que voulez-vous, capitaine ? — Que tu reconnaisses le roi nostre maître !* répondit celui-ci. Le capitaine de quartier et ses hommes, tous artisans de la ville, crièrent : *Vive le roi !* et baissèrent leurs armes. Les six conjurés s'emparèrent du poste et s'y barricadèrent.

L'isolement s'était fait autour de la porte Royale et la nouvelle de la mort de Casaulx avait été portée par les fuyards dans les quartiers les plus rapprochés. Libertat, qui avait compté sur un mouvement populaire, était effrayé de n'entendre aucun cri de *Vive le roi !* et de ne voir apparaître personne. Peut-être craignait-il que les Espagnols ne vinssent l'attaquer dans le poste qu'il occupait ? Il fit monter à cheval Jean Laurent, qui venait d'arriver en compagnie de Jean Viguier, et l'envoya dans la campagne pour dire aux troupes royales d'entrer dans la ville, en même temps qu'il dépêchait Jean Viguier dans les quartiers du port pour soulever la population.

Jean Viguier descendit vers la mer, au point où étaient mouillées les galères espagnoles, et s'adressant aux équipages il leur criait : *Traîtres Castillans, vous avez tué Casaulx, mais nous vous assommerons tous !* espérant les intimider et soulever en même temps le peuple contre eux. Du port il entra dans le quartier de Saint-Jean, courant les rues et criant : *Aux armes ! Aux armes ! Le consul Casaulx est mort !* Paroles qui causaient plus d'effroi qu'elles ne soulevaient de passions pour ou contre le premier consul. En même temps Laurent courait après Allamanon qui, ignorant ce qui s'était passé, s'était déjà mis en marche pour rallier l'hôtellerie de la *Pomme*. Il l'atteignit et le supplia de revenir sur ses pas, lui assurant que Casaulx était mort et que Libertat l'attendait à la porte Royale pour lui livrer la ville. La défiance d'Allamanon dans le succès de l'entreprise était si grande qu'il refusa d'abord, et qu'il fallut l'intervention

de Nicolas Bausset qui « les asseure que Laurens est homme
« de bien, qu'il est de l'entreprinse et que sur sa vie ils se peu-
« vent fier en sa parole (1) », pour qu'il donnât l'ordre de revenir sur Marseille.

Cependant Louis d'Aix après avoir échappé miraculeusement
aux périls qui le menaçaient, avait rejoint Fabio, le fils de Casaulx, et ayant ramassé autour d'eux trois ou quatre cents hommes armés, ils voulurent tenter une attaque sur la porte Royale.
La fatalité voulut qu'au lieu d'aborder le poste, qui n'était gardé
en réalité que par quelques hommes, de front, par une des trois
rues qui se développaient devant lui en éventail, ils décidèrent
de le surprendre en le prenant par derrière. Ils s'engagèrent
par-dessus la courtine, dans un chemin couvert qui pouvait à
peine donner passage à deux hommes, et arrivèrent ainsi à
proximité de la porte. Mais Libertat qui était monté sur le cou-
ronnement de la porte pour voir plus loin dans la campagne si
les royaux n'arrivaient pas, les aperçut, et ayant appelé à lui
Pierre Matalian, ils déchargèrent sur eux quelques coups d'arquebuses qui suffirent pour jeter le désordre dans leurs rangs et
leur faire prendre la fuite. Louis d'Aix et Fabio redescendirent
sur le chemin intérieur de ronde, et s'enfoncèrent dans les
rues du quartier voisin pour reprendre l'attaque du poste par
les trois voies qui y conduisaient. Ils arrivaient en vue de la
porte quand ils aperçurent des cavaliers qui la franchissaient et
entraient en ville en criant : *Vive le roi!* Louis d'Aix comprit
qu'il était perdu ; il donna l'ordre de battre en retraite et vint se
barricader dans l'Hôtel de ville.

Allamanon venait, en effet, de faire son entrée dans la ville à
la tête de son avant-garde composée de trente maîtres et de quatre-vingts arquebusiers. A la vue des cavaliers royaux, les habi-

---

(1) *Mémoires de* N. DE BAUSSET.

tants du quartier rassurés sur les suites de la mort du consul, firent éclater leur joie. Le bruit que le duc de Guise venait d'entrer dans la ville se répandit avec la rapidité de l'éclair. De toute part des hommes armés affluèrent vers la porte Royale, portant la fleur de lys au chapeau ou l'écharpe blanche, et faisant retentir les airs des cris de : *Vive le roi!* La multitude, toujours cruelle dans ses colères comme dans ses joies, ne crut pouvoir mieux exprimer ses sentiments qu'en insultant le cadavre de Casaulx; elle qui avait tremblé devant lui, qui l'avait porté et soutenu au pouvoir, qui l'avait aidé dans ses vengeances et avait approuvé toutes ses exactions, couvrit lâchement ses restes sanglants d'imprécations et d'opprobre. Le corps du premier consul, souillé de boue, fut traîné dans les rues et livré aux enfants qui le promenèrent toute la journée à travers les ruisseaux, lui arrachèrent la moustache, lui coupèrent le nez, et le jetèrent, la nuit venue, dans le cimetière Saint-Martin, où il fut inhumé clandestinement le lendemain. Mais pendant que la ville se remplissait de tumulte et d'acclamations frénétiques, que les troupes entraient aux bruits des trompettes et que les cloches de toutes les églises remplissaient l'air de leurs sonneries joyeuses, Louis d'Aix, qui avait vu passer sous les fenêtres de l'Hôtel de ville les restes informes et profanés de son collègue, désespérant de pouvoir résister, méditait une retraite qui mettrait ses jours à l'abri du danger. Outre Fabio qui ne l'avait pas quitté, il avait été rejoint à la *Loge* par un second fils de Casaulx. Profitant d'un moment où la population se portait en foule vers les remparts, ils sortirent par une porte de dégagement, se jetèrent dans les ruelles les plus étroites et les plus désertes, et parvinrent à gagner le port et de là, au moyen d'une barque, l'autre côté de l'eau, où ils se séparèrent : Louis d'Aix s'enferma dans Saint-Victor, Fabio et son frère Jérôme gagnèrent le fort de Notre-Dame de la Garde.

La panique s'était emparée de tous les ligueurs ; les Espagnols n'échappèrent pas à cet affaissement. Doria avait envoyé le matin trois cents arquebusiers à terre pour prêter main forte aux duumvirs ; vers midi les royalistes s'étant emparés du fort Saint-Jean et d'une batterie sur la côte ouvrirent le feu sur les galères. Doria s'empressa d'appareiller après avoir fait dire à ses arquebusiers de battre en retraite sur le Lazaret, où il allait les attendre. Le vent qui avait succédé à la pluie, et une forte canonnade partie du château d'If, le forcèrent de longer la côte et de mouiller à la Croisette au lieu de se rendre au Lazaret. Pendant ce temps, les trois cents arquebusiers, attaqués avec vigueur et ayant perdu leur enseigne colonelle se repliaient vers le Lazaret ; mais n'ayant pas trouvé leurs galères, la peur s'empara d'eux, et ayant jeté leurs armes qui les embarrassaient, ils prirent la fuite jusqu'à la Croisette où ils arrivèrent éperdus.

Le duc de Guise était parti de Toulon dans la soirée du 16 février avec un corps de cavalerie. Il passa par la Cadière et arriva à Aubagne le 17 à deux heures du matin. Après avoir pris quelques heures de repos il se remit en route pensant être rendu à Marseille au moment de l'exécution. La pluie qui tombait à torrents, l'état déplorable des chemins retardèrent sa marche. Entre Marseille et Aubagne il rencontra quelques picoreurs qui, pour déguiser leur maraude, lui annoncèrent que l'entreprise était manquée et qu'ils regagnaient leurs cantonnements. Le duc espérant rencontrer ses troupes continua sa route, et après s'être égaré plusieurs fois et avoir perdu un long temps en marches inutiles, finit par arriver vers deux heures à la porte Royale, où on lui apprit la mort de Casaulx et l'enthousiasme des habitants. Le jeune prince entra dans Marseille au milieu des plus vives acclamations. Libertat le reçut et le pria avant d'aller plus loin de jurer de conserver les libertés, priviléges et franchises de la ville. Le duc descendant de cheval

mit un genou en terre et prêta le serment demandé, puis se relevant, il embrassa Libertat en l'appelant : *Libérateur de la patrie !* La foule était immense. Le duc de Guise et Libertat montèrent à cheval et descendirent dans l'intérieur de la ville pour se rendre à la Major et remercier Dieu. Ils rencontrèrent le président Bernard qui, en robe, une pique à la main, une écharpe de soie blanche autour de sa toque, parcourait depuis le matin les rues en criant : *Vive le roi ! Vive la France !* L'enthousiasme qui éclatait sur le passage du duc tenait du délire. Casaulx mort tout le monde se trouva royaliste, tant il est vrai que la foule ne demande qu'une idole ! on ne voyait plus que des fleurs de lys aux chapeaux et des écharpes blanches aux ceintures ; chacun s'empressait d'étaler devant sa porte, à ses fenêtres, des portraits du roi ou des drapeaux blancs : « On ne voyoit, dit un contemporain, que draps blancs
« et blanches escharpes sur les fenestres hautes et basses des
« maysons, voire jusques sur les toicts et pavillons, estans tel-
« lement le taffetas blanc de toute qualité, pris, employé et
« achepté ce jour là, que plusieurs hommes furent veus porter
« non seulement escharpes de toile fine, ains des serviettes
« communes, pour tesmoigner une telle et tant solennelle allé-
« gresse. » Le soir la ville se remplit de feux de joies, de danses et de chants (1).

(1) Le 17 février, dans la soirée, le duc de Guise envoya Allamanon auprès du roi pour lui faire connaître la réduction de Marseille. Ainsi que l'indique la lettre suivante de Henri IV au connétable de Montmorency, on n'avait encore à ce moment que des idées confuses sur les événements de la journée : « Mon compère, hier soir Lamanon, que mon nepveu le
« duc de Guise m'a despesché depuis la prinse de Marseille, arriva avec
« les particularités que vous entendrez par M. le Grand (le duc de Belle-
« garde, grand écuyer de France) qui a voulu lui-mesme estre porteur de
« ceste bonne nouvelle. Casaulx et son fils ont esté tué sur la place, et le
« viguier prins se voulant sauver, qui devoit le lendemain estre mis sur

Le lendemain, 18 février, jour de dimanche, le clergé fit une procession solennelle à laquelle assistèrent tous les Ordres de la ville. Le duc de Guise, accompagné du comte de Carcés, du marquis de Trans, du marquis d'Oraison, et suivi d'une foule de gentilshommes, se rendit à l'Hôtel de ville où l'attendaient le président Bernard et quatre-vingts notables. Il lut une déclaration par laquelle tous les fonctionnaires nommés par Casaulx étaient destitués. Conformément à ses promesses, et sous le bon plaisir du roi, il remit à Pierre Libertat le bâton de viguier fleurdelysé et surmonté de la main de justice, nomma consuls Ogier Riqueti, Séguin et Moustier, donna la toge d'assesseur à Nicolas Bausset, et confia aux autres chefs du complot les charges et fonctions stipulées. Au milieu de ces ignominies et de ces bassesses, on vit, spectacle consolant et le seul qui puisse émouvoir l'âme, les nombreux exilés que la politique excessive de Casaulx avait forcé de fuir, rentrer en foule à Marseille et reprendre leur place au foyer domestique; le blé qui coûtait la veille 12 écus la charge tomba à 5 écus, et chacun espéra des jours plus tranquilles et plus heureux.

Cette révolution si prompte, si décisive, s'était achevée presque sans effusion de sang. Elle ne coûta la vie qu'à Casaulx et à trois de ses défenseurs; les royalistes, de leur côté, perdirent le cornette de la compagnie de Boyer et un carabin tués à la porte Royale, et un chevau-léger d'Allamanon assassiné dans une rue. Le lundi, 19, on signala au large et se dirigeant sur Marseille douze galères espagnoles. Elles portaient les trois députés marseillais auprès de la Cour de Madrid, de l'argent et douze cents hommes d'infanterie. Cette flotte, qui aurait complété les forces

---

« la roue. Je vous prie, incontinent, de faire rendre grâces à Dieu, en faire
« faire des feux de joie et tirer le canon. 29 février 1596. » (*Lettres missives*, t. IV, p. 507.)

espagnoles à vingt-quatre galères et deux mille quatre cents soldats, sans compter les équipages, rencontrant celle qui fuyait, vira de bord et rentra à Barcelonne.

Marseille appartenait au roi, mais la faction de Casaulx était encore maîtresse du fort de Notre-Dame et de l'abbaye de Saint-Victor. La garnison de Saint-Victor ne tarda pas à parler de se rendre au duc de Guise, et les murmures acquirent en quelques jours un tel degré de violence, que Louis d'Aix craignant d'être livré à ses ennemis par ses propres soldats, s'échappa une nuit, avec deux compagnons, par-dessus les murailles, en se laissant couler dans la rue au moyen d'une corde. Croyant trouver un asile plus sûr au fort de Notre-Dame, il vint demander protection à Fabio, mais celui-ci refusa de le recevoir. D'Aix, au désespoir, s'enfuit à travers la campagne par une nuit obscure, un vent glacial, et une pluie qui plusieurs fois le força de s'arrêter dans des granges abandonnées. Il arriva au point du jour à Mazargues. N'osant se faire reconnaître de peur d'être trahi, il se sépara de ses compagnons et se jetta dans les montagnes, se dirigeant du côté de Cassis. Mouillé et transi de froid, ayant laissé ses chaussures dans la boue des chemins et à toutes les aspérités des rochers, en proie à des terreurs profondes, il se cacha pendant trois jours dans une excavation du rivage, du fond de laquelle il apercevait la mer immense qui venait se briser avec fracas sur la grève, ne vivant que d'un peu de pain que lui donna un berger. Le troisième jour, la mer s'étant calmée, il aperçut un bateau monté par un homme, qui était sorti de Cassis. C'était là sa seule espérance et son salut. Dévoré d'insomnie et de fièvre, mourant de faim, il monta sur un rocher et fit des signaux de détresse. Le pêcheur ayant accosté consentit à le porter jusqu'aux galères espagnoles qui croisaient encore au large, moyennant une chaîne d'or de 50 écus et une bague ornée d'une turquoise. C'était tout ce qui restait au maître de Marseille.

L'abbaye de Saint-Victor avait arboré l'étendard blanc dès le lendemain de la fuite de Louis d'Aix. Le duc de Guise obligé de s'éloigner de Marseille pour venir à la rencontre du duc d'Epernon qui se dirigeait sur Saint-Tropez, laissa dans la ville les deux régiments de Montplaisir et de Mouy pour maintenir la tranquillité et poursuivre la soumission du fort Notre-Dame. Cette soumission ne se fit pas attendre. Comme si tout, dans ces dramatiques et étranges événements, avait dû se dénouer par la trahison, la puissante citadelle se rendit avant même qu'on eût préparé les moyens d'attaque. Un nommé Darbon, très-compromis par ses violences sous Casaulx, servait dans le fort sous les ordres de Fabio. Son fils, craignant des vengeances prochaines, vint trouver Libertat et s'engagea à lui rendre la place s'il voulait lui promettre le pardon pour son père. Libertat ayant accepté, il parvint à entrer à Notre-Dame en se donnant comme un évadé des prisons du duc de Guise. Fabio l'accueillit avec un vif intérêt, mais en quelques jours, de connivence avec son père, il sut si bien changer l'esprit de la garnison, peu portée du reste à courir les chances d'un siége, qu'un matin, escorté de six acolytes, il se présenta dans la chambre qu'occupaient les deux frères Casaulx et les mit hors de la citadelle. Fabio, au dire de quelques historiens, pleurait. C'était un jeune homme « de douce et sympathique figure » et qui n'avait jamais partagé l'exaltation politique de son père. Il rôda quelques heures autour du fort avec son frère, ne sachant où diriger leurs pas. Rencontrés par quelques soldats et reconnus peut-être, ils se tirèrent de leurs mains en payant une somme d'argent ; ils s'éloignèrent enfin, et comme ils avaient pu emporter quelques bijoux, ils se rendirent à Gênes, où ils moururent obscurément, dans l'abandon et la misère.

Le Parlement fit célébrer par des processions et des fêtes publiques la réduction de Marseille, qui assurait la pacification

presque complète de la Provence, car la Ligue ne possédait plus que Berre, Brignoles, Saint-Tropez, le château de Riez, Saint-Maximin, la citadelle d'Hyères, Manosque, Rognes, Saint-Paul la Durance, la tour de Beauvezer et celle de Thorame. Henri IV en apprenant cette nouvelle fut transporté de joie et s'écria : *C'est maintenant que je suis roi !* La réduction de Marseille était en effet la plus grande victoire qu'il eût obtenue depuis la réduction de Paris, et on peut dire que la question entre Henri IV et Philippe II n'avait été décidée qu'à Marseille. Si les Espagnols s'étaient rendus maîtres de cette ville, il aurait été obligé de faire plus tard en Provence ce qu'il faisait en ce moment en Picardie. Marseille, située à quelques journées de navigation de Barcelonne, aurait été une porte ouverte sur la Provence et le Languedoc aux armées espagnoles, et d'Épernon tenant la campagne, le roi allait avoir à lutter contre une nouvelle invasion par le Midi. La prise de la ville rejetait les Espagnols chez eux, ruinait les calculs et les espérances de d'Épernon et laissait Henri IV libre de ses mouvements dans le Nord. Le roi écrivit le 6 mars aux magistrats de Marseille une lettre flatteuse pour tous les habitants, et le même jour à Libertat une autre lettre pleine d'éloges: « Cher et bien amé, lui disait-il, vous
« avés fait un acte si généreux pour la liberté de vostre patrie
« et de vos concitoyens, que, quand nous n'y aurions aulcun
« intérest, nous ne laisserions de louer vostre vertu. Nous vous
« ferons jouyr de tout ce que nostre très cher nepveu le duc de
« Guise, gouverneur et nostre lieutenant général en nostre
« comté et païs de Provence vous a promis et accordé en nostre
« nom, dont nous vous ferons despêcher les lettres et provisions
« nécessaires (1). » Henri IV avait les promesses faciles, mais il n'hésita pas, plus tard, à réduire à cinquante mille écus la

---

(1) *Lettres missives*, t. IV, p. 517.

gratification de Libertat, au lieu de cent soixante mille primitivement stipulés (1).

Nicolas de Bausset, Geoffroi Dupré, J.-B. de Village, Vento des Pennes, François de Paule et Pierre d'Hostagier, furent députés par le conseil municipal et se rendirent à Amiens, pour présenter au roi les hommages de la ville, prêter serment de fidélité et demander grâce et pardon pour tous les désordres commis pendant les troubles (2), en même temps que la con-

(1) Consulter pour ce qui concerne les restrictions apportées par le roi aux stipulations de Toulon et pour les transactions postérieures : *Ce qui a esté estimé se debvoir respondre sur les articles du traité du cappitaine Libertat. Réponse sur : deux placetz particulliers de Dupré et du receveur Roux, accordés par monsieur de Guise.* Ces deux pièces, publiées dans les *Mémoires pour servir à l'histoire de la Ligue en Provence*, se trouvent en copie dans les manuscrits Dupuis, vol. 155, p. 23, 24. Voir aussi aux archives de la ville de Marseille : *Transaction et accord entre noble Barthélemy de Libertat, Viguier de Marseille, et les consuls et communauté de ladite ville; et quittance faicte par le s'eur lieutenant Bausset et maistre Dupré en faveur dudict sieur Viguier.*

(2) Cette demande était une indigne comédie. Les conjurés, une fois au pouvoir, poursuivirent leurs ennemis politiques de toute leur haine. Le 18 février les maisons de Casaulx et de Louis d'Aix furent livrées au pillage, *en telle manière qu'à peine y laissa-t-on les portes et les volets des fenestres;* le 21, sur la proposition d'Ogier Riqueti, premier consul, on résolut *la poursuite et punition exemplaire, avec confiscations de biens,* de tous les adhérents de Casaulx et de Louis d'Aix, et si on en juge par la lettre suivante, écrite aux consuls de la Ciotat, la vengeance des gouverneurs de Marseille poursuivait les proscrits même dans leur exil :

« Marseille, 11 avril 1596.

« Nous sommes advertis que vous retirez en vostre ville ceulx que nous
« chassons de la nostre comme nos ennemys connus. Nous vous prierons
« croyre que le banissement qu'on leur a donné à bonne et à juste cause,
« est suyvant le jugement contre eux fait, lequel seroit inutile s'il ne s'es-
« tendoit plus oultre de nostre terroir ; ce seroit un vray moyen et sujet à
« nos ennemys, si vous leur permettez en vostre ville d'entreprendre tou-
« jours quelque chose contre nous, c'est pourquoy nous vous prions que
« en considération de ce que nous vous représentons, qui regarde totale-

firmation des libertés marseillaises. Les députés arrivèrent le 15 mai à la Fère, que le roi assiégeait, et furent reçus avec la plus grande cordialité. Henri IV leur accorda une Cour souveraine composée de dix conseillers au Parlement de Provence, présidée par un magistrat pris hors de cette compagnie. Les députés demandèrent du Vair, qui jouissait d'une grande réputation d'honnêteté, de science et de sagesse. Le roi y consentit, et avec son humeur gasconne habituelle il leur dit : *Je vois bien qu'il faut vous donner du Vair, car en Provence vous avez tous la tête verte !* Quand ils partirent, il leur fit ses adieux en leur disant ces paroles aimables : « Recommandez-moi à mes « sujets de Marseille ; dites-leur de m'estre toujours fidèles, « comme je seroi toujours pour eux un bon roy. J'espère avoir « le plaisir de les voir dans dix-huit moys ; je mets le terme un « peu long afin de ne pas manquer de parole, ce sera quand « j'auroi mis ordre à mes affaires de Picardie. Je me flatte que « mes sujets qui me verront m'aimeront. Aimez-moi toujours. « Adieu. »

La réduction de Marseille avait anéanti les dernières espérances du duc d'Épernon. Quelques mémoires du temps, au dire de H. Bouche, assuraient que si Marseille fut devenue espagnole, le duc devait en avoir le gouvernement. C'est là une

---

« ment le bien du service du Roy, repos et assurance de ceste sienne
« ville, de vouloir incontinent fère vuider de la vostre tous ceux qui s'y
« sont retirés depuis nostre heureuse réduction, et que vous reconnoissez
« avoir esté mis hors nostre ville comme ennemys du service de Sa Majesté et de leur patrie. Vous ayans, nous, toujours estimés zelés et affectionnés à ce bon debvoir et à ce que regarde nostre assurance de laquelle
« despend la vostre, nous fait vous en fère ceste réquisition et prière.
    « Vos bons amys et voisins, les viguiers et consuls gouverneurs de
« Marseille. »
    « P. de LIBERTAT, viguier ; RIQUET, consul ; G. SÉGUIN, consul. »
            (Archives communales de la Ciotat.)

erreur; son ambition visait plus haut. Dans ses rêves coupables il s'était bercé de l'idée non-seulement de disputer la Provence à Henri IV, mais encore d'armer contre lui Metz, Boulogne, Angoulême, Saintes, toutes les villes dont il était encore gouverneur titulaire. Quand il vit ces places fortes rester immobiles à la nouvelle de sa rupture avec le roi, quand il vit la Provence passer, ville par ville, sous la main du duc de Guise, et Marseille s'échapper violemment des mains de l'Espagne pour se jeter dans les bras de Henri IV, il comprit que l'écroulement de sa fortune était complet. Il est certain qu'à partir de ce moment il n'agit plus que dans le but de rappeler au roi qu'il était à acheter, et que la dernière expédition qu'il fit, fort inutilement, et fort malheureusement aussi, ne tendait qu'à atteindre ce résultat (1). Croyant le duc de Guise fort occupé à Marseille, il sortit de Brignoles avec 300 maitres et 200 arquebusiers pour aller ravitailler la citadelle de Saint-Tropez qui était assiégée par les royalistes. Le gouverneur partit le 21 février de Marseille avec 150 gendarmes et 300 arquebusiers; il passa par Toulon et remonta jusqu'à Pignans, ayant recruté sur sa route 300 fantassins et espérant arriver assez à temps pour arrêter d'Épernon, mais quand il arriva celui-ci avait déjà jeté des vivres et des munitions dans Saint-Tropez. Le gouverneur ne se découragea pas et vint camper entre le Luc et Vidauban, à cheval sur la route qui menait de Brignoles à Saint-Tropez, près de ces champs fameux arrosés par la rivière l'Argens, qui furent les témoins de la trahison de Lépide, de son alliance avec Antoine, et où furent posées et discutées les bases du triumvirat qu'ils partagèrent avec Octave; puissance trop divisée pour l'immensité de la république romaine, et qui fût bientôt remplacée par

---

(1) Il aurait, au dire de quelques historiens, eu recours pour cela à l'influence du connétable de Montmorency.

le pouvoir unique mais autrement fort du vainqueur d'Actium. Le 24 février, dès le matin, il aperçut l'avant-garde épernonienne qui descendait les pentes de la montagne des Maures, et se mit en marche pour aller à sa rencontre. Le duc d'Épernon prévenu de ce mouvement par ses coureurs, fit un mouvement de conversion, et par une marche de flanc se rapprocha du village de Vidauban, espérant peut-être tromper l'ennemi en jetant ses soldats dans les grands bois de chênes-liéges qui couvraient cette partie du terrain. Le gouverneur ordonna à son infanterie de camper dans un fourré et prit le trot avec la cavalerie; mais l'infanterie, composée de 300 soldats entrés en Provence avec le duc et de 300 miliciens pris à Toulon, à Cuers et à Solliès, ne voulut pas faire halte et se mit à courir, suivant de très-près la cavalerie. D'Épernon voulut mettre la rivière entre l'ennemi et lui; il donna l'ordre à ses troupes de passer l'Argens, quoiqu'il fût très-rapide et grossi à cette époque par les orages de l'hiver. Au moment où les épernonniens se disposaient à passer la rivière à gué, le duc de Guise débouchant d'un bois les atteignit avec 60 cavaliers. Il y eut un moment de désordre très-grand; « les chevaux, dit Saint-Cannat, acteur dans cette affaire, « avaient de l'eau jusqu'à la selle, » beaucoup de soldats se noyèrent des deux côtés, les troupes de d'Épernon furent mises en pleine déroute, et lui-même gagna Barjols de toute la vitesse de son cheval, suivi seulement de 30 gendarmes, ayant perdu la moitié de ses hommes et tous ses bagages. Allamanon, procureur du pays pour Henri IV et Marc de Chateauneuf, procureur du pays pour d'Épernon, se noyèrent dans l'Argens; quand on vint annoncer cet événement au duc d'Épernon, il répondit avec ce mépris de la vie humaine qu'il avait toujours montré : *Retirons-nous, la paix est faite, les deux procureurs sont allés boire ensemble!*

La victoire du duc de Guise était complète. Il ne voulut pas poursuivre les fuyards et descendit vers Saint-Tropez, qui se rendit quatre jours après. Il soumit le fort de Grimaud et revint à Marseille, où il fut reçu au milieu des acclamations enthousiastes de la population.

Le duc d'Épernon était aux abois : il n'avait plus ni armée, ni autorité, ni prestige. Il ne lui restait plus qu'à sortir de Provence avec un certain apparat pour cacher sa honte et la ruine de ses projets sous le masque d'une soumission volontaire. Le connétable de Montmorency paraît lui avoir ménagé ce dénouement. Le 12 mars arriva à Aix le sieur de Roquelaure, maître de la garde-robe du roi, qui était chargé de traiter des conditions. Le duc de Guise se rendit immédiatement à Aix. En route il tomba dans une embuscade qui lui avait été tendue par la garnison gasconne de Marignane. Il fut obligé de mettre l'épée à la main et de se frayer un passage en chargeant les ennemis, dont six restèrent sur le terrain et six furent emmenés prisonniers. Dès que Roquelaure lui eut présenté ses hommages, il se rendit, le 14 mars, à Brignoles, auprès du duc d'Épernon, auquel il fit d'abord signer une suspension d'armes qui fut publiée le 24 mars dans toute la Provence. Roquelaure muni des pleins pouvoirs du duc d'Épernon revint à Aix et réunit l'assemblée des communautés. Il exposa le but de sa mission, rendit compte des résolutions du duc, et déclara qu'il s'engageait à quitter la province moyennant une somme de 200,000 écus pour ses frais de voyage en Provence, dédommagement de ses pertes et dépenses de son retour. Il donna ensuite communication de lettres patentes du roi qui portaient, d'une part, abolition et pardon de toutes les fautes commises par ceux qui avaient suivi le parti du duc, et d'autre part, commandement aux communes d'imposer sept écus par feu pour indemniser le duc, somme qui atteignait au plus 21 ou 22,000 écus, bien éloigné de celui que demandait d'Épernon. « Le pays, dit

« H. Bouche, fit un plus grand effort que ses forces pour lors
« ne portoient, bâtissant, le 15 mai, à ce duc d'Espernon,
« qui avoit fait démolir tant de chasteaux et fait détruire
« tant de maisons, un grand pont d'or de la somme de 50,000
« écus pour lui, payables en deux ans, et de 30,000 pour ses
« capitaines pour les faire tous sortir de la province. » Le duc
d'Épernon accepta et stipula que la somme lui serait comptée à
Lyon, sous la garantie des plus riches propriétaires ou commerçants de la province.

Le duc d'Épernon se mit en route avec tout ce qui lui restait
de son armée de Gascons et se dirigea sur Rognes. Après s'être
reposé quelques jours en attendant que diverses petites garnisons l'eussent rallié, il prit le chemin de Mirabel, de la Tour-d'Aigues, et arriva le 27 mai à Cavaillon, sur les terres du pape.
Il se rendit ensuite à Paris, où le roi l'accueillit avec bonté. Il
mourut à Loches, en 1642, à l'âge de quatre-vingt-neuf ans.
A partir de sa sortie de Provence il fut toujours fidèle serviteur
du roi, dans le carrosse duquel il se trouvait le 10 mai 1610,
quand il tomba sous le coup de couteau de Ravaillac.

Après le départ du duc, le gouverneur et le Parlement ordonnèrent de faire démolir les citadelles de Draguignan, de Brignoles, de Saint-Tropez, de Riez et de Saint-Maximin, ainsi que les
châteaux d'Hyères, de Manosque, de Rognes, du Puech et de
Saint-Paul la Durance. Dans presque toutes ces communes, la
population procéda elle-même à la démolition de ce qu'elle regardait comme l'instrument de sa servitude (1). Le souvenir du
séjour en Provence du duc d'Épernon est resté légendaire, et il

---

(1) « L'an mille cinq cens nonante et sycis, moussu de Pernoun ces en
« ana de Brignoles per commandement dou rey de Franço Enric IV, au-
« qual Diou donne longo vido, et la citadello que avie fach fayre lou dict
« moussur de Pernoun à Brignoles, quero au cartier dou Cornier (?) ses
« abatudo per gens de la villo, de ee que renden graci à Diou. Ce vint

semble qu'il a fallu les effroyables malheurs de 1793 pour en effacer la tradition de la mémoire du peuple : *a fa maï de maou que Pernoun !* était une locution vulgaire en Provence avant la Révolution. Le duc, de son côté, ne pardonna jamais aux Provençaux leurs hostilités constantes, et quand il voulait injurier quelqu'un, il avait l'habitude de lui dire : *va, Provençal, et que plus ne puis-je te dire.* Son départ remplit toutes les classes de la population de joie, on se vengea de la terreur profonde qu'il avait toujours inspirée en faisant sur lui des chansons, des épigrammes, et on répète encore dans nos campagnes ce dicton qui date de 1596 :

> Adiou La Valetto,
> Lou diablé qué ti régretto !

La Provence célébra son départ par des réjouissances publiques. A Aix, disent les récits du temps, de mémoire d'homme on n'avait vu une si belle et imposante procession : tous les Ordres religieux y étaient représentés, chaque couvent de la province y avait envoyé des députations, le Parlement en robes rouges et le duc de Guise suivaient le dais.

Les États licencièrent une partie des troupes provinciales, ce qui diminua les dépenses du trésor, déjà fort obéré, et rendit à l'agriculture les bras dont elle avait un urgent besoin. Ils accordèrent au duc de Guise l'entretien de sa compagnie de cavalerie et 1800 fantassins pour s'opposer aux prises d'armes que quelques capitaines d'aventures auraient pu tenter, et aussi pour surveiller Berre, qui était encore occupée par les troupes

---

« may 1596. » (*Extrait du liber mortuorum de Brignoles, tenu par* BIGNON, *sacristain, 1588-1609, f° 54.*)

« Mes amis, écrivait le duc de Guise aux consuls de Draguignan, puis-« que vous tenez vostre bryde rompez-le vitement (le château) et rasez le « joug de vostre tyrannie, afin d'oster l'usage à tant de monde de vous « maltraiter. » (*Archives communales de Draguignan.*)

du duc de Savoie. Le gouverneur décida, en effet, que cette ville serait bloquée, et on construisit deux forts, pour empêcher les sorties de la garnison, qui souvent faisait des excursions dans les environs, plutôt que pour la réduire par la famine, comme le disent quelques historiens. Ces forts, mal armés et mal gardés par cent cinquante hommes seulement, furent surpris par le capitaine Guarini, qui commandait la place, et les soldats massacrés ou mis en fuite. Le duc de Guise était à Marseille quand il apprit ce déplorable événement; il conclut avec le gouverneur de Berre une suspension des hostilités de deux mois, qui fut signée le 15 juillet et renouvelée plusieurs fois jusqu'à la paix de Vervins, où la ville fut évacuée par les troupes de Savoie et fit retour à la France.

Cependant Guillaume du Vair, nommé président de la Cour souveraine de Marseille, était arrivé à Aix le 14 décembre 1596. Les lettres d'érection furent vérifiées au Parlement le 19, avec ces modifications que la Chambre de Marseille ne pourrait procéder à la vérification d'aucuns édits, ni à la réception d'aucuns officiers, ni connaître des procès des Marseillais déjà intentés par devant la cour d'Aix. Le lendemain le duc de Guise et du Vair se rendirent à Marseille, où le 26 du même mois ils firent procéder à l'élection de l'état consulaire et des capitaines de ville. Du Vair fit, à ce propos, une harangue remarquable, dans laquelle il exhorta les habitants à se dépouiller de toute haine, à oublier toutes les offenses qu'ils avaient reçues, pour ne plus songer qu'au service du roi et au bien de la patrie. « Vous êtes
« maintenant, leur dit-il, sur l'élection de vos officiers de ville,
« de laquelle dépend principalement votre repos et sûreté. Le
« roi, bien averti des divisions qui sont parmi vous, vous eût
« bien pu nommer des officiers, c'est de son autorité, mais
« comme il est bon et indulgent à ceux qu'il estime lui être fi-
« dèles, il a bien voulu que le choix de ceux qui vous doivent

« gouverner se fit par vous-mêmes..... faites donc qu'il ne se
« fasse choix de personnes qui ne soient propres pour maintenir
« l'amitié et la paix entre vous, et n'ayant pour tout but que
« votre salut et celui de l'État; qui n'aient par leur vie passée
« donné bon témoignage de leur intégrité en la conduite de leur
« famille et ménage, fait preuve de leur prud'hommie, et qui,
« outre cela, n'aient des biens et des enfants qui puissent servir
« de garants de leur fidélité. »

Après que le président eut fini sa harangue, on procéda à la nomination des officiers. Pierre de Sabateris, Jean Viguier et Thomas Savine furent élus consuls, et Germain de Salomon, assesseur. Étienne Bevolan, Laurent Grosson, Antoine Libertat, frère du viguier, et Blaise d'Oria, des princes de Melphes, capitaines de quartiers. Tous ces hommes étaient franchement royalistes et avaient souffert sous le consulat de Casaulx, mais la révolution du 17 février n'était plus représentée dans l'administration communale que par Jean Viguier, et dans la force armée locale que par Antoine de Libertat (1).

Le 4 janvier 1597, les dix conseillers formant la Chambre souveraine de Marseille firent leur entrée dans cette ville; du Vair, Libertat et les notables, tous à cheval, vinrent les recevoir à une lieue dans la campagne. Les consuls les attendaient à la porte Royale et les accompagnèrent à la maison du roi, où le duc de Guise les reçut avec les plus grands honneurs. Le 7, la Cour souveraine sortit du palais et vint assister à une messe célébrée dans l'église des Accoules par Frédéric Ragueneau, évêque de Marseille, longtemps persécuté pour ses opinions royalistes, et auquel le coup d'épée de Libertat avait rouvert les portes de la ville. La Cour, la messe entendue, se rendit au palais avec le duc de Guise et l'évêque, où fut donné lecture des lettres paten-

---

(1) *Registre de l'Hôtel de ville de Marseille*, anno 1596.

tes du roi sur la réduction de Marseille, abolition des crimes et érection de la Chambre.

A la mort de Henri III, quand la Ligue se fut fortement organisée, de Bausset-Roquefort, gouverneur du château d'If, se sentant trop faible pour résister au roi d'Espagne, au duc de Savoie et à la Ligue représentée à Marseille par Casaulx, s'était mis sous la protection du Grand-Duc de Toscane, qui avait fourni avec empressement des hommes et de l'argent pour fortifier et garder la place. Quoique le Grand-Duc eût assuré « qu'il maintiendroit le chasteau contre les entreprinses des « estrangers et qu'il ne vouloit avoir aulcune possession dans le « royaume », Bausset-Roquefort avait stipulé que les Florentins ne pourraient entrer dans la citadelle. Il leur avait assigné comme lieu de garnison l'îlot de Pomègues, où ils avaient construit des logements et élevé quelques fortifications de défense, qu'ils n'avaient du reste pu armer n'ayant pas même une couleuvrine à leur disposition. A l'avénement de Henri IV, le Grand-Duc de Toscane, qui aurait bien voulu tirer à lui un lambeau de cette Provence que tant de princes et de factions déchiraient à leur profit, se plaignit à Henri IV de la défiance excessive du gouverneur, qui s'était réservé la garde exclusive de l'intérieur du château, « l'accusant d'ingratitude en son endroit et d'infidélité envers le roy, » et sollicita le gouvernement du fort pour un gentilhomme français, son pensionnaire, sous le nom et l'autorité de la Grande-Duchesse sa femme, nièce de Henri IV. Cette demande parut étrange au roi « et le fit ressou- « venir, écrivait-il au cardinal d'Ossat, de quelques propos « d'engagement de la ville de Marseille ou autre de son pays de « Provence, qu'aucuns avoient mis en avant pour ledict Grand- « Duc au temps qu'il estoit conseillé d'hypothéquer la moitié de « son royaume pour sauver l'autre ».

L'affaire engagée diplomatiquement traîna en longueur;

Henri IV qui avait assez d'ennemis sur les bras ne voulait pas s'en créer de nouveaux et mettait des tempéraments même dans les revendications les plus justes et les plus élémentaires. Mais le Grand-Duc, qui voulait avoir une station maritime sur les côtes de France, s'était bien promis de saisir l'occasion d'affirmer ses prétendus droits sur l'argument qu'il croyait sans réplique du fait accompli. La prise d'Amiens par les Espagnols en lui laissant supposer que la France allait de nouveau courir à la guerre civile, lui donna l'audace de sa mauvaise action.

Bausset-Roquefort après la réduction de Marseille s'était rendu auprès du roi, laissant en son absence le commandement du château d'If à son fils, jeune gentilhomme sans capacités militaires, léger, et qui venait de se marier avec une femme qu'il aimait tendrement et qu'une maladie grave forçait d'habiter Marseille pour recevoir tous les soins que son état réclamait. Le 20 avril, il quitta le château pour venir à Marseille, annonçant qu'il serait absent pendant quelques jours; le même jour Philippe Fulvio, qui commandait le contingent florentin, s'empara par surprise ou par trahison, car on n'a jamais su exactement ce qui se passa, du château d'If, et l'occupa après en avoir chassé les Français, qu'il fit déposer sur la terre ferme. L'émotion produite à Marseille par cette agression soudaine fut vive et profonde, et il devint bientôt évident que le fait n'était pas dû à l'initiative du capitaine florentin, mais qu'il était au contraire le résultat d'ordres exacts transmis de Florence. Fulvio l'avoua à un des consuls et à deux conseillers de la Cour envoyés auprès de lui pour lui demander des explications, et il ne fut plus permis de conserver des doutes, quand on vit arriver peu de temps après cinq galères toscanes commandées par Don Juan, frère naturel du Grand-Duc, qui jeta des forces dans la place, arma l'île de Pomègues, et s'étant emparé de quelques frégates marseillaises fit mettre les équipages aux fers. Le duc de Guise revint immédiatement à Marseille, où il arriva le 27 avril. Le président du Vair eut une entrevue avec Don Juan et se plaignit de cet acte d'hostilité accompli par une puissance amie, à quoi don Juan répondit que les îles de Marseille appartenaient au Grand-Duc et qu'il prétendait les lui conserver ; que, du reste, par son mariage avec Chrestienne de Lorraine, le Grand-Duc avait des droits sur la Provence qu'il voulait faire valoir ! Cette revendication de prétendus droits de la maison de Lorraine sur la Provence, était au moins étrange dans un moment où le chef de la famille gouvernait le pays au nom de Henri IV (1).

Le duc de Guise ne voulut plus parlementer. Il fit construire une fortification sur l'île de Ratonneau, voisine de Pomègues, et y fit transporter de l'artillerie ; ensuite s'étant mis en mer avec deux galères et douze navires légers montés par des soldats, il vint présenter le combat aux cinq bâtiments florentins. Après une action qui dura cinq heures, les Marseillais restèrent maîtres de la mer, mais ils ne purent reprendre le château d'If, qui demeura jusqu'à la fin de l'année entre les mains des Toscans. Les espérances que la prise d'Amiens avaient fait naître ne s'étant pas réalisées, et le roi ayant repris cette ville, le Grand-Duc ne pensa plus qu'à traiter. En septembre, don Juan revenant de Florence au château d'If, fit savoir au duc de Guise qu'il avait l'ordre de lui remettre les îles au premier commandement du roi. Le cardinal d'Ossat, envoyé à Florence pour traiter de cette affaire, avait obtenu la restitution de la place moyennant la somme de 200,737 écus au soleil, comme indemnité des dépenses faites par le Grand-Duc depuis que Bausset-Roquefort

---

(1) Le Grand-Duc était au fond très-irrité de ce que Sully avait fait casser une partie des baux dans lesquels il était intéressé sous le nom de banquiers italiens. Voyez *Œconomies royales*, t. I, p. 244.

avait eu recours à sa protection armée. Le château d'If rentra sous la domination française. Le roi en donna le gouvernement à Paul de Fortia, seigneur de Pilles, dans le Comtat.

L'année 1598 apporta à la France l'édit de Nantes et la paix de Vervins.

Tour à tour consacrée et proscrite, la tolérance en matière de Foi avait suivi en France toutes les vicissitudes de la Réforme; elle n'avait plus qu'à prendre dans la loi sa place définitive. En décembre 1594, pour calmer les craintes que les protestants avaient conçues lors de son abjuration, Henri IV avait rendu une ordonnance qui rétablissait dans son entier l'édit de tolérance de 1577. Mais cette mesure avait laissé ses anciens coreligionnaires pleins d'inquiétude et de défiance : ils avaient conservé et même resserré leur vieille organisation fédérative, et tenu chaque année des assemblées de délégués pour discuter et arrêter toutes les mesures qui leur semblaient nécessaires pour la protection de leur parti. Il y avait là un grave danger pour la tranquillité publique. Le roi nomma des commissaires pour négocier avec la dernière de ces assemblées, et lorsque l'entente fut établie, il promulga à Nantes, le 15 avril 1598, l'acte solennel connu sous le nom d'Édit de Nantes, qui assurait des garanties efficaces et durables à la liberté de conscience, et dont la révocation par Louis XIV devait léguer à la religion catholique le poids de ressentiments implacables pendant une longue suite d'années. L'édit de Nantes ferme dans notre histoire les guerres de religion, car ce nom ne convient pas plus à la guerre des Albigeois, qui ne fut qu'une guerre nationale finissant par une croisade, qu'il ne convient à la guerre des Cévennes, qui fut exclusivement locale, de peu de durée, soutenue par des partisans grossiers et fanatiques, et ne produisit ni un homme ni une idée.

Aux termes de l'édit de Nantes, les réformés avaient la liberté d'aller et habiter par tout le royaume, sans être astreints à rien faire contre leur conscience. Le libre exercice du culte était maintenu ou rétabli dans toutes les villes où il se trouvait établi en 1596 et 1597, plus, dans une ville ou bourg pour bailliage ou sénéchaussée, sans déroger aux traités faits avec les catholiques ; il était accordé en outre à tous les possesseurs de haute justice ou plein fief de haubert, pour eux, leurs familles et tous autres qu'ils voudraient recevoir ; aux assesseurs de simples fiefs, pour eux, leurs familles et amis, jusqu'au nombre de trente seulement. Les réformés étaient reçus partout dans les colléges, les écoles, les hôpitaux, et pouvaient fonder des écoles et colléges et publier des livres de leur religion dans les villes où leur culte était autorisé. Ils étaient partout admissibles à toutes les charges et emplois et n'étaient pas astreints, en entrant aux charges, à des cérémonies ou à des formes de serments contraires à leur conscience. Ils avaient un lieu de sépulture en chaque ville ou autre lieu. Il était interdit d'enlever les enfants à leurs parents pour les faire changer de religion. Les ministres étaient exempts de guet, gardes, etc. Les exhérédations pour cause de religion n'étaient pas valables. Les protestants étaient tenus de respecter les jours fériés et les degrés prohibés par l'Église pour le mariage. Une nouvelle « Chambre de l'Édit » était instituée dans le Parlement de Paris pour juger tous les procès où les protestants étaient intéressés. (Un chapitre spécial déterminait le siége des Chambres mi-partie pour une ou plusieurs provinces) (1). Les réformés devaient se désister de toutes pratiques, négociations et intelligences dedans et dehors le royaume. Leurs conseils provinciaux étaient dissous, et il leur était défendu de faire des cotisations ou levées de deniers sans l'autorisation du roi,

---

(1) La Chambre mi-partie pour la Provence était au Parlement de Dauphiné, à Grenoble.

qui devait seul autoriser les syndics provinciaux et nationaux, ainsi que les levées nécessaires pour les frais des synodes et l'entretien des ministres du culte. Tous les gouverneurs, baillis, maires, devaient jurer l'observation de l'édit, et les Cours souveraines le jurer, l'enregistrer et le faire publier sans délais ni modifications.

Tel est le résumé de l'Édit de Nantes. En France et en plein dix-neuvième siècle, il peut nous sembler simple, élémentaire et même puéril, mais au point de vue de la société française au seizième siècle, il constituait un acte de haute politique et d'audace inouïe. Comme le dit avec raison Henri Martin, il tendait à constituer définitivement la dualité de culte sous le commun patronage du pouvoir temporel, et à ouvrir une ère nouvelle où la société laïque ne serait plus basée sur l'Église. Au moyen-âge, l'Église était une et la société laïque multiple, l'édit de Nantes constituait l'Église double et la société laïque une. Le chancelier de l'Hôpital dut tressaillir dans sa tombe, car sa pensée triomphait et le rêve de toute sa vie se réalisait.

L'édit, comme on devait s'y attendre, fut mal accueilli par les Parlements. C'était le culte réformé s'exerçant librement dans la plus grande partie du royaume; c'étaient les droits civils accordés aux dissidents comme aux catholiques, et cette clause d'exhérédation pour motif de religion, que la loi anglaise devait formellement ordonner contre les catholiques, interdite par la loi française; c'étaient une Chambre de l'édit créée en plein Parlement, une allocation aux ministres et l'admission des protestants aux dignités et aux offices de l'État! Le Parlement de Paris ne l'enregistra que le 25 février 1599; celui de Dijon le 12 janvier 1600; celui de Rennes le 23 août de la même année, et celui de Rouen le 5 août 1609! Ces Parlements, ainsi que plusieurs autres, ne voulaient pas admettre certains articles, mais le roi finit par briser toutes les résistances. Le Parlement d'Aix avait réclamé contre l'attribution à la Chambre exceptionnelle de Grenoble des causes dans lesquelles les protestants de Provence étaient parties, et déclaré que l'édit était accepté *sans approbation d'autre religion que la catholique, apostolique et romaine;* mais il obtempéra, le 11 août 1600, aux lettres de jussion données à Lyon par le roi le 15 juillet précédent.

L'édit de Nantes et la paix avec l'Espagne se suivirent à quelques semaines de distance.

Le légat et le général des Franciscains, représentants du Saint-Siége, Bellièvre et Sillery, plénipotentiaires de Henri IV, Richardot, Tassis et Verreiken, délégués de Philippe II, se réunirent à Vervins en février. L'ambassadeur du duc de Savoie les rejoignit le 1er mars. Le traité de Vervins fut signé le 2 mai. Les Espagnols rendirent Calais, Ardres, Doullens, la Capelle et le Catelet en Picardie, et Blavet, aujourd'hui Port-Louis, en Bretagne. Le duc de Savoie évacua Berre, la seule place qu'il eût conservée en Provence (1). Henri IV rendit le Charolais, fief de la couronne, toujours occupé sans résistance en cas de

---

(1) « Art. XXVI. A esté conclu et arrêté que ledit duc de Savoye sera
« receu et compris en ce traicté de paix; et pour tesmoigner le désir qu'il
« a de donner contentement audit sieur roy très chrestien, rendra et res-
« tituera la ville et le chasteau de Berre dedans deux mois, à compter
« du jour et date de ces présentes, effectuellement et de bonne foy, sans
« aucune longueur ny difficulté, sous prétexte que ce soit. Et sera icelle
« place remise et rendue par ledit sieur Duc, à celuy ou à ceux qui seront
« à ce députez par ledit sieur Roy dans ledit temps précisément, en l'estat
« qu'elle se trouve à présent, sans y rien démolir, affaiblir ny endomma-
« ger en aucune sorte, et sans que l'on puisse prétendre ny demander
« aucun remboursement pour les fortifications faites en ladite ville et
« chasteau, ny aussi pour ce qui pourroit estre dû aux gens de guerre y
« estans; et délaissera toute l'artillerie qui estoit dans ladite place lors
« de la prise d'icelle avec les boulets qui se trouveront de même calibre,
« et pourra retenir celle que depuis y a mis, si aucune y en a. » (*Mémoires* de MORNAY. *Corps diplomatique*, par DUMONT, etc.)

rupture. On se reporta pour le reste des conditions au traité de Cateau-Cambrésis.

La paix de Vervins fut vérifiée et enregistrée au Parlement de Provence le 11 juillet, et publiée le même jour dans toutes les villes et bourgs de la province.

« De par le roy et monseigneur le duc de Guise et de Che-
« vreuse, prince de Joinville, pair de France, gouverneur et
« lieutenant-général pour le roy en Provence, et admiral des
« mers du Levant.

« On fait à sçavoir, que bonne, ferme, stable et perpétuelle
« paix, amitié et réconciliation est faite, entre très haut, très
« excellent et très puissant prince Henry, par la grâce de Dieu
« roy très chrétien de France et de Navarre, notre souverain
« seigneur; et très haut, très excellent et très puissant prince
« Philippe, roy catholique des Espagnes; et très excellent prince
« Charles Emmanuel, duc de Savoye, leurs vassaux, sujets et
« serviteurs, et tous leurs royaumes, pays, terres et seigneuries
« de leur obéissance. Et est ladite paix générale et communica-
« tive entr'eux et leurs susdits sujets, pour aller, venir, séjour-
« ner, retourner, conserver, marchander, communiquer et
« négocier les uns avec les autres, ès pays les uns des autres,
« librement, franchement, par mer, par terre et eaux douces,
« tant deçà que delà les monts, et tout ainsi qu'il est accoutumé
« de faire en temps de bonne, sincère et amiable paix, telle
« qu'il a pleu à Dieu, par sa bonté envoyer et donner aux
« susdits seigneurs, princes, et leurs peuples et sujets; défen-
« dant et prohibant très expressément à tous, de quelque état
« et condition qu'ils soient, en vertu de notre pouvoir, d'entre-
« prendre, attenter ny innover aucune chose au contraire, sur
« peine d'estre punis comme infracteurs de paix et perturbateurs
« du bien et repos public. — Fait à Salon, le quatrième jour
« de juillet 1598. — Charles. — Par Monseigneur : Paumier. »

En exécution de l'article XXVI du traité de paix de Vervins, concernant Berre, Achard, un des secrétaires du duc de Guise, se rendit à Berre le 15 juillet pour demander au gouverneur savoyard la remise de la place. Le gouverneur fit sortir l'infanterie et une compagnie de chevau-légers avec deux canons, qui furent dirigés sur Nice, et vint, avec Achard, à Salon, pour saluer le duc de Guise, que la peste avait forcé d'abandonner Aix. Le duc fit son entrée à Berre le 1er août pour prendre possession de la place, dont il donna le commandement à Paul de Fortia, déjà pourvu du gouvernement des îles de Marseille. Le duc fut accueilli par les plus vives acclamations des habitants et les consuls prêtèrent entre ses mains serment de fidélité au roi.

Par le retour de la ville de Berre à l'autorité royale, la Provence fut complètement pacifiée, la Ligue éteinte et les discordes civiles apaisées. Mais le pays avait été si profondément frappé que le temps seul pouvait apporter du soulagement à ses immenses misères.

Lorsque éclatèrent ces terribles guerres religieuses et civiles dont je viens de retracer le lamentable tableau, la Provence était dans un grand état de prospérité : l'agriculture y florissait, le commerce trouvait des débouchés faciles dans les ports maritimes, et la noblesse vivait opulemment dans ses châteaux. Bien loin d'être comme la noblesse du nord de la France, tyrannique, oppressive et dure aux pauvres, les grandes familles provençales exerçaient une influence salutaire et bienfaisante sur leurs vassaux, dont elles soutenaient les droits, protégeaient les libertés et développaient l'aisance. Au sortir de ces conflits sanglants, les mœurs furent changées et les sources de la fortune publique taries pour longtemps : les villes étaient sans commerce

et sans industrie, les campagnes en friche, les châteaux brûlés, les fermes en ruines, les familles décimées, les habitants accablés d'impôts, les nobles couverts de dettes. Six ans après, en 1605, le juge de la ville de Lorgues rendant un arrêt pour autoriser les consuls à lever une cotisation sur les personnes aisées de la commune « pour garder de périr les pauvres qui vont
« mourir de faim à faulte de tenir l'aumosne » disait : « Audit
« Lorgues y peut avoir cinq cens familles sur lesquelles trois
« cens vivent d'aumosne, ne vivant ny ayant moyen de vivre
« que par des aumosnes; et sur deux cens restantes, y a cent
« cinquante qui vivent de son travail; sur les cinquante restan-
« tes on ne trouveroit vingt-cinq maysons qui ne soyent enga-
« gées de la moitié de son bien, outre les debtes et impositions
« qui sont tous les ans pour l'acquittement des deniers du roy
« et du païs et arrérages de tailles; de sorte que beaucoup n'ont
« pas un pain dans sa maysons, et au lieu de faire l'aumosne,
« sans la honte la demanderoient volontiers, et sur les vingt-
« cinq maysons qui peuvent avoir de quoy s'entretenir, elles sont
« engagées de nourrir l'hospital et le couvent de la Très-Sainte
« Trinité, lesquels ne vivent que d'aumosne que lesdites maysons
« leur font, et que l'ermite de Saint-Ferréol a plus de cinq cens
« pauvres qui demandent le pain (1). »

La guerre avait détourné à son profit et fait périr une grande partie des habitants de la campagne. Ceux qui n'avaient pas succombé, fuyant le ravage des terres et l'incendie des fermes par les différents partis ennemis, avaient fui les champs pour échapper à la mort, et s'étaient réfugiés dans les villes closes espérant y trouver une sécurité relative. D'un autre côté, la longue interruption des communications entre la Provence et les provinces voisines, l'état de trouble profond dans lequel avaient

---

(1) *Histoire de la commune de Lorgues*, par le Dr CORDOUAN.

vécu pendant tant d'années Marseille et Arles, qui tenaient le transit par mer, avaient anéanti la fabrication des cordes, des voiles, des savons, des draps, la construction des bâtiments de tout tonnage que les Génois et les Napolitains faisaient confectionner et armer dans nos ports maritimes, et amené une prostration complète dans les transactions, ruiné les fabricants, les marchands, et par conséquent les classes moyennes. Le peuple et la bourgeoisie supportaient tout le poids des malheurs publics.

La noblesse n'était pas plus heureuse, et au sortir de ces guerres, malgré ses exactions et ses rapines, elle se trouva plus pauvre qu'avant. Jetée par les passions du temps en dehors de ses vieilles traditions, elle avait contracté des habitudes de désordre, et les dépenses excessives qu'elle fut entraînée à faire pour équiper, armer et monter les compagnies qu'elle entretenait, dissipaient au fur et à mesure le fruit de ses pillages. La guerre finie, elle se retrouva dans ses domaines avec ses terres incultes, ses métayers sans bestiaux ni avances, avec des vassaux insolvables, et un revenu foncier nul ou diminué des trois quarts. Habituée à une existence facile et ne trouvant plus chez elle qu'une insupportable médiocrité, elle s'éloigna peu à peu du pays pour demander des ressources aux largesses royales. C'est de cette époque, en effet, que date chez nous la décadence de l'esprit provençal dans les familles nobles : les Villeneuve, les Castellane, les Pontevès, les Blacas, les Forbin-Janson, les Valbelle, les d'Entrecasteaux et tant d'autre ne furent plus des Provençaux, ils devinrent des *Français*. Tous ces gentilhommes, dont les pères, attachés au sol de la Provence par l'affection, l'intérêt, la langue, le mariage et les souvenirs, n'avaient jamais franchi les limites de leurs terres que pour aller défendre les libertés et les droits de la province aux États ou les frontières du pays pendant les invasions par le Var, désertèrent leurs châteaux, fréquentèrent la Cour, et sollicitèrent des emplois ou la faveur du souverain. Quand la marine militaire se développa si rapidement, sous Louis XIII et Louis XIV, on les vit accourir en foule à Toulon et porter sur nos vaisseaux leur grand nom avec leur grand courage, et mourir noblement à leur poste de combat en couvrant le pavillon de la France d'une gloire impérissable. Mais pour fournir à ce surcroît de dépenses qu'entraînaient les positions acquises dans l'armée ou dans la marine, car ils étaient tous généreux et magnifiques, les traitements et les pensions ne suffisant pas, ils empruntèrent, hypothéquèrent ou aliénèrent leurs biens, et l'on vit alors un grand nombre de ces familles jadis riches et puissantes décliner, et ayant perdu leur fortune patrimoniale, ne conserver de leurs ancêtres que les nobles traditions d'honneur et de dévouement à la patrie.

La Révolution de 1789 pesa moins en Provence que dans beaucoup d'autres provinces sur la haute noblesse; elle n'existait presque plus que dans l'histoire. Elle avait été remplacée dans la possession de ses terres seigneuriales par des anoblis des deux derniers siècles ou des bourgeois enrichis.

FIN

TABLE DES MATIÈRES

DU SECOND VOLUME

CHAPITRE VII

LE PARLEMENT LIGUEUR ET LE PARLEMENT ROYALISTE

Le duc d'Épernon est rappelé à Paris. — Le duc de La Valette, son frère, est nommé commandant en son absence. — De Vins se rend auprès du duc de Guise. — Ses premières négociations avec le duc de Savoie. — Expédition de La Valette dans les Hautes-Alpes. — Sédition à Aix à son retour. — Émeute à Marseille. — De Vins rentre à Aix. — La Valette se retire à Pertuis. — Édit de juillet. — Insurrections ligueuses à Salon, à Marseille et à Arles. — La Valette fait un traité d'alliance offensive et défensive avec Lesdiguières. — Convocation des États ligueurs à Aix. — Le duc de Savoie s'empare du marquisat de Saluces. — Convocation des États royalistes à Pertuis. — De Vins est nommé généralissime de l'armée ligueuse. — Le roi révoque les pouvoirs de La Valette. — Le gouverneur refuse de déposer les armes. — La Ligue entre en campagne. — Assassinat du duc de Guise à Blois. — Guerre civile en Provence. — Henri III réintègre La Valette dans son commandement. — De Vins fait prêter serment à la Sainte-Union. — Division du Parlement en Parlement ligueur et Parlement royaliste. — Expédition de La Valette. — Le roi meurt assassiné. — Le Parlement royaliste jure obéissance et fidélité à Henri IV. — La Valette entre dans Toulon et fortifie cette place. — (1587-1589.)... 1

CHAPITRE VIII

LA LIGUE FRANÇAISE ET LA LIGUE SAVOYARDE

État des partis en Provence après la mort de Henri III. — Les ligueurs entrent en campagne. — Prise du château de Bouc et de la ville d'Aubagne. — Le Parlement d'Aix destitue La Valette, reconnaît le duc de Mayenne comme lieutenant-général du royaume et prête serment d'obéissance au cardinal de Bourbon, sous le nom de Charles X. —

Assemblée générale des chefs de la Ligue pour demander des secours au duc de Savoie. — Le Parlement décide en séance qu'on fera un appel aux armes du duc. — La Valette convoque à Pertuis les États généraux royalistes, qui proclament Henri IV roi de France et de Navarre. — Combat de Tarascon. — Les notables d'Aix députent Ampus auprès du duc de Savoie pour recevoir les troupes accordées par Charles-Emmanuel. — De Vins va prendre à Antibes le commandement de l'armée alliée. — Divisions au sein de la Ligue, qui se scinde en deux factions : la Ligue française sous la direction de Carcès, la Ligue savoyarde sous la direction de de Vins. — Conflit municipal à Marseille entre les deux factions. — Combat de Mallemort. — Les ligueurs assiégent Grasse. — Mort de de Vins. — La comtesse de Sault prend la direction de la Ligue. — Intrigues du duc de Savoie pour se faire appeler au commandement de l'armée devant Grasse. — Réunion des États généraux ligueurs à Aix pour faire appeler le duc en Provence. — Les États généraux envoient une députation au duc pour le supplier de venir en personne en Provence. — Siége de Salon. — Les membres du Parlement appartenant à la Ligue française veulent faire arrêter la comtesse de Sault. — *Journée du palais.* — La Ligue savoyarde triomphe. — Retour des députés envoyés vers le duc de Savoie, avec la promesse de l'entrée prochaine du duc en Provence. — La Valette demande inutilement des secours au roi. — Les ligueurs et les royalistes entrent en campagne. — Le comte de Martinengue arrive en Provence avec un contingent savoyard. — Siége de Saint-Maximin par les ligueurs. — Retour de l'armée ligueuse à Aix. — (1589-1590.).............. 91

CHAPITRE IX

LE DUC DE SAVOIE EN PROVENCE

Le duc de Savoie entre en Provence. — Le Parlement le nomme commandant-général de la province. — Ses premiers succès de guerre. — Retraite désastreuse de son armée de Pertuis à Aix. — Mort d'Ampus. — Assemblée des États généraux ligueurs à Aix et des États généraux royalistes à Riez. — Le duc se prépare à passer en Espagne pour demander des secours à Philippe II. — Émeute à Marseille. — Casaulx, maître de la ville, y fait appeler le duc de Savoie. — Arrivée du duc à Marseille. — Premiers symptômes de rupture entre le duc et la comtesse de Sault. — Départ de Charles-Emmanuel pour Madrid. — Les royalistes entrent en campagne. — Lesdiguières descend en Provence. — Combat d'Esparron et ravitaillement de Berre. — Les ligueurs sont complètement battus. — La comtesse de Sault relève leur courage. — Arrivée du duc de Savoie à Madrid. — Intrigues de Fabrègues à la cour d'Espagne. — Traité secret de Philippe II avec la comtesse de Sault. — Retour du duc de Savoie en Provence. — Complot de la faction de la comtesse contre lui. — Bausset, gouverneur du château d'If, refuse de se soumettre au duc et demande du secours au Grand-Duc de Toscane. — Arrivée du duc de Savoie à Aix. — Siége et prise de Berre. — Premières hostilités déclarées entre la comtesse de Sault et le duc. — Expéditions des royalistes. — Lesdiguières entre en Provence. — La Valette et Montmorency ravagent le territoire d'Arles. — Rupture entre la comtesse et le duc. — Arles sous la domination de Biord. — Le duc de Savoie se rend à Arles. — Trahison du consul La Rivière. — Arrestation de Biord. — Le duc assiége le Puech. — Il fait arrêter la comtesse de Sault. — Il s'allie avec Carcès. — Casaulx est nommé premier consul à Marseille. Emeute dans cette ville. — Prise de l'abbaye de Saint-Victor par les troupes du duc. — La Valette et Lesdiguières entrent en campagne. — Prise de Digne. — Opérations militaires dans la haute Provence. — Bataille de Vinon. — Le duc de Savoie tente de renouer son alliance avec la comtesse. — Mort de La Valette. — Emeute à Arles. — Mort de La Rivière et de Biord. — Le duc de Savoie quitte la Provence et retourne en Italie. — (1590-1592.)...................... 159

CHAPITRE X

LE GOUVERNEMENT DU DUC D'ÉPERNON

Les Gascons demandent le duc d'Épernon pour gouverneur. — Mission de Mesplez auprès du roi. — Hésitation de Henri IV. — La guerre continue en Provence. — Combat de Carnoules. — Lesdiguières entre en Provence. — Les ligueurs tentent inutilement d'obtenir une trêve. — Lesdiguières soumet toute la basse Provence. — Opérations de guerre des ligueurs. — La journée des brûlés. — Le duc de Savoie passe le Var et s'empare d'Antibes. — Arrivée du duc d'Épernon en Provence. — Prise de Montauroux. — La comtesse de Sault chassée de Marseille entre dans le parti du roi. — Le duc d'Épernon reprend Antibes. — Tentatives de paix entre les partis. — Conférences de Saint-Maximin. — Le duc d'Épernon fortifie les places et fait élever des citadelles. — Premiers symptômes de révolte contre lui. — Reprise des hostilités. — Les partis courent aux armes. — Les royalistes prennent Loriol. — Leur entreprise malheureuse contre Marseille. — Prise de Roquevaire. — Les Marseillais demandent du secours au roi d'Espagne et au pape. — Les ligueurs s'adressent au duc de Savoie. — Siége d'Aix — Abjuration du roi. — Publication d'une trêve de trois mois. — Entrevue de Carcès et du duc d'Épernon. — L'archevêque Génebrard. — Manifeste de Besaudun. — Révolte des Provençaux contre d'Épernon. — Assemblée des gentilshommes à Manosque. — Leurs résolutions. — Carcès entre dans la conjuration. — Les garnisons épernoniennes sont chassées de Pertuis, Manosque, Digne et Saint-Maximin. — Siége et prise de la citadelle de Toulon. — Insurrection victorieuse dans toutes les villes épernoniennes. — Réunion du grand parti provençal. — (1592-1593.)... 279

CHAPITRE XI

RETOUR DE LA PROVENCE A L'OBÉISSANCE DU ROI

La noblesse et la ville d'Aix se déclarent pour le roi. — Protestation de l'archevêque Génebrard. — Arrêt du Parlement ordonnant de rendre la justice au nom de Henri IV. — Le duc d'Épernon continue les hostilités. — Lettres du Parlement et du duc au roi. — Convocation des États de l'Union royaliste à Aix. — Le duc convoque les États épernonniens à Riez. — Mission de Lafin en Provence. — Lesdiguières entre en Provence. — Sa correspondance avec d'Épernon. — Opérations de guerre. — Mort de Besaudun. — Le Parlement de Manosque revient à Aix. — Mission de de Belloy en Provence. — Surprise et démolition du fort Saint-Eutrope. — Conférences de Beaucaire. — D'Épernon traite avec le duc de Mayenne. — Réunion des États ligueurs à Marseille. — Le duc d'Épernon fait ravager les environs de Toulon. — Carcès surprend Salon. — Carcès et le duc d'Épernon dans Salon. — Lesdiguières accourt au secours de Carcès. — Le duc évacue Salon. — Arrivée de Dufresne en Provence. — Arrivée du roi à Lyon. — Entrevue des députés du duc avec lui. — Révocation des pouvoirs du duc d'Épernon et nomination du duc de Guise au gouvernement de Provence. — Henri IV est absous par le pape. — Plusieurs villes ligueuses quittent le parti du duc. — Boyer et Buous se rallient à l'Union royaliste. — Premières relations de Casaulx avec le roi d'Espagne. — (1594-1595.)........................ 361

CHAPITRE XII

CHARLES CASAULX, PREMIER CONSUL DE MARSEILLE

Le duc de Guise entre en Provence. — Réduction de Sisteron. — Soumission de plusieurs places. — Le duc d'Épernon traite avec le roi d'Espagne. — Les États refusent de reconnaître Lesdiguières comme lieutenant-général. — Casaulx reçoit des secours d'Espagne. — Édit de Folembray. — Propositions particulières du roi à Casaulx. — Casaulx les repousse. — Henri IV s'adresse au pape pour qu'il négocie la soumission de Casaulx. — Arrivée et réception des députés de Casaulx à la cour d'Espagne. — Traité entre Marseille et Philippe II. — Démagogie à Marseille. — Conjuration de Libertat. — Premières propositions au duc de Guise. — Ses hésitations. — Le complot est résolu. — Stipulations entre le duc de Guise et les conjurés. — Le 17 février 1596. — Mort de Casaulx. — Les troupes du duc de Guise entrent dans Marseille. — Louis d'Aix se réfugie à Saint-Victor et Fabio Casaulx au fort Notre-Dame. — Fuite de Louis d'Aix et de Fabio Casaulx. — Soumission de Marseille. — Dernière expédition de d'Épernon. — Le duc de Guise le bat au combat de l'Argens. — D'Épernon sort de Provence. — Les Toscans s'emparent du château d'If. — Édit de Nantes. — Paix de Vervins. — Pacification complète de la Provence. — (1595-1598.).. 437

FIN DE LA TABLE DU SECOND ET DERNIER VOLUME.

Typ. LAURENT, rue Nationale, 49.

Contraste insuffisant

NF Z 43-120-14

www.ingramcontent.com/pod-product-compliance
Lightning Source LLC
Chambersburg PA
CBHW070946240426
43669CB00036B/1878